승자와 패자의 갈림길 (4)

제4대 총선이야기
(1958. 5. 2)

장 맹 수 편저

선 암 각

승자와 패자의 갈림길(4)

제4대 총선이야기

(1958. 5. 2)

초판인쇄 : 2024년 2월

편저자 : 장맹수

발행처 : 선암각

등록번호 : 제 25100-2010-000037호

주소 : 서울특별시 노원구 마들로 31

전화번호 : (02) 949 -8153

값 20,000원

승자와 패자의 갈림길 (4)

제4대 총선이야기
(1958. 5. 2)

장 맹 수 편저

선 암 각

목 차

책을 펴내며

[제1부] 이승만 대통령의 재집권과 제3대 총선

제1장 재집권을 향한 몸부림 부산정치파동   12
1. 정부는 대통령직선제, 국회는 의원내각제   13
2. 비상계엄령을 선포하고 국회해산을 협박   16
3. 기상천외한 발췌개헌으로 정치파동 마무리   20

제2장 직선제 개헌으로 재집권에 성공한 이승만   24
1. 직선제 개헌으로 대통령에 재선된 이승만   25
2. 이범석을 토사구팽하고 함태영을 부통령에   30

제3장 이승만 체제의 버팀목인 자유당 창당   35
1. 원내자유당과 원외자유당의 이란성 쌍둥이   36
2. 우여곡절과 시련을 겪으며 성장한 자유당   40

제4장 자유당이 과반 의석을 넘긴 제3대 총선   44
1. 공포 분위기 속에서 치러진 제3대 총선   45

2. 제3대 총선에서 당선된 영광의 얼굴들　　　　　49

[제2부] 자유당 전성시대의 역사적 회고

제1장 역사적 오명을 남긴 사사오입 개헌　　　　55
1. 이승만 종신(終身)집권을 향한 개헌 추진　　　56
2. 부결(否決)선포 하루만에 가결(可決)로 바꿔　　60
3. 4사5입 개헌의 여진(餘震)은 오랫동안 지속　　64

제2장 민주당 창당과 장면 부통령 암살미수　　　67
1. 정통 야당인 민주당의 역사적 창당　　　　　68
2. 민주당 신·구파 분열과 군소정당들의 부침　　73
3. 장면 부통령 암살미수사건의 회오리　　　　78
4. 간첩과 연계하여 혁신진보세력 일망타진　　　86

제3장 자유당의 장기 집권을 향한 잰걸음　　　　91
1. 국회의장을 비롯한 국회 요직을 독점한 자유당　92
2. 자유당의 분파와 대통령의 국회 지배　　　　98
3. 자유당이 4개 지역구에서 압승한 보궐선거　　104
4. 부정과 불법선거가 자행된 지방의원선거　　　112

5. 폭력배에 짓밟힌 장충단 시국강연회 121

제4장 1950년대 중반 우리나라의 모습 127

1. 시대 상황을 반영하는 사건들의 모음 128
2. 시대의 상황을 알려주는 지표(指標)들 149
3. 정치적, 사회적 주요사건 상황(狀況)일지 158

[제3부] 제3대 대통령선거와 제4대 총선

제1장 당락을 예측할 수 없는 정·부통령선거 188

1. 불출마 곡예(曲藝)를 벌인 이승만 대통령 189
2. 제3대 대통령과 제4대 부통령 후보의 등록 196
3. 민주당과 진보당의 소득없는 단일화 협상 201
4. 공화당 출범과 공천이 무산(霧散)된 이범석 206

제2장 신익희 후보 급서로 급변한 선거 양상 209

1. 청천벽력(靑天霹靂) 신익희 대통령 후보 서거 210
2. 각 당의 선거 전략과 끊임없이 제기된 불법선거 215
3. 대통령 이승만, 부통령 장면 후보 당선 224

제3장 자유당과 민주당이 혈전을 전개한 총선　　　231

1. 자유당 공천 후보 221명을 선정 발표　　　232
2. 이기붕 국회의장 서대문 을구에서 이천으로　　　245
3. 민주당도 211명을 공천하여 맞불작전을　　　249
4. 868명의 후보들이 등록하여 혈전을 전개　　　255
5. 도처(到處)에서 짓밟히는 공명선거 실상　　　260
6. 개표과정에서도 발생한 연속된 불상사　　　268

제4장 여촌야도의 전형을 보여준 제4대 총선　　　277

1. 민주당은 도시 선거구에서만 대승을　　　278
2. 국회에 등원한 4대 의원들의 면모　　　282

[제4부] 지역구별 불꽃 튀는 격전의 현장들

제1장 수도권 : 민주당 후보들의 선전　　　294

1. 민주당 후보들이 수도권 의석의 절반을 차지　　　295
2. 수도권 41개 지역구 불꽃튀는 격전의 현장으로　　　298

제2장 영남권 : 자유당 후보 당선율은 56.4%　　　349

1. 민주당 후보 당선자는 23명으로 29.5%에 불과　　　350

2. 영남권 78개 지역구 불꽃튀는 격전의 현장으로   353

제3장 강원·충청권 : 자유당 후보들의 금성탕지   453
1. 자유당을 맹목적으로 지지하는 자유당 문전옥답   454
2. 강원·충청권 55개 지역구 격전의 현장으로   457

제4장 호남·제주권 : 반자유당 정서 엄연히 상존   525
1. 반자유당 지역정서는 면면히 흐르고   526
2. 호남·제주권 59개 지역구 격전의 현장으로   529

책을 펴내며

우리나라의 고질적인 지역감정과 지역갈등을 영원히 종식(終熄) 시키기 위해서는 지방행정구역을 과감하게 재편(再編)해야한다 는 지론(持論)을 펼치기 위해 승자와 패자의 갈림길, 제18대 총선이야기를 발간한 것이 2010년 11월 11일이었다.

글 쓰는 재주가 남다르지 아니하고 문장력이 뛰어나지 아니함 에도 불구하고 제13대(1988년)와 제14대(1992년)는 물론 제15 대(1996년), 제16대(2000년), 제17대(2004년), 제19대 (2012 년), 제20대(2016년) 총선 이야기와 제헌의원 선거에서 제20대 국회의원 선거를 요약한 역대 국회의원 선거 이야기까지 총 18 권을 엮어냈지만, 정치권이나 출판업계에서 크게 주목을 받지 못했다.

그리하여 절필(絶筆)을 좌고우면(左顧右眄)했으나, 1960년대부 터 60년이상 경상도 출신들이 집권하여 오면서 영남 패권주의 를 조장하여 온 엄연한 사실을 적시(摘示)하고, 곡학아세(曲學 阿世)한 정치인들이나 학자들의 그럴듯한 지역갈등 해소방안은 뜬구름 잡기에 불과하다는 것을 환기(喚起)시켜주기 위해 발간 을 이어가기로 결단을 내렸다.

2020년 5월에는 승자와 패자의 갈림길 제9대(1973), 제10대 (1978), 제11대(1981), 제12대(1985) 총선이야기 4권이 발간됨 에 따라 이미 22권을 발간했다.

1만 2천여 페이지에 달하는 방대한 자료를 정리하고 1만 8천여 명에 달하는 인명(人名)을 수록하다보니 오자(誤字)가 듬성듬성 하는 부끄러움으로 총선 이야기 오정(誤訂) 묶음까지 발간했지만, 우리의 뇌리에서 잊혀져 가는 역사적 사건과 선거에 관한 진면목(眞面目)을 나름대로 집대성했다는 자부심으로 위안을 삼고 싶었을 뿐이다.

이번에는 일본의 쇠사슬을 벗어나 건국의 뱃고동을 울린 제헌의원 선거(1948년), 너도나도 선량(選良)이 되겠다고 2,225명이 운집(雲集)한 제2대 총선(1950년), 전쟁의 폐허에서도 이승만 대통령의 종신집권을 위해 자유당이 총력을 경주한 제3대 총선(1954년), 이승만 정부의 실인심과 경찰력의 동원으로 여촌야도(與村野都) 전형을 보여준 제4대 총선(1958년), 장기 집권에 의한 4월 혁명으로 정권교체를 갈망하는 유권자들의 기원을 담은 제5대 총선(1960년), 5·16 군부 쿠데타로 집권한 박정희 정부가 구(舊) 정치세력을 규합한 연합군을 편성하여 대승을 거둔 제6대 총선(1963년), 박정희 정권의 장기 집권을 위한 헌법개정을 구상(構想)하고 온갖 부정한 방법을 동원하여 민주공화당이 압승을 거둔 제7대 총선(1967년), 3선개헌으로 실시한 대통령선거에서 승리한 박정희 정부에 대한 반감이 표출되어 신민당이 선전한 제8대 총선(1971년) 이야기 8권을 단권(單券)으로 편집하여 함께 출간하여 1945년 해방이후 75년간 우리나라의 정치의 진면목(眞面目)을 살펴보고자 했다.

이승만 대통령의 종신 집권과 자유당의 영구 집권을 위해 온갖 부정과 불법을 자행한 제4대 총선이야기 제1부의 이승만의 재집권과 제3대 총선에서는 국회의원들의 간접선거에서는 대통령 당선이 어렵다고 판단한 이승만 대통령이 비상계엄령을 선포하고 국회 해산을 협박하여 기상천외한 발췌개헌(拔萃改憲)안을 통과시켜 국민들의 직접 선거에 의한 재집권에 성공한 제2대 대통령 선거와 원내자유당과 원외자유당이라는 이란성 쌍둥이를 출범시켜 공포 분위기 속에서 치러진 제3대 총선에서 과반 의석을 차지한 배경과 상황을 기술했다.

민족청년단을 결단하여 직선제 개헌에 헌신적으로 공헌한 이범석을 토사구팽하고 년노(年老)하고 계파의식이 없는 함태영을 경찰력을 동원하여 부통령에 당선시키는 과정도 곁들였다.

제2부에서는 이승만 대통령의 종신 집권을 기도한 개헌을 추진하여 부결됐으나 4사 5입이라는 수학적 개념을 도입하여 하루만에 번복하여 가결한 4사 5입 개헌 추진의 전말을 약술했다.

정통야당인 민주당의 창당 배경과 민주당 신·구파의 분열은 물론 이승만 대통령 유고(有故)시에는 장면 부통령의 승계가 두려워 암살을 시도했으나 미수에 그친 사건의 회오리에 대해서도 살펴봤다.

자유당의 장기 집권을 향해 국회의장을 비롯한 국회의 요직을 독점하고 경찰(警察)독재국가로의 변신에 대하여도 살펴보았고, 시대 상황을 적나라하게 보여주는 사건들의 모음과 주요 지표들은 물론 정치적·사회적 상황일지도 덧붙였다.

제3부에서는 당락을 예측할 수 없는 제3대 대통령 선거에서 불출마 곡예를 벌인 이승만 대통령, 민주당 신익희 후보와 진보당 조봉암 후보의 단일화 협상, 신익희 후보 급서(急逝)로 급변한 선거 양상과 민주당 장면 부통령의 당선을 기술했다.

풍부한 선거자금과 리·동까지 뿌리 깊은 막강한 조직을 동원하여 자유당이 전국을 석권한 제3대 총선에 대해서도 상세하게 분석했다.

이어 제4부에서는 민주당 후보들이 비교적 선전한 수도권, 자유당 후보들이 대승을 거둔 영남권, 자유당 후보들의 금성탕지로서 변함없는 문전옥답인 강원·충청권, 반자유당 정서가 면면히 흐른 호남·제주권을 대별하여 233개 지역구에 뛰어든 후보들의 면모, 지역구별 판세 점검, 승패의 갈림길과 득표 상황을 정리했다.

아무쪼록 지역갈등이라는 업보가 우리의 후손들에게 유산(遺産)으로 남겨지지 않도록 과감하고 전면적인 지방행정구역 재편(再編)의 계기가 마련되고, 어떠한 정치 상황에서도 정치인은 지조를 지키고 언행을 경계하여 후세에 오명(汚名)으로 회자(膾炙)되지 아니하기를 바랄 뿐이다.

2023년 9월 장맹수

[제1부] 이승만 대통령의 재집권과 제3대 총선

제1장 재집권을 향한 몸부림, 부산정치파동

제2장 직선제 개헌으로 재집권에 성공한 이승만

제3장 이승만 체제의 버팀목인 자유당 창당

제4장 자유당이 과반 의석을 넘긴 제3대 총선

제1장 재집권을 향한 몸부림, 부산정치파동

1. 정부는 대통령직선제, 국회는 의원내각제

2. 비상계엄령을 선포하고 국회 해산을 협박

3. 기상천외한 발췌개헌으로 정치파동 마무리

1. 정부는 대통령직선제, 국회는 의원내각제

(1) 국회는 의원내각제 개헌을 추진했으나 무산

1948년 초대 대통령에 취임한 이승만 대통령은 임기 만료가 가까워지면서 제2대 대통령선거에서 연임(連任)하기 위해 강압적 수단으로 직선제 개헌을 추진하기 위해 여러 가지 음모와 시나리오를 진행시켰다.

당시의 정세는 6.25 동란과 거듭된 실정, 특히 국민방위군 사건과 거창양민학살 사건 등으로 이승만 대통령의 인기는 형편없이 추락되어 있었다.

더욱이 원내 분포는 이승만 대통령에게 등을 돌린 한민당 계열의 민국당이 다수를 차지하고 있었고, 민국당은 이 대통령을 명목상의 국가원수로 밀어내고 민국당이 실권을 장악하려고 내각책임제 개헌을 구상하고 있었다.

1950년 2월에는 민국당 서상일 의원 외 78명의 의원들이 내각책임제 개헌안을 국회에 제출했다.

이승만 대통령은 개헌 의도를 상찰(詳察)하고 각자 자유롭게 판단하라는 특별담화를 발표하기도 했지만, 측근들에게는 개헌의 반대를 은밀하고 강렬하게 지시했다.

개헌안은 3월 15일 표결 결과 찬성 79표, 반대 33표, 기권 66표로 제적의원 3분의 2에 미달하여 부결했다. 이에 이승만 대통령은 대통령직선제와 양원제 창설을 요망한다는 담화를 발표했다.

그러나 국회의원들은 결코 대통령직선제로 개헌하여 대통령 선출권을 포기할 의사는 없었다.

(2) 이승만 대통령이 제안한 대통령직선제 개헌안도 부결

국회에서의 간선제에 의한 대통령 재선이 어렵다는 것을 인식한 이승만 대통령은 1951년 11월 대통령을 국민의 보통, 평등, 직접, 비밀투표에 의하여 선거하며 입법에 신중을 기하기 위하여 국회에 상·하 양원을 두는 제도를 창설하자는 대통령이 제안한 헌법개정안을 국회에 제출했다.

이 헌법개정안은 순수한 미국 제도를 모방하여 채택한 것이다.

제출 당시 원내 세력 분포는 원내자유당 93석, 민주국민당 39석, 민우회 25석, 무소속 18석이었으며 원외자유당은 양우정, 박영출, 이진수 의원 등 소수에 불과했다.

1952년 1월 개헌안의 표결은 재석의원 163명 중 찬성 19표, 반대 143표, 기권 1표로 부결되었다.

대통령직선제 개헌 주창론자인 이활은 직선제 개헌안은 당연히 통과되어야 할 것임에도 불구하고 정파적인 감정과 주관적인 타산 밑에서 부결된 데 대하여는 후세의 사가(史家)가 준엄하게 평가해야 할 것이라는 입장을 밝혔다.

원외자유당은 대통령 간접선거가 임박하자 지방 조직단체에 지령하여 개헌안 부결 반대 민중대회를 개최하고 항의 연판장을 작성하는 한편, 개헌안을 부결하여 민의를 배반한 국민대표인 국회의원을 소환하는 이른바 국회의원 소환운동을 전개했다.

부산 시내에는 애국단체의 명의로 국회의원 소환 벽보가 나붙었고, 이승만 대통령은 유권자들이 자기들의 대표를 소환한다는 것은 법이론적으로 부당한 일이 아니라는 내용의 특별담화를 발표하여 국회의원 소환 벽보와 각종 삐라 살포 등 공포 분위기 조성에 오히려 반기며 기여했다.

전국 애국단체 투쟁위원회 명의로 직선제와 양원제 지지데모, 가두시위, 국회 앞 성토대회, 국회의원 소환요구 연판장 등 광적(狂的)인 이승만 지지운동은 전국적으로 전개됐고, 이런 운동에 경찰들은 시종일관 방조하거나 방관했다.

이와 같은 관제(官製)데모, 혼란을 조장하는 사건 등으로 국회에서는 도리어 반이승만 무드가 더욱 고조되었다.

이에 따라 국회는 재적의원 183명의 개헌정족수인 3분의 2보다 1표가 많은 123명이 내각책임제 개헌안을 제출하기에 이르렀다.

이에 이승만 대통령은 장면 국무총리를 해임하고 장택상 국회부의장을 국무총리에 임명하는 한편 윤치영, 이갑성 등 52명의 원내자유당 의원들을 자파세력으로 끌어들였다.

친일(親日)가문 출신으로 미군정청의 수도경찰청장, 초대 외무부장관을 지낸 장택상은 자신이 이끌고 있던 신라회 의원 21명을 대통령직선제 개헌을 지지하는 쪽으로 돌리는 한편, 서민호 살인사건을 빌미로 정국 혼란상을 조장하는 데 앞장섰다.

2. 비상계엄령을 선포하고 국회해산을 협박

(1) 비상계엄령을 선포하고 국회의원들을 강제 연행

합법적인 방법으로 개헌이 불가능하다고 판단한 이승만 대통령은 후방 지역에 출몰하고 있는 공비를 소탕하고 후방 치안을 위한 군사상의 필요성이라는 명분을 내세우고 1952년 5월 25일 정국 혼란을 이유로 부산, 경남과 전남북 일부 지역에 비상계엄을 선포하고 영남지구 계엄사령관에 원용덕 헌병사령관을 임명했다.

원용덕 계엄사령관은 이날부터 언론 검열을 실시하는 한편, 내각책임제 개헌 추진을 주도하는 의원 체포에 나섰다.

계엄 선포 다음날 계엄사령부는 국회의원 40명이 타고 국회에 등원하던 통근 버스를 군용 크레인으로 끌고 헌병대로 몰고 가 임흥순, 서범석, 이용설, 김의준 의원 등 20여명을 감금했다.

헌병들은 계엄령 아래에선 어떠한 차량도 검문을 받아야 한다면서 국제공산당 관련 의원들을 체포하겠다는 명분을 내걸고, 국회 통근 버스를 군용 크레인으로 헌병대로 강제로 끌고 간 것이다.

이에 부응하여 경찰은 수뢰와 증뢰 혐의를 조사하기 위한 명분을 내걸고 15명의 의원들을 호출했다.

이에 의원내각제를 주도한 오위영, 엄상섭 의원 등 40여 명은 피신하기에 급급했다.

다음날 공보처는 국회의원 수명이 국제적인 비밀공작에 관련되어 공산당으로부터 거액의 공작자금을 받았기 때문에 구속했다고 변명했다.

이런 상황에서 이시영, 김성수, 장면 등 반이승만 야당 원로들은 국제구락부에서 호헌구국대회를 열어 이승만의 독재와 대결에 나섰으나, 6.25 기념식장에서 김시현과 유시태 등의 이승만 대통령 암살미수사건이 터져 야당은 완전히 전의(戰意)를 상실하게 됐다.

유엔 임시 한국위원단은 부산시의 계엄령을 해제할 것과 체포·구금 중에 있는 모든 국회의원들을 석방할 것을 촉구하는 성명서를 발표했다.

국회에서는 원외자유당 의원들이 기권한 가운데 부산시의 비상계엄령 해제 결의안이 찬성 96표 대 반대 3표로 가결됐다.

이어 구속의원 11명에 대한 석방결의가 찬성 83표, 반대 0표로 가결됐으나 이진수, 홍창섭, 이재형, 양우정, 정기원, 김정식, 신중목 의원 등 이승만 대통령 추종 의원들은 보류를 주장했다.

그러나 장택상 국무총리는 국회의원의 헌병대 연행과 감금은 통치권에 속한 문제라고 국회에서 이승만 대통령을 옹호하며 의연하게 답변했다.

(2) 이 대통령은 공포와 데모에 편승하여 국회 해산을 협박

1952년 1월 말부터 백골단, 땃벌떼, 민족자결단 등의 명의로 국회

의원 소환 벽보와 각종 삐라를 뿌리는 등 공포 분위기를 조성했다.

이승만 대통령은 직선제 개헌안이 국회에서 부결되자, 원외자유당과 그 방계단체들인 국민회, 한청, 족청 등을 움직여 지방정부 조직원들을 동원하여 백골단, 땃벌떼, 민중자결단의 명의로 수백 명의 청년들이 국회의사당 앞에서 개헌안 부결에 대한 항의 시위를 벌였고, 국회는 국회의원 소환운동은 위헌적인 처사라며 호헌을 위하여 결사 항쟁한다는 서약 운동을 벌였다.

부산 충장로 광장에서는 자유당과 대동청년단 주최로 반민족국회의원 성토대회를 개최하고, 장택상 국무총리와 신익희 국회의장에게 건의서를 전달했다.

전국 애국단체투쟁위원회 명의로 직선제와 양원제 지지 민의 데모, 가두시위, 국회 앞 성토대회, 민의 반대 국회의원 소환요구 연판장 등 광적인 이승만 지지운동을 전국적으로 전개했고, 이런 운동에 경찰은 시종 방조하거나 방관했다.

더구나 이승만 대통령은 국회를 해산하려 했으나 초대 대통령이 그러한 선례를 남겨서는 안 된다는 이유에서 문제가 순조롭게 해결되기를 바라며, 해결이 잘 안 되면 민의(民意)대로 국회해산령을 공포할 것이라고 협박으로 응대했다.

이승만 대통령은 국회 해산 문제에 대해 국민은 국회 태도에 염증(厭症)을 가지고 있고, 국회는 그 자격을 거의 상실했다면서 국회해산이라는 전례를 남기고 싶지 않으니, 요량(料量)하여 쟁취하라고 지방의회 대표들을 독려했다.

1952년 6월 30일 민중자결단이 국회를 포위하고 의원 80여 명을 연금하는 사건이 발생하자, 이승만 대통령은 발췌개헌안의 국회

가결을 요구하면서, 국회가 이를 거부할 경우 국회를 해산하겠다고 또다시 위협했다.

3. 기상천외한 발췌개헌으로 정치파동 마무리

(1) 내각책임제와 대통령직선제 개헌을 함께 심의

민주국민당과 원내자유당의 잔류파가 결합하여 내각책임제 개헌안 서명 공작을 진행하여 본격적인 개헌운동을 추진했다.

민주국민당(39명)을 비롯하여 원내자유당 잔류파(48명), 민우회(21명)는 곽상훈 의원 외 122명의 연명으로 내각책임제 개헌안을 4월 17일 국회에 제출했다.

이에 원내자유당 합동파는 내각책임제 개헌에 대항하기 위해 신교섭단체를 추진하여 국민회를 비롯한 12개 정당과 사회단체 대표들을 포섭하여 내각책임제 반대 전국 정당과 사회단체 공동투쟁위원회를 결성했다.

이와 함께 이승만 대통령은 내각책임제 개헌안에 대항하여 1월 18일 부결되었던 헌법개정안과 대동소이한 개헌안을 국무회의 의결을 거쳐 5월 14일 공고함으로써 두 개의 개헌안이 같은 시기에 국회에서 심의하게 되었다.

1952년 4월 17일 원내자유당을 중심으로 내각책임제 개헌안을 제출하자, 정부는 5월 14일에는 1월 18일 부결되었던 대통령직선제 개헌안을 약간 수정하여 다시 제출한 것이다.

대통령직선제와 의원내각제 개헌안이 동시에 상정되어 토의를 개시했으나 민주국민당 의원들은 불참했고, 민족자결단, 땃벌떼, 백골단 등 정체불명의 단체들이 연일 국회 해산 시위가 발생했다.

원외자유당이 원내자유당을 분열시켜 합동파를 포섭하여 합동파로 하여금 대통령직선제의 개헌안을 가결시키는 데 앞장서도록 했다.

시위운동이 날로 격렬해지는 상황을 방관하고 있던 이승만 대통령은 원외자유당의 부당수인 이범석을 내무부장관으로 임명하고, 부산지역과 지리산 일원에 5월 26일 비상계엄령을 선포했으며 경남 계엄사령관에 원용덕을 임명했다.

내각책임제 개헌추진 의원들이 생명의 위협을 느껴 피신하여 성원 미달이 되자 대통령직선제 추진세력들은 경찰력을 동원하여 출석을 거부하는 의원들을 강제로 출석시켰으며, 국제공산당에 연루되어 공산주의자라는 혐의로 구속된 의원 11명을 보석시켜 개헌안 심의에 참석시켰다.

(2) 장택상 국무총리 주도로 기상천외한 발췌개헌 추진

이승만 대통령은 대통령직선제와 양원제를 채택하는 민의(民意)에만 순응하라는 공한을 국회에 송부했다.

국무총리 장택상은 이런 기회를 놓치지 않고 국회 해산을 협박하면서 발췌개헌을 추진했다. 발췌란 여럿 중에서 필요한 것을 추려낸다는 뜻이다.

발췌개헌이란 정부가 제출한 대통령직선제와 양원제에다 야당이 제출한 국무총리의 요청에 의한 국무위원 임명과 국무위원에 대한 국회의 불신임결의권 등을 덧붙여 절충 형식을 취한 내용이었다.

자유당 합동파 소속 52명의 의원들은 민의를 거부하는 국회의원을 공개적으로 성토한 후 국회 출석을 거부하는 성명을 발표하는 극성을 부렸다.

정부가 제출한 개헌안의 채택만이 사태 해결의 길이라는 이승만 대통령의 압력으로 국회 해산대회가 이어지고 국회 주변의 시위가 지속되는 가운데, 장택상 국무총리가 주도한 신라회에서 ①국무위원의 임명은 국무총리의 제청으로 대통령이 임명한다 ②국무위원의 불신임은 국회의원 3분의 2 출석에 출석의원 3분의 2 이상의 찬성으로 한다 ③상·하 양원제로 한다 ④대통령직선제를 채택한다는 개헌원칙을 제시했다.

(3) 공포 분위기속에서 기립표결로 발췌개헌안 의결

국회에서 대통령 출석 요청에 관한 결의안이 가결되자, 이승만 대통령은 파동은 대통령선거제를 둘러싸고 민중과 국회 사이에 생긴 것이라고 단정하고, 정부에서는 내각책임제 개헌을 주도한 세력을 말살하기 위해 국제구락부 사건 이외에도 대통령저격 사건을 일으켜 더욱 위축시켜버렸다.

6.25 기념식장에서 이승만 대통령 암살 기도가 있었으나 권총의 불발로 무사했으며, 범인은 67세의 유시태로 현장에서 체포됐다. 대통령 암살 음모사건 관련 혐의로 김시현 의원도 체포됐다.

김성수 부통령의 사표수리 동의안을 가결한 국회는 수라장이 되었으며, 이갑성 의원 등 60명은 국회 해산에 서명하고 국회의원과 지방의원 200여 명은 국회의원과 장관을 5시간 동안 감금하고 탈출하려던 박성하 의원을 폭행했다.

발췌개헌안 주동세력은 감언이설과 위압으로 자유당 합동파 63인, 자유당 잔류파 29인, 민우회 11인, 무소속 4인, 민주국민당 6인의 날인을 얻었으며, 148명의 의원들이 참석하여 발췌개헌안에 대한 본격적인 토의에 들어감으로써 입법부 기능 회복에 서광이 비쳤다.

이 발췌개헌안은 1952년 7월 4일 심야에 국회의원을 강제 연행, 경찰·헌병대와 테러단이 에워싼 국회에서 기립표결로써 출석 166명 의원 중 가(可) 163명, 기권 3명으로 강압적으로 가결되었고 발췌개헌안이 공포·시행되면서 비상계엄령도 곧이어 해제됐다.

발췌개헌안의 강행 통과는 이승만 대통령의 권력 연장을 위한 사실상의 친위 쿠데타였다.

발췌개헌안을 주도한 장택상, 국회의원들을 강제 연행한 원용덕, 국회의원 소환 등 민의를 주도한 이범석 등의 역사적 심판은 후세의 사가(史家)들에게 맡겨져야 할 것이다.

제2장 직선제 개헌으로 재집권에 성공한 이승만

1. 직선제 개헌으로 대통령에 재선된 이승만

2. 이범석을 토사구팽하고 함태영을 부통령에

1. 직선제 개헌으로 대통령에 재선된 이승만

(1) 직선제 개헌은 나의 대통령 연임과는 무관

대통령의 임기는 1952년 7월 20일 만료된다. 헌법 규정에 의하여 6월 19일 이전에 국회에서 무기명 투표로서 대통령을 선거하고 이승만 대통령은 재선되면 1차 중임할 수 있다.

현재 국회의 상황은 원외자유당만이 이승만 대통령을 추대할 것을 정하였을 뿐, 원내자유당, 민주국민당, 민우회, 무소속구락부 등은 당론을 통일하여 후보를 지명할 단계에 이르지 못하고 있다.

헌법 규정상 대통령은 재적의원 3분의 2 이상의 출석과 출석의원 3분의 2 이상의 찬성투표로 결정하되 1차, 2차 투표에서 3분의 2 이상의 득표자가 없을 때에는 결선투표를 행하여 다수 득표자를 당선자로 하게 되어 있다.

현재의 원내 각 파는 단독으로 과반수 이상을 확보하는 정당이 없으므로 우당(友黨)과의 제휴 없이는 자신 있게 후보를 지명할 수 없는 형편에 있다.

이승만 대통령은 77회 생일을 맞이하여 차기 선거에 있어서 대통령 직위를 지속하고자 요망하지 않을 것이라고 선언하며, 여생을 관직보다 일개 국민으로서 국가 중대사에 공헌하고자 원한다고 부언(附言)까지 했다.

이승만 대통령은 모든 정당은 비밀공작을 행하지 말고 대통령 후보를 추천하여 그의 정견을 공개해야 한다는 담화를 발표했다.

이승만 대통령은 직선제 개헌에 대해 민중이 직접선거하면 내가 다시 피선될 수 있고, 국회에서 선거하면 재피선이 못 될 줄로 알고 개헌을 주장하는 것이 결코 아니고, 오직 나의 목적하는 바는 내가 이것을 개정시켜 놓고 나가자는 것이니 이 법안을 고치고 안 고치는 것이 나 한 사람의 진퇴에 대해서는 일호의 관계도 없는 것이며 이 고충을 양해 해주기 바란다는 특별담화도 발표했다.

이승만 대통령은 국회의 질문 사항에 대한 답변에서 독재적인 방향이니 권력이니 조작(造作) 민의이니 하는 등은 사실도 떠나고 이론도 벗어나서 남을 시비만 하자는 의도에 불과하고, 소수인의 독단을 버리고 전 민족의 공의(公議)를 따라 하자는 대통령이 독재인가 국회 내에서 소수인의 의견을 차단하는 것이 독재인가는 공판에 부쳐야 할 것이다라고 밝혔다.

이승만 대통령은 지방의회 의원에 대하여 발췌개헌안이 통과된 데 있어서 그 공로와 노력을 치하하고, 대통령에 입후보 할 사람은 자기 정책을 일반 국민에게 공표할 것을 강조하며, 앞서 누차 언명한 바와 같이 대통령 후보가 되기를 원하지 않으니 모두 양해 해주기 바란다는 담화를 발표했다.

(2) 300여만 명의 연판장을 받고 마지 못해 대통령 출마

헌법 개정의 과정에서 공고의 절차가 생략되었을 뿐 아니라 투표의 자유도 보장되지 아니한 기립표결로 흠결이 있는 발췌개헌안이 발효됐으나, 이승만 대통령은 전시 중이라 정세가 혼란스럽고 복잡하다는 이유를 들어 참의원(參議院)을 구성하지 않고 국회에서 간접선거로 선출하던 대통령과 부통령을 국민이 직접 선출할 수 있도록 했다.

개헌안이 가결된 후, 자신은 대통령 후보자가 되기를 원하지 않는다는 내용의 담화를 발표하였던 이승만 대통령은 재출마를 종용하는 유권자 300여 만명의 연판장을 시·군 대표들로부터 받았으며, 장택상이 주도한 신라회로부터는 재추천 응낙 요청을 받은 연막전술을 펼쳤다.

원외자유당은 1952년 3월 20일 전당대회를 개최하여 당수에는 이승만, 부당수에는 이범석을 만장일치로 선출했다.

당원 총수는 265만 4천 258명이라고 보고하고 참석 대의원 수는 658명이며 신용욱, 양우정 의원 등 13명의 의원들이 참석했다.

이승만 대통령은 1952년 7월 19일 대전에서 개최된 자유당 전당대회에서 후보 공천을 받았다.

이승만 대통령은 국민의 의사를 거부 못해 대통령에 입후보하게 되었다고 공보처를 통해 특별담화를 발표함으로써 그동안 누차에 걸쳐 대통령에 출마하지 않겠다는 국민들과의 약속을 헌신짝처럼 저버렸다.

(3) 제2대 대통령선거에는 4명의 후보들이 각축전을 전개

대통령 입후보는 선거인 500명의 추천만으로 입후보하고 만약 후보자가 1인인 경우에는 유권자의 3분의 1의 찬성으로 당선된다는 대통령과 부통령선거법이 국회의 문턱을 넘어섰다.

선거법이 통과되자 민족자결단과 애국단체연합은 이승만 대통령의 출마를 간청했고, 이시영과 신흥우도 대통령 입후보를 추진했다.

주일대사였던 신흥우 후보는 개헌 지지 여부를 회피하고 주일대사를 사퇴할 때 이승만 대통령과 의견 대립이 있었는지, 이 대통령의 재당선을 지원하기 위해 반대 후보에게 갈 표를 분산시키고자 입후보한 것이 아니냐는 질문에도 대답하지 않았다.

이번 대통령선거에는 4명의 후보들이 등록하여 추첨한 결과 1번은 이승만, 2번은 이시영, 3번은 조봉암, 4번은 신흥우로 결정됐다.

1번 이승만(77세) 후보는 황해도 평산 출신으로 조선 말부터 혁명운동에 종사했고, 일제 침략 후에는 미국에서 독립운동을 벌였다. 상해임시정부에서 대통령에 취임했으며 해방 이후에는 대한독립촉성국민회를 조직했고, 독립과 함께 초대 대통령에 선출됐다.

2번 이시영(82세) 후보는 서울 출신으로 대한제국 시대에는 평안도관찰사로 있다가 망국과 함께 만주, 중국 등지에서 독립운동을 펼쳤다. 상해임시정부 요원으로 활동했고 독립 후에는 초대 부통령에 당선됐다가 시위소찬(尸位素餐)이란 명언을 남기고 사직했다.

3번 조봉암(53세) 후보는 경기도 강화 출신으로 26년 동안 공산주의자로서 항일독립운동에 종사했다. 해방 이후 공산당과 결별하고 중간 노선의 지도자로 활동했다.

해방 이후 인천에서 제헌 국회의원에 당선되고 초대 농림부장관에 발탁됐다. 국회의원에 재선되고 국회부의장으로 봉직했다.

4번 신흥우(67세) 후보는 서울 출신으로 미국에서 교육을 받은 후 교육 사업에 종사했다. 해방 후 주일한국대사에 발탁됐으며 누차에 걸쳐 국제회의에 참석하는 외교가로 활동했다.

(4) 현직 대통령의 프리미엄으로 압승을 거둔 이승만

정당·사회단체를 결집시킨 원외자유당이 선거전을 주도한 가운데 선거운동다운 선거운동 없이 이승만 대통령이 현직 대통령의 지명도와 경찰력을 동원하여 압승을 거둘 수 있었다.

1952년 8월 5일 실시한 제2대 대통령선거에서 자유당의 이승만 대통령은 유효투표 702만 64표의 74.6%인 523만 8,769표를 득표하여 당선됐다.

무소속 조봉암 후보는 79만 7,504표를, 무소속 이시영 후보는 76만 4,715표를, 무소속 신흥우 후보는 21만 9,696표를 각각 득표했다.

광복절 기념식과 함께 거행된 취임식에서 "나 이승만은 국헌을 준수하며 국민의 복리를 증진하며 국가를 보위하여 대통령의 직무를 성실히 수행할 것을 국민에게 엄숙히 서(誓)한다"는 이승만 대통령은 통일 대업의 달성을 기약했다.

2. 이범석을 토사구팽하고 함태영을 부통령에

(1) 예상을 벗어나 9명의 후보들이 난립한 부통령 후보

부통령에 출마하기 위해 이범석 내무부장관과 조선민주당 부통령 후보에 추대된 이윤영 무임소장관과 심계원장인 함태영도 사표를 제출하여 수리됐다.

부통령은 이범석, 이윤영, 함태영 후보 외에도 이갑성, 조봉암, 전진한 의원들의 출마설이 나돌아 혼전이 예상됐다.

제3대 부통령선거에서는 자유당 이범석과 이갑성, 민주국민당의 조병옥, 조선민주당의 이윤영, 여자국민당 임영신, 대한노동총연맹의 전진한, 무소속의 함태영, 백성욱, 정기원 등 모두 9인이 출마하여 경합했다.

기호 1번 이범석(52세) 후보는 일제시대 만주와 중국에서 항일투쟁을 펼쳤다. 청산리전투에서 일본군을 섬멸하여 명장으로 알려졌고 제2차 대전 때에는 광복군 총참모장으로 활약했다.

해방 후 민족청년단을 조직하여 활동하다가 국방부장관 겸 국무총리에 발탁됐다.

주중국대사를 거쳐 내무부장관에 임명됐으나 자유당의 부통령 후보에 추대되자 내무부장관직을 사임했다.

기호 2번 이윤영(63세) 후보는 평북 영변 출신으로 기미독립운동에 참여했다. 조만식 선생과 함께 조선민주당을 창당하여 활동하다가 월남하여 제헌의원에 당선됐고, 초대 국무총리 지명을 받았으나 인준에 실패했다.

사회부장관과 국무총리 서리로 활동했으며 부통령 출마를 위해 무임소장관직을 사임했다.

기호 3번 이갑성(62세) 후보는 대구 출신으로 세브란스의전을 졸업했으며 3.1 운동 때 33인으로 투옥되어 4년간 감옥 생활도 했다.

해방 후에는 대한독립촉성회장으로 활동했으며 현역의원으로 원외 자유당에서 활약했다.

기호 4번 함태영(77세) 후보는 서울 출신으로 법관양성소를 졸업하여 검사와 판사 생활을 했다. 기미독립운동에 참가했고 해방 후에는 신학교 이사로 활동하다가 심계원장에 발탁됐다.

기호 5번 임영신(52세) 후보는 전북 금산 출신으로 미국 남가주대를 졸업하고 장로교 교육사업에 종사했다. 독립 후 초대 상공부장관에 발탁됐으며 중앙대 총장과 유엔 한국 대표로 활약했다.

경북 안동에서 장택상을 꺾고 제헌의원 보궐선거에서 당선됐고, 2대 총선에서는 고향 금산에서 유진산을 꺾고 재선의원이 됐다.

기호 6번 조병옥(56세) 후보는 충남 천안 출신으로 미국 컬럼비아대를 졸업했고 일제시대에는 반일독립운동에 참여했다.

해방 후 과도정부 경무부장으로 활동하다가 정부 수립 후 대통령 특사로 유엔 및 미국에서 활약했다.

내무부장관 시절 대구를 사수한 공로로 대구에서 정치적 꿈을 키

워나갔다.

기호 7번 전진한(50세) 후보는 경북 상주 출신으로 일본 조도전대 졸업 후 협동조합운동에 종사했다. 대한노총위원장을 지냈으며 고향에서 제헌의원에 당선된 후 초대 사회부장관에 발탁됐다.

부산에서 보궐선거에 당선되어 재선의원이 됐고 국제자유노련 상임이사로 활동했다.

기호 8번 백성욱(55세) 후보는 서울 출신으로 독일에서 수학했으며 금강산에서 승려 생활을 했다. 정부 수립 후에는 내무부장관에 발탁되기도 했으며 현재는 광업진흥회장으로 활동하고 있다.

기호 9번 정기원(59세) 후보는 황해도 출신으로 미국 프린스턴대를 졸업하고 미국 국무부 극동정보부에서 근무했다.

재미학생회장에도 피선됐으며 해방 후에는 부산 동아대 학장으로 재직하다가 부산에서 제2대 의원에 당선됐다.

(2) 무소속 함태영 후보가 부통령에 당선된 배경

대통령과 함께 실시된 부통령 선거 결과 무소속 함태영 후보가 유효표 713만 3,297표의 41.3%인 294만 3,813표를 얻어 당선됐다.

당선이 예상된 자유당 이범석 후보는 1백만 표 이상의 표차인 181만 5,692표를 득표했고, 민국당 조병옥 후보가 58만 5,260표 득표로 동메달을 차지했다.

원외자유당에서 중추적 역할을 한 이갑성 후보는 50만 971표를,

무임소장관을 사직한 조선민주당 이윤영 후보가 45만 8,583표를, 대한노동총연맹의 전진한 후보가 30만 2,471표를 득표했다.

여자국민당 임영신 후보는 19만 211표를, 무소속 백성욱 후보는 18만 2,288표를, 무소속 정기원 후보는 16만 4,907표를 득표했다.

심계원장을 지낸 함태영 후보가 자유당의 이범석 후보를 누르고 부통령에 당선된 것은 이승만 대통령이 선거 도중 자유당 이범석 후보가 아닌 무소속 함태영 후보를 지지하여 경찰력이 총동원되어 함태영 후보를 지원한 결과였다.

중국대사로 있던 이범석 후보가 민족청년단원들의 공작으로 귀국하여 자유당의 영도권을 장악하기 위한 수단으로 부당수에 추대되고 부통령 후보로 지명됐으나 이승만 대통령은 승인을 하지 아니했다.

경찰과 행정조직의 힘이 거의 절대적으로 작용하여 이범석 부통령을 함태영 부통령으로 교체시켰다.

투표일에 임박하여 장택상 국무총리, 김태선 내무부장관은 경찰로 하여금 이범석 반대, 함태영 지지 입장을 밝히고 이를 강력하게 시달했기 때문이다.

자유당 계열에서 이갑성을 비롯한 후보자들이 제각기 자유당 전당대회에서 부통령 후보로 지명된 이범석을 무시하고 이승만 대통령을 지지하고 나서 자유당 선거 대책에 혼선을 초래했다.

이승만 대통령은 직선제 개헌 공작을 위해 민족청년단 중심의 원외자유당을 실컷 이용하고는 결국 민족청년단장이었던 이범석을 토사구팽시켰다.

이범석 후보는 내무부장관으로 재직하며 자신의 휘하에 있던 경찰이 자신의 부통령 피선을 방해하기 위해 선거운동원을 불법 체포하고, 함태영 후보의 당선을 위해 전국의 경찰을 동원하였다며 장택상 국무총리, 김태선 내무부장관, 윤우경 치안국장을 선거법 위반 혐의로 검찰에 고발했다.

그러나 민족청년단의 후일을 기약하고 자유당의 당권을 장악하고자, 이범석은 부통령선거 결과를 수용하고 고소를 취하하면서 이승만 대통령에게 충성할 것을 서약했다.

그러나 이승만 대통령은 민족청년단 계열의 세력이 커지자 이들을 도태(淘汰)시키기 위해 해당분자로 규정하고 숙청을 선언했다.

족청계 축출 차원에서 진헌식 내무부장관과 신중목 농림부장관을 이승만 대통령은 파면 조치했다.

제3장 이승만 체제의 버팀목인 자유당 창당

1. 원내자유당과 원외자유당의 이란성 쌍둥이

2. 우여곡절과 시련을 겪으며 성장한 자유당

1. 원외자유당과 원내자유당의 이란성 쌍둥이

(1) 원내자유당과 원외자유당의 창당 배경

1951년 광복절 기념사에서 이승만 대통령은 노동자와 농민을 위한 새로운 정당 조직의 필요성과 대통령직선제 및 국회 양원제를 내용으로 하는 헌법 개정의 필요성을 강조했다.

이것이 동기가 되어 친여집단인 신정동지회와 공화구락부가 중심이 되어 규합된 원내교섭단체인 공화민정회가 원외의 국민회, 대한부인회, 대한청년단, 대한노동조합총연맹, 대한농민조합총연맹 대표들을 규합하여 신당 발기협의회를 구성했다.

신당 발기협의회는 신당 준비위원회로 발전하였으며 원내와 원외 동수로 구성됐다.

국민방위군 사건과 거창 양민학살사건 등으로 원내에서 신임을 잃어가는 이승만 대통령은 의원들의 간선제로는 대통령에 재선되기 어렵게 되자, 자신의 재선을 위해 직선제 헌법 개정과 국민운동을 전개하면서 자유당을 조직하게 된 것이다.

신당 준비위원회는 정부 형태를 둘러싸고 대통령직선제와 양원제를 주장하는 원외와 내각책임제를 주장하는 원내로 나뉘게 되었다. 이승만 대통령이 원외자유당만을 인정하고 후원하겠다는 담화를 발표하자, 그동안 원외에서 이승만을 지지해 온 대한독립촉성국민회, 대한농민조합총연맹, 대한노동조합총연맹, 대한청년단, 제헌동지회, 대한부인회의 대표들이 신당 발기준비위원회를 조직했다. 공화민정회의 신당발기회 원내 준비위원회도 부서를 개편하고 양우정, 조경규, 이재형 등이 주도적 활동을 개시하였다.

원내자유당은 공화민정회를 중심으로 확보된 93석을 바탕으로 내각책임제 개헌을 성사시켜 이승만 대통령을 상징적인 국가원수에 그치도록 하고, 장면 국무총리를 내각책임제의 국무총리로 옹립하여 실권을 잡으려고 했다.

원내자유당은 1951년 12월 23일 국회의사당에서 창당대회를 개최하여 이갑성, 김동성, 김승환을 중앙회 부의장으로 선출했다.

그러나 원내자유당은 민우회와 공화민정회의 민정동지회, 국민구락부, 공화구락부들이 주도권을 장악하기 위하여 암투를 계속하여 통일된 의견 조정을 이루지 못하였고, 조직면에서 동일성을 갖지도 못했다.

그러한 상황에서 정부는 1951년 11월 대통령직선제와 국회 양원제를 골자로 하는 헌법개정안을 국회에 제출했다.

그러나 국회에서는 대통령선거권을 양보하기 어려웠고, 입법권을 상원과 양분하여 특권을 포기해야 할 이유가 없었기 때문에 헌법개정에 반대했다.

원외자유당은 이범석이 주도한 민족청년단계가 중심이 되어 5개 친여단체를 그 기반으로 삼았으며, 이승만 대통령을 재선시키고 이범석을 부통령으로 앉혀 실권을 장악하고자 했다.

원외자유당도 1952년 3월 20일 부산 동아극장에서 결당대회를 갖고 당수에 이승만, 부당수에 이범석을 선출했다.

(2) 원내자유당과 원외자유당의 통합 과정

원내자유당은 내각책임제 개헌에 대해 찬성과 반대하는 합동추진파와 합동반대파로 분열되었다.

합동추진파는 조선민주당을 제외하고 원외자유당, 대한국민당, 여자국민당과 합동 준비위원회를 구성하여 표면화함으로써 교섭단체 명부를 국회에 제출했다.

이로써 이승만 대통령은 그의 의도를 받드는 강력한 힘을 원내외에 갖게 됐다.

이승만 대통령은 당초 원외자유당을 대한청년단장을 지낸 신성모에게 맡기려하였으나 국민방위군 사건과 거창 양민학살 사건에 따른 부정적인 국민 여론을 감안하여 초대 국무총리를 지낸 민족청년단의 지도자인 이범석을 발탁했다.

원외자유당은 265만 4,258명의 당원을 확보하고 대통령직선제와 양원제 등을 적극 지지하는 대정부건의안을 만장일치로 가결했다.

원외자유당이 1952년 4월 25일 초대 지방선거를 통하여 지방 조직을 확대하자, 의원내각제를 고집하던 원내자유당이 원외자유당과의 합동을 주장하는 합동파와 이를 반대하는 잔류파로 양분되었다.

이갑성, 박영출을 중심으로 하는 합동파는 원외자유당과 통합하지 않고 세칭 삼우장파라는 의원구락부를 조직하여 원내자유당과 원외자유당의 징검다리 역할을 수행하면서, 헌법 개정 운동의 중추적인 역할을 담당했다.

원내자유당은 헌법 개정 문제를 둘러싸고 정부와 원외자유당에 동조하는 김정실 의원 등 52명의 합동파와 내각책임제를 지지하는 홍익표 의원 등 48명의 잔류파로 분열하여 국회에 등록했다.

원외자유당과 원내자유당의 합당은 제2대 대통령선거 때까지도 성사되지 않다가 이승만 대통령이 재선(再選)되고 당의 조직 정비 작업에 가속도가 붙으면서 1953년 5월 대전에서 열린 제4차 자유당 전당대회에서 완결됐다.

2. 우여곡절과 시련을 겪으며 성장한 자유당

(1) 이승만에 절대 충성한 원외자유당 삼우장파

장택상이 이끄는 신라회가 자유당의 양우정과 협상하여 통합하기로 결의하여 원외자유당에 합류함으로써 배은희 의원 등 94명의 원외자유당, 홍익표 의원 등 25명의 원내자유당, 소선규 의원 등 29명의 민주국민당, 곽상훈 의원 등 20인의 무소속구락부와 순수 무소속 의원 15인이 원내 세력의 분포였다.

원외자유당은 신라회 및 원내자유당, 무소속구락부, 민주국민당 소속 의원들을 영입하여 103석을 확보함으로써 행정부에 비판적 입장을 취해 온 국회가 이제는 원외자유당의 지배하에서 이승만 대통령에 순치(馴致)된 순한 양들의 집합체가 됐다.

발췌개헌안의 과반수 찬성 날인에 성공한 자유당 합동파는 국회 출석 거부 태도를 바꾸어 출석하여 임시의장 신익희, 부의장 조봉암과 김동성을 선출했다.

원외자유당 소속으로 맹목적으로 이승만 대통령을 지지하고 국회 출석을 거부한 삼우장파 의원들은 이갑성, 이규갑, 김정식, 김익로, 신중목, 조경규, 남송학, 이진수, 배은희, 여운홍, 김형덕, 강창용, 박승하, 신용욱, 최원수, 박세동, 정문흠, 이한창, 조시원, 임기봉, 황병규, 박철웅, 이교선, 최주일, 최면수, 전진한, 최헌길, 강경옥, 김정실, 황성수, 조주영, 연병호, 임영신, 김용화, 권태욱,

박영출, 방만수, 조광섭, 이교승, 김제능, 윤성순, 김종회, 이학림, 서장주, 김인선, 윤치영, 정기원, 김태희, 홍창섭, 우문, 정헌조, 양우정 등이다.

(2) 이승만 대통령에게 축출된 민족청년단(族靑)

이승만 대통령은 자유당 전당대회에서 "정권욕에 의하여 분열상쟁하지 말고 정부 반대분자를 제외한 모든 우국지사들이 자유당을 진정한 정당으로 육성하라"고 훈시했다

민족청년단계는 부통령선거와 관련하여 이승만 대통령과 균열을 일으켰으며 전당대회에서 이승만 대통령의 간곡한 요청에도 불구하고 비민족청년계를 반당분자로 규정하여 이들의 숙청을 결의하고 중앙 및 지방당부의 조직을 독점하게 됐다.

신형식을 위원장으로 하는 특별징계위원회는 노총의 조경규, 대한청년단의 진승국, 유화청, 손창섭, 김창민, 박용만 등을 반동분자로 규정하고 제명을 결의하여 이승만 총재의 재가를 요청했으나 승인을 받지 못했다.

민족청년단계 인사들이 당권을 장악하자 이승만 대통령은 민족청년단계 인사들을 제거하기로 결심하고 부당수제를 폐지하고 중앙상무집행위원회, 중앙감찰위원회 등을 폐지하여 민족청년단계는 서리를 맞았으며 부당수 이범석의 위상은 평당원으로 격하됐다.

이승만 대통령의 긴급지시로 족청파가 기도하였던 비족청파 축출 운동이 좌절됐고, 옥외파가 진승국과 박용만을 중심으로 규합하여

족청파 분쇄에 나섰다.

1953년 9월 이승만 대통령은 정부로부터 이탈한 민심의 수습과 행정쇄신을 위한다는 명분으로 진헌식 내무부장관과 신중목 농림부장관을 파면한 후 민족청년단계의 분파주의를 비난했다.

1953년 11월 전당대회에서 이기붕이 중앙위원회 의장으로 선출되면서 이승만-이범석 체제가 이승만-이기붕 체제로 개편되면서 자유당은 권위주의적인 정당 체제로 전환됐다.

(3) 이승만 체제에 대한 반기(反旗)는 여전하고

개헌안을 반대하고 자유당을 탈당한 민관식 의원 외 50명의 의원들이 제출한 임철호 농림부장관 불신임 결의안이 자유당 비주류파 의원들의 합세에 힘입어 재석 184석 중 찬성 103명, 반대 73명으로 가결되어 자유당 정권 이래 최초의 불신임 결의안이 가결됐고 공공연하게 비주류가 형성되기도 했다.

이승만 대통령은 이범석 국무총리가 사퇴하자 돌연 이윤영을 총리서리로 임명했다가 장택상을 국무총리에 지명하여 가(可) 95표, 부(否) 81표로 인준을 받았다.

장택상 국회부의장의 총리 임명에 따른 잔여 임기 1개월의 국회부의장 선거에서는 내각책임제 개헌론자인 원내자유당 김동성과 대통령직선제를 주장하는 윤치영 원외자유당의 대결에서 김동성 의원이 94표를 얻어 56표를 득표한 윤치영을 꺾었다.

장택상 국무총리가 자유당과의 갈등으로 사표를 제출했다. 이기붕 지명설이 나돌았으나 이승만 대통령은 이윤영을 지명했다.

국회는 찬성 35표, 반대 128표로 이윤영 국무총리 인준을 부결하여 이윤영은 두 번째 총리 인준에 실패했다.

그 후 이승만 대통령은 2차로 대통령직선제 개헌안 가결 처리 때 공을 세운 자유당 합동파 이갑성을 지명했으나 재석 173명 중 찬성 76명, 반대 94명으로 또 다시 부결됐다.

국회는 백두진 국무총리에 대한 인준투표에서 재석 169명 중 가(可) 103표, 부(否) 63표로 재적 과반수를 넘겨 통과시켜 서리체제를 6개월 만에 마감했다.

이는 정치적, 경제적인 국제 정세의 긴박성에 비추어 감정적인 대립을 피하고 대국적인 도량을 보여준 것으로 관측됐다.

제4장 자유당이 과반 의석을 넘긴 제3대 총선

1. 공포 분위기 속에서 치러진 제3대 총선

2. 제3대 총선에서 당선된 영광의 얼굴들

1. 공포 분위기 속에서 치러진 제3대 총선

(1) 비대한 자유당과 왜소한 민주국민당의 대결

자유당은 제3대 총선을 대비하여 제5차 혁신강화 전국대의원대회를 개최하여 민족청년단계열 인사들의 잠입을 통제하기 위해 차기 총선에서 입후보 공천제를 실시할 것을 결의했다.

자유당은 공천 후보자를 선정하는 전제 조건으로 국민투표제, 삼권분립주의에 입각한 국무총리제 폐지, 이승만 대통령의 3선을 위한 개헌을 지지하는 조건을 수락하는 각서를 받고서 공천장을 줌으로써 소속 의원에 대한 통제력 강화의 효시를 기록했다.

1953년 자유당이 원내에서 의석 과반수를 차지한 후 집권 이후 처음으로 안정세를 유지한 이승만 대통령은 그러한 정당세력을 제3대 국회에서도 유지하기 위해 조직을 강화하고 의원후보자 공천제를 채택하게 된 것이다.

자유당은 공천대회를 선거구 단위로 개최하고 도당에서의 심사, 중앙당부의 재심(再審), 이승만 총재의 재가를 거쳐서 203개 선거구의 후보자를 공천하면서 이승만 대통령을 열렬하게 지지했던 각종 단체를 촘촘하게 연결하여 전국적인 조직을 가동시켰다.

민족청년단계를 일소하고 조직 정비를 마친 자유당은 이번 선거에서 과반수 이상의 의석을 확보하여 이승만 대통령의 권력 강화를 뒷받침할 수 있는 발판을 마련하도록 했다.

이승만 대통령은 9차례의 담화를 발표하며 당선시키지 말아야 할 후보들을 열거했다.

자유당은 시·군당 위원장이 곧 공천되고 당선될 것이라고 속단하여 위원장 선거전이 모함, 비난, 이면 폭로 등 혼란을 일으켰다.

거대한 자유당에 대비하여 왜소(矮小)해버린 민주국민당도 의원후보자 공천제를 도입했으나 203개 선거구 중 77개 지역구에 겨우 공천 후보자를 내세웠을 뿐이다.

월남피난민을 중심으로 구성된 조선민주당은 선거기반이 취약하여 중요인물 10여 명을 피난민 집결지역에 배치했다.

선거운동이 시작되면서 야당 후보자들에 대한 탄압과 선거운동 방해가 전개되어 특정한 선거구에서는 후보 등록조차 못하는 경우도 있었다.

야당은 입후보 난립을 방지하고 자유당의 공천제에 대항하려는 목적에서 야당의 연합전선을 기도했으나 실패했다.

자유당 부여 갑구 한광석 후보는 정견발표장에서 "자유당은 대한민국이 공인한 공산당"이라는 망언에 민심을 현혹케하는 언사에 청중들은 아연실색했다.

전국의 총선 투표율은 91%를 넘어섰다.

(2) 자유당 공천자 99명과 비공천 후보자 15명도 당선

이번 선거는 휴전협정에 따라 휴전선 이북지역으로 편입된 개성, 장단, 개풍, 연백갑, 연백을, 옹진갑, 옹진을구 등 7개 선거구에서 선거실시가 불가능하였기 때문에 210개 선거구 중에서 203개 선거구에서만 의원이 선출됐다.

이번 총선에서는 자유당 소속 5백여 명을 필두로 203개 선거구에 1천 3백여 명이 출전할 것으로 전망됐다. 국민회 80명, 민국당 70명, 기타 정당 50명도 출전이 예상됐다.

민주국민당은 "총선거와 관련하여 개헌을 추진하기 위한 국민대회를 추진한다는 것은 자유 분위기를 파괴하는 것"이라며 정부의 반성을 촉구하는 동시에 근본적으로 시정되지 않는 한 총선 입후보를 재고하지 않을 수 없다고 발표했다.

이에 자유당은 개헌추진 국민대회와 선거의 자유 분위기를 억지로 관련시키려는 것은 하나의 궤변(詭辯)으로 국민대회가 자유 분위기를 파괴하는 것은 어불성설이라고 반박했다.

선거결과 의석 분포는 자유당 114석, 민주국민당 15석, 국민회 3석, 대한국민당 3석, 제헌의원동지회 1석으로 나뉘었으며 무소속 후보들이 67명이나 당선됐다.

자유당 공천 후보 중 당선자는 99명이었으나 공천을 받지 못한 채 자유당 소속임을 밝히고 입후보하여 당선된 15명을 합하여 114명으로 자유당은 203석의 56.2%를 점유하여 과반수 의석을 차지했다.

이번 총선은 선거 사상 최초로 자유당과 민주국민당이 정당 후보 공천제를 실시하여 정당정치 제도화의 의지를 보였고 의원에 대한 통제력이 강화됐다.

정당 간 정책 대결 양상이 보이기도 했으나 한편으로는 야당 후보자들은 공포속에서 선거운동을 하는 무거운 선거 분위기였다.

자유당은 소선거구 다수대표제의 이점을 살려 전국 각 지역에서 후보자들을 골고루 당선시켜 압도적인 승리를 거두고 원내 안정세력을 구축했다.

제헌 및 2대의원 선거에서 난립상을 보인 정당과 단체들이 대폭 정비됐고, 여성은 9명의 후보자가 입후보하여 김철안(금릉) 후보가 당선되어 여성 의원의 맥을 이어갔다.

2대 총선에서 무소속 후보들이 126명 당선됐지만, 이번 총선에서는 67명으로 대폭 감소했는데, 이는 정당공천제 채택의 영향이라고 할 수 있다.

3대 총선의 입후보자는 1,291명으로 확정됐다. 2대의원 중 68명의 의원들이 낙선한 데 비해 당선자는 43명에 불과하여 63% 수준이었다.

경북 대구에서는 애국청년결사대라는 명의로 연달아 협박장이 날아들었고, 강원도 원주에서는 정체불명의 테러단이 출현하고 출마자에 협박 삐라를 살포하여 자유 분위기가 깨뜨려졌다.

경북 경주에서는 선거 감시를 위해 출장 중인 검사에게 난데없는 총탄 세례를 퍼붓는 사건도 발생했다.

이승만 대통령은 경찰은 치안과 법률만 지키고 선거에 간섭하지 말라는 특별담화를 발표했다.

2. 제3대 총선에서 당선된 영광의 얼굴들

(1) 자유당 : 114명

◆서울(5명): 김일(성북), 이기붕(서대문을), 함두영(마포을), 남송학(용산갑), 황성수(용산을)

◆경기(16명): 김재곤(인천갑), 표양문(인천병), 정존수(수원), 한동석(고양), 김종규(양주갑), 윤성순(포천), 오형근(가평), 김병철(이천), 신의식(용인), 황경수(평택), 손도심(화성갑), 최병국(화성을), 이영섭(시흥), 장경근(부천), 윤일상(강화), 정대천(파주)

◆강원(8명): 홍창섭(춘천), 이재학(홍천), 함재훈(원주), 정규상(영월), 이형진(평창), 최용근(강릉갑), 김진만(삼척), 전만중(울진)

◆충북(8명): 곽의영(청원을), 김선우(보은), 최순주(영동), 이충환(진천), 안동준(괴산), 이학림(음성), 김기철(충주), 이태용(제천)

◆충남(17명): 정상열(대전), 송우범(대덕), 유지원(연기), 염우량(공주갑), 김달수(공주을), 신태권(논산갑), 조남수(부여을), 나희집(서천), 김영선(보령), 정명선(청양), 김지준(홍성), 성원경(예산), 나창헌(서산갑), 유순식(서산을), 인태식(당진), 홍순철(아산), 한희석(천안)

◆전북(10명): 김춘호(이리), 이존화(완주갑), 손권배(완주을), 이

복성(진안), 김상현(무주), 박세경(임실), 양영주(남원), 임차주(순창), 김창수(정읍갑), 신용욱(고창을)

◆전남(15명): 이정휴(광산갑), 박홍규(광산을), 박영종(담양), 조순(곡성), 김정호(광양), 이형모(승주), 손문경(고흥갑), 송경섭(고흥을), 구흥남(화순), 손석두(장흥), 김성호(강진), 김병순(해남갑), 유옥우(무안을), 정명섭(나주을), 조병문(진도)

◆경북(17명): 박만원(군위), 박영출(의성갑), 김익기(안동을), 윤용구(청송), 김원규(영덕), 박순석(영일갑), 김익로(영일을), 김상도(영천갑), 김보영(청도), 김홍식(고령), 도진희(성주), 김철안(금릉), 윤만석(문경), 현석호(예천), 이정희(영주), 정문흠(봉화), 최병권(울릉)

◆경남(17명): 김지태(부산갑), 정기원(부산병), 이영언(부산무), 김종신(마산), 황남팔(진양), 이영희(의령), 조경규(함안), 김형덕(밀양갑), 조만종(밀양을), 정해영(울산을), 김법린(동래), 김성삼(창원갑), 이용범(창원을), 김영삼(거제), 정갑주(사천), 강봉옥(하동), 최창섭(합천을)

◆제주(1명): 강경옥(남제주)

(2) 민주국민당 : 15명

◆서울(3명): 윤보선(종로갑), 김도연(서대문갑), 김상돈(마포갑)

◆경기(1명): 신익희(광주)

◆충북(1명): 신각휴(옥천)

◆전북(2명): 김판술(군산), 소선규(익산갑)

◆전남(3명): 정중섭(목포), 김준연(영암), 조영규(영광)

◆경북(3명): 서동진(대구갑), 조병옥(대구을), 조재천(달성)

◆경남(2명): 최천(통영), 신도성(거창)

(3) 대한국민당 : 3명

◆서울(2명): 윤치영(중구갑), 이인(영등포을)

◆경남(1명): 박재홍(김해갑)

(4) 국민회 : 3명

◆경북(1명); 권오종(안동갑)

◆경남(1명): 김영상(함양)

◆강원(1명): 임우영(춘성)

(5) 제헌국회의원동지회 : 1명

◆충북(1명): 박기운(청주)

(6) 무소속 : 67명

◆서울(6명); 정일형(중구을), 김두한(종로을), 민관식(동대문을), 임흥순(성동갑), 김재황(성동을), 윤재욱(영등포갑)

◆경기(6명): 곽상훈(인천을), 강승구(양주을), 천세기(양평), 김의준(여주), 오재영(안성), 정준(김포)

◆강원(3명): 장석윤(횡성), 전상요(정선), 박용익(강릉을)

◆충북(2명): 신정호(청원갑), 장영근(단양)

◆충남(2명): 육완국(논산을), 이석기(부여갑)

◆전북(10명): 이철승(전주), 유진산(금산), 정준모(장수), 김택술(정읍을), 정세환(고창갑), 신규식(부안), 송방용(김제갑), 윤제술(김제을), 양일동(옥구), 강세형(익산을)

◆전남(12명): 정성태(광주), 정재완(여수), 윤형남(순천), 이갑식(구례), 김철주(여천), 김성복(보성), 민영남(해남을), 신행용(무안갑), 최영철(나주갑), 김의택(함평), 변진갑(장성), 김선태(완도)

◆경북(13명): 이우줄(대구병), 하태환(포항), 문종두(김천), 박영교(의성을), 박종길(영양), 김철(경주갑), 이협우(경주을), 권중돈(영천을), 박해정(경산), 장택상(칠곡), 김우동(선산), 김달호(상주갑), 백남식(상주을)

◆경남(11명): 전진한(부산을), 김동욱(부산정), 서인홍(진주), 하을
춘(창녕), 지영진(양산), 김수선(울산갑), 이종수(김해을), 최갑환
(고성), 윤병호(남해), 이병홍(산청), 유봉순(합천갑)

◆제주(2명): 김석우(북제주갑), 김두진(북제주을)

(7) 자유당으로 몰려간 무소속 의원들

무소속 후보로 자유당 공천 후보들을 제압하고 당선되고서 먼저
자유당을 찾아 들어간 의원들은 김두한(종로을), 민관식(동대문을),
강승구(양주을), 오재영(안성), 전상요(정선), 박용익(강릉을), 신
정호(청원갑), 정준모(장수), 김택술(정읍을), 정세환(고창갑), 이
갑식(구례), 김철주(여천), 신행용(무안갑) 등 13명이 이었고, 임흥
순(성동갑), 김재황(성동을), 윤재욱(영등포갑), 김의준(여주), 장
석윤(횡성), 장영근(단양), 육완국(논산을), 신규식(무안), 강세형
(익산을), 김성복(보성), 변진갑(장성) 등 11명의 의원들도 자유당
에 입당하여 자유당은 203명의 재석의원의 68%인 138명의 의석
을 점유한 공룡(恐龍)정당으로 변신하여 이승만 종신(終身)집권 개
헌을 추진하게 됐다.

[제2부] 자유당 전성시대의 역사적 회고

제1장 역사적 오명을 남긴 사사오입 개헌

제2장 민주당 창당과 장면 부통령 암살미수

제3장 자유당의 장기 집권을 향한 잰걸음

제4장 1950년대 중반 우리나라의 모습

제1장 역사적 오명을 남긴 사사오입 개헌

1. 이승만 대통령 종신(終身)집권을 향한 개헌 추진

2. 부결(否決)선포 하루만에 가결(可決)로 바꿔

3. 4사 5입 개헌의 여진(餘震)은 오랫동안 지속

1. 이승만 대통령 종신(終身)집권을 향한 개헌 추진

(1) 부산의 정치파동을 잊은 채 은밀히 3선 개헌을 추진

1952년 부산에서 정치파동을 일으켜 국회의원 간선제에서 국민 직선제로 개헌하여 제2대 대통령에 당선된 이승만은 종신 대통령을 꿈꾸면서 초대 대통령 종신집정 등 또 하나의 개헌 구상을 돌연 극비리에 급속적으로 추진했다.

1954년 제3대 총선에서 자유당 후보들에게 공천장을 건네면서 대통령의 중임제한을 철폐하고 종신 대통령을 할 수 있는 개헌안에 서명(署名)하는 조건으로 공천하고서, 이승만 대통령은 한 선거구에 한 정당에서 한 명씩 출마하여 입후보자의 난립이 없도록 경고하고, 요즘 비밀리에 추진되고 있는 초대 대통령의 종신집권 등 5개 항목 개헌안은 유안(留案)할 것을 시사했다.

경찰들의 부질없는 공명심으로 비상사태와도 같은 삼엄한 선거 분위기 속에서 공천 후보자 180여 명 중 99명을 당선시킨 자유당은 제명처분을 하거나 무소속으로 당선된 36명을 포섭하여 135석을 차지하게 됐다.

(2) 무소속 의원 21명을 영입하여 개헌선을 확보

제3대 총선에서 자유당 114명, 민국당 15명, 무소속 67명, 국민당 3명, 국민회 3명, 헌정동지회 1명의 후보들이 당선됐다.

이번 총선에서 유효 투표수는 7,492,308표 중 자유당이 2,756,061표를 득표하여 36.8%를 차지했다.

민주국민당이 593,499표(7.9%)를 차지한 반면 무소속 후보들이 3,591,617표(47.9%)를 득표하여 비자유당 후보들의 득표가 4,736,247표(63.2%)로 자유당을 압도했다.

자유당은 개헌을 추진하기 위해 회유, 설득, 협박으로 김택술(정읍을), 이갑식(구례), 오재영(안성), 정준모(장수), 하을춘(창녕), 지영진(양산), 유봉순(합천갑), 이종수(김해을), 신행용(무안갑), 민관식(동대문을), 신정호(청원갑), 정세환(고창갑), 김철주(여천), 이협우(경주을), 박용익(강릉을), 전상요(정선), 김석우(북제주갑), 강승구(양주을), 김두한(종로을), 하태환(포항), 박영교(의성을) 등 무소속 당선자 21명을 영입하여 개헌선을 넘긴 135명의 의원을 확보했다.

입당한 의원들은 한결같이 "당신만 편안하면 제일이냐"면서 선거구민들이 빨리 입당하라고 조르는 통에 부득이 입당하게 되었다고 토로했다.

3대 국회는 135명의 자유당(대표 이재학), 31명의 무소속동우회(대표 윤병호)로 출범했으며 민주국민당은 교섭단체 구성에 실패했다.

무소속 동지회는 윤병호, 권중돈, 김영상, 서인홍, 최갑환, 이우줄, 권오종, 김의준, 이병홍, 정준, 김의택, 최영철, 박해정, 조만종, 이철승, 김수선, 윤형남, 전진한, 양일동, 정성태, 김달호, 백남식, 유진산, 정재완, 임흥순, 김선태, 김철, 박기운, 곽상훈, 박종길,

57

민영남 의원들이 참여했다.

(3) 자유당은 136명 의원들의 서명을 받아 개헌안 제출

정부와 자유당은 정부기구 개편 등을 중심으로 하는 개헌안을 추진하기 위해 연석회의를 개최했다.

이 회의에서는 국민투표제 채택, 국회의원 소환제, 국무총리제를 폐지하고 수석국무위원제 등에 대한 의견을 교환했다.

비공천 자유당과 무소속 당선자 36명을 영입하여 135석을 확보한 자유당의 개헌 초안에는 국리민복을 위한 정강 정책과 의원소환제 등이 자취를 감춰 주목을 받았다.

자유당은 이승만 정권의 영구집권을 위해 자유당 의원 중 김두한 의원만 날인하지 않고 무소속 윤재욱 의원 등이 날인하여 이기붕 의원 외 135명의 서명을 받아 개헌안을 9월 6일 국회에 제출했다.

개헌안의 주요내용은 주권의 제약 또는 영토의 변경을 가져 올 국가안위에 관한 중대 사항에 대한 국민투표제를 실시하고, 국무총리 및 국무위원 연대책임제를 폐지하고, 국무위원에 대한 개별적인 불신임권을 부여한다는 것이다.

또한 참의원의 고위 공무원의 임명에 대한 인준권을 부여하고, 경제 체제의 중점을 국유나 국영의 원칙에서 사유나 사영의 원칙으로 변경한다는 것이다.

그리고 무엇보다 중요하고 핵심적인 것은 이승만 대통령에 한하여 중임제한을 폐지하여 영원토록 대통령을 할 수 있도록 하는 것이다. 바꿔 말하면 이승만 대통령에게 종신 대통령을 허용하자는 것이다.

10월 7일 개헌안 공고 기간이 만료되어 개헌안을 의결할 수 있음에도 자유당의 복잡한 당내 사정으로 개헌안의 상정이 지연됐다.

자유당 의원부에서는 전북 진안의 보궐선거에 배은희 후보를 내세웠으나 중앙당부에서는 이를 거부했다.

이에 의원부에서는 중앙당부차장에 대한 불신임안과 농림부·상공부·재무부·기획처장관의 인책 사임 권고 결의안을 의결했다.

이는 상부에의 맹종(盲從)과 중앙당 간부들의 추태에 대한 양심적 고민이 폭발한 항거였다.

이기붕, 최순주, 한희석, 이재학, 황성수 의원들이 이승만 대통령을 방문하여 의향을 문의하자, 이승만 대통령은 "당내 문제로 소란을 회피하라"는 지시로 당내 갈등은 일시적으로 보류 상태의 휴전 상태에 놓였다.

중앙당부 부차장 36명은 개헌안 통과와 때를 같이 하여 총사임을 결의하는 반격 태세를 갖췄다.

이에 이승만 대통령은 자유당 의원 전원을 경무대에 초청하여 국민투표 실시를 위한 개헌을 강조하며, 의원들을 위무하여 종신제 개헌안의 조속한 의결을 종용했다.

자유당 내분을 종식하고 일치단결하여 개헌안을 의결하기 위해 함상훈이 신익희 전 국회의장과 납북된 조소앙 전 의원의 뉴델리 밀약설을 조작하여 발표하기도 했다.

2. 부결(否決)선포 하루만에 가결(可決)로 바꿔

(1) 개헌 정족수 136표에서 1표가 모자라 부결을 선포

개헌안에 대해 자유당 이재학 원내총무와 민국당 신도성 선전부장이 지상논쟁을 벌였다.

이재학 원내총무는 국회해산권을 정부에 부여할 수 없기 때문에 국무총리제를 폐지해야 한다고 주장하고, 신도성 선전부장은 현 대통령에 한하여 종신 연임을 허용하려는 것은 국민 간에 차별을 둘 수 없다는 헌법 조항에 위배된다고 주장했다.

종신대통령 조항을 뒤로하고 국민투표제 실시만을 역설하며 조항별 투표를 검토하라고 지시한 이승만 대통령은 자유당 의원 전원을 초치하여 개헌의 필요성과 의원 전원의 행동 통일을 역설했다.

대통령 연임 문제에 대해 내가 나 한 사람의 권위나 지위를 염두에 두지 않고 대한민국의 안전과 민중의 복리를 주장하는 바인데 내가 초대 대통령의 임기를 제한하지 말자는 그런 호의는 알겠으나 그렇게 되면 치욕은 될지언정 영광이라고 인정하기 어려우므로 이것은 개인의 친분을 위한 운동인 줄로 알고 결코 인정치는 않은 것이다라면서, 종신개헌을 부정하고서 공결(公決)만을 기다려 행하기 바란다는 이중적인 연막전술도 펼쳤다.

이승만 대통령은 자유당 의원들에게 조항별 표결 방법을 재론하면서 개헌안의 조속한 통과를 종용했다.

변영태 국무총리의 개헌안 비밀투표 반대로 자유당은 공개투표제를 추진했다. 그러나 반대하는 의원이 많아 국회법 개정은 보류한 채 표결이 진행됐다.

무소속 송방용 의원이 "자유당에서 이번 투표에 암호를 사용하여 자유를 구속한다는 소문이 들리니 이런 일은 용인할 수 없다"는 발언으로 고함이 오고 갔다.

장택상 의원이 나라와 민족을 위해 표를 던지는 이 마당에 "암호투표를 써서 양심을 억제한다는 것이 말이 되느냐"고 암호투표 용지를 내보이며 암호투표 지시를 폭로하여 장내를 긴장시켰다.

개헌안은 11월 27일 표결결과 재적 203명 중 가(可) 135표, 부(否) 60표, 기권 7표로 개헌 정족수인 136표에 1표가 미달하여 최순주 국회 부의장은 개헌안이 1표차로 부결되었다고 선언했다.

(2) 자유당 의총에서 부결은 착오였다는 성명 발표

개헌안이 부결되자 자유당은 긴급 의원총회를 소집하여 개헌안은 통과되었다고 의결하고 공보처장 갈홍기는 203명의 3분의 2는 135명이라도 무방하다는 특별성명을 내는 등 개헌안 부결 번복을 위해 총력전에 나섰다.

자유당은 서울대학의 수학교수 최윤식 등을 동원해서 203의 3분의 2가 135라는 희한(稀罕)한 방식을 착안하여 이승만 대통령에게 보고했다는 설과 자유당이 부결됐음을 보고하러 갔더니 이승만 대통령이 어용 교수들의 자문을 받아 135표면 4사 5입하여 통과된 것이라고 기정사실화시켰다는 설이 전해지고 있을 뿐이다.

자유당 의총은 "어제 최순주 부의장이 본회의에서 개헌안 투표가 부결임을 선포한 것은 의사과장의 잘못된 산출 방법의 보고에 의하여 착오 선포된 것"이라고 지적하고, "재적의원 203명의 3분의 2는 정확하게 135.333…인데 자연인을 정수가 아닌 소수점 이하까지 나눌 수 없으므로 4사 5입의 수학적 원리에 의해 가장 근사치의 정수인 135명임이 의심할 바 없으므로 개헌안은 가결된 것"이라고 발표했다.

이승만 대통령은 초대 대통령의 중임제한을 폐지하는 헌법개정안이 민의원에 의하여 합법적으로 통과되었다는 정부의 주장을 재확인하면서, 3분의 2 이상의 다수표가 필요하다는 헌법과 개정안의 통과는 상충(相衝)되지 않는다고 강변했다.

(3) 최순주 국회 부의장의 번복(飜覆) 가결 선포

다음날 최순주 국회부의장은 지난 회의에서 부결이라고 선포한 것은 계산 착오이므로 취소하고 가결되었다고 선포하자, 야당 의원들이 단상으로 뛰어올라가 최순주 국회 부의장을 끌어내리는 등 난장판이 벌어졌지만, 닭 쫓는 개 지붕 쳐다보는 격이 됐다.

헌법학자 유진오는 "각국의 전례는 이런 경우 찬성표 수는 적어도 반대한 3분의 1을 기준으로 하여 2배수 즉 68의 배수인 136이라 하며 부결을 선포한 만큼 사실의 착오가 아닌 이상 개헌안은 부결된 것으로밖에 볼 수 없다"고 주장했고, 대법원장 김병로는 "4사 5입이란 본래 남은 4를 버리는 것이지 모자라는 데 쓰는 것이 아니다"라고 밝혀 개헌안 번복의 부당성을 지적했다.

자유당 김일 의원은 "계산상 착오를 시정하려는 최순주 부의장을 완력으로 잡아낚고 무효라고 의사봉을 때린 곽상훈 부의장은 냉철을 잃었으니 당연히 징계해야 한다"고 주장했으나 가(可) 82표, 부(否) 89표로 곽상훈 부의장 징계안은 부결됐다.

유진산 의원은 "이번 위헌파동은 제3대 국회의원 선거가 뿌린 업원(業怨)의 인과로 나타난 것으로서 최순주 부의장이 일단 부결을 선포하여 전 국민과 전 세계에 전파(傳播)되었음에도 불구하고, 이기붕 국회의장은 선두에서 날조 지휘하여 이를 번복함으로써 국민 앞에 실망을 주고 국회의 위신을 여지없이 추락시켰으며, 목적을 위하여서는 헌법도 양심도 도의도 없어진 것은 고사하고 의정 단상에 무뢰까지 침입시켜 폭행을 하게 한 그 책임을 면할 수 없을 것"이라며 이기붕 국회의장 사퇴 결의안을 제의했다.

장택상 의원은 "천추만대에 욕밖에 남을 것이 없으니 양심의 지상명령에 의하여 회의록을 환원토록 하라"면서, "최순주 국회부의장은 부(否)를 선택했으니 의장의 직책을 다했고, 이를 취소했으니 자유당원으로서의 책임을 다했다. 국회 부의장을 사직 했으니 양심적인 행동을 했으나, 직권을 남용하여 부(否)를 가(可)로 가장하고 정부에 이송 공포케 해 공문서 위조로 처벌을 받게 됐으니 조상(弔喪)을 해야 할 가련한 존재다"라고 질타했다.

개헌안 부결을 선포한 최순주 국회부의장은 사표를 제출하여 수리됐고, 부결을 선포케 한 숫자를 제공한 책임을 지고 김용우 국회사무총장도 사직했다.

3. 4사 5입 개헌의 여진(餘震)은 오랫동안 지속

(1) 자유당 의원들의 집단탈당으로 정가는 뒤숭숭

4사 5입개헌으로 자유당 소장파 의원들의 무더기 탈당이 뒤따랐고 민주국민당은 무소속 의원들을 규합하여 호헌동지회를 구성함으로써 민주당 창당의 계기가 되었다.

어쨌든 4사 5입개헌은 절차상으로도 정족수에 미달한 위헌적인 개헌이었을 뿐만 아니라 1인의 종신집권을 보장한 개헌이었다는 점에서 우리 헌정(憲政) 사상 치욕적인 사건이었다.

개헌파동 후 야당 결속은 공고화되고, 자유당 내분은 폭발 단계에 이르렀다.

강세형 등 무소속 의원들이 10여 명 개헌안에 찬성한 반면, 개헌안에 서명한 자유당 의원 10여 명이 이탈한 것으로 추정되고 있을 뿐이다.

개헌파동을 계기로 자유당의 일부 의원들이 탈당 기운이 구체화되어 새로운 국면이 초래될 것으로 보였다.

손권배 의원은 "개헌안 부결 당시 이기붕 국회의장은 아무 말이 없다가 이를 번복한 것은 정신병자가 아니고는 할 수 없는 일"이라며 자유당 탈당의 선봉장이 됐다.

손권배(완주을) 의원에 이어 김영삼(거제), 민관식(동대문을), 이태용(제천), 김재곤(인천갑), 성원경(예산), 한동석(고양), 김재황(성동을), 신정호(청원갑), 황남팔(진양), 김홍식(고령), 신태권(논산갑), 현석호(예천), 도진희(성주) 의원들이 집단 탈당했다.

자유당은 당조직을 배신하며 국민을 기만 현혹케 하고 민족을 분열 분산케 하는 의식적인 반역행위를 자행한 박영종(담양), 도진희(성주), 민관식(동대문을), 김두한(종로을), 김형덕(밀양갑), 김지태(부산갑), 손권배(완주을) 의원 등 7명을 제명 처분했다.

개헌 파동을 계기로 강세형(익산을), 윤치영(중구갑), 장석윤(횡성), 신규식(부안), 윤재욱(영등포갑), 김우동(선산) 의원들은 자유당으로 전향했다.

야권에서는 개헌안을 번복한 정부 규탄결의안, 백성욱 내무부장관 불신임 결의안, 갈홍기 공보처장 파면 촉구안 등을 제출했으나 자유당 의원들의 다수에 밀려 72표나 77표의 찬성에 그쳐 모두 좌절됐다.

(2) 호헌동지회가 모체가 되어 신당결성촉진위원회 결성

신당 결성을 위해 조병옥, 장택상, 소선규, 곽상훈, 윤병호(무소속구락부 원내대표), 정일형, 유진산 등 7인으로 신당결성촉진위원회를 구성했다.

신당 결성은 자유당에 대항하려는 정치적 목적보다는 자유당의 처사에 분개(憤慨)를 느끼게 된 정치인들의 자연 귀결에 의한 것이라고 볼 수 있다.

야당계를 망라한 신당 결성은 헌법 개정의 정족수 문제로 야기된 여야 간의 대립투쟁을 계기로 성숙기에 도달하여 불원(不遠) 간에 실현을 볼 단계에 접어들었다.

야당 결성을 목표로 61명의 의원들이 호헌동지회를 결성하여 원내 교섭단체 구성에 서명 날인했다. 민주국민당은 발전적으로 해체하고 원외 거물급 정치인을 망라하기로 했다.

그리고 호헌동지회는 총무 송방용, 정책 변진갑, 선전 신도성, 의사 김수선, 재무 김도연, 운영 및 간사 윤병호를 선임했다.

뒤늦게 자유당으로 전향했지만 윤재욱, 변진갑, 박재홍, 신도성, 이우줄, 김수선, 최갑환, 김정호, 문종두, 김영상, 임흥순, 최영철, 서인홍, 박종길, 김철, 박기운 등도 호헌동지회에 참여했다.

김영삼 의원은 거제군민들의 성토대회에 대해 "개헌 표결 때 배당받은 암호용지를 찢어버리고 부표를 쓴 것은 나 개인보다 민의를 반영하기 위한 것이었는데 성토 운운은 민의가 아니라 관의(官意)일 것이나 의정 단상을 통하여 책임자를 맹렬히 규탄할 작정이다"라고 밝혔다.

이승만 대통령은 "개헌의 논공행상은 있을 수 없는 일이고 신당이 대두되고 있는 모양이나 이는 다 소용없는 일이고 민중의 지지를 얻지 못할 것이다"라고 단언했다.

제2장 민주당 창당과 장면 부통령 암살미수

1. 정통 야당인 민주당의 역사적 창당

2. 민주당의 신·구파 분열과 군소정당들의 부침

3. 장면 부통령 암살 미수사건의 회오리

4. 간첩과 연계하여 혁신진보세력 일망타진

1. 정통 야당인 민주당의 역사적 창당

(1) 반자유당 기치 아래 호헌동지회로 결집

민주당은 이승만 대통령의 4사 5입 개헌을 계기로 반이승만 세력이 보수연합으로 결집하여 출범했다.

호헌동지회를 모체로 하고 흥사단 계열, 자유당 탈당 의원, 2대 국회에서 무소속구락부 소속 의원 등의 범야(汎野)세력이 결집한 것이다.

신당운동은 호헌동지회가 모체로 등장했으나 민주국민당의 기성조직과 원내자유당, 조선민주당, 흥사단, 혁신계 인사 등 광범위한 재야 세력인 원외 조직이 발판이 됐다.

이들은 정권 유지를 위해 불법과 전횡을 거부하는 것이 당면 목표였기 때문에 이념의 동질성과 정책의 공감에서 출발한 것이 아니나 범야 세력을 규합하는 하나의 결집체로서 출범한 것이다.

민주국민당은 "민주대동단결을 위하여는 당의 해체도 불사하며 호헌동지회를 모체로 추진 중에 있는 신당은 그 원칙이나 이념이 전혀 합치되고 있으므로 혼연 참가할 것"을 선언했다.

신당 결성운동에 참여하는 의원들은 윤병호, 변진갑, 박재홍, 김정호, 문종두, 윤제술, 김판술, 김영선, 육완국, 김선태, 윤형남, 김달호, 이철승, 김의택, 심철, 김수선, 임흥순, 유진산, 박종길, 정성태, 백남식, 정재완, 박해정, 최영철, 양일동, 박기운, 이병홍,

최갑환, 민영남, 김영삼, 서인홍, 권오종, 조만종, 이우줄, 전진한, 정준, 권중돈, 김의준, 곽상훈, 김준연, 신도성, 조재천, 조영규, 조병옥, 김상돈, 신각휴, 김도연, 최천, 윤보선, 신익희, 소선규, 서동진, 정중섭, 천세기, 이석기, 장택상, 김동욱, 송방용, 정일형, 김영삼 등 60명이 참여했다.

(2) 진보 진영의 조봉암과 이승만 대통령의 수족들은 제외

호헌동지회는 간사진을 개편하여 대표간사에 윤병호, 간사에 임홍순, 윤형남, 소선규, 조재천, 김도연, 김의준, 이석기, 김상돈 등을 선임했다.

신당 발기취지문 작성 과정에서 "수탈 없는 경제 체제를 발전시켜야 한다"는 혁신세력의 주장과 "소아를 버리고 대동에 따르며 호양지심으로 기성 조직을 버리고 흔쾌히 결속할 것을 호소한다"는 보수세력이 맞서는 진통을 겪었다.

창당 과정에서 보수세력의 자유민주파와 혁신세력의 민주대동파로 분열됐다.

조봉암 의원은 "공산과 독재와 독점 자본을 반대하고 호헌동지회와 혼연 협종하여 지팡이를 짚고서라도 신당을 위하여 진격하겠다"는 성명서를 발표했다.

그러나 일부에서는 "정치적 이념에 있어 영구히 제휴가 불가능할 뿐 아니라 정책 수립에서 이데올로기 문제로 자연적으로 균열을 초래할 염려가 다분히 있는 만큼 그와의 제휴는 끊는 것이 현명하다"는 견해가 지배적이었다.

신당 운동은 진보파의 조봉암과 이승만 대통령의 수족 노릇을 해온 이범석과 장택상의 참여 문제를 둘러싸고 격론을 벌이는 등 내부 진통을 겪었다.

신당에 호응하고 있는 정당 및 사회단체 대표들이 조봉암의 포섭을 보류하자는데 의견 일치로 조봉암의 신당 가입은 사실상 불가능하게 됐다.

신당은 자유민주파와 문호개방파로 분열하여 난항에 봉착됐다. 그리하여 통일야당의 추진공작은 사실상 와해 위기에 직면됐다. 추진위 9인회의 장택상과 서인홍이 사퇴했다.

민주국민당의 신익희, 조병옥, 윤보선과 원내자유당 계열의 장면, 오위영, 무소속의 곽상훈, 박순천, 조선민주당의 한근조 등이 주축이 됐다.

조봉암, 서상일 등은 별도의 혁신정당의 추진에 나서고 장택상과 이범석은 이승만의 수족이라며 제외됐다.

윤치영, 이인, 전진한 등도 신당운동에 불참했다.

(3) 민주당은 순수한 보수우익 반자유당 정당으로 출발

신당은 준비위구성을 위한 심사위원을 유진산, 김의택, 성원경, 한근조, 고희동, 이시목, 조한백 등 7인위를 구성했다.

신당 발기준비위원회에는 김도연, 곽상훈, 신익희, 조병옥, 윤병호,

장면을 총무위원으로 선임하고 총무위(최희송, 성원경, 민영남), 재무위(한근조, 소선규), 조직위(서범석, 정헌조, 이석기, 신정호, 김재순), 심사위(고희동, 고창익, 김의택, 유진산, 정성태, 이정래), 연락위(조한백, 김영삼, 양회영), 선전위(정일형, 이시목, 김상돈, 이상철), 의안위(한동석, 조재천, 윤형남, 엄상섭) 등을 구성했다.

신당은 현직의원 33명, 전직의원 34명 등 168명의 신당 발기준비위원회 명단을 발표했다.

이 명단에는 정구삼, 정순조, 서상덕, 서상국, 변광호, 송필만, 김양수, 김영삼, 김진구, 장면, 김재순, 박준선, 이정기, 조국현, 오상직, 정규헌, 안동원, 조연하, 박봉애, 장영모, 한종건, 최계명, 김수산, 조기항 등이 포함됐다.

신당 촉진준비위원회는 준비위원 29명을 추가 발표했다. 곽태진, 장경순, 윤담, 이종순, 김경운, 유진영, 홍길선 등이 포함됐다.

김재황 의원의 탈당으로 민주당 잔류는 윤보선, 신익희, 곽상훈, 조재천, 조병옥, 윤병호, 김도연, 최천, 서동진, 유진산, 신각휴, 정중섭, 김판술, 소선규, 정성태, 정재완, 이석기, 윤형남, 김영선, 김선태, 성원경, 현석호, 신정호, 천세기, 이철승, 정일형, 김의택, 민영남, 김준연, 김영삼, 한동석, 조영규, 김상돈 등 33명으로 출발했다.

1955년 9월 18일 서울시공관에서 대의원 2,013명이 참석한 가운데 창당대회를 개최하여 선언문과 강령·정책을 통과시키고 4백명의 중앙위원을 선출했다.

민주당은 중앙상무위원으로 안동원, 한동찬, 조중서, 정순조, 이정래, 이용설, 이시목, 김용진, 최희송, 고창익, 홍영진, 안현생, 이영준, 송필만, 김산, 김귀연, 조한백, 이상돈, 서범석, 엄보익, 오위영, 조대연, 이상규, 이문세, 김진구, 고학환, 정헌주, 변광호, 고영완, 오상직, 오홍석, 정규선, 서상덕, 엄상섭, 양회영, 박순천, 민정식, 최상진, 홍익표, 서태원, 백봉운, 김재순, 김용성, 이상철, 서상국, 김진용, 박종화, 이청, 이원홍, 이군혁 등을 선출했다.

중앙위원회는 234표로 신익희를 대표최고위원으로 선출했으며 최고위원에 조병옥, 장면, 곽상훈, 백남훈 등 4명을 선출했다.

일체의 독재주의를 배격하고 내각책임제의 구현을 기한다, 자유경제 원칙하에 생산을 증강하고 공정한 분배로써 건전한 국민경제의 발전을 기한다 등 5개의 정강과 선거에 의한 관권간섭의 배제, 경제단체의 관제화 배격, 공무원의 신분 보장 등의 정책을 채택했다.

민주당의 창당은 개인의 명성과 인기만을 무기로 했던 무소속 정치인의 몰락과 정책정당의 탄생을 가져온 한국정치사의 전환을 이룬 계기가 되었다.

특히 이승만 정권에 대한 체계적인 비판과 견제에 나섬으로써 본격적인 양당체제의 확립에 기여했으며, 주권 대체세력으로 성장할 수 있는 발판을 만들었다.

민주당 창당 당시의 임원들은 중앙상무위원회 회장은 성원경, 총무부장 홍익표, 조사부장 최희송, 조직부장 현석호, 부녀부장 박봉애, 재정부장 이정래, 청년부장 서범석, 선전부장 조재천, 문화부장 이시목, 섭외부장 정일형, 산업부장 서동진, 훈련부장 조한백, 정책부장 한동석, 노동부장 유진산, 의원부장 윤보선, 어민부장 정재완을 선임했다.

2. 민주당 신·구파 분열과 군소정당들의 부침

(1) 원천적인 민주당 신파와 구파의 갈등의 재연

민주당은 민주국민당계와 원내자유당계의 갈등이 조성되어 신·구파가 형성되고 1956년 정·부통령선거를 앞두고 극심한 대립과 암투가 벌어졌다.

제헌의원 유홍열, 2대의원인 김준태와 서이환 등이 민주당에 입당했고 제헌의원 서성달(고양)과 이태용(제천) 의원도 입당하여 기세를 올렸다.

민주당 신파는 구파의 김준연, 김도연의 최고위원 선출에 대해 노골적인 반항을 반복하다 김선태 의원은 두 최고위원의 사표 권유 동의안을 제출했다.

1956년 9월 전당대회를 앞두고 신파에서는 조병옥 대표가 대표를 안 한다고 성명을 내지 않으면 집단 탈당하겠다고 으름장을 놓고, 구파에서는 부통령을 내주었으면 도의적으로 구파에 대표를 주어야 할 것이며 신망과 역량으로 볼 때 곽상훈보다 조병옥이 훨씬 낫지 않느냐고 강변했다.

민주당은 중앙상임위원회를 개최하여 대표최고위원에 조병옥, 최고위원에 곽상훈, 장면, 김준연, 김도연을 선출했다.

박순천, 백남훈, 이영준 후보 등은 낙선했다.

신파에서는 김준연, 김도연 최고위원의 재선을 고집한다면 양파 간의 타협은 이뤄지지 않을 것임을 밝혔다.

민주당은 전당대회를 개최하여 조병옥을 대표최고위원에, 장면, 곽상훈, 백남훈, 박순천을 최고위원에 선출했다.

조병옥 후보가 531표로 355표에 그친 곽상훈 후보를 제압했다. 김준연 387표, 김도연 318표로 과반수 득표에 실패하여 최고위원에서 탈락했다.

공천의 결정권을 쥔 9인 위원회는 5명의 최고위원에 윤보선, 이상철, 이영준, 오위영 등 4명을 추가하여 9명으로 낙착됐다.

전당대회에서 민주당 신파의 부정투표 문제는 은폐할 수 없는 사실이라고 주장한 김준연, 박영종을 민주당 상무위원회에서 제명처분했다. 뒤이어 민주당은 조시환, 김귀진, 하신철, 임긍재 등 4명도 제명 처분했다.

김동욱, 육완국, 강승구 의원들이 민주당에 입당하여 민주당의 당세가 확장됐다.

그러나 지난 대선에서 공산 측에 접근할 위험성이 있는 조봉암보다는 이승만 박사를 지지해야 할 것이라는 성명으로 논란을 일으킨 김준연이 민주당 탈당을 선언했다.

1957년 민주당은 3차 전당대회를 개최하여 대표최고위원에 조병옥, 최고위원에 장면, 백남훈, 곽상훈, 박순천을 유임시켰다.

(2) 일장춘몽이 된 장택상과 이범석의 국민당 열풍

장택상과 이범석이 신당 결성을 발표했다. 그러나 장택상은 여당보다는 야당이라는 입장인 반면, 이범석은 이승만 대통령을 절대 지지하여 본질이 불분명하여 제휴는 했지만 전도는 불분명했다.

신당의 발기준비촉진위원에는 배은희, 오성환, 김대중, 윤재욱, 손권배, 정현모, 황호현, 김헌, 신현돈, 안호상, 손창섭, 신중목, 이성주, 주종필 등이 이름을 올렸다.

신당인 민정당 발기준비위원회는 287명이 참석한 결성식을 갖고 임시의장에 신중목, 정현모, 김창선을 선출하고 배은희, 장택상, 이범석을 지도위원으로 추대했다.

오성환, 안호상, 정운수, 황호현, 신태악, 손권배, 윤재욱, 박재홍, 김두한 등이 참여했다.

이용범, 우제하, 최윤동, 김경, 우문, 김철수, 신광균, 박환생, 안준상, 부완혁, 김근찬, 손창섭, 서이환, 이몽, 김대중, 편정희 등은 상임위원에 선출됐다.

그러나 장택상과 이범석의 갈등으로 민정당 봉합 가능성은 희박해졌다. 문호개방을 주장한 장택상, 경무대에 대한 미련을 버리지 못한 이범석의 융합은 결코 이뤄질 수 없었다.

정·부통령 지명대회를 앞두고 이범석은 배은희를 찾아 "나는 여하한 일이 있더라도 부통령에 나가지 않겠다"고 굳은 신념을 밝혔다.

이범석파에서 일방적으로 이범석을 부통령 후보로 지명하자, 장택상은 "천하 사람이 다 말리는 것을 차마 인정에 못 이겨 손을 잡앉다가 이 꼴을 당하니 부끄러워서 국민 앞에 낯을 들 수가 없다"고 통회불기(痛悔不己)했다.

장택상은 "족청(族靑)은 공산분자나 조금도 다름없는 민족분열자라는 이승만 대통령이 혜안을 이제야 비로소 인식하였다"는 성명을 발표했다.

이범석은 민족청년단 계열의 일방적인 추대로 1956년 부통령에 출전했으나 장택상, 배은희 계열의 반대로 정당을 표기하지 못한 채 무소속으로 부통령에 출전하여 고배를 마셨다.

김두한은 "여당인지 야당인지 노선도 똑똑치 않은 정당에 있을 수 없다"고 민정당을 개칭한 국민당을 탈당하고 진보당에 입당했다.

(3) 혁신계열은 분열하여 진보당을 창당했으나 사분오열

비자유, 비민주의 신진세력을 흡수하여 민주혁신당을 결당하기 위해 조봉암, 이범석, 장택상, 서상일 등이 뭉쳤다.

그러나 평화통일론을 지론으로 삼는 조봉암 계열이 신당 추진을 포기하자, 이범석과 장택상 등 민주혁신세력은 진보당 세력의 이탈을 비난했다.

민주혁신당 추진에서 이탈한 조봉암과 서상일은 진보당 추진대표가 되어 창당 발기취지문과 강령 등을 발표하고 정·부통령선거에는 출전하지 않겠다고 선언했다.

조봉암은 지난번 이승만 박사 불출마 성명에도 끝까지 안 나온다고 우겨대던 예언이 실패한 것이 발목을 잡았다.

서상일 의원마저 진보당 추진위에서 이탈하여 조봉암과 윤길중 의원만이 추진위에 잔류하게 됐다.

서상일의 민주혁신당 추진파와 장건상의 대중당 추진파가 조국통일과 민주개혁의 대의 아래 합작하기로 했다고 성명을 발표했다. 민주혁신당은 강령과 정책 등을 채택하고 결당대회를 가졌는데 간사장은 서상일이 선임됐으며 신숙, 김홍식, 안호상 등이 참여했다.

진보당에서 이탈한 서상일과 합작하여 민주혁신당 창당을 추진하던 장건상이 혁신세력 대동단결이라는 구호를 내걸고 진보당과 합당을 시도하자 민주혁신당에서 장건상을 반당행위자로 규정하고 제명 처분했다.

혁신세력이 사분오열된 상태에서 진보당은 결당을 미룬 채 1956년 정·부통령 선거에 조봉암·서상일을 추대했으나 서상일의 부통령 후보의 고사로 박기출 후보로 교체하여 출전시켰다.

3. 장면 부통령 암살(暗殺)미수사건의 회오리

(1) 민주당 전당대회에서 울려 퍼진 둔탁한 총소리

민주당 전당대회가 열리고 있는 1956년 9월 28일 명동 서울시공관에서는 한방의 둔탁한 총성이 울려 퍼졌다.

총알은 요행히 장면 부통령의 왼손을 스쳤을 뿐 생명에는 지장이 없어 살인미수에 그쳤다.

장면 부통령은 피가 철철 흐르는 왼손을 들고 단상으로 다시 올라서서 "여러분! 나는 무사합니다. 안심들 하십시오"라는 인사를 남기고 치료를 받기 위해 병원으로 달려갔다.

제3대 대통령선거에서 신익희 대표최고위원을 잃고 장면 부통령을 당선시킨 민주당은 새 지도부를 선출하기 위해 전당대회를 개최한 것이다.

전당대회는 조병옥을 대표최고위원으로 선출하고 장면, 곽상훈, 박순천, 백남훈을 최고위원으로 선출했다.

과열경쟁도 폭력사태도 없이 시종일관 축제 무드에서 대회가 진행됐고, 장면 부통령도 연설을 순조롭게 마치고 단하로 내려와 만세를 부르며 열광하는 당원들을 헤치고 시공관 동쪽 문을 빠져나가려는 순간에 저격사건이 발생한 것이다.

범인은 권총을 쏜 후 "조병옥 박사 만세!"를 외쳐 저격사건을 민주당 신·구파의 싸움으로 몰고 가려는 서툰 연극을 꾸몄다.

범인은 현장에서 체포되어 5분도 채 못 되어 현장에 도착한 김종원 치안국장에게 넘겨졌다.

자유당 최병국 의원은 "부통령 저격사건에 대해 이익흥 내무부장관은 도의적으로나 직무상으로 보아 사직하라"고 지적했다.

김종원 치안국장은 "범인 김상붕은 민주당이 내부에서 싸움만 하여 입당하지 않았고, 장면 부통령이 일본 놈과 친하게 하려고 하기 때문에 원수와 같이 생각하고 이 나라를 평온하게 하기위해 저격할 것을 결심했다"고 진술했다고 발표했다.

(2) 경찰은 배후를 밝히지 못한 채 김상붕 등 3명을 살인미수 혐의로 송청

사건 현장에서 민주당원들의 폭행으로 부상당한 범인 김상붕은 경찰병원에서 치료를 받으면서 민주당원이라고 우기면서 "민주당 내분 때문에 장면 부통령을 죽이려했다"는 유치(幼稚)한 연극으로 자유당의 눈엣가시를 제거하려는 음모를 은폐하기에 급급했다.

그러나 민주당은 국회에서 진상규명을 통해 "배후 조종자는 자유당내에 있다"면서 배후 규명을 촉구하고 나섰다.

경찰의 수사에 따라 암살 지령자로 성동경찰서 사찰계 형사인 최훈이 밝혀졌고, 최훈의 배후 조종자는 성동경찰서 사찰계 주임 이덕신 경위로 밝혀져 구속됐다.

그러나 경찰은 더 이상의 배후를 밝히려 하지 않았다.

김종원 치안국장은 저격사건의 배후인물이라는 최훈은 전과자이며 부역자임이 판명됐으며, 범인 김상붕은 일주일 전에 집을 팔고난 후 범행을 감행했다고 밝혔다.

경찰은 사건 발생 한 달 만에 사건의 전모를 발표하였는데, 범행 동기와 배후관계를 밝히지 못한 채 석연치 못한 결론에 자금 출처 등도 전혀 밝히지 못했다.

경찰은 세론(世論)이 빗발치자 김상붕의 처 조복순, 그의 형 김상봉, 그의 형수 이정자, 최훈의 처 김수정, 권총 매각자 윤태봉 등을 구속했다.

경찰은 서울시경 사찰과장, 치안국 특정과장, 치안국 중앙분실장 등에게서 자금이 흘러나온 것까지는 파악이 됐으나 그 윗선의 지령자가 누구인지는 밝히지 못했다.

경찰은 저격범 김상붕, 김상붕을 사주했다는 최훈, 김상붕의 민주당 입당을 추천한 김재연 등 3명을 살인미수 혐의로 검찰에 송청했다.

검찰에서 최훈은 김상붕은 면식도 없는 자라며 지령을 전면 부인했다. 그리하여 검찰은 관련자들의 신원이 전연 불투명하여 전면적인 재수사가 불가피하다고 판단하면서 우선 좌익의 소행으로 간주하고 사찰 경찰들을 총동원하여 재수사에 착수했다.

서울지검 강서룡 검사는 성동경찰서 사찰 주임 이덕신 등 형사 3명을 최훈을 배후에서 조종한 혐의로 추가 구속했다.

검찰에서는 김종원 치안국장 이하의 계통적 지시가 구체적으로 있었다고 진술 내용을 정리했다.

(3) 이익흥 내무부장관 불신임 결의안은 부결

김상붕은 "최훈의 배후는 치안국장이며 경찰이 전적으로 돌봐줄 것이라고 말했다"고 진술했고, 김종원 치안국장은 "김상붕의 진술은 전부 허위로서 민주당의 정치적 음모이며 증인으로 출석하겠다"고 공언했다.

최훈은 발표사실은 순전한 검찰의 조작이며 재래식의 고문을 받았다면서 공판정에서 범행을 전면 부인했다.

조병옥 민주당 대표는 김종원 치안국장의 언동은 민주주의에 대한 반역으로 이승만 대통령에게 인사 조치를 촉구했다.

이덕신은 김상붕에게 돈을 건넨 것은 민주당 분열 공작비로 또는 생활 보조비로 준 것이고 사건과는 관련성이 없다고 부인하고, 최훈에게는 권총이 아닌 돈뭉치를 준 것이라고 부인했다.

배후에 대한 관심을 여실히 반영되어 공판정은 인산인해를 이룬 방청객으로 전례 없는 수라장이 됐다.

최훈의 처 김수정은 중부경찰서장에게서 남편 말에 의해 1 만환을 받았다고 진술했으나 중부경찰서장은 이를 부인했다.

최훈의 처 김수정은 남편 잃고 돈 안 주고 구박까지 받았다면서 "사실 폭로 시 귀신도 모르게 없앤다", "김종원 치안국장 등 간부들이 아는 일"이라고 들었다고 공개했다.

김종원은 "나와 이익흥 내무부장관을 몰아내기 위한 민주당의 무서운 음모이다"라고 피고인들의 진술을 전면 부인했다.

윤제술 의원은 "경찰국가적인 인상이 농후하다"면서 이익흥 내무부장관의 불신임 결의안을 제출했으나, 국회에서는 찬성 77표, 반대 72표로 부결했다.

(4) 이승만 대통령의 의도적인 장면 부통령 푸대접

이승만 대통령은 83세의 고령으로 대통령에 3선됐다. 따라서 이 대통령이 고령으로 유고가 된다면 부통령인 장면이 자동적으로 대통령을 계승하도록 되어있었다.

그러나 이승만 정부에서는 장면 부통령을 여러 가지 면에서 민주당이었기 때문에 푸대접했다.

정·부통령 취임식에서도 부통령의 자리는 마련되지 않아서 귀빈들이 앉는 자리의 맨 가장자리에 앉아야 했다.

취임 연설의 기회도 주지 않아서 별도의 성명서를 배포했는데 자유당은 성명서 내용을 트집 잡아서 '장면 부통령 경고결의안'을 발의하기도 했다.

정·부통령 취임식에 민주당은 "이승만 대통령은 자유당의 독재적 경향을 지양하고 경찰의 정치 도구화를 근본적으로 시정할 것에 노력을 경주해주기 바란다"고 담화했다.

장면 부통령의 성명서에 대한 경고결의안이 치열한 논쟁 끝에 통과됐다.

논쟁 과정에서 강세형 의원이 "김성수 부통령은 보성전문학교를 만들어서 친일을 했다"는 발언으로 논란을 불러왔다.

(5) 국민들의 높은 관심 속에서 진행된 암살미수 재판

검찰은 수사에서 나타난 새로운 사실로 제3의 배후 인물로 김종원 치안국장, 오충환 특정과장, 박사일 중앙분실장 등 6명을 확인하고 자금의 출처를 추궁했다.

이덕신이 토로하지 않는 한 제3의 배후 수사는 단념하여 무죄를 언도할 가능성과 기우(杞憂)가 높아졌다.

최훈이 이익흥 내무부장관 집에 출입했다는 진상 추궁 중에 이익흥 내무부장관이 장경근 의원으로 경질됐다.

서울지법은 배후의 존재를 간접적으로 인정하면서 사찰 경찰관으로서 부통령에 총을 겨누는 것은 추호도 동정 못할 일이라며 이덕신, 최훈에게 김상붕과 함께 사형을 언도했다.

증인 김종원은 "공정한 재판을 하시오. 1개 재판장이 운운…"으로 재판장을 호령하다가 법정모욕이라는 꾸지람을 들었다가 고발됐다.

장영복 특정과장은 극도로 흥분하여 사진기자의 멱살을 잡고 욕설을 연발하는 행패를 부렸다.

이익흥 내무부장관은 법원장 등에 사과했으나 김종원 치안국장은 나도 법을 아는 사람인데 모욕이란 천만부당하다고 해명했다.

결국 김종원 치안국장이 경찰학교장으로 전임되자 사표를 제출했다. 법원에서는 사표에 굴복하여 법정모욕사건의 불기소처분을 묵인했다.

항소심에서 검찰은 최훈, 김상붕은 공산당 성향이 있는 자로 규정짓고 배후가 없는 것으로 단정하고 이덕신, 최훈, 김상붕에게 원심대로 사형을 구형했다.

항소심에서도 이덕신, 최훈, 김상붕에게 사형이 언도되자 이덕신은 억울하다고, 최훈은 배후를 못 밝혀 서운하다고, 김상붕은 부통령을 위해 희생됐다고 넋두리했다.

대법원은 미궁의 과제로 남겨둔 채 배후 수사를 사실상 종지부를 찍고 국가 변란 초래의 중죄를 물어 최훈, 김상붕, 이덕신의 사형을 확정했다.

(6) 4월 혁명 이후 임흥순과 이기붕의 범죄행각 드러나

4월 혁명으로 곽영주 사건에 연루되어 구속된 김종원 전 치안국장이 장면 부통령 저격사건의 배후 조종자는 자유당 정책위원이며 이기붕 국회의장의 최측근인 임흥순이라고 주장했다.

검찰의 재수사로 이기붕의 지시에 의해 임흥순이 암살 음모를 계획하여 이익흥 내무부장관에게 은밀하게 지시했다.

이익흥 내무부장관은 김종원 치안국장에게, 김종원 치안국장은 장영복 특정과장과 박사일 중앙사찰부실장에게 지시했다.

이들은 서울시경 사찰과장 오충환에게 구체적인 지시를 내렸고, 오충환은 이덕신에게 지시하게 되었고, 이덕신은 최훈에게, 최훈은 김상붕을 매수했던 것이다.

가족 모두 집단 자살한 이기붕을 제외한 이들 일당은 모두 살인미수 혐의로 추가 구속됐다.

4. 간첩과 연계하여 혁신진보세력 일망타진

(1) 총선을 전후하여 갑자기 활기를 띤 간첩사건

1957년 8월 15일 대한민국 쿠데타의 지령을 받고 월남한 황익수가 자유당 선전부차장인 조영환을 포섭하여 간첩행위를 해오다 함께 체포됐으며, 갑자기 북한의 밀파 공작원이 급증하여 1957년 8월 중에 9건이나 적발됐다.

조영환은 국회의원을 매수하여 군부에의 침투도 공작하는 등 어마어마한 획책과 행적이 탄로났다.

8월 28일에는 경찰은 대남간첩 중 수괴로 훈장까지 받으며 북한을 수시로 왕래한 김정제를 체포하여 검찰에 이송했다.

치안국 경무과장 출신인 김정제는 6.25 동란 이후 최대급의 간첩으로 7년간 북한에 첩보를 제공했으며 일당 10명이 체포되어 검찰에 송치됐다.

김정제는 경기도 양주에서 자유당 후보 찬조 연사로 등장하여 멸공정신을 역설한 것으로 드러났으며, 자유당의 중앙위원으로 추천됐으며 진보당 간부들과도 수시로 접촉한 것으로 알려졌다.

김정제는 이재학, 임흥순, 인태식 등 거물정객 50여 명과 접촉했으며 자유당을 배경으로 의심을 받지 않고 암약한 것으로 알려졌다. 또한 각 정당의 동태를 샅샅이 북한에 송신한 것도 밝혀졌다.

오제도 검사는 김정제와 접촉한 인사들에 대한 소환과 심문을 계속하겠다고 밝혔다.

총선을 앞두고 지하조직의 밀명을 띠고 공작을 치열하게 전개하기 위해 밀파된 간첩단 5명을 새롭게 검거했는데 이 가운데는 북한 근로인민당의 지령을 받고 남한 근로인민당 재건을 계획한 위장 평화통일 운동을 획책한 간첩 박정호도 포함됐다.

간첩 박정호와의 관련 인물을 수사 중인 서울시경은 민주혁명당 준비위원 장건상의 참모인 윤방우를 검거했다.

윤방우는 대남공작원으로 남하하여 남한의 혁신세력을 규합하여 김일성의 조종으로 움직이도록 최종 목표를 세웠다고 알려졌다.

장건상은 간첩임을 알고 박정호와 접촉했으며 민혁당은 장건상 등은 제명된 자들이라고 발뺌했다.

박정호 간첩사건과 관련하여 근로민주당 조직국장 김성숙, 중앙대 교수 유병묵 등 12명이 구속됐다.

장건상은 "과거 일정 시대에는 민족주의 운동을 하기 위하여 공산당을 이용하였으며 해방 후에도 정치생명을 살리기 위해 공산당을 이용하려고 했으나 공산당에 이용만 당했다는 것을 깨닫고 공산주의 성분의 과거를 청산하겠다"는 전향서를 제출하고서 "간첩 박정호와 관련된 것을 회개하고 후회한다"고 자백했다.

검찰은 간첩 박정호는 사형을, 장건상과 김성숙 등에게는 징역 12년을 구형했다.

그러나 서울지법은 박정호에게는 사형을 선고했지만, 장건상과 김성숙 등 피고 등 15명은 무죄를 선고했다.

검찰은 장건상 피고인 등을 새로이 입건하고 재판부 기피는 하지 않기로 했다.

(2) 진보당 검거 선풍(旋風)과 혁신세력의 말살

자유당과 관련된 간첩 조영환, 김정제 사건이 마무리되면서 최근 북한 간첩들의 침투 대상은 진보당이라며 윤길중 등 진보당 간부 5명에 대한 검거 선풍이 나돌았다.

간첩 박정호 사건 등과 관련하여 조봉암, 김달호, 윤길중, 박기출, 이동화 등이 국가보안법 위반으로 구속됐다.

서정학 치안국장은 "북한에서 밀파된 적색간첩들과 야합하여 창당 당시의 진보당 노선을 변조해가지고 국시를 위반한 사실이 판명됐다"며, 조봉암 집 비밀 장소에 은닉해 둔 모종의 불온 문건을 압수했으며, 정부 변란을 음모한 각종 증거가 있다면서 김일성과 내통하기 위해 밀서나 밀사를 보낸 내막을 파악하여 발표하였다.

서정학 치안국장은 진보당사건의 수사전모를 발표했다. 단서는 조봉암의 평화통일 논문이며 밀사 파북 등 방증도 포착됐으며, 간첩 박정호와의 접촉은 면회부에 증거가 있고, 김일성에 평화통일론을 전달한 것으로 파악됐다고 발표했다.

정순석 검찰총장은 진보당 간부들의 비밀회의에서 소련 불록안대로 총선, 연립정부 수립을 기도하고 북괴의 통일 노선의 영합 사실이 판명됐다고 발표하면서, 진보당을 불법결사로 규정하고 물적 증거가 드러나 착수했으며 정치성은 있을 수 없다고 발뺌했다.

검찰은 비밀당원 명부를 확보하고 실업계 인사에 대한 수사도 펼치면서 조직부장 등 간부급에 또다시 검거 선풍이 불었다.

검찰은 조봉암은 국가보안법 위반과 간첩죄로, 윤길중은 국가보안법 위반과 간첩방조죄로, 박기출과 김달호 등은 국가보안법 위반죄로 기소하면서 박정호가 김일성의 지령문을 전달했고, 김일성에 보낼 조봉암 자필 서한을 발견했다고 발표했다.

검찰은 진보당 조직간사 이명하를 긴급체포하여 자금제공자와 비밀당원 370명이 속속 판명됐으며, 이명하 등 9명을 국가보안법 위반으로 추가 송청했다.

조봉암과 오랜 동지였던 서상일은 조봉암은 막시즘을 지향하고 있다고 증언했고, 장건상과 김성숙 등은 조봉암이 간첩 박정호 등과의 접촉 사실을 증언했다.

(3) 육군특무대는 양명산을 체포하여 조봉암을 처형

육군 특무대는 조봉암과 접선한 간첩 양명산을 체포했다. 육군 특무대는 양명산은 조봉암에게 인삼과 녹용 등을 선물하고 정치자금 5백만 달러를 제공했다고 실토했고, 진보당 확대 공작비로 4만 달러를 소비했으며, 밀회 장소는 교외의 진관사였다고 조봉암과 양명산의 접촉 사실을 확인했다.

조봉암은 양명산을 만난 사실은 있으나 자금을 받은 일은 없다고 반박했다.

양명산은 "평화통일 노선을 지향하여 각 정당과 용감히 투쟁하라. 자금을 무제한으로 제공한다"는 북한의 지령을 조봉암에 전달했고, 지난 대선에서 조봉암으로부터 2억 환의 자금 제공을 요청받았다고 진술했다.

검찰은 논쟁의 핵심은 평화통일방안이며 단서는 조봉암의 논문이라고 단언하면서, 양명산이 공작금 2만 7천 달러와 1천 5백만 환을 조봉암에 직접 수교했다고 추가 발표했다.

양명산은 12차례 북한을 왕래하며 김일성의 지령을 조봉암에게 전달하고, 조봉암이 직접 작성한 편지 등을 김일성에게 전달했음을 자백했다.

간첩 박정호와 접촉하고 신의주 감옥의 동지였던 양명산과 접선과 자백이 "국시를 위반한 일이 없다"고 진술한 조봉암을 죽음의 길로 재촉했다.

제3장 자유당의 장기 집권을 향한 잰걸음

1. 국회의장을 비롯한 국회 요직을 독점한 자유당

2. 자유당의 분파와 대통령의 국회 지배

3. 자유당이 4개 지역구에서 압승한 보궐선거

4. 부정과 불법선거가 자행된 지방의원 선거

5. 폭력배에 짓밟힌 장충단 시국강연회

1. 국회의장을 비롯한 국회 요직을 독점한 자유당

(1) 국회의장을 신익희에서 자유당 이기붕으로 교체

제3대 국회의 개원을 앞두고 129석을 차지하고 있는 자유당은 이기붕 의원을 의장으로, 이재학 의원을 부의장으로 추대할 움직임을 보이고 있으며, 무소속 윤치영 의원을 영입하여 부의장 추대를 검토했다.

윤치영 의원의 영입이 여의치 아니할 경우에는 황성수, 윤성순, 최순주 의원들을 놓고 검토 중에 있으나 의견 일치를 보지 못했다.

민국당과 무소속에서는 신익희 의원을 추대할 움직임을 보이고 있지만, 장택상 의원은 "신익희 의원이 의장을 포기하고 자기를 밀어주면 자신이 등장해보겠다"고 발표하고 선거운동을 전개했다.

신익희 의원은 "의장이란 것은 총선거와 같이 입후보를 하는 것이 아닌 만큼 포기나 추천이나 어구 자체가 있을 수 없는 것이고 이는 오직 203명 선량들의 소신에 맡겨 선출하는 것이다"라고 피력했다.

자유당에서는 국회 부의장 1석을 비자유당에 할애하기로 결정하고 의장에는 이기붕, 부의장에는 투표로 황성수를 탈락시키고 윤성순, 최순주, 이재학, 박영출 등 4인으로 결정했으나 경무대에서 박영출을 정문흠으로 교체했다.

자유당은 진관사에서 의원총회를 열고 의장에는 이기붕을, 부의장은 한 사람만 세우고 한 사람은 무소속에 양보하기로 결정했다.

자유당 의원총회에서 부의장은 윤성순, 최순주, 황성수, 조경규, 박영출, 이재학 등이 각축을 전개했으나 투표 결과 최순주로 결정됐다. 이는 이기붕 원내총무가 강력하게 지원한 결과였다.

국회의장선거 투표결과 이기붕 124표, 신익희 52표, 장택상 15표, 윤치영 7표, 이인 1표로 자유당 의원들이 행동을 결속한 결과였다.

이는 자유당이 각 도별로 기명 방식을 이용하는 암호를 통고케 하여 강력한 통일을 기한 결과였다.

국회부의장은 자유당의 의도대로 자유당 최순주 125표, 무소속 곽상훈 162표로 각각 당선됐다.

윤치영 의원은 정부를 견제하여 나가야 할 국회의장이 정부에 유유낙락으로 순종하는 여당인물이어서는 안 되며, 의장으로서 역량과 신망과 인격이 구비돼서 대내외적으로 위신을 잃지 않아야한다는 지론을 펼쳤으나 부의장 선거에서도 낙선했다.

(2) 자유당은 국회 분과위원회 위원장도 독점

1954년 제3대 국회가 개원되어 136석을 독점한 자유당은 투표를 강행하여 전원(정문흠), 법사(윤만석), 내무(조경규), 외무(황성수), 국방(유지원), 재경(박만원), 농림(홍창섭), 상공(윤성순), 문교(김법린), 보사(정준모), 교체(남송학), 징계자격(김익로), 운영(박영출) 등 14개 분과위원회 위원장을 독차지했다.

4사 5입 개헌파동으로 사직한 최순주 국회부의장의 후임에 조경규, 황성수, 이재학 의원 등이 물망에 올라 자유당 의원총회에서 무기명 비밀투표를 하기로 결정했다.

각 분과위원장에는 내무에 한희석과 박순석, 국방에 김성삼과 유지원, 재무에 민태식과 박만원, 농림에 박정근과 홍창섭, 교통에 신용욱과 남송학, 상공에 이갑식과 강경옥, 예산결산에 박용익과 이충환, 부흥에 박세경과 곽의영 의원 등이 각축전을 벌여 이기붕 의장의 측근자들이 대부분 참패를 당한 반면 반이기붕계가 대거 진출했다.

국회부의장은 황성수(39표) 의원을 꺾고 조경규(70표) 의원이 내정됐고, 분과위원장은 전원(윤성순), 운영(조순), 징계(김익로), 내무(한희석), 외무(정기원), 국방(유지원), 교체(남송학), 상공(이갑식), 재경(인태식), 법사(윤만석), 농림(홍창섭), 보사(김익기), 부흥(곽의영), 문교(김법린), 예결(이충환)들을 투표로 결정했다.

1955년 국회에서도 자유당은 투표에 의해 분과위원장을 선정했다. 황성수(외무), 한희석(내무), 박만원(재경), 김상도(징계), 조병문(농림), 박용익(예결), 구흥남(부흥), 정문흠(전원), 박세경(법사), 안동준(국방), 신의식(교통), 김진만(상공), 김철안(보사), 조순(운영), 김종규(문교) 의원들이 공천됐다.

민주당은 인물주의를 표방했지만 백지투표를 선택했고 자유당에서 40표가 이탈했지만 공천자 전원이 당선됐다.

이탈을 조장한 이충환, 윤만석, 김익기, 유지원, 김익로 의원 등에 대한 징계론이 대두되기도 했다.

자유당은 재경에 인태식, 부흥에 곽의영을 지원했지만 의원들의 투표에서 박만원, 구흥남에 패배했다.

1956년 하반기 국회 정·부의장 선거를 앞두고 조경규 의원이 의장 출마를 시사하고 황성수, 윤성순, 박만원, 김법린 등이 부의장 운동에 여념이 없었다.

이승만 대통령은 의장과 부의장을 변동하거나 제도를 변경하는 문제는 상책(上策)이 아니라는 유시로 유임으로 가닥을 잡았다.

"각하의 뜻에 어긋남이 없도록 하겠습니다"라고 고두사은(叩頭謝恩)한 조경규 부의장의 거취에 대한 논란이 있었으나 무투표 부의장 후보로 공천됐고, 황성수 의원은 박만원, 이재학, 김법린, 윤성순, 강세형 의원들과 3차에 걸친 투표로 어렵게 관문을 넘어섰다.

자유당은 의원총회의 공천대로 상임위원장을 독점했다. 전원에 홍순철, 법사에 박세경, 외무에 강세형, 내무에 하을춘, 재경에 최용근, 예결에 김종신, 국방에 송우범, 문교에 이존화, 부흥에 구흥남, 농림에 나희집, 상공에 이영언, 보사에 김익기, 교체에 정명섭, 징계에 김상도, 운영에 김춘호가 선임됐다.

시계 밀수 혐의로 여론의 도마에 오른 박영출 외무위원장과 황성수 국회부의장의 사표 수리가 자유당 의원총회에서 부결을 의결했음에도, 본회의에서 가결되어 자유당 통일의 결여와 내분을 노정(露呈)했다.

황성수 부의장의 후임에 임흥순, 이재학, 김법린 등이 각축전을 벌였고 윤성순, 박만원, 김수선 등도 공천전에 가담했으나 자유당이 전례 없는 행동 통일로 이재학 국회부의장을 선출했다.

(3) 정국 상황에 따라 요동치는 국회의 의석 분포

자유당에서 탈당했지만 민주당에 합류하지 아니한 의원들이 중심이 되어 무소속구락부가 양일동, 최갑환, 이우줄, 서인홍, 박해정, 김홍식, 박기운, 민관식, 박종길, 황남팔, 김두한, 권오종, 조만종, 김재곤, 신태권, 임흥순, 김재황, 육완국, 백남식, 김동욱, 김영삼, 문종두, 이병홍, 정준, 김수선, 김달호, 신도성, 변진갑, 최영철, 전진한, 권중돈 의원들로 구성됐다.

그리하여 원내 세력 분포는 자유당 122명, 민주당 34명, 무소속구락부 31명, 순수 무소속 16명이다.

무소속구락부는 장택상, 이인, 윤제술, 김정호, 송방용, 손권배 등이 추후 가입하여 37명으로 늘어났다.

무소속구락부가 16명의 탈퇴로 해체되었고, 한청동지회가 발족하여 원내 세력 분포는 자유당 130석, 민주당 33석, 한청동지회 28석, 순수 무소속 11석으로 재편됐다.

김수선(울산갑), 조만종(밀양을) 의원에 이어 한청동지회를 이끌어오던 임흥순(성동갑), 최갑환(고성), 김의준(여주), 김영상(함양), 김재황(성동을), 서인홍(진주), 이우줄(대구병) 의원들이 무더기로 자유당에 입당했다.

민국당으로 당선되어 야당의 투사로 활동했던 신도성(거창) 의원도 자유당으로 전향했다.

자유당은 사리(私利)를 위해 당내 분열 행동과 당의 지령을 위배한 반당행위를 한 이충환(진천), 윤만석(문경), 유지원(연기), 김기철(충주), 하태환(포항), 김형덕(밀양갑) 의원들을 제명 조치했다.

"당의 지령을 위배하고 당내 분파 행동과 당의 위신을 손상하는 반당행위를 감행했다"는 사유로 사표를 제출한 부·차장이 논공행상에서 수훈갑인 박영출, 한희석, 진승국, 이정재 등이 물러났다.

국회 의석 분포는 자유당 136명, 민주당 33명, 한청동지회 20명, 무소속 14명으로 재편됐다.

강승구(양주을), 김상현(무주) 의원들은 1인의 권위와 자신의 영달만을 도모하는 자유당 수구분자들의 몽매(蒙昧)는 국민의 정당으로서의 발전을 무시하여 탈당한다는 명분을 내걸고 탈당했다.

한청동지회와 무소속이 결합하여 정우회가 결성되어 원내 의석 분포는 자유당 129석, 민주당 43석, 정우회 25석, 무소속 6석으로 재편되어 4대 총선을 맞이했다.

2. 자유당의 분파와 대통령의 국회 지배

(1) 이승만 대통령과 자유당은 내각 구성에서 불협화음

이승만 대통령은 국회 개원 전 "자유당이 의원수가 많다고 해서 국회를 제 마음대로 하거나 정부를 제 마음대로 움직일 것을 생각하면 망상이다"라고 일침을 놓았다.

제3대 국회에서는 이갑성, 배은희계와 이기붕계가 세력 다툼을 하는 와중에 백두진 국무총리의 인준이 어려울 것으로 예상되고 있으며, 백두진 국무총리가 낙마할 경우에는 외무부장관 변영태와 대구에서 낙선한 이갑성이 발탁될 것으로 전망됐다.

또한 이기붕 의원이 국회의장에서 패배할 경우 국무총리에 발탁될 것으로 예상되기도 했다.

이승만 대통령은 민주국가에 있어서의 국무총리 제도가 불필요한 이유와 3대 국회에서는 국무총리제를 삭제하는 개헌안의 필요성 등을 역설하고, 백두진 국무총리의 사표는 수리하되 임시대행과 서리를 공포할 것을 명백히 했다.

국무원 신임 문제는 헌법에 명문화되어 있음에도 불구하고 궤변으로 연기하고 백두진 총리의 사표가 수리되었음에도 헌법 개정으로 국무총리제를 폐지하겠다는 이승만 대통령의 담화로 정국은 긴장감에 젖어있었으나, 이승만 대통령이 변영태 외무부장관을 새로운 국무총리에 임명하자 국회는 6월 28일 찬성 157표, 반대 17표로 인준 가결했다.

변영태 국무총리는 보성중학 출신으로 고려대 교수, 비율빈대사, 외무부장관을 지냈다.

이승만 대통령은 재무에 이중재, 법무에 조용순, 농림에 최규옥, 상공에 박희현, 체신에 이광을 임명했다.

자유당이 135명을 차지하고 있는 국회는 국무원 신임안에 대해 가(可) 98표, 부(否) 74표로 재적 과반수에 미달되어 부결돼 총사직이 불가피하게 됐다.

자유당의 중견 일부에서는 이기붕 국회의장에게 "이번 기회를 일실치 말고 자유당 내각을 조각하라"고 강요했고, 이번 개각에서 자유당계가 아니고 인물 본위의 개각이었다는 데 불만이 폭발한 결과였다.

자유당 내에서는 이번 기회에는 기어코 목적을 달성하여 자유당 내각을 조직하려고 맹활동을 전개했다.

이승만 대통령은 상공부장관을 강성태 자유당 의원으로 교체하고 국회의 요구에 따라 양보하니만치 국회에서도 불만을 삼지 말라고 훈시했다.

그러나 변영태 국무총리가 사태 수습의 실패에 대한 책임을 느끼고 사표를 제출하여 국무원 총사직 태세를 취하자, 이승만 대통령이 전 국무위원의 사표를 총각하하여 정세가 환원됐다.

변영태 국무총리는 재신임을 받지 않고 국무위원들만 신임을 받는다는 것은 모순이라는 논리를 주장하고, 이승만 대통령의 재지명이 없는 한 총리 유임을 계속 거부했다.

국회는 파국에 직면하여 국무원 신임안을 가(可) 138표, 부(否) 48
표로 통과시켜 야당의 공세를 좌절시키고 자유당의 결속을 과시했
다.

민주당은 국무총리 제외는 헌법을 무시했다는 입장인 반면, 자유
당은 헌법론을 떠나 정국 수습이 우선이라는 입장이며, 신임안 통
과 후에도 변영태 총리는 두문불출하며 기자 면회를 거절했다.

국무총리가 별도의 재신임을 받아야 한다는 변영태 국무총리는 이
기붕 국회의장의 간곡한 권유에도 사표 철회에 응하지 않고 있다
가, 결국 변영태 총리는 국민의 기대에 부응하겠다며 총리 수락
담화를 발표했다.

(2) 이기붕계와 반이기붕계로 암투를 벌린 자유당

족청계가 제거된 자유당은 과거 원외자유당의 주도세력인 이갑성,
배은희 세력과 이승만 대통령 비서실장 출신인 이기붕 세력 간의
대립이 조성됐다.

자유당은 이기붕 중심세력과 반이기붕 세력 간의 암투가 지속되고
있고 침묵하고 있던 족청파도 새롭게 대두됐다.

자유당은 최순주(총무), 황성수(선전), 김용우(조직), 한희석(정무),
박영출(훈련), 진승국(조사), 김법린(문화), 구용서(산업), 장경근
(사회), 정문흠(감찰)을 부장으로 선출했다.

자유당의 도당위원장은 이기붕(서울), 오명환(경기), 최순주(충북),

인태식(충남), 김창수(전북), 민병기(전남), 정문흠(경북), 이용범(경남), 장석윤(강원), 강경옥(제주) 등이 선출됐다.

자유당은 이기붕, 최순주, 조경규, 장경근, 이재학, 한희석, 이충환, 정명섭, 이선근, 문봉제, 진승국, 김용우, 구용서, 배민수, 유진순 등 중앙위원 15명을 선임했다.

자유당 간부진과 중앙위원의 분포에서 이기붕 국회의장계가 이갑성・배은희계를 누르고 주도권을 잡아갔다.

(3) 임철호 농림부장관 불신임과 손원일 국방부장관 낙마

임철호 농림부장관에 대해 양곡과 비료 정책의 실패, 토지 수득세 폐지 문제에 대한 애매한 태도 등의 문제를 삼아 불신임 결의안이 제출됐다.

1955년 7월 28일 정안보 선생의 가옥을 적산가옥이라며 빼앗은 혐의를 받고 있는 임철호 장관의 불신임 결의안이 가(可) 103표, 부(否) 77표로 재적 과반수를 초과하여 가결됐다.

자유당은 소속 의원들에게 반대를 지시했으나 30여 명의 자유당 의원들이 지시를 어기고 찬성표를 던졌다.

불신임 결의에 분개한 이승만 대통령은 국무위원 불신임조항을 삭제한 헌법 개정이 필요하다고 역설했다.

이기붕 국회의장의 만류에도 불구하고 원면사건과 관련하여 손원일 국방부장관에 대한 불신임 결의안에 대부분의 자유당 의원들이

동조했다.

자유당 의원들이 제출한 결의안을 이재학 원내총무가 임의로 가져가 서명의원들을 설득하여 철회시키는 등 노력으로 야당 의원들의 퇴장 도중에 불신임 보류 동의안을 표결 강행했다.

이승만 대통령은 "손원일 장관의 사표는 내가 가지고 있는데 손 장관은 잘못이 없고 모두가 모략이라고 하니 잘 조사해서 처리하겠다"고 국방위원들을 설득했다.

여론의 뭇매에 이승만 대통령도 손원일에서 김정렬로 국방부장관을 교체했다.

(4) 이승만 대통령의 조종과 지시로 움직이는 국회

자유당은 재무에 박만원, 문교에 장경근, 외무에 황성수, 부흥에 김현철, 교통에 이충환을 추천하여 이승만 대통령에 건의했다.

국회의원은 국무위원에 등용하지 않겠다고 강경한 태도를 견지하여왔던 이승만 대통령이 자유당의 간청을 받아들여 재무에 인태식, 보건사회부에 정준모 의원들을 발탁했다.

이기붕 중심의 주류파와 투쟁할 것을 선언한 비주류가 혁신동지회를 구성했다.

자유당은 내각책임제를 염두에 둔 혁신정치 지향운동을 전개하며 50명의 의원들이 서명하여 자유당 내부 동요가 표면화됐다. 이들은 자유당 탈퇴 불사도 언명했다.

그러나 대한청년단 출신 등 조경규 세력이 완전 거세되고 이기붕 중심으로 부차장이 개편되어 이기붕이 당내 주도권을 완전하게 장악했다.

선임된 부차장은 총무 임흥순(최갑환), 조직 홍창섭(손도심), 선전 김의준(송우범), 재무 강성태(이영희), 정무 장경근(정명섭), 훈련 하을춘(김춘호), 조사 임문환(김선우), 문화 전성천(표양문), 산업 박정근(김병순), 사회 이활(박길래), 감찰 김상도(안준기), 무임소 유각경으로 이기붕계가 주류를 이뤘다.

자유당은 총무 강성태, 조직 임철호, 정책 장경근, 선전 김의준, 선거대책 이홍식, 감찰에 정존수 상임위원장을 선임했다.

이기붕 의장은 내각책임제는 곤란하고 정·부통령은 동일 정당으로 하는 헌법개정을 1957년 말 이내에 개정하겠다고 공언했다.

자유당은 정·부통령 선거를 앞두고 46명의 중앙위원을 보강했는데 여기에는 정낙훈, 권병로, 박현숙, 김봉문, 김을길, 박용만, 김용우, 지청천, 이갑성, 장기영, 조정환, 김유택, 이은태, 이재학, 인태식, 장석윤, 이갑식, 이용범, 강경옥 등이 포함됐다.

자유당은 전당대회 소집을 앞두고 장경근, 임철호계와 이재학, 강성태계가 암투를 전개했다.

이승만 대통령은 "비록 자유당이라도 일은 안하고 협잡질이나 하는 사람은 잘 기억해두었다가 표를 주지 않도록 하라"고 훈시했다.

3. 자유당이 4개 지역구에서 압승한 보궐선거

(1) 다섯 번의 보궐선거에서 자유당이 4번을 압승

제3대 국회 회기 동안 5명의 의원들이 사망하여 다섯 번에 걸친 보궐선거가 실시됐다.

1954년에는 전북 진안의 이복성 후보가 사망하여 실시된 보궐선거에서는 자유당의 실세인 배은희 후보의 사퇴에 힘입어 전주에서 2대 의원에 당선됐던 자유당 박정근 후보가 당선되어 의원직을 승계했고, 1955년에는 반민특위 조사부장으로 활동했던 경남 산청의 이병홍 후보가 사망하여 실시된 보궐선거에서도 부산에서 3대의원 선거에서 낙선했던 안준기 후보가 자유당 공천을 받고서 경남도의원 조명환, 문교부 체육과장 김재위, 예비역 육군대령 심상선, 경북도 경찰국장 박명제 후보들을 가볍게 제압하고 등원에 성공했다.

1956년에는 사사오입 개헌의 주역으로 활동했던 국회부의장 최순주, 민주당 대통령 후보로 당선권을 넘나들던 신익희, 총무처장을 지낸 한동석 의원들이 사망하여 보궐선거가 세 곳에서 실시됐다.

충북 영동에서는 영동군수를 지낸 자유당 손준현 후보가 육군대령 출신인 무소속 김기형, 육군대위 출신인 민주당 최규명 후보들을 꺾고 의원직을 승계했고, 경기도 광주에서는 신익희 대통령 후보 아들인 민주당 신하균 후보가 신익희 후보의 추모표에 힘입어 광주 수리조합장인 자유당 박재덕 후보를 253표차로 어렵게 승리하여 아버지의 의원직을 이어받았다.

경기도 양주의 보궐선거에서는 치안국장으로 명성을 쌓은 자유당 이성주 후보가 신익희 국회의장 비서장 출신인 민주당 유광열 후보를 꺾고 등원에 성공했다.

(2) 전북 진안 : 자유당 의원부 간사장 배은희 후보의 사퇴에 힘입어 재선의원에 오른 박정근

지난 3대 총선에서는 11명의 후보들이 난립한 선거전에서 진안면장과 진안 소방대장을 지낸 이복성 후보가 자유당에서 제명된 김준희 2대의원의 사퇴에 힘입어 자유당 공천 후보임을 내세워, 산림조합 이사장인 고영추, 진안군수를 지낸 김재영, 전북도의원인 김태주, 체신부 창고과장을 지낸 오재엽 후보들을 꺾고 등원에 성공했다.

이번 보궐선거에 자유당 의원부에서는 의원부 간사인 배은희 후보를 추천하고 등록까지 마쳤는데, 이기붕이 주도하고 있는 중앙당부에서 거부하여 이승만 대통령의 종신집권을 위한 개헌이 임박한 상황에서 자유당 내분이 조장됐다.

배은희 후보가 사퇴하여 내분이 일단락되는 것 같았으나 배은희 후보가 사퇴하지 않을 수 없게끔 만들어 놓는 데 불만이 더욱 조장되어 폭발 직전까지 도달하여 개헌안 상정 지연의 빌미가 됐다.

배은희 후보는 사퇴했지만, 자유당 소속임을 밝힌 전주에서 2대의원에 당선됐으나 3대 총선에서 낙선한 박정근, 경기도 양주에서 재선의원으로 발돋움한 이진수, 면장 출신인 박동식, 대동산업 사장인 김준희 후보들의 각축장이 됐다.

전북도 농민회장이며 진안 출신임을 역설한 박정근 후보가 재력이 구비된 김준희, 면장 출신인 박동식, 전북도의원 출신인 전태주 후보들을 꺾고 재선의원이 됐다.

외지인으로 지목된 배은희 후보는 사퇴했고 이진수 후보도 당선권에서 초반부터 멀어졌다.

□ 득표상황

후보자	정당	연령	주요 경력	득표 (%)
박정근	자유당	56	2대의원(전주)	8,251 (29.2)
박동식	자유당	42	자유당 면당위원장	6,370 (22.5)
김준희	자유당	50	대동산업 부사장	5,171 (18.3)
전태주	무소속	49	전북도의원, 면장	4,302 (15.2)
이진수	자유당	54	2선의원(경기 양주)	1,458 (5.2)
이회종	무소속	26	경찰관	1,223 (4.3)
송재열	무소속	38	정미업	1,020 (3.6)
손용배	자유당	41	자유당 전주위원장	512 (1.8)
배은희	자유당	67	고시위원장, 목사	사퇴

(3) 경남 산청 : 부산에서 생활하고 있는 자유당 안준기 후보가 지역에 뿌리를 내리고 있는 민주당 조명환 후보를 큰 표차로 따돌려

지난 3대 총선에서는 반민특위 조사부장으로 활동하다 제2대 의원에 당선된 이병홍 의원이 부산시 교육위원으로 자유당 공천을 받은 정태운, 정치대 부학장으로 활약한 박승하, 경남도의원인 국민회 정석두 후보들을 꺾고 재선의원이 됐다.

이병홍 의원의 사망으로 실시된 보궐선거에는 대동청년단 시천면 단장으로 경남도의원을 지낸 조명환, 문교부 체육과장 출신인 김재위, 예비역 육군대령인 심상선, 경북도 경찰국장을 지낸 박명제, 변호사로서 자유당 경남도당 부위원장인 안준기, 명치대 출신인 허명 후보들이 출전했다.

경남 서부의 지리산 산자락인 지역의 특성에 부응하여 자유당 안준기 후보가 부산에서 생활하고 있음에도 불구하고 지역에 뿌리를 내리고 있는 민주당 조명환 후보를 5천여 표차로 따돌리고 등원에 성공했다.

문교부 체육과장 출신인 김재위 후보는 민주당으로 출전하여 민주당 지지세의 잠식에 공헌했다.

□ 득표상황

후보자	정당	연령	주요 경력	득표 (%)
안준기	자유당	40	부산지법 조정위원	13,286 (39.4)
조명환	민주당	38	경남도의원	7,780 (23.1)
김재위	민주당	34	문교부 체육과장	3,222 (9.6)
민영허	무소속	32	국제타이프 대표	2,967 (8.8)
심상선	무소속	31	예비역 육군대령	2,113 (6.3)
박명제	무소속	52	경북도 경찰국장	2,108 (6.3)

허 명	무소속	31	단국대 경기 감사	1,272 (3.8)
최의섭	무소속	44	보험회사 지부장	938 (2.8)

(4) 경기 광주 : 민주당 지도부의 눈물겨운 선거운동으로 신하균 후보가 어렵게 승리를 쟁취

지난 3대 총선에서는 일본 조도전대 출신으로 상해 임시정부 내무부장 출신으로 입법의원으로 활동하고, 제헌의원 선거에 무투표 당선되어 국회의장을 지낸 신익희 후보가 미국 뉴욕대 출신으로 세계무역진흥회 한국 대표로 활약했던 자유당 최인규 후보를 5천여 표차로 꺾고 3선의원이 됐다.

신익희 후보의 의원직 승계를 위한 보궐선거에 민주당은 신익희 후보의 아들로 한국외국어대 강사인 신하균 후보를 내세웠다.

이에 자유당은 광주 수리조합장인 박재덕 후보를 공천했고, 목사로서 은광중고교 교장인 이강목, 숙명여대 사친회 이사인 허호영 후보들이 무소속으로 도전했다.

민주당 지도부가 총출동하여 지역구의 구석구석을 누비며 신익희 후보에 대한 유업을 홍보하여 경찰들의 지원 공세로 압승을 기대한 자유당 박재덕 후보를 253표차로 어렵게 꺾고 민주당 신하균 후보가 아버지의 의원직을 승계했다.

□ 득표상황

후보자	정당	연령	주요 경력	득표 (%)
신하균	민주당	37	한국외국어대 강사	20,014 (46.6)
박재덕	자유당	39	광주 수리조합장	19,761 (46.0)
이강목	무소속	36	은광중·고 교장	2,649 (6.2)
허호영	무소속	41	회사원	511 (1.2)

(5) 충북 영동 : 영동군수와 충남도의원의 관록과 자유당의 조직을 활용하여 무소속 김기형, 민주당 최규명 후보들을 가볍게 제압한 손준현

지난 3대 총선에서는 재무부장관을 지낸 최순주 후보가 자유당 공천을 받고서 예비역 육군대령인 김기형, 영동군수를 지낸 정태철, 체신부차관을 지낸 박용하 후보들을 가볍게 꺾고 당선되어 자유당 중앙위 부의장으로 활약했다.

최순주 의원의 사망으로 실시된 보궐선거에는 영동군수와 충북도의원을 지낸 손준현, 육군대령 출신인 김기형, 육군대위 출신인 최규명 후보들이 도전했다.

영동군수와 충남도의원의 기반을 갖고 자유당의 조직과 풍부한 선거자금을 활용한 손준현 후보가 육군 대령 출신으로 지난 3대 총선에서 자유당 최순주 후보와 격전을 벌여 석패한 김기형 후보와 민주당 후보임을 내세우며 야당세의 결집을 기대한 최규명 후보들을 가볍게 꺾고 최순주 의원의 의원직을 승계했다.

□ 득표상황

후보자	정당	연령	주요 경력	득표 (%)
손준현	자유당	56	충북도의원, 군수	25,842 (63.3)
김기형	무소속	36	육군대령	8,697 (21.3)
최규명	민주당	33	육군대위	6,317 (15.4)

(6) 경기 고양 : 치안국장 출신으로 경찰들의 전폭적인 지원으로 동정여론에 매달린 유광열 후보를 34.1%차로 격파한 자유당 이성주

최국현 의원이 출전을 포기한 지난 3대 총선에서는 총무처장을 지낸 자유당 한동석 후보가 신익희 국회의장 비서장을 지내고 태양신문 논설위원으로 활약한 유광열 후보를 꺾고 등원에 성공했다.

한동석 의원의 사망으로 실시된 보궐선거에는 제헌의원 선거 때 최국현 후보에게 석패한 이성주 후보가 자유당 공천으로, 언론인 출신으로 2대와 3대 총선에서 연거푸 낙선한 유광열 후보가 민주당으로 출전하여 양강구도를 형성했다.

서울 마포에서 김상돈 후보를 꺾고 2대의원에 당선된 오성환 후보가 출전하여 명함을 내밀었다.

지역 연고가 엷은 약점은 있지만 치안국장 출신으로 경찰들의 전폭적인 지원을 받은 이성주 후보가 2대와 3대 총선에서 연패하여 동정여론을 불러일으켰으나 조직과 자금이 불비한 유광열 후보를

더블 스코어가 넘는 표차로 꺾고 등원에 성공했다.

김두한 의원의 지원을 받은 오성환 후보는 당선보다는 차기를 도모하기 위한 예비 출마에 불과했다.

□ 득표상황

후보자	정당	연령	주요 경력	득표 (%)
이성주	자유당	46	내무부 치안국장	16,624 (65.6)
유광열	민주당	58	언론인	7,991 (31.5)
오성환	무소속	52	2대의원(서울 마포)	714 (2.9)

4. 부정과 불법선거가 자행된 지방의원선거

(1) 등록방해 등 경찰 개입으로 자유당의 대승은 필연

1956년 2월 12일 지방자치법 개정안이 드디어 통과됐다. 개정안에서는 서울특별시장과 도지사는 정부에서 임명하고 시·읍·면장은 임기 3년으로 하되 주민들의 직접 선거로 선출토록 했다.

또한 동·리장도 주민들의 직선으로 하되 임기는 2년이며, 8월 15일 선거 전에 임기가 만료된 의원들은 임기가 연장된다고 부칙에서 규정했다.

개정된 지방자치법에 의하여 서울시 및 도의원 정수는 437명이다. 시·읍·면장은 690명이고, 시·읍·면의회 의원은 17,130명으로 책정됐다. 다만 잔여 임기가 있는 시장은 잔여 임기를 보장하여 선거가 유예됐다.

시·도의원 정수는 서울 47명, 경기 46명, 충북 23명, 충남 45명, 전북 44명, 전남 58명, 경북 52명, 경남 67명, 강원 25명, 제주 15명이다.

민주당은 입후보자의 빈곤, 자금난, 그리고 관에 의한 압력 등으로 고전(苦戰)이 예상되어 시·도의원 선거에만 주력하기로 했다.

부산에서는 민주당 후보들의 등록을 방해하기 위해 공무원들이 직장을 이탈하고 선관위원들이 피신하는가 하면, 백주에 테러단이 횡행했다.

부산시의원 등록 방해가 절정에 다다라 야당계 후보들의 필사의 노력도 수포로 돌아가 부산의 공기가 살얼음판처럼 굳어졌고, 끈덕진 관권 간섭이 주효하여 야당 후보는 겨우 3명만 등록하였을 뿐이었다.

전남과 충남 등에서는 산림령(山林令)이 등록 방해의 큰 몫으로 구속 선풍을 일으켜 등록을 방해했다.

지방선거 등록 파장을 전후하여 경찰들이 등록 서류를 절취하거나 가지가지 방해로 야당 후보들의 등록은 극히 저조했고, 자유당의 독무대에 무소속 후보들이 도우미 역할을 했다.

당선을 노리는 기만(欺瞞)전술로 자유당원들의 가장 무소속 출마가 서울시 의원 후보에만 30여 명이었었으며 전국적으로는 헤아릴 수 없었다.

 지방선거 관권개입에 민주당에서는 국회에서 단식농성에 돌입하고 지방선거 등록기한 연장조치 법안을 제안했다. 그러나 자유당의 반대로 무산됐다.

자유당 의원 숫자의 위력으로 등록마감 연장안이 폐기되고 절정의 편당적 분위기에서 민주당 후보의 당선율이 곧 민주주의의 시금석이 됐다.

야당의원 69명이 강경투쟁을 결의했고, 야당의원들의 초유의 데모에 무장경찰들이 강력 저지했고, 여·야의원들의 격투가 벌어졌으며 이익흥 내무부장관의 현장 명령으로 김선태 의원을 체포 연행했다.

국회의 김선태 의원 석방결의에 이익홍 내무부장관은 석방결의에 응할 수 없다는 입장을 밝혀, 민주당은 장기 투쟁을 결의하고 국민주권옹호 투쟁위원회가 조직됐다.

김선태 의원 석방 결의안이 가결됐으나 이익홍 내무부장관은 의원 시위는 소요죄로 현재로는 석방할 수 없다는 강경한 입장이었다.

김병로 대법원장은 김선태 의원 석방은 당연하며 국회 결의의 불응은 국회,장법 모독이라고 비난했다.

유옥우 의원은 "이익홍 장관이 이승만 대통령이 방기(放棄)를 뀌자 '각하, 시원하시겠습니다' 할 정도로 아첨을 잘한다"고 이익홍 장관을 매도했다.

공연한 경찰의 사퇴 강요로 무투표 당선은 연극이 됐고, 산청에서는 무투표 당선자가 사퇴하여 다른 군의 추가 등록자가 당선되는 기현상도 발생했다.

서울에서도 야당 후보의 강연 장소 사용을 모두 거절하는 선거방해가 있었고, 경북 군위에서는 자유당과 기관원들이 합작하여 민주당 홍창우 후보를 집단 테러하여 중상을 입혔다.

민주당에서는 지방선거 입후보 방해를 규탄하고 경범죄의 남용을 추궁하자, 정부에서는 간섭자는 사법부에서 처단토록 하겠다고 답변했다.

(2) 참패한 선거에서 서울시의원 선거에서만 압승한 민주당

1956년 8월 8일 등록 및 선거운동 방해 등 온갖 압력과 간섭이 벌어지는 가운데 519명의 시·읍·면장과 1만 4천 694명의 시·읍·면의원의 선거가 실시됐다.

이번 선거에서 시장은 16명 중 자유당이 15명, 읍장은 30명 중 자유당이 18명 당선됐고, 면장은 542명 중 자유당이 349명, 민주당이 9명 당선됐다.

시의원은 418명 중 자유당이 289명, 읍의원은 99명 중 자유당이 57명, 면의원은 15,540명 중 자유당이 11,768명, 민주당이 260명 당선되어 자유당이 80% 이상을 석권했다.

1956년 8월 13일에는 서울특별시와 도의원 433명을 선출하는 선거가 실시됐다.

서울시·도의원 437명의 선거에서 42개 선거구에서 무투표 당선됐고, 이들은 위장 무소속 후보가 9명이지만 사실상 전부가 자유당 후보들로서 자유당이 독점했다.

15개구가 개표 중인 가운데 자유당이 190석, 민주당이 92석, 무소속이 101석, 소수정당이 9석을 차지했다.

서울시의원 47석은 민주당 40석, 자유당 1석, 무소속 6석으로 나뉘었다. 김수길, 노승환 민주당 후보들이 최연소 후보로 당선됐다.

지방에선 자유당이 압승을 거두었으나 서울시에서는 47석 중 민주당이 40석을 차지하고 자유당은 1석에 머무는 참패는 민심의 귀추에 중대한 시사점을 보여줬다.

이익흥 내무부장관은 선거에 관권 간섭이 전혀 없는 완전한 자유

분위기에서 선거가 치러졌다고 자화자찬했으나, 전국적으로 크고 작은 사고가 빈발됐으며 부산과 밀양, 대덕 등지에서는 부정개표와 테러가 자행됐다.

익산에서는 경찰관들 만이 개표했고, 목포에서는 소송대상 투표함의 봉함을 방해했다.

민주당이 10개구의 개표 재심을 요구키로 결정했다.

(3) 마침내 밝혀진 정읍 소서지서 투표함 환표사건

1956년 8월 29일 전북 정읍 소성지서 박재표 순경이 전북도의원 선거 때 양심의 가책으로 환표 사실을 폭로하고 사표를 우송했다.

치안국은 박재표 순경은 투표함 호송 트럭에 동승(同乘)한 사실조차 없는 허무맹랑한 날조범이라고 체포령을 발동했다.

치안국에서는 박재표 순경을 전주에서 체포했으며, 박 순경이 환표 폭로는 본의 아닌 연극이었음을 자백했다고 발표했다.

경찰은 박재표 순경의 "모든 것이 주위의 사주에 의하여 보지도 못한 일을 허위 증언했다"는 자백으로 낙선한 민주당 은종숙 후보를 연행했다.

정읍 소성지서에서 발생한 환표(換票) 사실을 조사한 치안국에서는 환표 운운은 허무맹랑한 날조일 뿐 아니라 폭로한 박재표 순경은 환표하였다는 트럭에도 타지 않았다고 발표했으나, 주민들은 환표한 것이 사실일 것이라 믿는 사람들이 많았다.

박재표 순경은 공판정에서 "엉뚱한 방면으로 돌린 차중에서 형사 2명이 환표를 감행한 것을 이 눈으로 똑똑히 보았다"고 자신의 자백을 번복했다.

박재표 순경은 민주당의 제물이 되지 말고 네 가족을 생각하라는 협박에 못 이겨 경찰과 검찰에서 할 수 없이 거짓말을 했다고 진술했다.

소성에서 올라 온 수많은 증인들은 박재표 순경은 그 차에 타지 않았다고 증언하면서, 법정에 오는 차표는 소성지서 주임이 구입해 주었다고 진술했다.

지서주임이 사준 차표로 법정에 선 증인들의 서투른 연극으로 폭소와 분노의 연속된 위증(僞證)으로 사실이 폭로될 수밖에 없는 재판 과정이었다.

"경찰조사는 허위"라고 환표했다는 형사 등이 증언했고, "환표를 위한 계략으로 생각한다"는 증언까지 나왔다.

그러나 전주지검 검사는 환표는 전연 허위의 사실이라며 관련자 6명에게 징역형을 구형했고, 변호인들은 "틀림없는 환표이나 단연코 무죄이어야 한다"고 검사의 논고를 반박했다.

법원은 정읍 환표사건에 환표했다는 의심은 가나 확실한 증거를 못 찾았다며 박재표 순경에 1년 6개월의 징역을 언도했다. 이에 박재표 피고 등은 즉각 불복 항소했다.

박재표 순경은 환표한 사실을 폭로한 것은 부정을 없앰이 목적이었다고 강력하게 주장했다.

광주고법에서 경찰관의 환표 사실을 인정하고 은종숙 피고 등에게는 명예훼손 혐의의 무죄를 선고하고, 박재표 순경에게는 직무 유기죄로 징역 6월에 집행유예 1년을 선고하여 사건이 종결됐다.

투표함을 바꿔치기한 경찰관들의 처벌과 위증한 증인들의 추궁 등이 수습의 숙제로 남겨졌다.

(4) 함평 환표사건으로 장권표 당선자의 당선 무효 선언

김의택 의원은 국회에서 함평에서 경찰관들이 투표함에서 환표한 사실이 있다고 폭로하자, 함평경찰서 정기선 서장은 김의택 의원을 경찰관의 환표 사실이 없다면서 명예훼손 혐의로 고소를 제기했다.

김종원 치안국장은 함평 환표사건은 허위 날조이므로 김의택 의원을 소환 문초하고, 이를 보도한 경향신문 편집국장을 구속하겠다고 호언장담했다.

함평사건에 대한 경향신문의 보도를 자유당과 언론 그리고 관청에서는 모두 허위라고 강력하게 주장했다.

그러나 광주고법은 재정(裁定)명령을 목표지원에 내려 함평의 환표 사실을 인정하여 호송경관 7명을 기소토록 했다.

전남도 선거위원회는 투표함 수송 중 경찰관이 환표하여 당선된 자유당 장권표 전남도의원의 당선을 무효화했다.

함평 환표사건에서 유추하면 정읍 환표사건도 물증을 잡지 못하였을 뿐 비슷한 사건으로 관측됐다.

함평 환표사건이 말썽이 된지 9개월 만에 환표한 경관 7명에 대한 첫 공판이 열렸으며, 경찰관들의 모순된 진술에 재판장의 질책이 때때로 재판정을 숙연케했다.

피고인 전원은 현직 경찰관이었고 피고들의 횡성수설에 폭소가 연발됐다.

대법원에서 투표함 수송 도중 환표한 사실을 인정하고 장권표 전남도의원의 당선을 무효 선언했다.

(5) 진주시장 부정선거 폭로 등 도처에서 부정이 빈발

진주지검에서는 진주시장 선거에서 무더기 표가 발견된 사실을 상부에 보고했고, 자유당과 민주당은 진주시장 부정투표사건에 대한 발본색원 방침을 재확인했다.

민주당 참관인 이상술이 투표 개시 전에 투표함 속에서 무더기 표를 발견하여 발생된 사건으로 투표함을 보관한 진주시청 청사가 파괴되어 잔여 투표용지가 뒤집혀진 사건으로 여야 간의 대립을 불러왔다.

진주시장 부정선거에 대해 야당은 "수백 명에 유령투표지 배부와 90여 매의 부정투표지가 드러났고 그것을 엄폐하기 위한 창고파괴, 기타 개표 현장에서의 야당 참관인 추방 등 자유당의 계획적인 공작이다"라고 주장했고, 자유당은 "이는 착오이고 다른 도장을 찍을 리 만무하므로 부정투표가 아니다"라고 반박했다.

자유당은 민주당의 계획적인 조작이라고 주장한 반면, 민주당은 자유당이 상투적 수법에 의해 강행된 것이라고 상반된 주장으로 일관했다.

진주시장 선거부정에 대하여 검찰이 사망자나 전출자 등에 투표케 한 혐의로 진주시장을 비롯하여 동장 등 33명을 소환하여 문초했다.

국회 조사가 이뤄진 상황에서 김택조 진주시장 당선자는 취임식을 거행했고, 사실을 폭로한 증인들이 번복하여 주민들이 분격하는 소동이 발생했다.

소환당한 진주경찰서장은 출장중이라며 소환을 거절했고, 투표함이 보관한 진주시청 창고가 파괴되어 증거가 인멸됐고, 정전 등으로 부정개표가 의심됐으나 철저하게 규명되지 못했다.

진도군 임회면 면장 선거에서 입후보자가 투표함을 탈주하여 도주했다가 뒤늦게 검찰에 자수하는 사상초유의 일이 벌어졌고, 경북 청도에서는 민주당 황영석이 제출할 선거 서류를 청도경찰서 부근에서 정체불명 괴한에게 탈취 당했다.

전북 전주시 효자동장 선거에서는 수수께끼 같은 선거진풍이 전개됐으며 개표와 검표가 매번 되풀이되다가 자유당 후보가 3표 리드하자 당선이 선언됐다.

대법원은 사천군 경남도의원 선거에 대해 8.13 지방의원 선거 일부 무효판결을 내리고 당선을 무효화등 도처에서 부정과 불법선거에 대한 재판이 진행됐다.

5. 폭력배에 짓밟힌 장충단 시국강연회

(1) 장충단공원 시국강연회를 폭력배들이 난장판을

1957년 5월 25일 국민주권옹호투쟁위원회 주최로 장충단 공원에서 열린 시국강연회에 정체불명의 괴한 30여 명이 나타나 돌과 빈병 등을 연단을 향해 던지고, 연사 앞의 책상을 뒤집어엎고 마이크 조정기에 불을 지르는 등 계획적인 폭행을 자행하여 강연회가 중단됐다.

강연회에 모인 20만 명의 인파는 "저놈을 집어내라", "저놈을 죽여라"고 흥분했지만, 괴한들이 스스로 퇴각할 때까지 어느 누구의 방해도 받지 않았고, 경찰관들은 이들이 사라진 뒤 30분 후에 나타났다.

민주당은 "돌팔매로 민주주의를 압살(壓殺)하고 휘발유로 국민주권을 소각하던 독재의 모습을 서울시민들은 분명하게 목격했다"는 성명서를 발표했다.

서정학 치안국장은 주최 측을 감시한다는 비난을 우려하여 일부러 정복 경찰관을 배치하지 않아 경찰 측은 책임이 없다는 입장을 밝혔다.

장충단 집회의 실패에 따라 한강백사장에서 개최코자 장소 사용허가를 신청하자, 신용우 서울시 부시장은 자유당에서 28일간 모든 백사장을 사용하기로 허가가 나갔기 때문이라며 사용허가를 거절했다.

장소를 한정하지 않고 백사장 전역에 28일 동안 허가한 것은 관계서류도 없이 계획적인 방해수단에 불과했다.

백사장 사용허가는 기일 등은 기재도 안 되어있는데도 시청 직원이 일자를 조작한 모순투성이의 허가서류로 집회 사용허가를 거절한 것은 계획적인 집회 방해공작으로 드러났다.

장경근 내무부장관은 옥외집회는 경비(警備)가 어려워 옥외집회를 불허하겠다는 입장을 밝혀, 민주당으로부터 위헌과 무능의 폭로라며 강한 질책을 받았다.

조병옥 민주당 대표는 장충단 집회 테러사건의 주범은 동대문과 영등포 경찰서의 사찰주임들이며, 자유당에서 폭도에게 자금을 주어 조종한 자료가 있다고 폭로했다.

집회에서 소극적 대응으로 일관했던 김두한 의원은 과거 나의 부하들을 내 스스로 경찰에 잡아줄 수 없었다며 검찰에 출두하지 아니했다.

익명의 제보자는 "장충단 사건 관계자들은 모두 서울 시내의 어깨들이며 총지휘는 자유당 간부급 인물이 맡아서 하였고, 사건 당일 요정에서 성공축하연을 베풀고 일만 환씩의 상금까지 받았다"면서, 공정한 법의 심판을 받으라며 내막을 폭로한다고 밝혔다.

검찰은 익명의 제보자가 제공한 사진을 판독하여 유지광 등을 소환했으며 이들은 진보당대회 때도 난동을 부린 폭력배로 판명됐다.

검찰에 출두한 유지광은 왜 사진을 찍느냐고 기자들에게도 항변하며 폭언도 곁들였다.

(2) 경찰의 형식적 수사와 법원의 솜방망이 처벌

조병옥 민주당 대표는 "연설회를 투석, 방화로 유린한 집단폭도는 자유당의 자금과 관권의 엄호를 방패로 한 조직적인 범행을 정체불명의 폭도 운운의 낡은 대사(臺詞)로 중목(衆目)을 엄폐(掩蔽)하고 있다"고 비난했다.

체포령이 내린 날 밤에도 유지광은 학생의 쇄골(鎖骨)이 부러지도록 폭행하는 등 수사진을 비웃었고, 백주에 명보극장 수표(收票) 주임을 감금하고 장시간 구타하여 경찰을 조롱했다.

경찰은 단 한명의 연행도 없이 유지광의 출현을 모른다고 잡아뗐다. 유지광은 형사에게 데려갈 수 있으면 데려가 보라고 말하고서 유유히 자취를 감추었다.

 조인구 검사가 주도한 검찰이 체포령을 발동하고 120시간이 경과하고도 1명의 폭도도 못 잡아 허송세월하는 것은 체포령은 정치성 때문이라는 비난을 받게 됐다.

수배된 지 194일 만에 드디어 유지광이 체포됐고, 우만형 내무부 차관은 모든 어깨들을 발본색원하겠다고 밝혔다.

유지광을 체포한 경찰은 새삼스럽게 유지광의 6.25 때 부역 사실도 들춰냈다.

유지광은 단독범행을 주장하고 있으나 박재수와 김재관의 체포도

시간 문제라며 추적 중이라고 밝혔다. 경찰은 김재관을 체포했다가 증거불충분으로 석방했다.

이정재와 경기도 이천 동향인 유지광은 공판정에서 연단 20m 거리에 있었으나 방해는 안했다고 발뺌했다.

사기 혐의로 구속된 정사교 피고가 장충단 집회방해사건은 이정재, 정제설과 본인이 공모하였다고 폭로하고 비밀이 탄로날까봐 나를 잡아넣은 것 같다고 공판정에서 진술했다.

정사교는 "어느 시기가 오면 말할는지 모르지만 지금은 말 못하겠다"고 장충단사건 배후의 진술을 거부했다.

조인구 검사는 "폭력이 정치에 관여할 수 없다"면서, 유지광에게 징역 1년 6개월을 구형했다.

명보극장 수표 주임을 납치하여 구타하고, 진보당 창당준비회에서도 폭력을 행사했던 유지광에게 서울지법은 기물파괴 및 집회방해를 인정하여 징역 1년을 언도했다.

(3) 대구매일 신문사를 급습하여 폭행하고 시설 파괴

1955년 9월 24일 자유당 경북도당 감찰부장 홍영섭과 국민회 경북도 총무차장 김민이 주도하여 괴한 20명을 데리고 대구매일신문을 급습하여 곤봉 등으로 직원들을 구타하고 통신 시설과 인쇄 시설을 파괴했으나 경찰들은 속수무책 방관한 사건이 발생했다.

대구매일에서 적성 중립감시위원단의 축출 성토대회에서 수많은 학생들이 동원되어 노천에 4시간 서 있는 것을 보고 "학도들을 도구로 이용하지 말라"는 사설을 발간한 데 대한 보복 행위로 간주됐다.

대구 시내 곳곳에는 "이적(利敵) 신문 대구매일을 폐간하라", "이적행위자 최석채 주필을 엄중처단하라"는 벽보가 붙여졌고, 법원과 검찰 앞에는 위와 같은 구호를 외치는 시위가 벌어졌다.

경찰에서는 치안관계자를 전출시키고 사건을 종결한 데 대하여, 조병옥 의원은 치안관계자의 처벌을 주장하며 치안 책임을 맹렬하게 추궁했다.

자유당에서는 대구매일이 반국가적 행위를 했으며 테러한 청년들의 행위를 애국적 행위로 규정하고 훈장을 주고싶다고 발표했다

민주당 의원들은 자유당의 민주역행 결의에 분격하여 테러 엄호에 참가를 단호히 거부하며 국회에서 총퇴장을 단행했다.

적성 감독위원회 축출 중앙위원회는 조병옥 의원의 의정 발언을 규탄하는 삐라를 살포하여 파문이 확대됐다.

더욱이 테러 행위로 체포된 김종수가 지리산 공비 출신이라는 사실이 밝혀져 파문이 더욱 확대됐고, 김종원 치안국장도 김종수는 좌익 지하 공작대에서 활약했다고 신원을 확인했다.

공판정에서 사건의 빌미를 제공한 최석채 피고는 우익 진영에서 활약한 사실을 설명하면서 사상적 의문 행동을 한 사실이 없음을 명백히 밝혀 무죄가 확정됐고, 테러범인 김종수, 김윤정, 최명수 등은 징역 6개월의 실형이 선고됐다.

사건발생 4개월 후에 소재 불명으로 잠적했던 주범 김민과 홍영섭

등이 체포되어 실형이 선고되어 사건이 종결됐다.

제4장 1950년대 중반 우리나라의 모습

1. 시대 상황을 반영하는 사건들의 모음

2. 시대의 상황을 알려주는 지표(指標)들

3. 정치적, 사회적 주요사건 상황(狀況)일지

1. 시대 상황을 반영하는 사건들의 모음

(1) 제네바 회담으로 인도차이나에 평화의 횃불이

1946년 호지명의 독립군이 불란서의 인도차이나 지배에 항거하면서 시작된 인도차이나 전쟁은 1954년 7월 22일 제네바 회의에서 불란서 망테스 수상과 월남의 호지명 대표 간의 휴전협정이 조인되면서 8년간의 전쟁이 종식됐다.

모르토프 소련 외상, 이든 영국 외상, 주은래 중공 외상 등도 협정에 동의한 이번 협정은 베트남은 우리나라의 38도선과 같이 북위 17도선으로 호지명의 월맹과 불란서의 월남으로 분할되고, 캄보디아와 라오스도 자유선거를 실시하여 독립국가가 되어 4국체제를 만들었다.

북위 17도로 나뉜 월맹과 월남의 면적은 3만 2천 평방리(哩)로 비슷하지만, 인구는 월맹이 1천 3백만 명, 월남이 8백만 명으로 월맹이 5백만 명이나 많다.

불란서 디엔비에푸 요새를 함락시켜 민족의 영웅으로 떠오른 호지명은 분할 휴전안을 반대하며 베트남 전역에 대한 정치적 지배권을 확립할 수 있는 자유선거 실시를 주장하고, 중·소는 미국의 인도차이나에의 직접적인 참전을 방해하는 동시에 호지명이 월남을 완전 점령할 때까지 휴전협정을 지연시키는 데 목표를 두어왔다.

미국은 불란서가 지배하고 있는 식민지 전쟁에 참전할 수 없다는 입장이지만, 동남아 동맹군으로는 참전할 수 있다는 여지를 남겨뒀다.

8년간의 전쟁으로 불란서와 월남군 9만 2천 명의 사망자·실종자가 발생했고, 부상자가 16만 명에 달했으며, 81억 5천 2백만 불을 쏟아 부었다.

불란서 북부 월남을 공산 측에 양보함으로써 인도차이나에 평화가 찾아왔다.

미국은 서명에는 거부했지만 "미국은 협정에 위반하여 재개되는 어떠한 침략에 대해서도 감시할 것"이라며 암묵적으로 동의했다.

다만 1955년에는 라오스와 캄보디아에 자유선거가 실시되고 휴전 협정이 조속한 정치적 해결의 기반이 될 것과 불란서는 인도차이나 3개국의 주권통일과 영토보전을 존중해야 한다고 명문화했다.

갈홍기 공보처장은 인도차이나의 휴전은 불란서가 식민지 정책을 버리기보다는 오히려 공산주의자에 항복하는 것을 선택함으로써 배신행위를 하였다고 불만섞인 성명을 발표했다.

(2) 이승만 대통령의 한글 간소화 담화에 따른 파장

이승만 대통령은 현행철자법은 문명 발전에 방해가 되므로 쓰기 쉽고 알기 쉽도록 개량하라는 담화에 부응하여 1954년 4월 27일 옛날의 철자법을 사용하는 한글철자법 개혁령을 국무총리 훈령으로 발동했다.

문교부에서는 자문기관으로 50명의 저명인사들을 위원으로 국어심의위원회를 결성하여 한글철자법에 대한 심의에 들어갔다.

국무회의는 한글 간소화안을 작성하여 여론의 반대를 무릅쓰고 문교부장관의 경질까지 단행하여 통과시켰다.

공포할 때까지 구체적인 내용은 극비에 부치고 시행 방법 등은 이선근 문교부 장관에게 일임했다.

민국당에서는 전 국민의 반대 여론을 듣는가, 1개월 만에 만들어진 새로운 철자법이 과학적 근거가 있는가라고 추궁했고, 이선근 문교부장관은 철자법으로 국민들이 고통을 받고 있음을 일반 학계에서도 관통하고 있으며, 이 문제는 국민투표에 부칠 문제라고 해명했다.

어용학자들의 애교에 넘어가지 말라고 경고한 민국당 서동진 의원은 "사용 횟수가 7%밖에 안된다하여 ㅈ, ㅊ, ㅋ, ㅌ, ㅍ, ㅎ 받침을 폐지하려는 것은 사용 횟수가 적다하여 새끼손가락을 잘라버리는 식"이라고 공격했다.

민국당 조병옥 의원은 "백낙준 문교부장관 때부터 시작하였으나 못하고 내려온 일이라 지당(至當)장관과 낙루(落淚)장관만 되지 말고 대통령령에 간청해 보라"고 장관들을 질타했다.

대학교수단은 질박하고 편협된 이론으로 체계를 잃은 개정안이 한심스럽다고 성명한 반면, 갈홍기 공보처장은 간소화는 국민의 절실한 요망이며 반대자는 문화 발전을 저해한다고 반박했다.

한글 간소화 강행을 위해 보급 강습비 143만 환을 긴급 지출하기로 국무회의에서 의결한 데 대해, 자유당에서는 지지 성명을 발표하면서 "매사에 근본정신을 이해하지 못하고 자가(自家)의 이설(異說)만을 고집하는 일이 있다면 이는 시대적인 요청을 무시하며 문화발전을 저해하는 결과를 가져온다"는 담화까지 발표했다.

국회는 정부, 국회, 학술원 등 3자가 특별대책위원회를 구성하여 간소화 문제를 심의하기로 했다.

학술원 대표에 최현배, 이숭녕, 양주동으로 결정된 데 대해 언론에서는 학술원의 관제(官製)기관화라며 마비된 학자 양심, 비겁한 태도라고 비난했다.

한글 간소화안이 정부의 행정조치로 가능한가, 현행 맞춤법에 의거하여 학생들의 재교육 문제가 있지 않느냐, 교과서를 어떻게 개편할 것인가라는 여러 가지 난제에 봉착했다.

이선근 문교부장관은 전 국민이 현 철자법 사용에 고충을 느끼고 있으며 고등교육을 마친 사람까지도 옳게 사용치 못하고 있기때문에 간소화안을 강행하게 되었다고 강변했다.

이선근 문교부장관은 야당 의원들의 민족문화의 말살이라는 비난은 북괴 방송에서 비난하는 말과 똑같다고 용어 조심을 경고하여 논란을 일으켰다.

자유당은 "극소수의 일부 국민과 특수 문화인외에는 상용치 않은 현행철자법을 고집하는 것은 일부 정치세력이 도구로 쓰려는 의식적인 책동에 의한 선동이요 현혹이다"라고 정부와 문교부장관을 적극 옹호했다.

빗발치는 여론에 굴복하여 이승만 대통령은 한글 간소화 문제에 대해 1955년 9월 20일 민중이 원하는 대로 하라며, 내 자신이 더 이상 이론(異論)을 안 부리겠다는 담화를 발표하며 불편을 느낄 때 자동적으로 교정될 터라고 덧붙였다.

이로써 2년 동안 나라 전체가 요동쳤던 논란인 한글 간소화 문제가 봄눈 녹듯 가라앉아 버렸다.

(3) 북진(北進)통일에 대한 환상에 젖어있는 이승만 대통령

이승만 대통령은 중공군이 북한지역에서 철수하면 통일 문제는 자연적으로 해결된다고 방미를 앞두고 기자회견에서 밝혔다.

이승만 대통령의 방미 장도에 붕정만리의 평안을 기원하는 거족적인 환송을 위해 공항의 연도에 1백 만명의 시민이 도열했다.

양유찬 주미대사는 160만 명의 장정이 입대를 대기하고 있어 한국의 자위는 가능하다고 갈파(喝破)했다.

1954년 11월 미국을 방문한 이승만 대통령의 수행요원으로 최순주(국회부의장), 손원일(국방부장관), 정일권(육군참모총장), 백두진(경제위대표), 최덕신(육군소장), 김정열(공군중장), 김일환(공군중장), 김현철(기획처 차장), 이한빈(예산국 과장) 등 정계의 거물로 성장한 인물들이 발탁됐다.

이승만 대통령은 미국 의회에서 북한 및 중공군에 대한 한국군의 반격을 미국 해.공군이 지지해줄 것을 요청했고, 아이젠하워 대통령은 "자유를 위하여 싸울 용기가 있는 인민들은 진실로 형제지간이며 전우인 동시에 서로 희생할 용의가 있다"고 응답했다.

휴전협정 1주년을 맞이하여 워싱턴에 도착한 이승만 대통령은 한 미동맹을 찬양했고, 아이젠하워 대통령을 비롯한 미국의 조야에서는 환영 일색이었다.

이승만 대통령은 워싱턴에서 한국의 휴전협정은 공문화(空文化)되었다면서 한국 휴전 중립국 감시위원단에서 폴란드와 체코의 축출을 미국 측에 요청했고, 우리 국군의 무력통일을 미군이 방해하고 있다면서 직접 행동만이 승리할 수 있다며 동요하는 미국의 대공정책을 비난했다.

한편, 이승만 대통령은 신의 섭리에 따라 북진통일을 이루기 위해 150만 명의 군대를 증강하기 위한 미국의 군원의 증강도 요청하면서, 한국의 휴전은 공산군의 차기 돌격을 위한 준비 기간이므로 멸공을 위해 온갖 수단과 방법을 동원해야 한다고 역설했다.

한미 우의는 돈독하다는 이승만 대통령의 귀국을 대대적으로 환영하며, 웅대한 반공 전략을 갈파한 빛나는 이승만 대통령의 방미 성과를 언론에서는 극찬했다.

국토 통일의 숙원을 풀어 주리라는 기대 속에 더위를 무릅쓰고 귀국 환영 인파가 넘쳐났고, 이승만 대통령의 귀국에 부응하여 성동 원두에서는 무력통일로 적도(敵徒)를 구축하기 위해 150만 국군의 증강을 절규하며 국민 총궐기대회를 개최했다.

20일간 방미 일정을 마치고 귀국한 이승만 대통령은 우리의 희망은 압록강까지의 진격이며 대공 양보 정책은 자유진영의 패배라고 역설했다.

이승만 대통령은 자유진영과 공산진영의 대척점인 한반도에서 우방국의 도움으로 북진통일이 가능하고, 북한지역의 자유선거로 평화통일도 이룩할 수 있다는 신념은 국제 정세를 면밀하게 검토하지 못 했다면 무지몽매한 것이고, 상황을 알면서 북진통일만을 부르짖었다면 국민을 현혹(眩惑)하고 독재를 강화하기 위한 전략적 술책에 불과했을 것이다.

(4) 개헌 추진에 활용코자 허위 날조한 뉴델리 밀담설

이승만 대통령 종신집권을 위한 개헌안의 국회 상정에 앞서 자유당은 신익희·조소앙의 인도 뉴델리 밀담설을 조작하여 극우정당인 민주국민당을 용공집단으로 몰아가는 등 개헌안 통과를 위해 수단과 방법을 가리지 않았다.

뉴델리 밀담설은 민주국민당 선전부장을 지낸 함상훈이 신익희 국회의장이 영국의 엘리자베스 여왕 대관식에 참석한 후 귀국길에 인도의 뉴델리 공항에서 6.25 때 납북된 조소앙과 밀담하여 비공산·비자본주의 제3세력을 규합하여 남북협상을 추진해 우리나라 중립화를 도모하기 위해 획책한 사실이 있다는 터무니없는 사실을 날조하여 민주국민당을 용공세력으로 몰아가면서 종신집권에 대한 비판 여론을 잠재우고자했다.

자유당은 뉴델리 밀담설을 개헌 공작에 남북협상이나 중립화 등 국가안보 및 국체변경과 직결된 주요 사안을 국민투표에 부치기 위한 개헌일 뿐 장기집권을 위한 것이 아니라는 선전 공세로 국민을 우롱(愚弄)하기 위한 수단으로 활용했다.

임흥순, 유진산 의원들은 "함상훈의 민주연맹 운운은 허위로 조작된 것"이라고 주장했고, 김동성 의원은 인산인해의 청중이 모인 증언대에서 "신익희·조소앙 회담은 개최한 일이 없다"고 증언하여 허위 날조가 판명됐으나, 자유당이 지배하고 있는 국회에서는 밀담설의 진위여부에 대한 조사를 사직 당국에 맡기기로 결의했다.

(5) 대통령의 불교정화 유시로 끝없는 비구·대처승의 싸움

조선시대에도 삭발 수도하는 학승(學僧)인 비구승과 생업에 종사하며 가족을 거느리고 학승의 뒷바라지를 한 대처승(帶妻僧)이 존재했고, 일본이 조선을 지배하면서 일본의 불교가 휩쓸면서 대처승이 전국의 사찰을 지배하게 됐다.

승려 출신 내무부장관 백성욱 등의 진언에 따라 이승만 대통령은 "일본이 한국을 점령하여 한인들을 다 일본화시키려 할 때 일본에 충성하는 중들이 사찰을 차지하게 했으니 친일하는 왜색승려들은 마땅히 물러나야 한다"고 역설했다.

이선근 문교부장관은 "이승만 대통령의 유시는 신성한 수양 도장이요 귀중한 문화재로서 수호되어야 할 사찰이 일정 때부터 술 먹고 노래 부르는 요정으로 화했을 뿐 아니라, 대처승이 들어가지 못한 이 나라의 불교의 전통을 무시하고 왜정 때부터 승려에 대처(帶妻)와 주육(酒肉)을 용허하여 혼탁을 일으켰기 때문에 본래의 전승불교로 돌아가라는 것"이라고 해설했다.

불교계의 정화 문제를 둘러싸고 비구승과 대처승 간의 분규를 조정하기 위하여 열린 조정위원회에서는 승려의 자격 문제로 갑론을 박하다가 드디어 완전결렬됐다.

비구측의 이청담, 윤월하, 손경산과 대처측의 임석진, 김상호, 송정암의 수습회의는 대책위원회 구성 문제는 제쳐두고 시종 상호 인신공격으로 그쳐버렸다.

비구승의 이청담, 윤월하 승려들은 순교할 때까지 싸울 각오라고 비장한 태도를 천명하고 이승만 대통령의 최후 단안을 기대했다.

전국 623개 사찰의 주지 임명에 대한 대통령의 유시 실천을 강력 주장하며, 전국 승려대회 개최를 주장한 250명의 비구승들은 조계사 대웅전에서 단식 투쟁을 벌였다.

전국 승려대회가 대처승들의 집단 방해로 어렵게 되자 경찰의 제지로 수라장화됐고, 비구승들은 혈서로 대회 진행을 탄원했다.

문교부에서는 불교계를 정화하기 위해 전국의 각 사찰의 주지를 독신승으로 대체할 계획을 수립했고, 불교계에서는 정화대책위원회를 구성하고 전 사찰의 주지 선거를 실시하되 주지는 비구승에 한정하기로 합의했다.

그러나 대처승들은 대처승을 사찰에서 축출하려는 의도라며 대책위원회 구성을 거부했다.

200여 명의 비구승이 단식투쟁을 전개하고 있는 조계사에 300여 명의 대처승이 습격하여 유혈극이 벌어지고 수라장이 펼쳐졌다. 비구승 30여 명이 중경상을 입었고 경남 통도사 대처승 167명의 집단 이혼 해프닝도 벌어졌다.

통도사 승려들의 집단 이혼에 이어 전국에서 500여 명의 승려들이 이혼하여 주지에 임명되고자 대처승들의 이혼 행렬이 줄을 이었다.

이선근 문교부장관은 "이젠 대처승은 문제시 할 것조차 없다"고 명확하게 언질을 주었음에도, 문교부 직원들은 대처승의 대변인 역할을 할 따름이며 분쟁을 종식시키기 위한 진지한 노력은 전혀 보이지 않는다고 불만을 터뜨렸다.

문교부에서 비구승과 대처승의 조정에 나서는 한편, 승적부를 정리한 후 위배자는 제적하는 동시에 사찰에서 추방토록 결정하고 그 지침을 시달했다.

대처승 측은 교화승(敎化僧) 칭호를 달라는 데 대하여 비구승 측은 계율을 지키지 않은 자에게는 호법중(護法衆)의 칭호를 주어야 한다고 주장했다.

문종두 의원은 교화와 포교에 종사하는 대처승은 승이 아니고 '좌선승'인 비구승만이 승려 취급을 받아야한다는 것은 모순이라고 대처승을 옹호했다.

대처승은 "몸은 비록 세무(世務)를 경영할지라도 마음으로 불법을 생각하는 자"로 정의하고, 대처승의 유래는 "신라의 원효대사가 요석공주와 친하여 설총을 낳고 조선시대에도 벽계선사가 여인과 동거한 사실을 들어 대처가 왜색(倭色)이 아니다"는 해설을 첨부한 건의서를 제출했다.

비구승과 대처승들은 승려 자격은 "삭발, 염의, 독신, 수도, 비불구, 금연, 금육(禁肉), 25세 이상 등" 요건으로 규정했다.

그리하여 40년간 대처승에 의해 운영되어오던 한국의 불교 교권을 비구승들이 완전 장악했다.

비구승들이 623개 사찰의 주지 인허를 문교부에 신청하자 대처승들이 행정소송을 제기했고, 경주 분황사 주지로 있던 대처승 박병태가 주지 해임과 더불어 자살했다.

이선근 문교부장관에서 최규남 장관으로 교체되자, 대처승들은 "비구승을 수행승으로, 대처승을 교화승으로 변경하여 교화승도 주지승을 맡도록 하고 중앙총회 구성도 양측에서 동수로 할 것"을 권고했다. 그러나 비구승에 한정하여 주지를 임명하여 대처승과 비구승의 분규와 싸움은 오랫동안 지속됐다.

비구승은 조계사를 본사로 한국불교를 지배하게 됐고, 대처승은 천태종으로 개종하여 순천 선암사를 본사로 명맥을 유지하고 있을 뿐이다.

(6) 원용덕 헌병사령관 야당 의원 집에 불온문서 투입

헌병사령부 제5부장 김진호 중령의 지휘아래 북한에서 작성된 것으로 추정되는 불온문서를 8명의 중견 야당의원 집에 투입하는 사건이 발생하자, 국회에서는 유진산 의원을 단장으로 하는 특별조사단을 구성했다.

국회 특별조사단에서는 불온문서 사건은 국가적 견지에서 묵살할 수 없는 중대성을 포함하고 있음을 재확인하고, "이번 처사는 야당 인사에 대한 애국심을 테스트하기 위함이었다"고 설명하면서 범인이 범행을 자백하는 녹음을 입수하였지만, 배후 관계는 일체 극비에 부쳐졌다.

원용득 헌병사령관의 명에 의해 행동했다는 김진호 중령은 군법회의에서 "이번 처사는 야당 인사에 대한 애국심을 테스트하기 위함이었다", "정치가 군에 영향을 주는 이상 국군 정보관으로서 당연히 정치인의 심리를 알아둘 필요가 있는 것"이라고 역설했다.

이어 김 중령은 "대한민국에는 공산당과 반정부야당은 있어서는 안 된다"면서, 개헌을 반대한 자는 반정부자라고 단정하고 이러한 자는 모두 없애버려야 한다고 첨언(添言)했다.

자유당 김철안 의원도 "이 문제는 군인이 정치를 위협한 중대사건이므로 하루속히 발본색원해야 한다"고 주장했다.

이 사건은 헌병사령부 최고 책임자의 교사(敎唆)가 발단이 되어 고위층 간 긴밀한 상호 연락하에 암암리에 계획적으로 진행되었음이 확인됐고, 원용덕 헌병사령관은 불온문서 투입사건의 진원에 대하여 "내가 시켰다"고 분명히 공판정에서 증언했다.

손원일 국방부장관도 "사건에 관한 보고서를 보고 일반 장병을 감독해야 할 입장에 있는 자가 이런 짓을 저질렀다는 데 대해서는 치가 떨렸던 만큼 법에 의해 처리하겠다"고 답변했다.

그러나 이승만 대통령은 헌병사령부는 불온문서를 아는 게 직책이므로 불온문서를 몇몇 국회의원 집에 보낸 것을 문제 삼은 것은 국회의원들도 내용을 알고 있으라는 뜻에서 보낸 것이며, 구속된 사람들은 상관의 지시에 의한 것이므로 모두 석방하라고 지시했다.

이승만 대통령의 지시 한마디로 불온문서 투입사건은 유야무야됐으나, 군법회의에서 7년 구형을 받은 김성주를 김진호 중령이 총살형을 집행한 것이 폭로되어 한동안 정계에 파문을 던져줬다.

불온문서 투입과 관련하여 원용덕 헌병사령관의 관여 여부에 대한 질의와 답변 과정에서 법정 입회인 없이 김성주 피고인을 총살한 사실이 밝혀져 정치적 파문을 일으킨 것이다.

군법회의 사형 집행의 규정을 위반하여 재판의 형식 없이 김진호 중령이 총살했다는 점에서 탄원의 대상이 됐고, 가족들이 유골이나 시체라도 인수케 해달라고 요청했으나 헌병사령부에서 거부한 사실도 겹쳤다.

손원일 국방부장관도 김성주가 총살형을 받을 때까지 합법적인 절차를 밟지 않았다는 사실을 시인했고, 재판관들이 각기 다르게 증언하여 군법회의가 김성주의 사형을 선고한 공판을 믿을 수 없으며, 법의 절차도 밟지 않은 사형이 집행됐다고 김성주 사건의 윤만석 국회 조사위원장이 밝혔다.

김성주가 대통령 암살 혐의를 받게 된 경위는 지극히 희박하며 김성주를 고문해서 재판정에 출두시킬 수 없게 만들었고, 이를 은폐하기 위해 입회관도 없이 총살형이 집행됐다고 덧붙였다.

검찰관의 구형이 7년이며 사형 판결한 공판을 개정한 사실이 없는 것으로 판단된 김성주 사건은 박정희 최고회의 의장이 송요찬 내각 수반을 제거할 때 거론되어 세간의 이목을 다시 한번 집중조명을 받았다.

(7) 이승만 대통령에 대한 제2의 암살 음모

1955년 3.1절 기념식전에서 이승만 대통령을 암살하려던 전 한국

독립당 중앙집행위원인 김재호 등 일당 8명을 육군 특무대에서 발각하여 일망타진했다고 발표했다.

이들은 갑오구락부를 결성하여 이승만 대통령의 암살을 음모했으며, 중국 남의사 지하공작책인 김재호, 항일독립투쟁을 전개했던 김익중, 기독교회 장로로서 한독당 중앙상무위원장이었던 나재하, 사회당 법제정책위원장으로 활동했던 민영수 등도 함께 구속됐다.

구속된 김재호는 사제 폭탄을 구매한 것은 "이승만 대통령이 아니라 정치를 어지럽히는 이범석, 양우정을 살해하기 위한 것"이라고 주장했다.

공보실은 이승만 대통령의 암살 음모는 납북된 조소앙의 지령에 의해 이뤄졌다고 발표했으며, 납북된 조소앙은 "인민군대의 국토 통일이 유엔군의 참전으로 붕괴되어가고 동족의 살상은 치열해가고 있으며 협상의 가능성은 이승만의 존재로서 말살되고 있다. 조국은 협상에 의한 통일로서 연립정부를 수립해야 한다. 나는 인민군대와 같이 월북할 것이로되 한독당과 사회당계는 잔류하여 협상공작을 추진하여 남북이 호응하여 통일을 완수하라"고 한 것이 지령이라고 강변했다.

서울지검 강서룡 검사는 국가원수 암살범은 중형이 마땅하다며 암살 음모에 가담한 김병호, 김익중, 김재호, 민영수 피고에게 사형을, 나재하 피고에게 무기징역을 구형했다.

이번 재판에는 재판장 김종갑, 법무사 노재필, 심판관 한신, 변호인 장후영, 김달호, 태륜기, 김봉환 등이 참여했다.

(8) 육군특무대장 김창룡 소장의 암살 파문

1956년 1월 31일 육군특무대장 김창룡 소장이 정체불명의 군복 입은 괴한으로부터 5발의 권총 사격을 받고 절명했다.

군경합동수사본부는 현장에 있는 탄피와 지문을 채취하여 범행에 사용한 권총을 추정하여 과학적인 수사를 벌였으며, 용의자 6명을 연행하여 문초하는 한편 수사망을 전국적으로 확대했다.

육군특무대는 김창룡 소장 암살범으로 육군대령 허태영, 육군대령 이진용, 육군소령 안정수, 헌병중위 허병익와 운전병인 이유회, 하수인인 신초식, 송용고 등 7명을 일망타진했다고 발표하면서, 범행 동기는 김창룡 소장에 의해 출세에 지장을 가져온 사원(私怨)이라고만 밝혔다.

김창룡 소장 암살사건의 주모자는 허태영 대령이고 동기는 인사조치에 대한 불만으로 결론을 짓고 피의자 전원을 송치했다.

범행에 사용된 짚차가 문제가 되어 도진희(성주) 의원도 관련된 사실이 탄로 났고, 국회의 동의를 요청했으나 부결됐다.

문제의 짚차를 도색 허가한 동대문 경찰서장과 문제의 짚차 수색을 소홀히 한 서대문 경찰서장이 암살의 유탄을 맞아 파면조치됐다.

대통령 명의로 살인 방조 혐의로 도진희 의원 체포동의안이 재차 제출되어 여야 논쟁 끝에 99표의 찬성으로 2차투표 끝에 동의했다.

육군고등군법회의는 허태영, 이유회 피고에게 사형을 선고하고 안

정수 소령에게 무기징역을 선고했다.

이진용 대령은 암살 후에 허태영 대령의 부탁으로 하수인들을 은닉한 사실이 확인되어 방면됐다.

도진희 의원 석방 결의가 재석 153명 중 가 112표로 가결됐다. 그러나 정부에서는 불응 태세를 보여 파란이 예상됐으며, 장경근 의원은 국회의 석방결의 자체가 위헌이라고 주장하고 도 의원의 자격 상실을 역설했다.

국방부장관은 도진희 의원이 무죄 판결을 받으면 석방하겠다고 공언했는데, 도 의원은 1심에서 4년 징역형을 선고받았다.

허태영 대령 부인인 황운하가 허 대령이 체포전에 고위 장성들이 거액을 보내왔다면서, 김창룡 저격사건 배후에 고위 장성이 있다는 탄원서를 요로(要路)에 보내면서 재심을 청원했다.

육군 특무대는 탄원서를 정식 접수하고 사실 여부 조사에 착수하는 한편 강문봉 중장을 소환할 계획이라고 밝혔다.

강문봉 중장은 특무대의 조직적인 모략이며 공작한다는 정보도 입수했다면서 탄원서 내용을 전면 부인하면서, 고위 합동조사로 사실을 밝혀주기 바란다는 입장을 밝혔다.

탄원사건이 새 국면으로 급전하여 강문봉 중장을 암살 음모로 입건하고, 공국진 중장 등 5명을 방조 혐의로 수사했다.

허태영 대령은 강문봉 중장이 "언제라도 단독으로 김창룡 소장을 처치하면 사후 수습은 내가 해주겠다"고 말한 사실이 있어 그것을 믿고 김창룡 중장을 살해했다고 공판정에서 증언했다.

강문봉 중장은 김창룡 중장 제거 지시와 백만 환 전달은 시인하면서도 음모와는 관련이 없다고 부인했다.

강문봉 중장은 가슴 아픈 육군내의 고충이라며 "특무대 보복이 두려웠다"며 허태영 대령의 진술을 부인하면서, 조서 내용의 일부만을 시인했다.

허태영 대령이 강문봉 중장의 진술을 전복하고 격분한 어조로 주동 인물은 강 중장이고, 기소 내용은 모두 사실이라고 증언했다.

강문봉 중장은 "허 대령에게 지시한 일이 없다", "살해할 의사는 없었다", "제거란 거세(去勢)를 의미했다"면서 기소 사실을 부인했다.

군법회의는 살인 및 살인 예비죄로 강문봉 중장에 사형을 언도했다. 국가에 대한 공은 크나 국군 전통을 위해 용서가 안 된다며 도리어 국기를 파괴했다고 판결 사유를 밝혔다.

이승만 대통령은 강문봉 중장의 공훈을 참작하여 무기징역으로 감형했다. 한편 대법원은 하수인인 송용만, 신초식에게는 원심을 파기하고 사형을 확정했다.

9월 25일 대구 교외에서 가족의 면회도 불허하고 삼엄한 경호 속에서 허태영, 이유회의 사형을 집행했다.

허태영의 부인 황운하가 임신한 사실이 화제가 되었고, 황운하는 관계관들의 묵인 아래 허태영의 입을 열도록 설복시키라고 자유롭게 감옥 내에서 만났다고 밝혔다.

(9) 대한항공 KNA기 납북과 승객들의 무사 귀환

1958년 2월 18일 부산발 서울행 KNA(대한국민항공사) 소속 쌍발 여객기가 승객 28명 등 33명을 태우고 행방불명됐다.

동 여객기는 평택 상공과 서울 상공을 지나 그대로 북상했다.

미군은 이 여객기가 휴전선을 넘어 괴뢰군 기지에 착륙한 것으로 알려 왔으며, 동기에 대한 행방은 확인할 수 없었다.

승객 중 공산분자에 의해서 강제 월북된 것으로 추측되고 있으며 승객 중에는 미군 공군 중령 맥크데린, 자유당 유봉순 의원, 공군 대령 김기완 등이 동승한 것으로 알려졌다.

경찰은 승객 28명의 성분을 분석한 결과 김순기, 김형, 김미숙, 김수희, 김진선, 김택선을 용의자로 보고 수사를 진행했다.

김순기는 괴뢰군 소위로 참전했다가 포로로 송환됐던 인물이고, 김형과 김미숙 부부는 1.4 후퇴때 남하한 가족이며 셋방살이로 비행기를 탈 형편이 못 되고, 김수희, 김진선, 김택선 가족도 셋방살이를 하고 있으며 김장을 하다 말고 버려둔 채 비행기에 탑승한 것으로 알려졌다.

"이 사건은 극동 지역에서 미국의 위치가 무력하다는 인상을 주려는 기도에서 강행된 것으로서 미국이 아세아에 있어서의 태도가 강경하지 못한 데 원인이 있다"고 미국 쟈드 의원은 밝혔다.

장택상 의원은 "요즘 오제도, 최치환이 간첩 잡는 데 착수를 했지만 지금까지 경찰은 간첩보다는 야당 인사를 미행하는 것이 임무로 되어있다"고 경찰을 비난했다.

미국 국무성은 북한 간첩들이 대한민국 여객기를 납치해간 것이 분명하다며 강도 행위요 도발적 행위라고 비난했다.

평양방송은 "남한정부의 여객기가 남한 정부의 전쟁 정책을 반대하여 북한으로 도망하여 왔다"고 방송했다.

정부는 군사정전위와 국제적십자사에 납치 비행기와 승객의 송환을 요구하는 동시에 반공태세의 강화와 간첩색출의 철저 및 항공보안의 강화를 기하는 제반 조치를 강구키로 결의했다고 발표했다.

치안국은 적색간첩 김택선, 김형, 김순기, 최관호 등 일당이 계획적으로 비행 도중 총기로 조종사를 위협 납북한 사실이 판명됐다면서, 이들은 황해도 사리원 출신으로 기수를 북으로 돌려라. 생명을 보장한다는 영문 쪽지 등 비밀문서도 입수했다고 발표했다.

KNA기 납북에 국민들이 분노하여 대회를 개최했다. 승객과 비행기를 즉각 보내고 한·미 대통령에게는 강력조치 메시지를 보냈다.

여객기 납치를 주도한 간첩 기덕구를 수사 결과, KNA 여객기 납북은 북한을 방문한 중공 주은래에게 바칠 공물로 지령한 것이라고 대서특필했다.

괴뢰집단의 지령에 의해 작년 12월부터 음모를 꾸몄으며 김택선은 조종사를, 김형 등은 승객을 위협했다고 밝혔다.

판문점에서 소집된 군사 휴전위원회에서 여객기와 화물의 반환, 탑승객과 승무원의 송환을 요구했다.

북측의 김준경 상좌는 여객기와 승무원은 의거(義擧) 입북한 것인 만큼 논의의 대상이 되지 못한다고 일축했다. 국회에서는 내무부 장관을 인책하라고 요구했다.

유엔군 사령부는 북한 괴뢰들이 KNA 여객기 탑승자 중 남한으로 귀환되기를 원하는 사람들을 돌려보내는 데 동의했다고 발표했다.

공산 측의 돌변한 태도는 관계국 대표로서 인수증 서명을 요구하여 자진 월북을 사실상 승인케 하고자 획책하는 것 아니냐는 관측을 자아내고 있으며, 미국의 교섭에 의한 소련의 지령에 의한 것이라는 억측이 나돌았다.

송환 승객은 26명으로 미국인 2명, 독일인 2명, 한국인 22명으로 미귀환자는 납치범 용의자인 김준기, 김길선, 김수희, 김택선, 김미숙, 김형, 최관호 등이며 기체 송환에 대하여는 아무런 언급이 없었다.

판문점 광장에 탑승객 26명이 유엔 측에 인도됨으로써 18일 만에 자유의 품으로 송환됐다.

송환이 불가능하리라던 유봉순 의원, 김기완 공군 정훈감 등이 포함됐고, 인수 절차를 두고 일시는 결렬 선풍이 불었으나 옥신각신 끝에 대한적십자사 대표가 서명했다.

수원 상공에서 괴한 2명이 수류탄과 칼빈총을 들고 조종실을 부수고 들어가 "우리 목적을 달성한 뒤에는 다 돌려보낼 터이니 꼼짝 말고 있으라"고 연발하고 북한 상공으로 날아 순안 비행장에 도착했다고 전했다.

평양 시내와 산업공장, 극장 등을 구경시켜주면서 평화통일을 입버릇같이 외치고 있어 우리의 운명과 앞길을 헤아릴 수조차 없었는데 돌연 소련의 지령으로 한국으로 돌려보낸다는 눈치를 채게 되었다고 증언했다.

서울시청 앞 광장에서 귀환인사 보고대회가 성황을 이뤘다. 귀환자들은 평양시민들은 초라하고 당원들만 비대해 있으며, 도처에 김일성의 초상화 사태가 범람하고 평화공세에 광분하고 있다고 폭로했다.

여객기 송환을 요구하자 북괴측은 남북 직접 해결만을 고집하고 UN 정정 위원회에서의 해결을 거부하고 엉뚱한 요구로 비켜갔다.

유엔군 정전위 연락장교단 회의에서 납치 여객기 송환을 거듭 요구했으나 북괴 측에서는 거듭 거부했다.

2. 시대의 상황을 알려주는 지표(指標)들

(1) 결핵 환자 130만 명에 대한 치료 대책이 절실

우리나라 결핵 환자는 인구 전체의 6.5%에 해당하는 130만 명이며 1년에 사망자도 1만 명을 넘기고 있다. 특히 문제가 되는 것은 환자의 절반 이상이 젊은 청소년이란 것이다.

130만 명의 환자 중 중증(重症)환자로 절대 안정을 요하는 환자가 50만 명을 넘고 있으나, 국가의 보건시설에서 치료 혜택을 받고 있는 환자는 800명 남짓한 한심한 정도로 결핵 환자 대책이 절실하다.

폐결핵으로 사망하는 환자 수가 한달 동안에 1만 명을 오르내리고 하루 평균 3백 명에 달하고 있으며 1년에 12만 명이 쓰러지고 있다.

미국이나 일본의 0.6%나 0.8%에 비하면 우리나라의 6.5% 수준은 너무나 높은 편이다. 통원 환자는 전국적으로 30만 명 정도이다.

정부는 국민 보건을 결핵 박멸로 설정하고 결핵박멸기금 모금운동을 대대적으로 전개했다.

결핵 환자로서 중태환자가 50만 명을 넘어서고 있으나 요양소는 마산에 1개뿐으로 당국의 대책 추진이 미흡한 실정으로, 연희대 신촌의 동산에 미 8군의 원조를 받아 폐(肺)병원의 기공식을 1955년 4월 24일 개최한 것은 다행스러운 일이다.

(2) 문맹자(文盲者) 120여만 명은 문화국가의 수치

해방 이후 꾸준히 계속된 문맹퇴치운동으로 인구의 80%를 차지했던 눈뜬장님이 아직도 인구의 9.6%인 120만 명을 초과하고 있다.

문맹퇴치 국민운동을 전개하여 적어도 다가오는 참의원 선거에서는 10명에서 50명의 입후보가 출마할 예정으로 50개의 작대기가 투표용지에 출현하여 막대한 혼란을 일으킬 것으로 예상된 선거를 종식(終熄)시켜야하기 때문이다.

그리하여 국가 재정이 궁핍할지라도 문화국가의 오점을 씻기에 필요한 경비를 염출해야 할 것이다.

작대기 참의원 선거를 회피하기 위한 수단으로 문교부는 7천만 환의 예산을 편성하여 농한기를 이용해 120만 명의 문맹퇴치운동을 강력 추진하기로 했다.

문교부는 아직도 남아있는 120만 명의 문맹자들에게 국문을 완전 습득할 수 있는 5개년 계획을 수립하여 강력하게 추진하겠다고 발표했다.

1955년 현재 문교부장관은 국민학교 취학률은 88% 수준이지만 1959년에는 99%까지 끌어올리겠다고 국회에서 보고했다.

(3) 국무총리제를 폐지하고 12부 3청 2실 체제로

건설국의 예산 문제로 여야 간 일대 논쟁을 벌였고, 자유당 내에서도 감정적 대립이 우심(尤甚)했던 개정헌법에 따른 정부조직법안이 1955년 1월 22일 국회 문턱을 넘어섰다.

보건부와 사회부가 통합되어 12부로 하되 전매청, 외자청, 해무청, 법제실, 공보실이 설치되고 건설국은 부흥부에 예속했다.

① 외무부는 정무국, 통상국, 방교국

② 내무부는 지방국, 치안국, 통계국

③ 재무부는 예산국, 이재국, 사세국, 관재국, 전매청

④ 법무부는 법무국, 검찰국, 형정국, 법제실

⑤ 국방부는 총무국, 정훈국, 병무국, 관리국, 경리국

⑥ 문교부는 보통교육국, 고등교육국, 문화국, 편수국, 기술교육국

⑦ 부흥부는 기획국, 조정국, 건설국, 외자청

⑧ 농림부는 농정국, 양정국, 농지관리국, 산림국, 축정국

⑨ 상공부는 상역국, 광무국, 공업국, 전기국, 해무청

⑩ 보건사회부는 의정국, 방역국, 약정국, 원보국, 부녀국, 노동국

⑪ 교통부는 자재국, 육운국, 시설국, 공업국, 경리국

⑫ 체신부는 우정국, 원무국, 경리국을 두고 공보실은 대통령 직속으로 됐다.

(4) 춘궁기(春窮期)를 앞두고 절량농가가 8만 호가 넘어

춘궁기를 앞두고 농민으로서 먹을 양식이 떨어진 절량농가가 8만 7천 778호로, 구호 대상자가 32만 8천 878명으로 조사됐다.

보릿고개는 곤륜산보다도 더 높고 영농 자력이라고는 두 주먹밖에 없다는 영세농층의 아우성이 메아리쳤다.

전남에만 절량농민이 10만 명이라며 구급 양곡 6천톤의 배정을 전남도 의원들이 상경하여 요로에 간청했지만, 보사부와 농림부는 책임 회피에 급급했다.

호남평야를 가지고 있는 전남은 13만 6천 8백호 가운데 5만 3천 호가 절량농가로 혹심한 굶주림에 기진맥진하고 있으며, 초근목피도 구득난이라고 밝혔다.

장리쌀로 더욱 곤경을 겪고있고, 대여곡도 갚을 수 있는 집에만 주고 1년에 쌀 두 되로 산다는 집도 있었다.

호남지역에는 현대판 농노제가 부활했다. 두 달에 두 배가 되는 고율로 양곡의 고리대가 성행하여 병폐(病弊)일로의 농촌을 위협했다.

내무부는 절량농가는 22만 호이며 구호에 착수하여 잡곡 6만 8천 석을 대여하고 구호사업비 5억 8천만 환을 방출하겠다고 밝혔다. 1956년에도 절량농가는 70만 호에 250만 명으로 추산되어 대여곡 10만 석을 방출할 계획이다.

절량농가는 시래기와 밀기울로 근근이 연명하고 있으며 하루 생활비가 겨우 20환이며 상상외의 참상이라고 현지에서 보고됐다.

절량농가에 대해 정해영 의원이 보리 2천 포대를, 이용범 의원이 백미 6백 가마를 지원하기도 했다.

전국의 점심을 가져오지 못한 결식아동이 70만 명을 돌파한 것으로 집계됐다.

(5) 1956년도 우리나라 예산은 1,679억 환

국회에서 통과한 1956년도 일반회계 세출예산은 1,679억 8,776만 4천 환으로 국방비가 전체 예산의 54.3%를 차지하는 911억 2,824만 1,100환이고, 경찰 공무원과 지방 공무원의 봉급이 포함된 내무부 예산이 13.8%인 2,331억 8,680만 1,200환이고, 교직원의 봉급이 주된 예산인 문교부가 14.0%인 234억 4,525만 5천 환이다.

외무부 7억 201만 환, 재무부 84억 1,003만 환, 부흥부 6,949만 환, 농림부 42억 2,086만 환, 상공부 18억 1,184만 환, 보사부 66억 1,251만 환이다.

대통령실은 2,909만 환이고 부통령실은 1,378만 환이며 국회가 8억 5,051만 환이다. 대법원은 10억 7,747만 환이고 공보실은 4억 6,005만 환으로 의외로 많았다.

이밖에 심계원, 국무원, 감찰원, 헌법위원회, 탄핵재판소 예산이 있었다.

특별회계에는 귀속재산 처리, 전매사업, 구 황실재산, 국립극장, 양곡관리, 농지개량사업, 교통사업, 통신사업, 보험과 연금, 대충자금, 경제부흥 등이 있었으며 예산은 2,483억 8,365만 환으로 일반 회계보다 많았다.

1955년대 미국의 대한(對韓) 원조 규모는 4억 6천만 불에 불과하며 군사 원조는 1억 8천만 불, 방위 지원이 2억 7천 2백만 불로 밝혀졌다.

환율이 180대 1에서 한미합의에 의거 500대 1로 결정하고 한미 협동 노력하기로 합의했다.

(6) 희대(稀代)의 파락호 박인수와 가짜 이강석

70여 명의 처녀들을 농락한 박인수 사건 공판정에 7천 명의 방청객이 몰려들어 무기 연기하여 폐정됐고, 경찰서에서 기마경관대까지 출동시켰으나 소동을 막아내지 못했다.

"70여명 관계여인 중 처녀는 단 1명이었다"는 발언으로 논란을 일으킨 박인수 변호인 측은 "혼인을 빙자하거나 강요하여 여자를 속인 것은 아니었다"고 주장하며, 퇴폐된 현 사회의 단면을 보여주었을 뿐이었다고 변호했다.

혼인을 빙자한 간음 고소인인 송인숙, 박한순 여대생들이 고소를 취하했다. 법원은 증거불충분으로 무죄 판결을 내리고 공문서 부정 행사에 한하여 2만 환의 벌금형을 선고했다.

박인수 사건이 6.25 전쟁 이후 여성들의 기질을 폭로한 사건이라면 가짜 이강석 사건은 권력, 금력과 교활, 간계가 날뛰고 있는 썩어빠진 이도(吏道)의 현실을 폭로하고도 남음이 있었다.

대통령의 양자 이강석 군과 용모나 연령이 비슷함에 착안하여 사기 행각을 결심한 고졸 출신인 강성병은 다방에서 이인갑 경주경찰서장을 만나 "본인은 이강석인데 진해에 아버지를 모셔놓고 풍수해 실정조사차 순방중이다"라고 말하자, 경주경찰서장은 선물을 사주고 숙박비를 지불하고 영천까지 짚차로 호송하는 영접을 베풀었다.

경주경찰서장의 호의에 기고만장한 강성병은 영천에서 김정렬 영천 경찰서장의 영접을 받고 1만 환의 여비를 받고 안동으로 영천경찰서의 짚차로 달렸다.

안동에서 박주현 안동 경찰서장의 관사에서 저녁 대접을 받고, 경찰서장은 안동의 기관장을 대동하고 아침 문안 인사를 주선했다.

안동경찰서장으로부터 1만 5천 환의 여비를 받고 조흥은행에서 5만환의 대출을 받아 봉화로 떠났다.

봉화에서 농업은행으로부터 20만 환의 대출을 받았을 뿐 아니라 봉화경찰서장으로 부터 1만 원의 여비도 받았다.

가짜 이강석은 경북도경 사찰과장에게 행각이 드러나 경북도지사 관사에서 체포됐다.

비록 3일천하라고 하지만 가짜 이강석 사건은 오늘의 사회현실을 폭로해주었다.

경상북도 경주, 영천, 안동, 봉화 등지를 돌아다니면서 가짜 이강석 행세를 할 수 있었다는 사실은 그저 웃어만 넘길 수도 없는 심각한, 너무나도 뼈저린 사회 풍자의 단면 표현이기도 했다.

(7) 시대의 세태(世態)를 반영하는 사건들

하루 5시간 송전하겠다는 약속은 어디로 가고 깜빡거린 전등이 오히려 공포로 돌변했다.

서울은 지역을 양분하여 격일로 점등(點燈)시간대를 교대하는 교대 송전제를 실시키로 했다.

수풍발전소, 부전강 발전소 등 대부분의 발전소가 북한에 산재되어 있고 남한에는 화천, 청평 수력발전소와 당인리 화력발전소의 전력 공급이 미미했기 때문이었다.

아울러 시내 전화기가 거의 반벙어리 상태로 낡은 시설이 주원인이며 통화량 증가에 따라 비난 수위가 높아졌다.

뇌염 발생 환자가 420명에 사망자가 106명이지만 방역비가 없어 속수무책으로 맹위를 떨치다가 1955년도 뇌염 발생 환자는 1,055명이며 사망자는 780명으로 막을 내렸다.

갓을 쓰고 두루마기를 즐겨입던 당시에는 국민학교에 입학하지 아니하고 서당에 다니는 아동이 많아 전국의 서당 수가 555개였고 전남이 40%를 차지했다.

서당에서는 천자문, 명심보감, 소학, 사서삼경 외에 영어, 수학도 가르쳤다.

영양결핍으로 결핵환자가 많았을 뿐 아니라 천연두의 후유증으로 곰보 얼굴을 가진 사람이 10%가 넘었으며, 거리에는 나병(癩病)환자들의 구걸 행각이 줄을 이었다.

고흥 소록도 등에 나병수용소를 건설하여 집단 수용했으나 배고파 수용소를 탈출한 나병환자들이 거리에 범람하여 주민들이 공포스러워 했으며, 사천에서는 주민들과 나병환자들이 집단 패싸움을 벌여 30여 명의 사상자들이 속출했다.

우리나라 종교 신자 수는 불교가 345만 명으로 가장 많고, 기독교가 84만 명, 천주교가 14만 9천 명으로 집계됐으며, 통일교 문선명 교주가 신도의 감금 혐의로 구속되고, 김병회 기독교 장로는 안수기도와 치료 중 신자의 사망으로 과실치사로 실형을 언도받았다.

북한 납북자 중 생존자 337명의 명단을 국제적십자사를 통해 입수했다. 이 명단에는 백상규, 안재홍, 조소앙, 김헌식, 구덕환, 김경배, 조헌영 의원등이 포함됐다.

밀수와 밀주가 성행하여 관세청 직원들은 밀수품을 찾아 백화점 등 수색에 나섰고, 국세청 직원들은 밀주를 찾아 농가를 찾아들어 수색에 나섰다.

전국적으로 아편 중독자가 3만 8천 명을 넘어섰고, 서울에만 비밀 댄스 강습소 100개소가 넘어 놀라운 전파력을 보여줬고 드나드는 인사는 각계각층을 망라했다.

우리나라의 인구가 2천만 명을 넘어섰고 세계에서 인구 밀도가 3위로 나타냈다. 1위는 1km 당 858명인 네덜란드이고 2위가 일본이었다.

3. 정치적, 사회적 주요사건 상황(狀況)일지

(1) 제3대 국회의장에 이기붕 선출 (1954)

◆5/2 제3대 총선 입후보자 1,291명 등록, 평균 6.1 대 1의 경쟁

◆5/5 이승만 대통령은 치안과 법률만 지키라며 경찰관의 선거 간섭 불가를 담화로 발표

◆5/6 관권(官權)이 압박을 자행한다면 총선거를 보이콧 할 수 있다는 민주국민당에 이승만 대통령은 "민중의 추앙을 받은 정당이 되라"고 반박 성명

◆5/13 변영태 외무부장관은 남북통일의 유일한 방도는 북한에만 자유선거를 실시하는 것을 제네바 평화회담에서 주장

◆5/13 자유당 한광석 후보는 "자유당은 대한민국이 공인한 공산당"이라고 정견발표장에서 망언하여 파문

◆5/14 전국 도처에서 협박과 폭행 등의 광무(狂舞)로 선거의 자유분위기 실종

◆5/20 제3대 민의원 선거에서 자유당 114석, 민주국민당 15석, 소수정당 6석, 무소속 68석으로 민주국민당은 교섭단체 불발

◆5/23 이승만 대통령은 중공군이 철수를 하지 않으면 우월한 군사력을 행사하겠다는 성명을 발표

◆6/4 총선 민심의 방향은 자유당 36.8%, 민주국민당 7.9%, 무소속 47.9%의 득표율로 나타나

◆6/10 제3대 국회 개원, 의장에 이기붕, 부의장에 최순주와 곽상훈을 선출

◆6/12 근절(根絶) 안 되는 중·고교잡부금, 6종목에 걸쳐 공공연하게 징수

◆6/15 경남 진해에서 아세아 반공 민족대회 개최, 중국, 비율빈, 태국, 월남 등 8개국 참가, 집단 방공투쟁에 거화(炬火)

◆6/18 제네바회담 와해(瓦解) 등으로 변영태 외무부장관은 휴전협정 무효 선언

◆6/20 한글간소화 드디어 성안, ㅈ, ㅊ과 ㅎ받침 등을 전폐키로 이선근 문교부장관이 정식 발표

◆6/24 자유당이 국회의 14개 분과위원장을 독점

◆6/28 만연(蔓延)일로의 아편 병, 전국의 아편 중독자 3만 8천여명, 연간 소비량만도 2백억 환 어치

◆6/28 백두진에서 변영태로 국무총리 교체, 민의원 157명 찬성하고 반대는 17명에 불과

◆7/3 자유당 의원이 135명인 국회가 국무원 7명을 교체한 국무원 신임안 부결, 가(可)98표, 부(否) 74표로 재적 과반수 미달돼

◆7/5 한글 간소화안 실현에 부응하여 이승만 대통령은 공문서의 한글 전용을 유시(諭示), 학계에서는 반대

◆7/9 국무원 신임안 가(可) 138표, 부(否) 48표로 통과, 자유당 결속에 민국당의 공세 좌절, 변영태 국무총리는 두문불출

◆7/12 수복지구 군정(軍政)을 폐지해달라고 주민들 집단청원, 난관 중첩한 제반행정 복원 열망

◆7/22 인도차이나 전쟁 8년 만에 종식, 월남은 17도 선에서 분할, 라오스, 캄보디아 독립으로 4국 체제, 25만 명의 사상, 81억 5천만 달러 소비

◆7/23 한글간소화에 대해 최현배 등 교수단은 천박편향된 이론에 한심하다고 성명, 정부는 반대는 문화발전 저해이며 간소화는 국민의 절실한 요망이라고 반박

◆7/24 전국 홍수 피해 막대, 전국의 하천 범람, 인명 피해 700여 명, 가옥 침수 1,852건

◆7/26 이승만 대통령이 한미 고위회담을 위해 방미, 공항 연도에 백만 시민들이 도열(堵列)하여 거족적 환송

◆8/3 이승만 대통령은 워싱턴에서 미국 대공투쟁은 패배이며 150만 병력을 무장하여 신의 섭리대로 북진하겠다고 연설

◆8/11 북진통일을 절규하는 150만 국군 증강 국민총궐기대회 개최, 성동 원두에서 성황리에 무력통일로 적도를 구축하자고

◆8/13 수복지구 행정권 이양을 한국통일부흥위원단에서 유엔군 사령부에 권고, 유엔군 헐 사령관은 이관을 약속

◆8/13 한심한 결핵 환자 대책, 전국에 중환자만 50여 만명, 국가 혜택은 겨우 800명

◆8/13 이승만 대통령 20일간 방미일정 마치고 귀국, 한미 우위는 돈독하다고 성명

◆8/16 이승만 대통령 광복절 기념사에서 "우리의 희망은 압록강 진격, 대공 양보책은 자유 진영의 패배"라며 다채로운 기념행사

◆8/19 강화도 앞 해상에서 범선이 심한 조류와 파도로 침몰하여 승객 40명이 익사, 3명만이 생환

◆8/24 이승만 대통령 "전 유엔군 철수해도 겁내지 말라"고 담화, 미국은 대폭적인 군원(軍援)엔 난색, 미군철수 결사반대운동 전개

◆9/1 유엔군과 북한군은 전사자 700주(柱)교환 개시, 북녘 땅에 침략자 남긴 채 말없이 돌아오는 자유의 수호신들

◆9/6 자유당은 이승만 종신 대통령 개헌안 제출, 찬성 날인 비밀 공작으로 추진, 136명의 의원들이 날인

◆9/14 1954년도 미국의 대한 경원의 윤곽은 3억 7천만 불, 미국의 원조는 한국보다 일본에 치중

◆9/24 미군의 철군은 6.25의 재발, 학생들 철군 반대 데모, 충천하는 철군 반대 함성

◆10/3 개헌안에 대한 찬반 논쟁, 이재학 자유당 원내총무와 신도성 민주국민당 선전부장

◆10/7 눈뜬장님 아직도 백여 만명, 문화민족의 일대 수치, 국가재정 쏟아 문맹 퇴치 긴요

◆10/11 취체 강화에도 늘어만 가는 밀수, 외래품 도취의 민중심리 반영, 금년 들어 3,982건 적발

161

◆10/20 부산 초량동에 대화재 발생, 판잣집 260동 등 소각, 수정동 철로 연변에서도 화재

◆10/31 전(前)민국당 선전부장 함상훈은 인도 뉴델리에서 신익희·조소앙이 만나 남북협상을 논의했다고 폭로하여 파문을

◆11/1 이승만 대통령 종신 대통령, 국무총리제 폐지 개헌안 조속 통과를 자유당 의원들에게 종용

◆11/6 민주연맹 운운은 조작이라는 김동성의 증언을 국회에서 청취, 함상훈 날조건은 사직당국에 맡기기로 국회에서 결의

◆11/12 서구 제국의 남북총선거에 의한 통일방안 반대, 독립국권 확립은 우리의 국시라고 통일 문제에 대한 태도 표명

◆11/29 이승만 대통령 영구집권을 위한 개헌안 부결, 가(可) 135표, 부(否) 60표, 기권 1표로, 암호투표를 했다고 표결 직전 민주국민당이 폭로

◆11/30 개헌안 통과로 회의록 수정, 수라장된 의사당, 야당 의원 60명은 위헌대책위원회를 구성

◆12/1 정부에서 헌법개정 공포, 이승만 대통령은 개헌안은 합법적으로 통과됐다고 훈시, 야당은 호헌동지회 결성

◆12/9 자유당 의원 20명 탈당 성명, 김영삼, 민관식, 김재곤, 현석호, 황남팔, 김홍식 의원 등

◆12/14 자유당은 박영종, 도진희, 김두한, 김지태 의원 등 7명을 제명처분, 내분 첨예화

◆12/18 충북 제천과 전북 진안에서 공비 5명을 사살, 총기 5점과

무전기 등 압수

◆12/21 야당 의원 집에 불온 협박문서 대량으로 투입, 고개 들기 시작한 의원 소환

◆12/27 부산에 연이은 대화재로 용두산 빠락촌 전멸하고 260동 전소, 이재민 1천 3백 명 발생

(2) 정통(正統) 야당인 민주당 창당 (1955)

◆1/8 국무회의에서 중·고교 분리안을 통과시켜 끌어오던 중·고교 문제 일단락

◆1/9 신당(新黨)포섭 공작 활발화, 민주국민당은 전당들어 신당에 흔연 참가하겠다고 성명

◆1/20 광주 계(契)소동 비극으로 발전, 자살만도 17명, 국회 조사단 파견

◆1/22 정부조직법 개정안 통과 : 외무, 내무, 재무, 법무, 국방, 문교, 부흥, 농림, 상공, 보건사회, 교통, 체신부 등 12개 부처

◆1/30 지방자치법을 개정하여 시장, 읍장, 면장 등을 주민들의 직접선거제 채택

◆2/10 소련 스탈린 사후 최대 정변, 마렌코프 수상 돌연 실각, 후임엔 불가린, 국방상은 후루시초프로 보도

◆2/13 원용덕 헌병총사령관은 불온문서 투입사건에 대해 내가 시

컸다고 자백하는 놀라운 증언

◆2/20 인촌 김성수 전 부통령 서거, 국민장으로 결정, 이승만 대통령 "지도자 잃어 애통"이라고 담화

◆2/24 신당운동 성패 기로에, 조봉암 포섭 여부로 양론, 호헌동지회 총회의 귀추가 주목

◆3/3 국회부의장에 장택상과 황성수 후보들을 꺾고 조경규 후보 당선, 국회 분과위원장도 자유당이 독점

◆3/4 부산역에 정차중인 열차에서 불이 나 42명이 소사하고 40명이 중경상

◆3/10 소련은 중공에 전투기 300대, 전투함 100척 등 전쟁 장비 제공, 대한해협 긴장 고조

◆3/16 춘궁기를 맞아 전국적으로 절량농가가 8만 7천 778호에 달해 보릿고개가 걱정, 구직(求職)상경 줄이어

◆3/18 대통령 기사 중에 괴뢰라는 문구가 첨가되어 동아일보 1개월간 발행정지 처분

◆3/27 이승만 대통령 80회 탄신일을 경축, 만수무강을 축원, 성동 원두에서 기념식전 성대히 거행, 장엄한 국군분열식도 거행

◆4/1 식목일 4억 그루 식목, 3억 환의 조림, 가꾸기 좋도록 집중적으로 식목

◆4/6 충북 영동에 무장공비 4명이 쌀과 냄비 등을 약탈

◆4/17 지리산 지구에 평화가 깃들다, 주민들 모두 환향, 학교도

천막을 치고 개교

◆4/19 아세아·아프리카 회의 인도네시아 반둥에 29개국 대표 참가, 스카르노 인도네시아 대통령 개회 선언, 미·소 경쟁에서 벗어난 비동맹국 단결 도모

◆4/30 월남 내분 폭발, 고딘디엠 수상 불교도에 선전포고, 4개 도시에서 시가전, 정부군은 반군의 주요 진지 폭파

◆5/2 본격적인 연평도 조기잡이 어선 800여 척 운집

◆5/7 이승만 대통령은 동서 간 공존이란 오산이며 싸움 없는 평화라면 차라리 항복을 선택하겠다고 선언

◆5/8 비밀 댄스교습소 서울 시내에 100개소 성행, 놀라운 전파력, 드나드는 인사는 각계각층을 망라

◆5/10 자유당 전당대회 족청파 대두 봉쇄, 서울시위원장·중앙위 의장 이기붕 선출, 이승만 총재 추대

◆5/16 북한군이 우리나라 연평도 조기잡이 어선단에 포격, 5척 침몰, 30여 명 사상, 북한에 엄중 항의

◆5/16 오스트리아 영세중립국 합의서 조인, 미,영,불,소 점령군 은 연내에 철수

◆5/19 불교계에서 정화대책위원회 구성, 전국 사찰에서 주지 선거 실시 6월 말까지 합의, 불교계의 열전은 종식?

◆5/22 판자집 주민들은 미관보다 실정을 호소, 철거 사전 대책 요망이 압도적

◆6/4 서울시내 전화기 거의 반벙어리, 낡은 시설이 주요 원인, 통화량 증가에 따라 비난 점고

◆6/11 조계사에서 유혈참극, 대처승들이 비구승을 습격, 30명 중경상, 200명의 경찰들이 출동하여 진압, 불교 분쟁 국회에 상정, 양산 통도사의 대처승 167명 집단 이혼

◆6/12 미국의 원조액 4억 6천만 불, 군사 원조 및 방위 지원 4억 5천만 불, 기술 원조 1천만 불

◆6/12 가뭄으로 모내기 못할 논이 총면적의 50%로 추산, 하순에는 대파(代播) 준비하는 농촌, 자우(慈雨)를 기대할 뿐

◆6/29 귀순 북한 비행사의 폭로, 북한 재남침 준비에 광분, 소련의 직접 지배로 완전 노예화되고 있다고 폭로

◆7/4 도시의 판잣집 철거 강요로 일대 혼란, 갈 곳 없는 주민들은 바람 부는 집터에서 우왕좌왕

◆7/6 기독교 통일교회 문선명 교주가 신도들을 불법 감금 혐의로 구속, 사교 여부는 노터치

◆7/9 희대의 엽색한(獵色漢) 박인수 공판에 구름처럼 모여든 방청객, 40여 명의 여대생 중 처녀는 1명뿐이었다고, 재판부는 박인수에 무죄 언도, 항소심에선 징역 1년

◆7/18 신당준비위원회 168명(현 의원 33명, 전 의원 34명)이 참석, 신당운동 결실 단계

◆7/28 임철호 농림부장관 불신임안 가결, 103표의 찬성표로, 자유당 의원 30여 명 중앙당의 지시를 어기고 찬성 투표

◆8/3 전국 승려대회에 소동극, 경찰의 제지로 수라장화, 비구승들은 혈서로 대회 진행을 탄원

◆8/5 이승만 대통령 불교 문제에 대해 "왜색승려는 물러가라"고 지시, 문교부는 비구승측에 30개 사찰 양도

◆8/12 휴전협정이 이미 폐문화되었으므로 중립국 감시위원회 축출운동 전개, "적성감시위 물러가라"고 데모

◆8/16 이승만 대통령 "북한 해방을 기필코 달성", "현상유지의 평화는 부당", "얽매인 국민의 자유 회복하자"고 기념사

◆8/18 상가에 밀수품 압수 선풍, 취체관 1백 명 동원, 미도파 백화점에서 1만 5천 점 압수

◆8/28 끝내 항거하는 판자집 주민, 철거하면 다시 짓고 다시 지으면 다시 부수는 민·경찰의 대결

◆9/2 김두한(종로을) 의원이 특수협박, 상해, 공무집행방해, 병역법 위반, 선거법 위반 등으로 재판, 방청객이 인산인해

◆9/5 강원 화천에서 소풍 가던 트럭이 전복하여 61명이 사상, 운전수는 자살미수

◆9/12 좀체 수그러지지 않는 뇌염, 전국 환자 1천 명 돌파, 당국의 방역은 제로 수준

◆9/19 민주당 결당대회, 중앙위원회(399명)에서 대표에 신익희, 최고위원에 장면, 조병옥, 곽상훈, 백남훈 선출

◆9/20 이승만 대통령 한글 문제에 대해 이론(異論)을 안부치겠다면서 민중이 원하는 대로 하라고 담화

◆10/1 북한서 중공군 철수, 10월 중 2차로 6개 사단 규모

◆10/4 북한 주민 6명이 북한을 탈출, 타이어 튜브 타고 김포에 기적적으로 표착(漂着), 몸서리치는 공산치하를 벗어났다고 포효

◆10/8 이승만 대통령 암살을 기도한 김태호 등 8명 육군특무대에서 검거, 조소앙 지령으로 인한 음모라고 공보실 발표

◆10/27 남아메리카 파라과이에서 이민 요청 '한국인들 살러오시오', 60가구 이민 희망

◆10/28 월남의 왕정에 종지부, 고딘다엠 수상이 대통령 겸직하며 공화국 선포

◆11/7 부산 초량동에 대화재, 야경꾼의 호롱에서 발화, 점포 500동 전소, 3명의 소사, 야경꾼 4명 구속

◆11/29 제3당 창당이 이범석이 청와대 다녀온 후 무산, 이범석-장택상 융합도 무망, 정·부통령선거에 대한 항간의 풍설만 무성

◆11/26 안수기도 후 사망하여 과실치사 혐의로 구속된 김상희 목사에 금고 1년 구형

◆12/13 서울지역 교대 송전제 실시, 하루 4시간만 송전, 지역을 양분하여 격일로 점등(點燈) 시간도 교대

◆12/15 소련의 거부권 행사로 월남과 함께 우리나라 유엔 가입 좌절, 알바니아, 스페인, 이탈리아 등 16개국은 가입 승인

◆12/15 소금의 매매 민영화에 반대 비등, 가격 폭동은 필연적이라고, 28개 업소 대표 상경하여 진정

◆12/23 진보당 결성 구체화, 서상일과 조봉암 중심으로 추진위원회 구성하고 취지·강령 발표

(3) 제3대 대통령 이승만, 제4대 부통령 장면 당선 (1956)

◆1/13 부산발 여수행 여객선 태신호가 항해 중 화재로 65명 사망, 23명 중경상, 대부분 질식사, 초롱불에서 발화

◆1/16 결핵 환자가 50여 만명, 요양소는 마산에 하나뿐, 당국 대책이 초미의 관심

◆1/24 최초의 인구조사 결과 총인구는 21,526,374명, 가구 수는 3,801,747호, 서울 인구는 1,574,868명이고 경남이 3,770,209명

◆1/30 경이적인 한글타자기 완성, 송계범 교수의 7년간의 각고 끝에 완성, 각계의 절찬 속에 공개

◆1/31 육군특무대 대장 김창룡 소장이 괴한의 총탄 받고 절명, 범인 2명은 짚차 타고 잠적

◆2/5 전북 옥구 해상에서 목선이 침몰하여 선원 18명 실종

◆2/8 손원일 국방부장관 불신임 보류 동의안 야당의원 퇴장 도중에 가결 선포

◆2/21 판잣집 4월부터 다시 강제 철거, 전국적으로 대상은 4천호, 3월까지 자진 철거 요망

◆2/23 국회 상임위원장 선거에 자유당 의원 50명 난립, 민주당

은 공천 포기, 40여 표가 이탈했으나 자유당 공천 후보 전원 당선

◆2/23 전남도에만 절량농민 10만 명, 전남도의원들 상경, 요로에 간청, 필요 양곡 6천 톤, 보사부와 농림부 책임소재 공방

◆2/28 김창룡 암살범 7명 일망타진, 주모자는 육군대령 허태영, 출세 방해의 사원(私怨)이 범행동기

◆2/29 민정당 발기위원회 결성, 배은희, 장택상, 이범석이 지도위원으로 피선

◆3/3 강원도 대설해(大雪害), 병사 81명 사망, 민가 피해 500동, 이재민 4만 명, 선박 침몰 500척

◆3/6 자유당 대의원대회에서 대통령 이승만, 부통령 이기붕 후보 지명

◆3/7 이승만 "출마 않기로 작정했다", "3선은 민주와 배치", "연부역강(年富力强)한 사람 골라라"고 자유당 전당대회에 유시

◆3/10 이승만 "불출마는 기정한 것"이라며 국민회 대표와 장관들에게 은퇴 의사 재천명

◆3/16 금년 대학 졸업생 11,813명, 495명은 대학원 진학, 8,000명은 군대에 입대

◆3/18 말썽 많은 회기동의 재건주택 입주 전에 벌써 도괴, 눈가림 공사 폭로

◆3/20 절량농가 22만호, 잡곡 6만 8천 석 긴급 대여, 구호사업비 5억 8천 만환 방출

◆3/22 소지한 100달러 강탈하려고 터키군이 군수물자 사준다고 소년을 유인하여 살해

◆3/24 이승만 대통령 국무회의에서 재출마 번의, 국민의 뜻을 받들어 출마 결의, 민의 앞에 내 의사 고집 불능

◆3/25 민주당은 최고위원회에서 신익희, 장면을 정·부통령 후보로 합의, 전당대회에서 투표로 결정

◆3/27 충남 보령 성주 탄광에 낙반 사고, 광부 11명 생매장

◆3/30 민정당 발기인 대회, 당명을 공화당으로 개칭, 안호상이 사회

◆4/3 공화당은 완전분열, 장택상은 족청계 당헌 위반에 분노, 부통령 후보 지명을 일방적으로 강행하여 이범석 지명

◆4/9 대통령 후보는 이승만, 신익희, 조봉암(3명), 부통령 후보는 장면, 윤치영, 백성욱, 이범석, 이기붕, 이윤영, 박기출, 이종태(8명)

◆4/13 민주당 정·부통령 후보 서울 수송국교 정견발표회 인산인해, 긴장된 청중의 면면에서 정권교체 묻어나

◆4/17 조봉암 "입후보 포기 못하겠다", "권유자는 민주당으로 가라"하여 야당연합 좌절 확실시

◆4/23 진보당의 동요 표면화, 조봉암의 야당연합 거부에 탈당 성명 속출, 민주당에 대거 호응 기세

◆4/30 선거 분위기 날로 첨예화, 여·야 공방전 치열, 폭력과 인신공격 노골화, 신익희 후보에 괴편지 우송

◆5/5 한강 백사장에서 민주당 정·부통령 후보 정견발표회, 20여 만명의 청중 운집, 사상 최대의 인파

◆5/6 신익희 후보 전북 이리에서 심장마비로 급사, 봄비 맞으며 조객 쇄도, 민주당은 부통령 당선에 총력을 집중

◆5/7 경무대 앞서 유해호송 군중과 경비경찰관 유혈 충돌, 현장에서 1명 사명, 부상자 수명, 7백 명 연행

◆5/11 납북 인사 1만 7천 9백 명 명부 북한에 수교, 조속 송환을 기대, 절망에서 서광(曙光)이 비추어

◆5/18 정·부통령선거에서 대통령 이승만, 부통령 장면 당선, 유례가 없는 추모 투표

◆5/24 신익희 선생 사회장 엄수, 항일·민주정신을 추모, 전국 각지서 수십만 군중 운집, 자유당은 내부 동요 심각

◆6/9 국회 정·부의장 자유당이 독점, 의장은 이기붕, 부의장은 조경규와 황성수 선출

◆6/10 키스 장면 때문에 영화 자유부인 상영 불허, 그러나 찬성론이 지배적

◆6/17 전투기가 대구 시내 중심가에 추락, 10명이 사상, 2동의 민가 전소, 편대 비행 연습 중 공중 충돌로

◆6/20 자유당 내분 표면화, 이충환, 김기철, 하태환 등 의원 6명 제명, 비주류는 집단 탈당할 기세

◆6/30 폴란드에서 대규모 반소 폭동, 2만 명이 소련인 철퇴 요구,

공산당기 찢고 형무소 해방

◆7/7 폴란드 반공의거 포즈난에서 전국으로 확대, 유격대는 방화전, 기관차 운전수 1만 5천 명도 파업, 의거자 수천명 검거

◆7/10 지방의회 정수는 437명, 시·읍·면장 690명, 시·읍·면의회 19,130명, 다만 수복지구 12개구 제외

◆7/19 티베트 반공의거 확대, 화좌사시에 전차 백대 배치, 중공군은 동북부에서 반공 주민들과 혈투

◆7/20 민주당 대표최고위원에 조병옥, 최고위원에는 곽상훈, 장면, 김준연, 김도연을 중앙위원회에서 선출

◆7/26 지방선거 후보 등록 방해, 공무원 직장 이탈, 선관위원들은 피신, 백주에 테러단 횡행, 끝내 계획적 방해

◆7/29 초유의 의원데모 단행, 무장경찰이 강력 저지, 여·야 의원 간 격투, 남송학 의원 폭언, 김선태 의원 체포 연행, 삽시간에 수라장화한 서울 거리, 돌연 괴한들이 와르르 몰려나오고

◆8/6 양주 덕소에서 나룻배가 뒤집혀 하기 수양 학생 8명 익사

◆8/8 지방선거 실시, 무관심 속에서 자유당 후보 80% 이상 압도적 당선, 민주당은 참패

◆8/13 시·도의원선거에서도 지방선 자유당이 석권, 다만 서울시 의원은 민주당이 압승, 무투표 당선 42구는 모두 자유당 후보들

◆8/19 장면 부통령 취임 연설에 자유당은 경고 결의안을 제안하여 파란 야기

◆8/21 마포강 나루에서 개최된 문화인 사육제에서 나룻배가 전복하여 10여 명이 익사

◆8/25 경기도 광주 보궐선거에서 신익희 선생 아들인 신하균 후보가 민주당 공천으로 당선

◆9/1 공무원 3만 2천 명 감원으로 낙착, 대상자에는 봉급 2개월 분을 지급, 전업(轉業)보도위원회도 구성

◆9/18 이승만 대통령은 내각책임제 개헌을 반대, 정부 약화 기도는 불가하며 지각(知覺) 없는 언론을 단속해야겠다고 표명

◆9/29 장면 부통령 피격, 민주당 전당대회에서 생명엔 무관, 저격범 김상붕은 도주하려다 현장에서 체포

◆9/29 민주당 대표 조병옥 선출, 최고위원은 장면, 곽상훈, 백남훈, 박순천을 선출, 김준연, 김도연은 낙선

◆10/8 경찰관이 투표함 수송 중 환표 인정, 전남 함평 두 투표구 자유당 전남도의원 당선자 무효 선언

◆10/16 교통부 직원들이 화차의 부속품을 절취하여 화차 1,500량을 폐물화 시켰으며 횡령 금액이 수억 환대로 추산

◆10/26 헝가리에서 대반란 폭발, 수도에서 전투 치열, 소련군 대거 개입, 제트기와 탱크로 무차별 사격, 사망자 2만 명 돌파

◆10/29 장면 부통령 저격사건 수사 전모 발표, 범행 동기와 배후 관계는 석연치 않은 채 결론을 맺어

◆11/1 영국과 불란서군이 이집트 진격, 이스라엘과 이집트의 전투 중지 요구, 수에즈 운하 점령전 본격화

◆11/6 소련군은 헝가리 수도를 완전 점령, 혁명군은 맨주먹으로 항전, 아동들도 무기 들고, 의거민들은 유격전 전개

◆11/8 유엔 사무총장 함마숄드는 중동의 극적인 휴전 성립을 발표, 영·불·이스라엘·이집트가 동의

◆11/11 헝가리 주토에서 시가전 재연, 의거민들은 치열한 총격전, 식량, 차량 등 기습, 최소 2만 명 사망

◆11/16 정읍 환표사건 공판에서 박재표 순경은 환표 사실을 증언, 김종원 치안국장은 박 순경이 거짓 자백했다고 공표

◆11/20 소련은 헝가리에 20개 사단 증군, 파업 노동자에 총살형, 난민들도 파상 탈출

◆11/23 김창룡 암살 모의 혐의로 강문봉 중장 등 관련자 6명 구속, 허태영 부인의 탄원서가 재조사의 단서

◆11/30 황성수 국회부의장, 박영출 외무위원장 시계 밀수 관련 혐의로 사표 수리 가결, 자유당의 내분을 노정

◆12/6 자유당 전례 없는 행동 통일, 임흥순과 윤성순을 꺾고 국회부의장 공천을 받은 이재학 압도적 당선

◆12/7 충남 당진에서 풍랑으로 어선이 침몰하여 해녀 등 23명이 익사하는 사고 발생

◆12/12 헝가리 국민들 다시 총궐기, 유격대는 도처에서 소련군을 기습, 광범위한 지역 점령, 미국은 소련의 헝가리 탄압을 규탄

◆12/14 유엔 안보리에서는 일본의 유엔 가입을 만장일치로 가결, 몽골의 가입은 부결

◆12/17 호주 멜버른 제16회 올림픽 대회 참가 선수단 개선, 역도 김창희, 권투 송순권이 동메달

◆12/27 내년도 예산 2,185억 환 상정, 국방비가 1,144억 환 (52.4%), 내무부 309억 환, 문교부 310억 환 등

◆12/29 대구에서 마산으로 달리는 버스에서 폭발물 터져 소사 33명, 부상 27명, 시너에 담뱃불 인화로 화재 발생

(4) 북괴 간첩들이 진보 진영에 깊숙하게 침투 (1957)

◆1/8 장면 부통령 저격사건, 고위 경찰의 관련 사실을 최훈의 처가 진술, 공판정 수라장화, 인산인해를 이룬 방청객

◆1/9 최훈 피고는 김종원 치안국장 지시라고 진술, 김종원은 민주당의 장난이라고 반발, 조병옥은 민주주의의 반역이라고 비난

◆1/9 양유찬 주미대사, 중공군 철수 선결, 휴전협정 폐기하고 우리 헌법하에서 북한 통합 주장

◆1/12 정읍 환표사건 공판에서 투표용지 검증, 무더기 표 투입이 역력한 사실 검증, 무더기 표 적발 목격 증언

◆1/25 강문봉 중장 "특무대 보복 두려웠다", "살해할 의사는 없었다", "허태영에 지시한 일 없다"고 진술

◆2/6 장면 부통령 저격사건 관련 혐의로 이익흥 내무부장관 사표를 수리하고 장경근 의원을 발령

◆2/9 광주고법은 함평의 환표 사실을 인정, 수송 도중 투표함을 개봉하고 환표한 호송 경관 7명을 기소

◆2/12 백주에 만취 해병대원들이 행패, 서울 을지로에서 쫓는 순경에 권총을 발사하여 행인 2명 등 사망

◆2/13 현역군인 4인조 강도단이 출현하여 민가 털다 경찰과 격투 끝에 피체, 권총으로 무장하고 차까지 몰고 범행

◆2/14 서울 중량교 부근에서 버스와 기동차가 충돌하여 7명이 즉사하고 28명이 중경상

◆2/21 시내버스가 한강 인도교에서 추락(墜落)하여 10명이 즉사하고 30여 명이 중경상

◆2/22 농림부 청사 전소, 지적도 등 전 서류 회신(灰燼), 농림부 장관 사의 표명

◆2/24 정읍 환표사건에 박재표 순경 징역 1년 6개월 유죄 판결, 이유는 환표했다는 의심은 가나 확실한 증거는 못 찾았다고

◆2/26 농촌 주민의 30%가 절량농가, 시래기와 밀기울로 근근 연명, 정부는 절량농가에 30만 석 방출, 노임 살포도 추진

◆3/4 대학 경쟁률이 13대 1로, 자연과학은 평균 2대 1에 불과하나 법학, 경제학 계열은 20대 1을 넘나들고

◆3/7 재판장에 노호하고 이덕신, 최훈에게 발길질한 김종원을 법정모독죄로 입건하고 서정학으로 치안국장을 교체

◆3/19 막사이사이 비율빈 대통령 급서, 가르사 부통령이 승계, 정치 정세에 급격한 변화 예상

◆3/22 장면 부통령 저격범 이덕신, 최훈, 김상붕에게 사형 언도, 배후의 존재 간접으로 인정

◆3/23 절량농가 전국에 250만 명 추산, 대여곡 10만 석 4월 초 방출 예정, 초근목피로 근근연명(僅僅延命)

◆4/14 달리는 열차에 깽단, 미군 PX 물자를 노려 트럭을 준비하여 범행, 헌병 총탄에 2명 사살, 미군 헌병도 공모

◆4/15 인천 월미도 앞바다에서 예인선이 침몰하여 31명 익사, 풍랑과 퇴조에 휩쓸려 희생자 3구만 겨우 인양

◆4/18 김창룡 암살 관련으로 강문봉 중장 사형 언도, 공이 크나 국군의 전통 위해 단불용대(斷不容貸), 이승만 대통령이 공훈을 참작하여 무기로 감형, 하수인 송용고, 신초식은 사형

◆4/18 흑석동에서 딸과 장모가 공모하여 사위를 도끼로 살해, 시체는 모포에 싸 동댕이

◆4/23 파주에서 미국 헌병 80명이 민가 300호의 수색을 벌여 물품 압수, 양담배 강탈당했다고 허위 보고한 것이 발단

◆4/25 경주에서 해군 30명이 헌병대와 경찰서를 습격하여 중경상자 18명이 발생, 미군은 파주에서 시계점 강탈

◆4/30 파주에서 미군이 칼·병 등으로 주민들을 마구 난자(亂刺)하여 11명이 부상, 한·미 행정협정 체결 긴요

◆5/4 부산에서 생활고로 한 가족 7명 나이순으로 음독자살, 눈물 없이 볼 수 없는 참극

◆5/21 인기 잃어가는 철도, 운행 수 훨씬 잦고 운임이 싸서 많은

승객을 버스에 뺏겨

◆5/27 국민주권 옹호투쟁위원회 주최의 장충단 시국강연회에 폭력배 30여 명이 출현하여 조직적인 행패, 고함지르고 투석하며 휘발유를 뿌리고 마이크를 소각하고 유유히 사라진 뒤에야 경찰대 진입

◆5/30 서울시는 한강백사장 사용 허가를 한 달간 자유당에 허가, 민주당의 집회를 방해하는 수단, 서울시 직원이 허가 일자를 조작

◆6/1 장충단 테러사건은 자유당에서 폭도에 자금을 제공한 정보의 자료가 있다고 민주당에서 폭로

◆6/13 장충단 테러 용의자로 유지광 등 소환, 진보당 대회 때도 난동을 부린 폭력배로 판명, 휘발유를 뿌린 자는 사복 경찰관

◆6/16 장경근 내무부장관 불신임안 부결, 경찰국가화의 선봉이라고 호통치며 탈선 극도라고 발의, 장경근 장관은 싱글벙글

◆6/18 석탄공사 영월탄광에서 가스 폭발로 갱도 무너져 광부 15명 생매장

◆6/24 부산진역 구내에서 송유관 파열로 35명이 소사, 진천에서 방게 중독 50여 명, 화성에서 버스가 전복하여 14명이 사상

◆6/30 이승만 대통령은 "휴전 무효 선언이 타당", "국군 현대화는 만시지탄", "신무기의 충분한 공급 요망", 김달호 의원은 전쟁 유발이라고 비난

◆7/5 장면 부통령 저격사건 항소심에서도 이덕신, 최훈, 김상붕에 사형, 최훈은 "배후 못 밝혀 섭섭하다"고

◆7/10 요정 종업원인 중국인 8명이 말리는 사람까지 집단폭행하여 2명이 중태에

◆7/12 김수선 의원은 "사사오입은 무류(無類)의 비법(非法)"이라며 일인 정치를 통격(痛擊), 자유당은 김수선 의원을 제명

◆7/13 철의 장막에서 마렌코프, 모로토프, 불가닌 등을 축출하고 후르시초프가 집권 기반을 공고화

◆7/19 북괴의 대남공작 치열, 간첩을 대량 밀파하여 금년 들어 37건에 49명 체포

◆7/24 불온서적 압수 선풍, 판매업자를 공산당 선전한 자로 간주해 입건, 좌익과의 연락 유무도 추궁

◆7/26 적십자회비 납입에 강권, 동장들이 대납하고 문책 감수 서약까지, 부과에도 많은 무리

◆8/5 폭우로 전 열차 마비 상태, 23년만의 대홍수, 인명피해 479명, 가옥 8천 5백호 유실, 이재민 3만 4천 세대, 피해액 163억환

◆8/13 수원에서 버스가 전복되어 화재가 발생하여 승객 32명이 소사하고 9명이 중상을 입은 대참사 발생

◆8/14 소련의 집단지도체제 붕괴, 새로운 개인 숭배 풍조 만연, 후르시초프가 스탈린과 흡사한 행세하며 현저한 독재 강화

◆8/23 태풍 제7호로 408명이 사상하고 건물 8,888동이 파손되고 통신망이 거의 두절, 피해액이 14억여 환

◆8/25 치안국 경무과장인 김정제 등 10명 간첩으로 구속, 자유당 선전문화차장인 조영환도 간첩과 야합하여 긴급체포

◆8/30 사천군에서 나병환자와 주민들이 집단 충돌, 조그마한 섬에서 철야 몽둥이와 돌팔매질로 싸움, 10명 죽고 30명이 부상

◆9/7 태양의 흑점 폭발, 국제전화 4일째 불통, 횡단 항공 무전연락 없이 비행

◆9/11 유엔 안보리 10개국의 찬성투표에도 소련의 거부권 행사로 우리나라와 월남의 유엔 가입 좌절

◆9/16 인천 월미도에 맥아더 장군 동상 제작, 구국의 은인 흠앙(欽仰), 이승만 대통령도 치사

◆9/19 고딘디엠 월남 대통령 내한, 이승만 대통령 출영, 반공 결속에 역사적 거보

◆9/19 태국에서 군사 쿠데타 발발, 피분 수상은 말레이시아로 망명, 사리트 원수가 정권을 무혈탈취

◆9/27 간첩 김정제 사건 증인으로 이재학, 임흥순, 인태식을 소환하여 검찰에서 신문

◆9/28 충남 아산에서 나룻배와 어선이 전복하여 15명이 행방불명되고 8명이 익사

◆9/29 연달은 미군의 만행, 통행인을 절도로 오인해 총질, 민족 감정 촉발 경계, 한·미 행정협정 체결 거듭 촉구

◆10/1 검찰은 가짜 이강석 행차에 아첨한 경주, 영천, 안동, 봉화 경찰서장들을 소환하여 심문

◆10/6 연달은 미국인들의 만행, 보초병이 행인에 발사, 엽총으로 노인 피살, 단도로 청년을 자상, 무고한 학생 살해 등

◆10/8 26개 중학교에서 돈 받은 보궐생 180명 적발, 50만 환에서 100만 환까지 받고 입학시켜, 교장들 행정조치 단행

◆10/18 진주시장 선거에 부정, 선거위원장이 무더기 표 투입, 선거인 가장한 괴한이 난입하여 개표장이 일대 수라장으로 돌변

◆10/23 서대문구 아현국교 교정에 포탄 14개 발굴, 야포·박격포 등 실탄을 작업 중 발견

◆11/5 소련이 제2차 인공위성 발사, 중량은 583kg이고 실험용 개도 탑재, 지구를 일주하는 데 200분이 소요

◆11/7 검찰은 남반부 정치변혁공작대의 간첩 김정호가 민혁당 장건상 위원장 등 12명에게 자금을 제공한 혐의로 함께 구속

◆11/13 서울시경은 간첩 박정호가 조봉암, 유화청, 진승국, 정현모의 참의원 당선을 위한 자금 제공 조사 중이라고 발표

◆11/13 북한은 동해 휴전선을 넘어 어선 8척과 어선원 47명을 납치, 해군은 조사단 파견

◆11/16 납북된 안재홍, 엄항섭의 밀서 접수가 탄로나고 박정호 간첩과 관련 김성숙 등 10명 검거

◆11/19 제4대 총선 선거구 23개구 증설, 개성, 장단, 연백 등 7개구가 제외되어 233개구로 조정

◆11/20 북한 납북 인사 중 생존자 337명 명단을 국제적십자사를 통해 입수하여 공표, 김경배, 조헌영 등 확인

◆12/2 서울교통망 거의 마비 상태, 휘발유 기근으로 592대 버스 중 300대 운휴, 출퇴근시만 운행

◆12/5 경찰을 조롱하는 유지광, 백주에 헌병 중령 등 10여 명이 작당하여 시민을 감금하고 장시간 구타, 경찰은 모른 체하고

◆12/6 동성동본의 결혼을 금지, 결혼은 남자 27세, 여자 23세는 자유롭게, 약혼은 남자 18세, 여자 17세로 조정

◆12/9 이승만 대통령은 "자유당 내의 협잡배는 재선 말도록", "국내 정쟁은 소련과 일본에 어부지리"라고 연설

◆12/15 고재봉 서울시장을 국무총리, 사회부장관을 지낸 허정으로 전격적으로 교체, 허정은 5년 만에 관계 복귀

◆12/19 이승만 대통령 "선거법 개정에 반대", "내용여하 막론하고 배격", "일본 공직선거법 모방은 심외(心外)"라고 발언

◆12/19 제주 앞바다에서 풍랑으로 어선 6척이 침몰, 선원 23명이 행방불명

◆12/23 응대를 소홀했다고 김만기 사세청장을 구타한 혐의로 김두한 의원 입건

◆12/28 대법원에서 함평 수송 도중에 환표 사실을 인정, 당선과 선거 무효 선언, 언론의 진실 보도는 허위라고 우겨

(5) 제4대 총선에서 자유당 후보 114명 당선 (1958)

◆1/3 언론 조항은 양두구육격인 자구 수정, 야간 국회에서 전격으로 통과, 야당 주류도 통과에 합세, 민주반역의 역사가 밤에

◆1/8 조병옥 민주당 대표 협상에 대한 책임을 지고 사퇴, 백남훈 최고위원이 대행, 공약위반 인책하고 진사(陳謝)

◆1/12 진보당 간부급에 검거 선풍, 조봉암, 김달호, 이동화, 윤길중 등 7명 구속, 간첩의 침투 대상은 진보당

◆1/18 이승만 대통령 대법원장에 김동현 임명 거부를 법관회의에 통보, 현재 대법관이 아니라는 이유로

◆1/25 해임당한 중대장이 권총을 난사하여 동료 장교와 부하 사병 6명을 사살, 부정사건 합리화의 요구를 거절한 데 대한 앙심

◆1/26 자유당은 공천 얻지 못했을 때 입후보 포기 서약서를 징구, 민주당은 공천 실각자 출마하면 제명키로 원칙 수립

◆2/2 미국 인공위성 발사, 지구궤도 예정 코스 정확히 선회, 평균 속도는 7백7십 리로 시속 1만 8천 리

◆2/11 버스가 금강에 추락하여 23명이 수장, 만취한 군인 40명이 순찰 경관을 납치하여 폭행, 부녀자 희롱 말리는 동민에게도 행패

◆2/18 KNA 여객기 의문의 월북, 승객 28명과 승무원 4명 태운 채, 북괴의 계획적 흉계로 관측

◆2/22 일본 밀항자 1진 249명 귀국, 오랫동안 일본에 억류됐다가 무표정한 얼굴 숙이고, 심사 후 귀향조치

◆2/25 진도군 임회면장 선거에서 입후보자가 투표함을 탈취하여 도주했다 10여 일을 사수하다 경찰에 자수, 사상초유의 사건 발생

◆2/26 공보실에서 남북통일 방안에 대한 불법성을 들어 행정명령으로 진보당 등록 취소

◆3/1 경북 청도에서 괴한이 눈에 모래를 뿌리고 의원 추천서를 탈취, 지서에서는 형사가 권총으로 협박, 경찰서장 문책

◆3/7 KNA 납북기 탑승자 26명 판문점을 통해 송환, 납북은 간첩 7명이 주동하여 평택 상공에서 행동 개시, 인수증 문구 싸고 진통

◆3/12 정사교가 장충단 집회 방해 배후 증언, 이정재와 정재설 등이 공모했으며 비밀 탄로날까봐 나를 감옥에 넣었다고

◆3/25 불량학생 행패 격증, 2개월에 살상과 폭행 등 4천 건 적발, 연령 불구 엄벌할 방침

◆3/30 전국적인 깡패소탕령, 첫날 2,289명 검거, 학생이 30% 점유, 조직적 어깨단까지 근멸키로

◆4/3 진주에서 자유당 공천 입후보자 운동원들 폭행 말리는 지서 주임을 구타, 체포한 피의자를 강탈하여 짚차에 태워 도주

◆4/3 환갑잔치집에서 돼지고기 먹고 85명이 식중독, 6명이 사망

◆4/5 간첩 양명산은 조봉암의 밀사로 12차례나 북한 왕래, 진보당 사건의 핵심은 평화통일론, 조봉암은 변란이란 생각 못한 일이라고 항변

◆4/7 이기붕 의장의 무투표 당선을 위해 김산 후보에게 단양 출마 권유, 김산 후보는 부인의 전 남편이 간통죄로 고발된 상황

◆4/12 제4대 총선 입후보자 868명, 무투표 당선자는 7명, 최고 격전지는 김천으로 9명 난립

◆4/12 대구 공중에서 공군 수송기 납북 기도, 권총 대고 조종사

협박, 격투 끝에 위기 모면

◆4/14 이천에서 사퇴한 민주당 연윤희, 1백여 명의 어깨들이 들끓어 생명의 위협을 느껴 사퇴했다고 민주당 대표에게 서신 우송

◆4/29 야당 후보 연설에 박수친 사람을 경찰관이 명단 작성하고 압력, 아들이 야당 운동원이라고 선거위원장 해촉

◆4/30 도처에서 짓밟히는 공명선거, 폭력·관권·금권이 난무, 각종 방해로 자유 분위기에 이상

◆5/2 폭력이 난무한 피의 투표일, 백주 서울에 집단 테러, 경관이 번호표를 강탈, 공명선거 완전 공염불화

◆5/4 대구 병·기구, 이리 등에서 개표 중단, 수만 군중이 연일 개표장에서 아우성, 15개 구에서 투표함 보전을 신청

◆5/5 자유당 개헌선은 좌절, 민주당은 도시에서 압승, 자유당 126명, 민주당 79명, 무소속 27명 당선

◆5/9 투표함 지킨 대구의 잔다르크인 우옥분, 노천에서 거적 깔고 4일, 잔인하게 닥쳐 온 총 뿌리에 "죽더라도 넋은 돌아와야 한다"고 절규, 경찰은 회피

◆5/16 자유당은 파쟁과 난립 방지를 위해 국회부의장, 상임위원장 후보 지명권을 이기붕 의장에게 일임

◆5/16 다시 이어진 서울의 동맥 한강 인도교, 동란 때 폭파된 후 8년 만에 복구, 잔치도 성대하게

◆5/21 쌀의 일본 수출은 불가피, 가을에 1백만 석 수출 시사, 쌀값 폭락 방지와 외화 벌이를 위해

[제3부] 제3대 대통령선거와 제4대 총선

제1장 당락을 예측할 수 없는 정·부통령선거

제2장 신익희 후보의 급서로 급변한 선거 양상

제3장 자유당과 민주당이 혈전을 전개한 총선

제4장 여촌야도의 전형을 보여 준 제4대 총선

제1장 당락을 예측할 수 없는 정·부통령선거

1. 불출마 곡예(曲藝)를 벌인 이승만 대통령

2. 제3대 대통령과 제4대 부통령 후보 등록

3. 민주당과 진보당의 소득없는 단일화 협상

4. 공화당 출범과 공천이 무산(霧散)된 이범석

1. 불출마 곡예(曲藝)를 벌인 이승만 대통령

(1) 대통령 후보 추천을 받은 이승만은 불출마를 선언

자유당은 1956년 3월 5일 서울 시공관에서 911명의 대의원의 참석하에 제7차 임시 전당대회를 개최하여 제3대 대통령 후보에 이승만, 제4대 부통령 후보에 이기붕 국회의장을 만장일치로 결정했다.

이기붕은 대통령 후보에 이승만 대통령을 추대하면서 "부통령 후보만은 정치적으로 이승만 대통령을 보필할 수 있고 정신적으로는 애국애족의 인물"을 선출할 것을 요구했다.

자유당은 44명의 정·부통령 추천위원을 선출했고 추천위원들은 이승만과 이기붕을 추천했다.

이에 이기붕은 국부(國父) 이승만 박사를 모시고 덕과 재조(才操)가 없는 무능한 자기가 부통령에 지명된 사실에는 감격할 뿐이라면서 "이승만 박사가 부통령 후보에 대한 의중을 표시할 때까지 부통령 후보에 관한 자기의 태도는 확정할 수 없다"는 입장을 천명(闡明)했다.

이승만 대통령은 "이번 선거에 출마하지 않기로 작정했다"는 의사를 표시했다.

그 이유로써 첫째는 민주정치에 있어서는 대통령이 두 번까지 나라에 봉사하는 것이 좋을 것이고, 둘째 나이가 80이 넘으니 기력이 쇠폐해서 사무 보기가 어렵다는 것은 아니나 국사다난한 이때에 연부역강(年富力强)한 사람이 필요하며, 셋째 남북통일을 6개년이나 시간이 경과토록 성공치 못한 것은 원수로서 무심할 수 없고 책임을 져야한다고 적시했다.

이에 대해 민주당 조재천 의원은 이승만 대통령의 불출마 메시지는 당연한 말씀이며 경의를 표하는 바이며 이를 받들지 못한 사람들이 민의를 발동시켜 이승만 대통령을 괴롭게 하는 일이 일어나지 않을까 염려된다며 번의를 걱정했다.

무소속 장택상 의원은 이승만 대통령의 불출마 의사 표시는 금번뿐만 아닌 까닭에 이 대통령의 진의를 파악하기 전에는 말하기 어렵다고 회의적이었고, 진보당 조봉암 의원은 "그분의 불출마 성명의 세 가지 이유가 민주주의에 적합한 것으로서 나의 견해로는 진실로 출마하지 않을 것으로 생각한다"고 적극 환영했다.

그러나 자유당 조경규 의원은 "이 대통령이 재출마하도록 민의를 환기시켜야 한다"고 주장하는가 하면, 자유당 이재학 의원은 "자연적인 민의가 발동할 것이다"라고 번의를 낙관하는 태도를 보였다.

미국 국무성 대변인은 이승만 대통령이 차기 대통령이 되지 않을 경우에 미국의 대한원조정책을 변경하리라는 것을 결코 의미하지 않는다고 원조재고설을 정식으로 부인했다.

미국에서는 이승만 대통령이 여론의 압력에 의한 출마를 희망하고 있으며, 결국엔 지명을 수락할 것으로 전망했다.

미국 국무성 대변인은 미국의 대한원조가 이승만 대통령의 계속적인 집정을 조건부로 한다는 빈번히 떠도는 풍문을 거듭 정식으로 부인했다.

(2) 불출마를 거듭 천명하면서 민의의 경청을

이승만 대통령은 "나는 의도하는 바가 있어 불출마를 공표한 것이니 다른 좋은 사람을 고르라"고 끝까지 본의를 고집한 가운데, 중앙청 정문 앞에는 수천 명의 민중이 3선 절규의 시위를 벌리고 마사회에서 마필(馬匹)까지 동원하여 마상(馬上)시위까지 벌였다.

"백만 노동자들은 이승만 박사께서 재출마를 안 하면 직장을 포기하고 죽음을 택하지 않을 수 없다"는 노총 대표자들에게 이승만 대통령은 "나는 명예나 지위에 관계치 않고 욕심도 없으며 오직 나라만을 생각하고 있으니 이번에는 내 의사를 존중해 주기 바라며 한번 안 하겠다고 공표해놓고 또 하겠다고 하면 말 값이 없어지니 시간을 주고 다들 돌아가 기다리라"고 능청까지 떨었다.

이승만 대통령은 "내가 대통령 3선 지명을 거부한 것은 한국민으로 하여금 환멸적인 휴전을 수락토록 이끌어 왔기 때문이다"라는 전제하에 "내가 90일간만 휴전을 지지하면 그들은 한국 문제를 평화적으로 해결하고 우리의 통일을 달성하겠다고 나에게 확언하였음에도 불구하고, 이제와서 그들의 노선은 공존으로 변모하고 있으니 200만 명에 달하는 희생의 대가가 무엇이 남았느냐"고 반문하면서, "만약에 국민의 강청(强請)이 있더라도 3차 중임을 거부하겠는가"라는 질문에 대해 "그런 조건이라면 재고려할지도 모른다"고 미국 기자에게 넌지시 3선 출마를 시사했다.

경기도민들이 경무대에 집결하여 3선 수락을 절규하는가하면, 동화백화점 종업원들을 비롯하여 우마차부(牛馬車夫)들이 열을 지어

'이 박사 3선 지지'의 기치를 우차(牛車) 위에 드높이 세워놓고 시가행진을 벌였다.

노총에서는 "백만 노동자들은 이 박사께서 재출마를 안 하면 직장을 포기하고 죽음을 택하지 않을 수 없습니다"라고 탄원했다.

민주당 조재천 의원은 "이번 민의운동은 민의(民意)뿐 아니라 우마차까지 동원되어 우의마의(牛意馬意)가 참가하는가 하면 죽은 아버지 도장까지 찍었다니 귀의(鬼意)까지 동원된 셈이 아니냐"고 빈정대며 질타했다.

이승만 대통령은 국무회의에서도 차기 선거에 출마하지 않겠다는 종전의 태도를 재천명하고 "대통령을 다른 사람을 시켜놓고 그가 잘못할 경우 민중과 더불어 그 잘못을 시정할 수 있는 위치에 나를 앉게 해 달라"고 구체적으로 요청했다.

한편 전국애국연합 대표들에게는 "민의를 존중하는 입장에서 심사숙고하여 재출마 여부에 대하여 다시 결정하겠다"며, 농성태세에 들어간 데모 민중의 해산을 종용하기도 했다.

이승만 대통령의 재출마 수락을 요청하는 민의는 전국적으로 봉기되어 연일 아우성치는 가운데 경무대를 방문하고 뜻을 전달하는 200여 국민회 대표들에게 "연부역강한 사람이 대통령으로 나서야 한다"고 이 대통령은 강조했다.

외교가 소식통들은 이승만 대통령이 후보지명을 거부하였음에도 불구하고 결국은 그의 입장을 일층 강화하여 정적들의 기능을 조상(阻喪)시키기 위하여 여론의 압력에 의한 출마를 희망하고 있다는 인상을 받고 있다고 전망했다.

이승만 대통령은 미국의 루즈벨트 대통령이 3선을 넘어 4선에 지명되는 예를 귀감으로 삼아 장기집권을 희망하고 있는 것으로 분석하고 있으며, 만일 재선되지 않는 때에 일어날 수 있는 혼란 상태에 빠지는 것을 원치는 않을 것으로 믿고 있다.

민주당은 "민의의 강청이라면 재고려를 시사한 것과 개헌의 강행으로 3선의 길을 열어놓은 것을 종합해보면 불출마 언명은 국내외에 대한 체면을 세우기 위한 것이라고 인정하지 않을 수 없으며, 자유당의 민의(民意)운동은 국민의 시간과 정력과 재화의 낭비를 강요하는 것이므로 현명한 국민은 민의 운동의 정체를 직시하여 압력에 의한 민의 조작을 거부하고 오직 투표로 소신을 표시할 것을 강조한다"는 성명을 발표했다.

(3) 민의에 순응하여 어쩔 수 없이 출마하게 됐다고

이승만 대통령은 공보실을 통해 "재출마를 수락해달라는 민중운동을 글로 써서 보내주기 바란다"고 종용했고, 내무부는 "전국 경찰은 국민들의 시위를 막도록 하라"고 특별 지시했다.

이승만 대통령은 "나로 하여금 기어이 입후보하도록 하려는 민중의 뜻을 받아들여 앞으로 자립경제 확립을 위하여 더욱 많은 일을 하겠다"고 불출마를 철회하고, 전국 방방곡곡에서 치열하게 전개되는 재출마 청원운동과 경무대에 전달되는 번의 요청 메시지를 받고 불출마선언 18일 만에 재출마로 번의(飜意)했다.

이승만 대통령은 "우리나라 사람의 대부분을 대표한 단체들의 진정서와 결의문을 보내온 것은 내가 생각지 않던 뜻밖의 일"이라면서, "이러한 사정 아래서는 내가 원하는 것을 끝까지 고집하는 것은 어렵다는 관념으로 내가 지금까지 뜻하던 바를 고쳐서 민의를 따라서 다시 출마하겠다"고 번의한 입장을 설명했다.

번의에 곁들여 누구도 이승만 대통령을 위해 비용을 들여 절대 선거운동을 하지 말아줄 것과 각 정당에서는 선거비용으로 1백만 환 이상을 쓰지 못하도록 법으로 제정할 것을 촉구했다.

"3백만 명 이상의 민의들이 날인한 탄원서와 혈서가 들어왔고 수만 군중이 불철주야로 폭설을 무릅쓰고 재출마를 간청하고 있으니 내가 불응하면 민중들이 다시 몰려올 것 같아 민의에 양보하여 재출마하기로 결정했다"고 천연덕스럽게 변명했다.

민주당 조재천 의원은 "이 박사 3선 출마를 위한 민중데모와 백지날인 연판장 추진에 대해 내무부장관에 질의할 계획"이라며, "우의(牛意)와 마의(馬意) 그리고 귀의(鬼意)까지 동원된 이번의 민의 및 연판장 운동은 경찰에서 조작 혹은 묵인한 증거가 있으며, 경찰이 개인이나 정당에 예속될 경우 민주주의와 대의정치는 독재화를 충분히 우려하게 될 것"이라고 지적했다.

이승만 대통령은 "이기붕은 충성스럽게 부통령을 수행할 것을 알고 있으며 내가 적격자로 생각하며 이에 만족하는 바이다"라고 공보실장을 통해 발표토록 했다.

이에 이기붕은 "이승만 대통령께서 재출마를 열원하는 국민의 총의를 가납(嘉納)하시었고, 부통령 공천에 대하여도 고마우신 말씀이 계시어 감히 뜻을 결(決)하여 공천에 응할 바를 작정(作定)한 것이다"라고 밝혔다.

불출마를 선언한지 18일 만에 불출마 선언을 열두 차례 한 연후에 "3백만 명 이상의 민의들이 날인한 탄원서와 혈서가 들어왔고 수만 군중이 불철주야로 우설(雨雪)을 무릅쓰고 재출마를 간청하여 내가 불응하면 민중들이 다시 몰려올 것 같아 민의에 양보하여 재출마하기로 결정했다"는 성명을 발표했다.

민주당에서는 미리 알고 있었다는 반응이고, 진보당은 "국가원수로서 태도 변경은 섭섭하다"고 밝혔다.

2. 제3대 대통령과 제4대 부통령의 후보 등록

(1) 3파전이 펼쳐진 제3대 대통령 선거전

대통령 후보에는 1번 진보당 조봉암, 2번 민주당 신익희, 3번 자유당 이승만 후보들의 기호가 추첨에 의해 결정됐다.

1번 조봉암(58세) 후보는 경기도 강화 출신으로 일본 동경 중앙대를 중퇴했으며 모스크바 공산대학에서 2년 수업했다.

인천에서 제헌·2대의원에 당선됐고 초대 농림부장관과 국회부의장을 지냈다.

민주당 창당에 참여코자 했으나 조병옥 최고위원과 일부 당직자들의 반대로 좌절됐으며, 서상일과 윤길중 등을 포섭하여 진보당 창당준비위원장으로 활동하고 있다.

2번 신익희(63세) 후보는 경기도 광주 출신으로 일본 조도전대를 졸업했다.

상해 임시정부 내무총장, 대한독립촉성국민회 부위원장, 과도입법의원, 제헌과 2대 국회의장을 지냈다. 민주국민당 최고위원을 거쳐 민주당 대표최고위원으로 선출됐다.

3번 이승만(82세) 후보는 황해도 평산 출신으로 배재학당을 다녔다.

황국협회의 모함으로 사형선고를 받았으나 고종 황제의 특사로 풀려나 도미하여 프린스턴 대학에서 철학 박사학위를 획득했고, 상해임시정부 대통령에 추대됐다.

민주의원 의장, 초대 국회의장, 초대와 2대 대통령에 당선됐다.

이승만 대통령은 "어떤 정당의 지도자들은 자신들이 정권을 잡으면 일본과 협의해서 친선을 이루겠고 북괴와 합의해 통일을 하겠다"는 망설을 발했다고 비난하는 담화를 공보실을 통해 발표토록 했다.

이에 신익희 후보는 "이승만 박사의 발언은 사실 아닌 것을 날조해서 민심을 현혹시키려는 것으로 항일항공 투쟁에 있어서 이 박사에게 일보도 양보할 수 없다"고 비난했고, 조봉암 후보는 "이 대통령의 담화는 민주주의의 상도를 벗어나고 독선적이고 군림적이며 위협적으로 트집을 잡는 것"이라고 반발했다.

(2) 8명의 후보들이 난타전을 펼친 제4대 부통령 선거전

부통령 후보의 등록 결과 8명의 후보들이 난립하였으며 추첨에 의해 1번 민주당 장면, 2번 자유당 이기붕, 3번 국민당 윤치영, 4번 진보당 박기출, 5번 조선민주당 이윤영, 6번 무소속 이종태, 7번 무소속 백성욱, 8번 무소속 이범석 후보로 결정됐다.

1번 장면(58세) 후보는 뉴욕 맨하탄대를 졸업하고 동성상업학교 교장으로 다년간 봉직했다.

입법의원, 제헌의원, 유엔총회 수석대표, 초대 주미대사, 국무총리 등 다채로운 경력을 지니고 있으며 민주당 최고위원에 선임됐다.

2번 이기붕(61세) 후보는 보성중을 졸업했으며 오하이오주 터이버대 출신이다.

서울특별시장, 국방부장관, 대한체육회장, 자유당 총무부장을 지냈으며 국민회 최고위원에 선임되고 제3대 국회에서 신익희와 장택상 후보들을 물리치고 민의원 의장에 선출됐다.

3번 윤치영(59세) 후보는 일본 조도전대를 졸업했으며 아메리칸대에서 국제법 석사학위를 받았다.

한국민주당 중앙위원, 이승만 박사 비서실장을 거쳐 초대 내무부장관으로 발탁됐다. 국회부의장을 지냈으며 국회의원 3선(1, 2, 3대) 의원으로 활약했다.

4번 박기출(48세) 후보는 동경의전을 졸업한 의사 출신으로 민족자주연맹 중앙위원으로 활약했다.

진보당 추진위원장으로 선임됐으며 부통령 후보에 선임된 서상일 후보의 후보직 고사에 의해 두 번째 추대됐다.

5번 이윤영(67세) 후보는 평양 숭실사범을 수료했으며 조만식 선생의 휘하에서 조선민주당 부당수로 활약했다.

민족통일본부 최고위원, 독립촉성국민회 최고위원, 제헌의원으로 선출됐으며 사회부장관과 국무총리 서리를 역임했다.

6번 이종태(79세) 후보는 독립협회 간부로 활약했으며 중국에서 항일독립운동을 했다고 알려졌다.

전주 이씨 대동종약원 부총재이며 이승만 대통령과는 종친 관계이다.

7번 백성욱(61세) 후보는 파리고교 졸업생으로 독일 바바리야 빌스블룩대를 졸업했다.

내무부장관과 광업진흥회사장은 물론 동국대 총장을 역임했다.

8번 이범석(56세) 후보는 중국 운남성 육군 강무학교를 졸업했고 항일전을 지휘했으며 한국광복군 참모장으로 활약했다.

조선민족청년단장을 거쳐 초대 국무총리 겸 국방부장관에 발탁됐고, 주중대사에 임명되기도 했다.

자유당 부당수, 내무부장관도 지냈으며 공화당 최고위원에 선임되어 부통령 후보에 선임됐으나 인준(認准)을 받지 못하여 무소속으로 등록했다.

이인과 서성달 최고위원이 사퇴하여 독불장군이 된 국민당 윤치영 후보는 "대통령 후보에는 이 박사를 지지하는 데 이의가 없다"면서 "자유의 투사로서 선거전에 임할 것"이라며 부통령 선거전에 매진할 것을 밝혔다.

백성욱 후보는 광업진흥회 사장으로 공공단체장도 공무원 적용을 받아 후보 자격 논란에 휩싸였으며, 경찰이 백성욱 부통령 입후보 추천장 강탈사건을 보도한 자유민보 신문을 압수하여 정치적 탄압 아니냐는 논란을 일으켰다.

이종태 후보는 "자유당 측에서 2억 환 제공 조건으로 자기의 입후보 사퇴를 권고한 사실은 명백히 할 뿐만 아니라 앞으로도 여하한 유혹이나 압력이 있더라도 굴복치 않겠다"고 강경한 입장을 표명했으나 끝내 후보직을 사퇴했다.

박기출 후보도 신익희 후보 서거 이후 야당 통합후보 명분을 내걸고 후보직을 내던졌다.

이승만 대통령은 "부통령은 나와 의사가 통하는 가까운 사람이 돼야 한다"고 말했을 뿐 지지후보를 지목하지는 않았다.

그러던 이승만 대통령은 선거 도중 "이기붕은 내가 오랫동안 친분이 있고 민중의 절실한 공의(公意)로 생각하여 내가 적격자로 생각하며 이에 만족하는 바이다"라는 담화를 발표했다.

두 번의 국무총리 지명을 받고도 국회 인준에서 실패한 이윤영 후보, 민중자결단의 권유에 의해 출마하고서 이승만 후보의 선거운동원이 되는 게 소원이라는 백성욱 후보, 권력집중을 시정하고 국회 중심의 정치체제를 실현하겠다는 이범석 후보는 1952년 선거에도 부통령 선거에 도전했다가 낙선하고 재도전했다.

3. 민주당과 진보당의 소득없는 단일화 협상

(1) 민주당과 진보당의 정·부통령 후보 선정

민주당 최고위원들은 대통령 후보에 신익희, 부통령 후보에 장면을 내정하는 데 합의했다. 민주당은 지명 전당대회에서 무기명 투표로 공천자를 결정하기로 했다.

또한 "만일 차기 선거에서 승리할 경우에는 대통령 중심제를 내각책임제로 개헌할 것"을 서약하기도 했다.

조병옥 최고위원이 부통령 지명대회에 입후보 않겠다는 성명서를 발표하여 장면과 김준연의 대결로 전망됐다.

978명의 대의원이 참석한 서울시공관에서 거행된 후보 지명대회에서 무기명 연기 투표로 정·부통령 후보에 신익희와 장면을 지명 결정했다.

대통령 후보는 신익희 954표, 조병옥 9표로 결정되었고, 부통령 후보는 장면 745표, 김준연 205표로 과반수를 넘겨 장면 후보가 결정됐다.

진보당은 조봉암, 이동하, 서상일, 윤길중, 신도성, 임기봉 등 208명의 발기추진위원 명단을 발표했다.

진보당 추진대책위원회는 대통령 후보에 조봉암, 부통령 후보에 서상일을 추대하였는데 서상일 후보가 끝내 추대를 거부하여 재론

201

키로 결정했다.

이에 진보당은 박기출을 부통령 후보로 내정했으나, 박기출 후보도 출마할 것을 거절하여 표류 상태에 빠졌다.

조봉암 대통령 후보의 설득과 회유로 박기출 후보의 수락을 가까스로 받아내어 후보 등록을 마칠 수 있었다.

(2) 야당 연합전선의 태동(胎動)과 협상의 결렬

국회 헌정동지회에서 야당 연합전선의 중간적 역할을 담당할 의사를 표시하여 야당연합 운동이 활기 띤 양상을 보였다.

권중돈, 송방용, 김홍식 등 헌정동지회는 "야당은 단일후보로서도 집권층에 대항하여 승산이 의문시되는데 하물며 난립된 후보로서 유권자를 분산시켜 패배를 자취(自取)한다면 이는 민족에 대한 죄악이요, 역사에 대한 거역인 만큼 우리는 야당이 대동단결하여 단일 후보로서 국민의 염원을 풀도록 최대한의 노력을 아끼지 않겠다"는 성명을 발표했다.

신익희 후보는 "현 시국을 정시(正視)할 때에 야당의 연합은 절대로 필요한 것"이라고 공명하면서도 "박두한 선거일을 앞에 놓고 양당 정·부통령 후보 백지화 운위(云謂)는 시간적으로 불가능하다"고 민주당 입장을 천명했다.

조봉암 후보는 "야당의 연합전선은 국민이 납득할 수 있는 기본선에서 해결되어야 할 것"이라며 "양당은 우선 정치적 원칙에 합의하고 후보 문제를 합의해야 할 것"이라고 말했다.

야당 연합전선을 위하여 진보당에서는 ① 책임정치의 실현 ② 수탈 없는 경제정책의 채택 ③ 평화적인 남북통일 방안의 채택 등 3개의 정치원칙을 민주당에 제시했다.

진보당은 경제정책을 계획경제와 통제경제에 중점을 두고 있으나 민주당의 경제정책은 국민 생활의 향상과 국가 수요의 충족을 기본으로 하고 자유경제체제를 활용하여 자립경제체제의 확립에 두고, 진보당은 평화적 통일 방법은 유엔 감시하의 총선거를 통한 남북의 통일을 의미하는 것으로 해명하고 있으나, 반공을 절대적 신조로 하는 민주당은 평화적 남북통일을 반대하지는 않지만 평화적 남북통일이 절대로 가능한 것인가에 관점을 갖고 있다.

박성하, 변진갑, 장건상, 장홍염, 정화암, 조경한 등 각계 지도자 15명은 "야당 측은 무조건 연합전선을 펴야 한다"는 성명서를 발표했다.

수송 국민학교에서 개최된 정견발표회에서 조봉암 후보는 "민주당이 정권을 잡으면 현재의 자유당보다 더 독재할 것이다"라고 민주당을 비난하고 자유당을 두둔하는 태도를 보였다.

조봉암 후보는 "대통령 입후보를 양보하지 않겠다"라고 확언하고 만약 자기가 후보를 포기한다면 개인적으로는 영웅시될 것이나 진보당의 발전이 좌절될 것이라고 불포기 이유를 설명했다.

진보당 내에서 자기에게 양보할 것을 권유한 사람들은 민주당으로 가면 될 것이라고 신경질적인 태도를 보였다.

진보당 추진위원인 최천, 이종남 등은 진보당에서 끝끝내 민심에

역행하여 고집한다면 진보당 추진위원에서 퇴진하겠다고 발표했다.

조봉암 후보의 야당 연합 거부에 불만이 심각해 진보당의 동요가 표면화되었다.

진보당 추진위원들이 국민의 여론에 역행하고 있으며 사고방식의 시정을 촉구하고 탈당 성명을 발표하고 민주당에 대거 호응할 기세였다.

이들은 '못 살겠다 갈아보자'는 동요가 퍼져 나가자 '갈아내면 더 못 산다'는 조봉암 후보의 신념에 총공격을 집중했다.

(3) 부통령 후보 사퇴가 단일화 협상의 걸림돌로

민주당 신익희 후보는 이번 선거에 있어 진보당 조봉암 후보가 자기보다 더 많은 표를 얻을 가능성이 보인다면 자기는 주저하지 않고 대통령 후보를 포기하겠다고 선언했다.

조봉암 후보의 민주당 입당을 반대한 조병옥 최고위원은 만일 야당 연합에 있어서 자신의 존재가 지장이 된다면 최고위원직을 사퇴할 용의가 있다는 성명을 발표했다.

헌정동지회의 주선으로 신익희와 조봉암 후보들이 금명간 회담할 것으로 알려졌다.

조봉암 후보는 자기는 대통령 후보를 포기하는 데 서슴지 않겠으나 부통령 후보는 어떻게 하겠느냐는 난제를 들고 나왔다.

양 후보의 두 번에 걸친 회담에서 진보당의 3가지 조건을 민주당

이 단호히 거부하여 결렬 상태인 것으로 알려졌다.

진보당에서는 사퇴 조건으로 "당선되면 조병옥과 김준연을 중용하지 말 것, 부통령은 민주당에서 양보할 것, 민주당 창당 때 대동단결을 저해한 역사적 과오를 사과할 것" 등을 요구했다.

민주당 신익희 후보는 부통령 후보의 사퇴에 대해 "누가 더 표를 많이 얻느냐에 따라서 결정되어야 한다"면서, 개인적으로 찬부를 표시할 수 없고 민주당 및 장면 후보에게 맡길 수밖에 없다고 답변했다.

부통령 후보 양보에 대해 민주당은 세상에 알려지지 않은 박기출과 알려져 있는 장면 중 누가 표를 많이 얻을 것 같으냐고 반문했다.

민주당에 입당한 권중돈 의원은 "정·부통령 후보를 민주당에 양보하여 관권에 대항하라는 열화 같은 민심을 끝내 무시한다면 진보당은 필연적으로 자멸한다는 것을 알아야 한다"는 성명서를 발표했다.

김두한과 박재홍 의원들도 "국민 다수가 요망하고 있는 야당 연합 운동에 응하지 않은 진보당에는 더 이상 머무를 수 없다"는 성명을 발표하고 진보당을 탈당했다.

4. 공화당 출범과 공천이 무산(霧散)된 이범석

(1) 동상이몽 속에 호기롭게 출범한 공화당

민정당 발기준비위원에는 신중목, 안준상, 오성환, 신현돈, 김두한, 정도영, 윤재욱, 박재홍, 안호상, 김대중, 부완혁, 손권배, 편정희, 정현모, 이용범, 김경, 최윤동, 우문, 김헌, 신태악, 황호현, 신광균, 최윤동 등이 명부에 등재됐다.

민정당 장택상 지도위원은 "민정당에서는 차기 정·부통령 선거에 있어 당 공인 후보를 내세울 것"이라며 "정당으로서 정·부통령에 모두 입후보하지 않고 그중 하나만을 내세운다는 것은 졸렬하고 또한 국민을 기만하는 행위"라고 단정했다.

민정당은 3월 31일 1,745명의 대의원이 참석하는 결당대회를 개최하고 당명을 공화당으로 개명(改名)하고 신중목, 오성환, 정현모, 김달영, 신현돈 의장단을 선출했다.

배은희, 장택상, 이범석 지도위원들은 치사에서 각각 다른 주장을 펼쳐 이채로웠다.

배은희 지도위원은 "여당에 자유당이 있고 야당에 민주당이 있으니 민정당은 어디까지나 정치 쇄신을 위해 제3당으로 발족해야 한다"고 설파했고, 장택상 지도위원은 "민정당의 발족은 현하 관권, 금권의 횡포를 부리고 있는 부패 대상을 숙청하고 피압박 계급을 해방시키는 데 그 의의가 있다"고 주장했다.

그러나 이범석 지도위원은 "민정당은 국부 이승만 박사의 영도 하에 만민 평등, 절대 자유를 구호로 합(合)해야 한다"고 강조하여 결코 융합될 수 없는 갈등을 표면화했다.

(2) 이범석의 족청계와 비족청계의 필연적 결별

장택상 지도위원은 족청세력을 이용하여 내각책임제를 전제로 하는 혁신정치를 단행해보려는 구상인 반면, 이범석 지도위원은 족청을 재규합하여 부통령으로 등장하는 데 목적이 있어 오월동주(吳越同舟)의 입장이 분열의 원인이었다.

여기에 배은희 지도위원은 두 세력을 이용하여 자유당에 접근시켜 보려는 3각 정상(政想) 밑에서 출발을 한 탓이었다.

공화당은 중앙위 구성의 비율 문제, 부통령 후보의 지명 등을 둘러싼 내분으로 완전분열의 위기에 직면했다.

장택상은 "족청은 공산분자와 조금도 못하지 않는 방법과 수완으로 민족분열에 질주하고 있으니만큼 국민 수술대에서 절개해야 된다"며, 천하의 사람이 말리는 것을 듣지 않고 족청계와 손을 잡으려던 자기의 과거가 부끄러울 뿐이다고 족청계와 메별(袂別)선언을 했다.

공화당은 이범석의 족청계와 배은희, 장택상의 비족청계가 헤게모니 쟁탈전을 벌여 내분이 노정되어 창당이 무산됐다.

(3) 공화당에서 거절되어 무소속으로 출전한 이범석

장택상의 반발과 퇴장에도 불구하고 공화당은 이범석을 부통령 후보로 지명했다.

그러나 장택상, 배은희 최고위원은 이범석 후보의 부통령 공천을 부정하여 이범석 후보는 무소속으로 후보 등록을 하지 않을 수 없었다.

이승만 대통령을 국부로 모시고 부통령 선거전에 매진하겠다는 이범석 후보에 공화당의 도당 대표들 2,042명이 시대관의 착오와 이론의 빈곤은 물론 무식과 아부적인 근성을 가지고 타당의 영수에 짝사랑을 하고 있어 일반 사회의 조소가 되고 있음을 지적하고 탈당하고서 민주당에 입당했다.

김두한 의원은 "공화당이 여당인지 야당인지 노선도 똑똑치 않은 정당에 있을 수 없다"면서 공화당을 탈당하고 진보당에 입당했다.

이범석 부통령 후보의 추천을 거부했던 비족청계는 공화당이라는 간판을 유지할 목적으로 전당대회 개최를 추진했으나 호응이 미미하여 무산됐다.

이승만 대통령은 이범석에게 "족청을 완전 해소시키지 않고 말로만 나는 관계가 없다고 해서는 내게 애국심을 보이는 것이 못되니 생각해서 하라"고 충고했다.

제2장 신익희 후보의 급서로 급변한 선거 양상

1. 청천벽력(靑天霹靂) 신익희 대통령 후보 서거

2. 각 당의 선거전략과 끊임없이 제기된 불법선거

2. 대통령 이승만, 부통령 장면 후보 당선

1. 청천벽력(靑天霹靂) 신익희 대통령 후보 서거

(1) 신익희 후보의 한강 백사장 유세와 열차에서의 급서

1956년 5월 3일 한강 백사장에서 열린 민주당 강연회에는 20여만 명으로 추산되는 청중이 모여들었다.

용산 삼각지 이남에는 차마 통행이 두절되고, 군중들은 마이크도 안 들리는 흑석동 구릉과 한강 인도교에 벌통에 벌들이 붙듯 들어붙어 교통순경들이 교통정리에 총동원됐다.

구름같이 모여든 인파 속에서 신익희 후보는 "대통령은 우리 국민의 심부름꾼에 지나지 않는다"고 전제하고, "심부름꾼이 잘못을 저질렀을 때는 주인이 갈아치우는 것은 당연한 권리"라면서 정권교체를 역설하여 열광적인 박수를 받았다.

전주에서 정견 발표를 하고자 서울역을 출발한 신익희 후보가 논산역 부근 열차 안에서 돌연 심장마비를 일으켜 이리역에 하차하여 호남병원에 입원하여 가료 하였으나 5시 45분에 서거하였다.

청천벽력과도 같이 뜻하지 않은 비보에 온 거리는 그대로 슬픔에 젖어버렸고, 갑자기 하늘에서 흐리고 쓸쓸히 내리는 봄비도 이날을 슬퍼하는 듯했다.

유해는 교통부에서 제공한 기동차에 의해 서울역에 안착하여 세종로 고인 댁으로 이송했다.

군중들의 애끓는 슬픔은 극도의 흥분을 자아내어 대정부 비난데모로 폭발하여 경무대 앞에서 군중과 무장경관의 충돌로 9명의 사상자를 낸 유혈참극이 발생했다.

가랑비가 내림에도 3만 명이 모인 전주 강연회장에서 이철승 의원은 "신익희 선생의 민주혼을 계승하기 위하여 나는 무효가 되더라도 신익희 후보에 투표하겠다"고 호소하자, 군중들은 만장(滿場)통곡(痛哭)으로 호응했다.

이승만 대통령도 정계의 한 지도자로 중망(衆望)을 가졌던 분을 잃어버린 것이 더욱 애석(哀惜)한 것이므로 그 가족과 동지들의 비통한 정의에 대해 깊이 동정하며 조상하는 뜻을 표명(表明)한다고 밝혔다.

(2) 운구차 호송 때 경무대 앞에서의 충돌

유해를 앞서 가던 군중들이 경무대 앞으로 쇄도하여 경찰과 충돌하여 급기야 발포까지 하여 수명의 사상자가 발생하는 불상사가 일어났다. 민주당은 계획적 폭동이 아니라는 성명을 발표했다.

그러나 공보실에서는 "130명을 구속한 이번 충돌사건은 야당 반정부분자들의 선동에 의한 것이 사실이다"라는 성명을 발표하여, 민주당을 폭동(暴動)선동 정당으로 몰아갔다.

민주당의 간청에도 1백여 명을 구속시킨 경찰은 경무대 앞 난동에 대해서도 일부 정치 선동가들이 대학생들을 사주하여 야비한 정치 목적에 이용한 것으로 그 선동 조종자들을 엄중하게 조사하여 공개재판으로 처벌해야 한다고 강조했다.

민주당의 곽상훈 대표최고위원이 경무대 입구 사건의 진상 설명과 구속자 석방 등에 관한 의견을 개진코자 면담을 요청했으나 이승만 대통령은 공보실을 통해 "난시(亂時)에 앉아서 정부를 전복하겠다는 것은 반역행동이 되는 것"이라며 거부 의사를 표명했다.

대한변호사협회는 경무대 앞 충돌사건 관련 혐의로 구속된 자에 대해 무료 변론을 담당하겠다고 발표했다.

"자유당 정권을 타도하자"고 경무대 앞 경비 초소로 돌진하면서 기마경찰들에게 돌팔매가 날아가자 기마경찰들은 공포를 쏘아대다가 군중들을 향해 실탄 사격을 했다.

민주당은 자연 발생적 사건임에도 서울 시경국장은 민주당이 군중을 계획적으로 선동한 폭동이라고 110명을 정식 구속했다.

처음에는 7백여 명을 연행했다가 4백여 명을 구금한 경찰은 소요죄 혐의로 44명을 송청했으나 27명이 기소됐다.

항소심에서는 24명의 피고인에게 무죄를 선고하고 정육로, 선우봉성, 이명문 3명에게만 실형을 선고했다.

(3) 신익희 후보의 서거로 선거 양상이 급변

신익희 후보의 서거로 선거 양상이 돌변하여 이승만과 조봉암의 대결로 자연화시키는 동시에 이승만 후보의 승리가 예상됐다.

민주당은 민주당 이외의 대통령 후보자는 그 정치적 행상이나 노선으로 보아 그 어느 편도 지지하지 않는다는 확고한 태도를 표시했다.

따라서 진보당에서 암시하는 야당 연합 운운은 결정적인 일축으로 간취(看取)됐다.

민주당은 용공노선을 지지하는 대통령 후보에 대해서는 지지할 수 없다는 입장을 밝히면서, "고(故)신익희 후보에게 투표하는 것은 이 박사에 대한 불신임 의사 표시가 되는 만큼 신익희 후보에 투표하거나 기권하는 것은 국민의 자유에 속한다"는 성명서를 발표했다.

이승만 대통령은 대통령을 반대하고 방해하려는 인물이 부통령이 되려는 것은 나라 정치를 파탄하는 것이며 대통령 없이 부통령 선거운동을 계속하는 것은 부당할 뿐 아니라 국민을 속이는 것이라는 중대 견해를 언명(言明)했다.

이에 민주당 조병옥 최고위원은 부통령은 참의원 의장과 탄핵심판소 의장을 겸임함으로써 국민의 의사를 대변하고 대통령의 실책을 탄핵할 수 있고 대통령의 인명공산(人命公算)에서 볼 때 앞으로 4년간의 집정이 가능하다고는 보장할 수 없는 만큼 자유당 정권을 단축시키는 뜻에서 계속 부통령 당선을 위해 노력하는 것이라고 반박했다.

정계에서는 신익희 후보의 서거는 장면 후보에 가일층의 국민의 지지를 촉구하고 있어 이기붕 후보의 고전은 불가피할 것으로 관측됐다.

장면 후보는 민주당 선거공약의 공명(共鳴), 현 정부 시책의 시정을 희구하는 유권자의 기대 등으로 인기가 상승하고, 신익희 후보의 서거로 동정표가 집중될 뿐만 아니라 천주교인으로서 기독교 단체의 결속을 기대할 수 있게 됐다.

(4) 신익희 대통령 후보 서거 이후의 야당통합 운동

진보당 박기출 부통령 후보는 "신익희 선생의 불행한 급서로 야당 대통령 후보는 자연적으로 단일화되었지만 부통령 후보는 의연 난립하고 있다"면서 후보직을 사퇴한다는 성명을 발표했으나, 중앙선거위원회에서는 후보 사퇴서류가 제출되지 않고 있다고 밝혔다.

반공과 반독재를 당시(黨是)로 하는 민주당으로서는 조봉암의 입당 운운은 중대한 당내 문제를 야기할 것으로 전망했다.

김준연 의원이 조봉암의 당선이 더 위험하다는 발언은 한국의 정치정세를 비판한 한 개인의 이론에 불과하고, 민주당으로서는 이승만 박사에 투표하라고 국민에게 전할 의사는 조금도 없다고 밝혔다.

전국에 긍(亘하)여 상승되어 온 민주당의 압도적인 인기와 이와 대조적으로 홍수처럼 내쏟은 자유당의 양적 선전공세의 우열(優劣) 여하만이 선거의 방향추로 남았다.

2. 각 당의 선거 전략과 끊임없이 제기된 불법선거

(1) 자유당과 민주당 그리고 진보당의 선거 전략

4사 5입 개헌 파동으로 이승만 대통령의 3선 출마의 길을 터놓은 자유당은 공공연하게 이 대통령의 후계자로 등장한 이기붕을 러닝메이트로 묶어 당선시키기 위해 1년 반 동안에 걸쳐 정지 작업을 서둘러왔다.

이기붕 국회의장이 부통령 후보에 지명되지 않거나 낙선할 경우 국회의장을 유지할 수 있기때문에 주류계에서 5월 선거를 강력하게 추진하고 있으나 5월 선거는 대통령 임기가 3개월이나 남았다며 반이기붕계에서는 반대하는 입장이었다.

자유당은 입후보자의 인물 선전에 착안하고 민주당은 내각책임제의 개헌 대강(大綱)을 발표하는 등 정책으로써의 대결을 전략으로 세웠다.

자유당은 전국적으로 포섭 대상자 일람표를 작성하여 조직망 확대를 모색하고 8년간의 치적에 관한 설정 목록을 작성했다.

전국 방방곡곡에 자유당은 "싱겁다 신익희 장난말라 장면"이라는 삐라와 벽보를 배포하고 부착했다.

자유당은 이번 선거를 반공통일, 민주창달, 자립경제의 3대 목표를 정해놓고 이를 3대 정강이라고 명명했다.

자유당은 대통령책임제를 고수한 반면, 민주당은 당선되면 거국내각을 구성하고 내각책임제를 실현하겠다고 약속했다.

함태영 부통령은 "재임 중 별로 한 일도 없으니 임기를 마치면 물러서겠다"고 언명하여 부통령에만 출전할 것이라는 항간의 예상을 뒤엎고, 민주당은 정·부통령 후보를 공천할 것이며 5월 선거는 부당하다고 지적했다.

민주당의 '못 살겠다 갈아보자'는 구호에 맞서 자유당은 '갈아봤자 더 못 산다'고 반박하자 '더 못사나 갈아보자'는 구호로 뒤엎었다.

민주당은 "민심의 귀추는 이미 결정되었고 민주정치의 말로는 눈 앞에 전개되고 있는데 다만 자유 분위기 보장 문제만 남아있는 오늘, 경찰과 공무원은 자유당의 사용자(私傭者)가 아님을 깨닫고 과거와 같이 표면으로는 보장 운운하면서 이면으로는 간섭하여 민주 발전의 대로를 가로막는 천추의 과오를 범하는 일이 없도록 하라"는 성명을 발표했다.

서울 수송국민학교에서 열린 민주당 정견발표회는 입추의 여지없이 수많은 청중이 운집하여 일대 소동이 벌어졌다.

신익희와 장면 후보의 정견발표회에서 '농어촌의 납부금 과다', '비료 행정의 불합리', '병역 행정의 불공평' 등을 지적하면서 백성들을 못 살게 하는 부패정치는 하루속히 시정되어야 한다고 절규했다.

전국 각 도시는 말할 것 없고 농촌에까지 민주당은 붐을 일으켜 지지자가 늘어나고 정부기관지를 제외한 대부분의 언론이 민주당에 동조하는 논조를 보이는 등 정권교체의 가능성이 급속히 확산되기 시작했다.

민주당은 자유당보다도 더한 독재자라며 타도를 절규한 진보당은 이번 유세에 민주당의 독재, 보수, 부패성을 전 국민 앞에 완전히 폭로할 작정이라고 밝혔다.

북한 피난민연맹 왕초인 일파가 자유당의 사주를 받고 조선민주당을 모략하고 있다고 폭로하고, 유도회 김창숙 회장은 유도회의 자유당 후보 지지는 정상배들의 장난이라고 비난했다.

왕초인이 중공 지폐를 동봉한 불온문서를 민주당 신익희 후보에게 우송하여 논란을 불러왔다.

(2) 이승만 대통령의 이기붕 부통령 후보 지지 담화

이승만 대통령은 공보실의 담화를 통해 이기붕 국회의장만이 내가 추천된 것에 협의했다는 사실을 알아주기 바란다고 발표하여 1952년 이범석 후보 시절과 대조를 보여줬다.

자유당 이기붕 후보는 이승만 대통령의 지지담화에 힘입어 거기서 오는 부수적인 득표를 예견할 수 있고, 공무원과 운동원을 통해 산간벽지에서 무더기 표를 기대할 수 있게 됐다.

또한 군인들이 밀집된 수복지구 등 민주당의 침투가 어려웠던 지역에서 조성된 득표를 확보한 것으로 간주됐다.

이기붕 후보는 "한일관계를 개선키 위해 당선 후 일본 고위층과 회담하겠다는 발언은 친일분자로 단정할 수는 없지만 친일의 가능성만은 부인할 수 없다"며 민주당 신익희 후보를 비난했다.

또한 이기붕 후보는 "나는 선거에 탄압을 하여 당선되기보다는 차라리 낙선되기를 희망한다", "이승만 대통령을 지지한다는 명목하에 부통령에 입후보한 사람들과 제휴할 것을 희망하지 않는다"는 입장도 밝혔다.

이기붕 후보는 이승만 대통령을 보필하여 남북통일로 경제안정을 도모하겠다는 포부도 밝혔다.

자유당 이재학 의원은 "해공 선생의 서거는 유권자에게 충격을 주고 민주당에게 동정이 갈 것이라는 점"을 시인하면서, "그러나 충격이 냉정화되면 국가적인 입장에서 국민은 투표하게 될 것"이라고 자유당의 승리를 자위했다.

자유당 남송학 의원은 "인격으로 보나 학식으로 보나 장면 박사가 제1인자이나 이승만 대통령을 보필하기 위해서는 이기붕 후보를 당선시켜야 한다"고 역설했고, 자유당에서 제명된 김수선 의원은 "사사 오입 개헌을 한 것도 수득세를 감세 못한 것도 자유당이며 이번 선거에서 만약 탄압을 한다면 자유당일지라도 민주당에 표를 찍으라"고 열변을 토해냈다.

자유당은 자금이 많아 흥청대고 민주당은 굶주리며 악전고투하고 있으며, 이범석을 족청계가 지지하여 자유당의 분열은 불가피했다.

(3) 전국 도처에서 선거벽보 훼손과 폭력이 기승을

서울 종로 화신백화점 옆의 가게에 붙어있는 벽보를 백주에 철거하는 청년을 연행했고, 용산에서도 민주당의 벽보를 정체불명의 괴한들이 훼손하는 현장에서 이를 민주당원들이 제지하자 도리어 괴한들이 민주당원들을 폭행하는 불상사가 일어났다.

전북 이리에서 소년들이 순경의 지시를 받고 야당 벽보를 철거하는 소동이 벌어졌고, 전북 정읍에서도 통행금지 시간 중에 민주당 벽보를 찢고 먹칠을 했다.

경남 사천 민주당 강연회에 폭력단의 지휘 아래 괴한들이 잠입하여 욕설과 소동으로 집회를 중단시켜, 이는 자유당의 선거강연 방해로 비난을 받았다.

경기도 포천에서 민주당 연설회의 청중을 경찰이 강제로 해산시키는 선거간섭이 있었고, 전남 함평에서는 민주당 동정자라는 이유로 외국인 신부(神父)를 집단폭행하는 사건이 발생했다.

경기도 양평의 천세기 위원장은 유세 도중 자유당원들에게 포위되어 난타를 당했고, 경남 밀양에서도 민주당 강연회에 자유당원들이 투석하고 집단 구타하여 강연을 방해했다.

평택에서는 민주당 선전원들이 괴한들에게 돌맹이와 곤봉 등으로 난타를 당해 중상을 당했고, 이범석 후보는 춘천 소양강변에서 정견발표를 하다가 자유당 테러단에게 습격을 당했다.

전북 정읍에서는 민주당의 선거용 짚차가 압수를 당했고, 자유당 용산 선거연설회에서는 출입문을 자물쇠로 잠가놓아 문 위를 넘다가 학생 2명이 즉사하고 4명이 부상하는 참변이 일어났다.

경남 사천에서는 자유당 정갑주 의원이 폭력단을 지휘하여 민주당 강연회장을 침입하여 욕설 소동으로 집회를 중단시키고 방해하는 풍파를 일으켰다.

경기도 양평에서는 자유당원들이 민주당원들을 집단 테러하여 1명은 의식 상실 상태이고, 밀양에서도 자유당원들의 투석과 구타로 선거강연회를 방해했다.

강원도 양양 민주당 선거사무소가 2차에 걸쳐 피습을 당했고, 전북 정읍에서는 자유당원들이 생트집을 잡아 민주당원들을 집단폭행했다.

포항에서는 야당 참관인들을 모조리 구타하여 축출해 무법화하여 공명선거가 짓밟히기도 했다.

부산에서도 야당 참관인들을 납치, 유인하여 자유당 일색으로 투표를 진행하기도 했다.

경남 사천에서는 참관인 신청의 접수를 거부하여 중앙선거위원회에서 참관 거부는 불법이라고 경고했다.

경주의 참전전우회 강화대회에서 자유당 지원 연설로 혼란을 초래했고, 영일군 흥해면 민주당 정견발표회에 교회에서 종일토록 유행가를 방송하여 강연회를 중단시켰다.

전북 고창 신용욱 의원은 민주당 연설회장에 헬리콥터를 동원하여 선회함으로써 강연장을 수라장화했다.

(4) 경찰관들의 공공연한 선거방해와 선거간섭

자유당이 전국 자동차의 대당 천 환씩의 선거비용을 징수하여 물의를 빚고 있고, 울산경찰서 사찰계장이 놀이꾼들에게 술을 제공하여 선거운동으로 고발당했다.

경북 영천에서는 지서 주임의 강요로 임기를 무시하고 자유당 일색으로 선거위원회를 불법으로 개편했다.

경남 밀양에서는 형사가 투표소에 대기하여 자유당 지지를 강요하기도 했고, 경기도 양평에서는 민주당 참관인을 끌고 나와 경찰관 지원하에서 폭행을 하기도 했다.

동아일보 포항지국장 테러에 대하여 포항경찰서장은 "포항 기자들의 3분의 1은 유치장에 집어넣을 범법자들이나 포항 어깨들이 잘 봐주고 있는 형편이다"라고 말하여 물의를 일으켰다.

고준환 전북 임실경찰서장은 "이승만 박사를 비난하는 사람은 역적이다"고 호령하다가, 민주당 엄병학 임실위원장에게 고발을 당했다.

동대문 경찰서 위생계장은 "우리는 애국애족을 하며 남북통일을 할 수 있는 위대한 분을 선출해야 한다"고 통·반장들에게 지시했고, 수원경찰서장은 자유당 이외는 전부 공산당 운운하며 이승만 박사를 절대 지지하라고 공공연하게 선거운동을 했다.

임영후 전남 광양군수는 야당 가족이라고 트집을 잡아 직원 3명을 해고했고, 영업정지 등의 구실로 경찰관이 민주당 탈당을 강요하기도 했다.

(5) 노골적인 자유당 지원에 대한 고발장이 홍수를

이선근 문교부장관은 "이승만 대통령은 국부적 존재다. 이 대통령을 갈아야 한다는 것은 부모를 갈라는 것과 같다. 벼룩이 문다고 아버지를 갈고 어머니를 간다는 것이 말이 안 된다"는 연설로, 신익희 후보를 비난하는 담화를 발표한 갈홍기 홍보실장을 민주당에서 제소했다.

이선근 문교부장관은 이리고교에서 "못 살겠다고 외치는 놈들은 일본이나 38선 이북으로 보따리를 싸서 쫓아내야 한다"고 강연을 했다가 학생들이 총퇴장하기도 했다.

양유찬 주미대사는 "만약에 이승만 박사가 하야하는 경우 미국은 대한(對韓) 경제 원조를 중지하리라는 것을 알아야 한다"고 공언하여 논란을 일으켰다.

대구 영신고 교장은 아침 조회 시간에 "대통령으로 이승만 박사가 당선되어야 좋은 정치를 받을 수 있다"고 훈시를 하여 비판을 받았다.

자유당 김익로 의원은 "민주당 강연은 무조건 허위이니 중지하라"고, 자유당 박영출 의원은 "국민의 이성이 날로 고도화되어 야당의 선전 기도를 좌절시키고 있으므로 자유당은 이번 선거에서 90% 이상의 득표로 승리할 것"이라고 장담했다.

자유당은 "민주당은 이성을 일탈한 감정의 도발과 선동만을 일삼고 언설(言說)의 횡포, 완력 폭동으로 선거의 자유 분위기를 파괴하고 있다"는 성명을 발표했다.

자유당은 이승만과 이기붕은 명기하고 다른 후보들은 가명을 쓴 모의 투표용지를 자유당 선전물로 배부하여 물의를 일으켰고, 대구와 부산에서는 중상모략의 도구로 신문 호외를 대량으로 발행하여 활용했다.

자유당은 선거전을 고답적으로 모략화시키는 방향으로 전개했다. 일례로 민주당 당사를 폭파시키고 그 책임을 자유당에 전가하려든가, 민주당의 선거파괴 음모가 백일하에 드러났다 등을 발표하는가 하면, 장면 부통령 후보의 사퇴설을 날조 선전하기도했다.

이에 민주당은 장면의 등록 취소 또는 사망 보도에 속지 말라고 선전했다.

민주당에서는 자유당에 투표함에 허위 투표용지를 투입하거나 참관인들을 구타하는 사실이 있다고 의문을 제기했고, 서울 시내 수개 처에서 1인 2매 투표지나 유령투표가 발견되었다고 발표했다.

언론에서도 이번 선거에서 유권자들은 헌법상 부여된 권리의 행사를 기권하지 말아야 할 것이며, 어떠한 위협이나 압력 그리고 정실 관계를 극복하고 국민을 기만하는 허공된 모략을 청산초월하며 참관인은 투표함의 처리를 철저히 감시해야 할 것이라고 계도했다.

3. 대통령 이승만, 부통령 장면 후보 당선

(1) 제3대 대통령, 제4대 부통령 선거에 대한 소고(小考)

이번 선거는 국민은 그들의 주권을 행사하기에 피비린내 나는 감투를 하였으며, 온갖 불미스러운 비민주주의적 행태를 배제하는 데 과감했다.

자유당은 개헌파동 성공으로 이승만 박사의 3선 출마의 길을 열어 놓았으며 또한 관의 협조를 얻어 세포망 조직으로 물샐틈없는 전선을 구축했음은 물론 야당인 민주당의 확장 공세를 막기 위한 일책으로 선거일을 5월로 조기 결정했다.

민주당은 민심의 귀추를 정시(正視)하고 현 정부의 부패성을 절실히 표현해주는 '못 살겠다 갈아보자'의 구호로 만난(萬難)을 극복할 수 있었다.

신익희·조봉암의 야당연합 운동은 어느 정도 성공 가망도 없지 않았으나, 진보당에서 민주당 부통령 후보 포기를 강경히 요구하여 결렬되고 말았다.

야당연합 결렬은 진보당 내 일대 동요가 일어나 김두한과 박재홍 의원들의 대량 탈당의 결과를 초래했다.

신익희 후보의 서거는 사실상 자유당 이승만 후보의 3선을 결정적으로 확정시켰으며, 최고조에 달했던 선거전은 한동안 김빠진 맥주 격이 되고 말았다.

더구나 민주당이 조봉암 후보의 정치적 노선을 도저히 지지할 수 없음을 수차에 발표하여 이승만 후보의 당선은 더욱 확고하게 됐다.

진보당은 박기출 부통령 후보를 사퇴시켜 사실상 야당 연합이 성립된 것처럼 선전하면서 반이승만세의 결집을 도모했으나, 2백여 만표 득표로 정치적 성공을 거두게 됐다.

자유당은 대통령 없는 부통령은 하등의 정치적 존재 가치가 없는 것이며 정·부통령은 동일 정당에서 선출되어야만 된다고 역설했지만, 민주당은 부통령의 당선으로 대통령의 실정을 규탄하고 시정할 수 있다는 이론을 내세우면서 장면 후보의 당선을 호소했다.

4년 전 이승만 후보는 74%의 득표율로 당선됐지만, 이번 선거에서는 52%의 득표율로 당선되어 다수의 유권자 지지를 상실했다.

만일 신익희 후보의 급서가 없었던들 이번 선거의 결과는 어찌되었을런지 모를 일이었다.

자유당 이기붕 후보가 막강한 조직망과 방대한 운동에도 불구하고 악조건에 봉착한 장면 후보에게 패배한 것은 무엇보다도 현 정부를 갈아보자는 민심의 귀추였다.

이기붕 후보는 강원, 충북, 전남, 제주에서 승리했지만, 전국의 도시 유권자들로부터 심대한 배제를 당하여 서울에서 70만 유권자 중에서 9만여 표 득표에 머물렀다.

전국 주요 도시에서 현 정권을 장악하고 있는 이승만 박사가 패배했고, 부통령에 있어서는 방대한 조직망과 풍부한 자금을 확보하여 시종 활발한 선거운동을 전개해오던 자유당이 민주당에 패배했다.

개표 결과 이승만 후보는 504만 6,437표, 조봉암 후보는 216만 3,808표, 신익희 후보 추모표는 185만여 표로 집계되어 당초 80% 이상을 득표할 것이라는 예상과 달리 이승만 후보는 겨우 52% 득표율에 그쳤다.

(2) 대구 개표 중단사태와 이승만 대통령의 패배 선언

대구의 3개소에서 검표 착오가 발단이 되어 개표가 중지되어 개표장이 일시에 수라장화됐으며 대구시내의 공기도 매우 험악화됐다.

허흡 대구시장이 개표소에 들려 검표 착오로 인해 3개소의 개표를 중단시켜 개표장이 수라장화 됐다. 문제가 된 개표소의 개표원을 전원 교체하고 개표는 2일동안 중단됐다.

김준연 의원은 이승만 대통령에게 "대구사태 해결이 지연되면 민심에 끼치는 악영향이 증대할 것"이며, "장면의 당선이 확정적인 사실이며 만일 이기붕 당선을 불법적으로 결정하게 된다면 국제적 체면은 물론 국내는 일대 혼란이 야기될 것이므로 조속히 해결하여줄 것"을 요청했다.

이에 이승만 대통령은 "이기붕의 당선은 불가능하고 대구에 있어서 이기붕 표는 극히 적을 것이다"라고 단정했다.

대구 개표의 중단 직전에 괴전화가 왔다는 사실에 대하여 경악한 민주당이 규명에 착수했으나, 영원히 풀리지 아니한 수수께끼로 남았다.

대구시의회 황경수 의원은 허흡 대구시장의 자진사퇴 권고안을 긴급 동의했다.

개표위원 전원을 새로 임명하여 이틀 지연 후 가까스로 개표가 재개됐다. 개표 지연을 규명하기 위해 대구에 조사단을 파견하기로 국회는 의결했다.

대구 일원에는 참관인들은 여전히 투표함을 사수하는 가운데 괴벽보가 나붙었다.

수상한 개표 결과에 항의하던 민주당 간부들이 피습을 당하는 등 대구의 개표가 의문의 먹구름이 쌓인 가운데, 이승만 대통령은 부통령에 장면이 당선된 걸 인정하는 담화를 발표했다.

담화 발표 후 개표가 급속적으로 진행되어 투표 6일 후에 개표가 완료됐으며 장면 후보의 압승으로 귀결됐다.

(3) 역사상 유례가 없는 신익희 후보 추모(追慕)투표

이번 대통령선거의 득표 상황은 호남선 열차에서 급서한 민주당 신익희 후보의 추모투표로 추산되는 무효표가 182만여 표나 나왔으며 특히 도시에서의 현 정권을 장악하고 있는 이승만 후보에 대한 지지표가 극감했다.

진보당 조봉암 후보의 2백여 만표에도 정계 관측자에 의하면 신익희 후보를 지지했던 유권자들이 던진 표가 대다수인 것으로 보고 있다. 그러나 수복지구인 군 주둔지를 포함한 강원도에서는 이승만 후보가 대승을 거두었다.

정계에서는 8년간의 현 정권의 치적이 국민에게 좋은 인상을 주지 못하여 새로운 정권 교체를 대다수 유권자들이 기구(冀求)하고 있는 증좌(證左)로 분석했다.

이승만 후보 지지율이 높은 지역은 강원(81.6%), 제주(78.1%), 충북(70.8%)이고, 지지율이 낮은 지역은 서울(33.7%), 경북(44.5%), 전북(48.5%)로 나타났다.

조봉암 후보를 열열하게 지지한 지역은 경북과 경남이었다.

□ 시 · 도별 대통령 투표 결과

	이승만 (득표율)	조봉암(득표율)	무효
합계	4,958,250 (55.7%)	2,118,799 (23.8%)	1,821,773
서울	205,253 (33.7%)	119,129 (19.7%)	284,359
경기	607,757 (57.4%)	180,152 (17.0%)	27,064
충북	353,201 (70.7%)	57,026 (11.4%)	89,517
충남	520,531 (57.8%)	157,972 (17.5%)	212,067
전북	424,674 (48.5%)	281,068 (32.1%)	169,468
전남	653,436 (58.5%)	241,778 (21.6%)	221,539
경북	622,530 (44.5%)	501,917 (35.9%)	275,350
경남	830,492 (54.0%)	502,507 (32.6%)	206,338
강원	644,693 (81.6%)	65,720 (8.3%)	79,719

제주	86,683 (78.1%)	11,981 (10.8%)	12,352

(4) 여당 후보의 난립으로 민주당 장면 후보 당선

자유당 공천 후보는 이기붕이지만, 대통령은 이승만을 전폭 지지하나 자유당 공천을 받지 못한 이범석, 윤치영, 이윤영, 백성욱, 이종태 후보들이 난립하여 자유당 지지표를 잠식해 선거전이 백열화됐다.

그러한 여권 후보 난립화 영향도 있었지만 신익희 대통령 후보 급서와 진보당 박기출 후보의 사퇴로 반자유당세가 결집되어 민주당 장면 후보가 401만 2,654표를 득표하여 380만 5,501표의 득표에 그친 이기붕 후보를 20여 만 표차로 꺾을 수 있었다.

31만 2,579표를 득표한 무소속 이범석 후보와 24만 1,178표를 득표한 국민당 윤치영 후보가 3위와 4위를 차지했다.

무소속 백성욱 후보는 23만 558표를 득표했고, 조민당 이윤영 후보는 3만 5,308표 득표로 꼴찌를 벗어나지 못했다.

진보당 박기출 후보, 무소속 이종태 후보들은 사퇴하여 득표는 모두 무효표로 처리됐다.

민주당은 장면 후보의 당선은 관권에 대한 민권의 승리라고 환호하고, 장면 당선자는 의연 야당 입장에서 부패하고 비능률적인 국정의 쇄신을 위해 가일층 투쟁하여 국민에게 보답하여 줄 것을 기대했다.

장면 당선자는 장래에 이승만 대통령과 마찰은 없을 것으로 예상된다고 언명했다.

□ 시·도별 부통령 후보 득표 상황

	장면	이기붕	이범석	윤치영	백성욱	이윤영
합계	4,012,654	3,805,501	322,579	241,178	230,558	35,308
서울	451,037	95,454	21,530	12,445	3,801	2,285
경기	450,140	424,104	55,621	40,720	25,216	6,768
충북	159,310	245,218	28,264	14,411	24,727	1,347
충남	374,209	364,750	51,589	29,054	31,895	4,675
전북	428,410	338,282	28,954	25,430	15,579	2,737
전남	529,341	549,279	33,890	25,979	70,618	3,294
경북	715,341	475,754	41,037	38,188	40,544	5,302
경남	778,903	623,409	30,264	38,280	7,899	5,457
강원	103,493	611,704	123,613	14,046	7,051	3,225
제주	22,469	77,547	7,818	2,719	2,169	216

※ 장면 후보는 4,012,654표로 이기붕 후보의 3,805,501표보다 207,153표차로 승리했다.

※ 장면 후보는 서울, 경기, 충남, 전북, 경북, 경남에서 앞섰으나 충북, 전남, 강원, 제주에서는 이기붕 후보에게 뒤졌다.

제3장 자유당과 민주당이 혈전을 전개한 총선

1. 자유당은 공천 후보 221명을 선정 발표

2. 이기붕 국회의장 서대문 을구에서 이천으로

3. 민주당도 211명을 공천하여 맞불작전을

4. 868명의 후보들이 등록하여 혈전을 전개

5. 도처(到處)에서 짓밟히는 공명선거 실상

6. 개표과정에서도 발생한 연속된 불상사

1. 자유당은 공천 후보 221명을 선정 발표

(1) 자유당의 공천 신청자는 무려 721명

제4대 총선에 입후보할 자유당 공천 신청자는 721명이며 현역의원 127명 중 전상요(정선), 김철주(광양), 정명선(청양), 강봉옥(하동) 의원들은 공천을 신청하지 아니했고 대구 갑구는 유일하게 공천 신청자가 없었다.

단일 신청지구는 57개구에 달했으며, 충남 아산에는 10명이 운집하여 최고 경쟁지구가 됐으며 여성은 5명에 불과했다.

◆서울(30명) : ▲중구갑(이인호) ▲중구을(김을길, 이원순) ▲종로갑(이성득, 이기행, 서형석, 정기섭) ▲종로을(여운홍, 조창학) ▲성북(유화청, 임항혁, 김일) ▲동대문갑(전성천) ▲동대문을(정기원) ▲성동갑(임흥순, 황규곤) ▲성동을(김재황, 박순기), ▲서대문갑(이종림, 강창희) ▲서대문을(이기붕) ▲마포(함두영, 전수조) ▲용산갑(남송학) ▲용산을(황성수) ▲영등포갑(윤재욱, 정인봉, 이범룡, 조광섭) ▲영등포을(이인환)

◆경기(62명) : ▲인천갑(이중설, 신태범, 문순모) ▲인천을(고창현, 이석) ▲인천병(표양문, 김석기, 황광수) ▲수원(설경동) ▲고양(이성주) ▲광주(최인규) ▲양주갑(김종규, 남승희) ▲양주을(강성태) ▲포천(김도원, 윤성순) ▲가평(이남규, 남정일, 오형근, 김종관) ▲양평(이준용, 최형찬, 강대성, 유용식, 이창재, 구필회, 전창식, 김경한, 이철연) ▲여주(김의준) ▲이천(이정재, 김병철)

▲용인(신의식) ▲안성(오재영, 이교선, 최헌진) ▲평택(정존수) ▲화성갑(손도심) ▲화성을(최병국, 신동우, 박정환, 최병익, 박완, 오학환) ▲부천(장경근) ▲김포(권영태, 갈홍기) ▲강화(윤일상, 이중섭) ▲파주(정대천, 원현국) ▲연천(이익흥, 강성문) ▲옹진(박창빈, 김삼봉, 유영준,신영철)

◆충북(42명) : ▲청주(이명구, 박노태, 최순용, 정상봉, 김동벽) ▲충주(김학순, 김영호, 홍병각) ▲청원갑(홍순복, 이홍세, 이도영, 오범수, 신면식) ▲청원을(곽의영, 김인수) ▲보은(김선우, 김기수, 박좌현, 이병일) ▲옥천(권복인, 곽정길, 전장한) ▲영동(김기형, 정구중, 성만환, 박용하, 정태철, 손준현) ▲진천(정운갑) ▲괴산(안동준, 김원태) ▲음성(이학림, 김광렬, 이정석) ▲제천(노의중, 한백수) ▲단양(장영근, 이완구, 경태호) ▲중원(정상희, 이승우, 홍종한)

◆충남(98명) : ▲대전갑(임원호, 정상열, 이병문, 정낙훈, 유헌열) ▲대전을(임호, 남정섭, 최석환, 유중영, 성낙서) ▲대덕(송우범, 강인환, 송예헌, 강동준) ▲연기(임봉학, 김복동, 유지원, 최병억, 황갑수) ▲공주갑(박충식, 염우량) ▲공주을(김달수, 임명직) ▲논산갑(임순식, 양철은, 정상윤, 박원종, 김공평, 김한수) ▲논산을(이권재, 이범길, 김용간, 최운교, 장준식, 김지현, 강인수, 한송암, 강대길) ▲서천(이성식, 나희집, 김종갑, 함병순) ▲보령(윤세억, 최진동, 백기홍, 김영완, 백남진, 이한명, 이병태, 김영근) ▲청양(김창동, 임동선, 임수호, 유종식) ▲부여갑(한광석) ▲부여을(조남수, 조준구, 임영호, 김현중) ▲홍성(신우균, 이창규, 김동주, 김지준) ▲예산(강현익, 윤병의, 이영근, 이승종, 이상희, 김한태, 한낙수, 신정근, 윤병구) ▲서산갑(이한용, 나창헌, 김남윤, 모호석, 이풍우, 박경렬) ▲서산을(채상근, 이상희, 유순식, 인삼,

김동열) ▲당진갑(인태식) ▲당진을(원용석) ▲아산(이민우, 이정우, 김홍식, 홍순철, 서용길, 최종철, 김안기, 조봉환, 김덕성, 홍석영) ▲천안갑(한희석) ▲천안을(김종철, 박영민)

◆전북(62명) : ▲전주갑(이양호) ▲전주을(황희섭, 김덕배, 김영배) ▲군산(김용택, 김원전, 정찬용, 차형근) ▲이리(김원중, 김춘호, 박영기) ▲완주갑(이존화) ▲완주을(박도일, 김용남, 육상순, 배순용) ▲진안(고영추, 오재홍, 김준희, 박정근) ▲금산(오승근) ▲무주(김종대, 김진원, 이홍의) ▲장수(정준모, 홍양춘) ▲임실(박세경, 이정우) ▲남원갑(양영주, 최영식) ▲남원을(이기홍, 안균섭, 박순관) ▲순창(임차주, 김정두, 강창술) ▲고창을(신용욱) ▲고창갑(김영민, 김수학, 진의종, 정세환) ▲부안(신규식, 신기원, 송병섭) ▲정읍갑(김창수, 최태원) ▲정읍을(김택술, 한병일, 전용필) ▲김제갑(송석주, 이종기, 조인영, 심재풍) ▲김제을(김시원, 최광식, 최주일) ▲옥구(이을식) ▲익산갑(김형섭) ▲익산을(강창영, 이진우, 강세형, 유해만)

◆전남(74명) : ▲광주갑(노인환) ▲광주을(최태근) ▲광주병(박흥규) ▲목포(유정두, 강선명) ▲여수(황병규, 이재식) ▲순천(운구혁, 서정록, 김병수) ▲광산(김상기, 김판우, 이정휴) ▲곡성(조순) ▲구례(이갑식) ▲담양(국쾌남, 김문용, 남상기) ▲광양(황숙현) ▲여천(이경근, 홍용구, 이은태) ▲고흥갑(손문경) ▲고흥을(고몽선, 박철웅, 송경섭) ▲승주(김화성, 이형모) ▲보성(안용백, 김성복, 손화균, 박종면) ▲화순(구홍남) ▲장흥(손석두, 박종효) ▲강진(김성호, 김덕남) ▲해남갑(강정민, 김병순, 박남수) ▲해남을(박기배, 김명기, 정성도, 정형모, 김석진) ▲영암(박찬일) ▲무안갑(나판수, 박천재, 박창수, 오세찬) ▲무안을(최대식, 배길도, 윤주동, 박장환) ▲무안병(신행용, 이영준) ▲나주갑(최영철, 이사형) ▲나주을

(정명섭) ▲함평(이필중, 천보배) ▲장성(이강일, 김후생) ▲영광(이경후, 정헌조, 강익수, 박종식) ▲완도(김완주, 김태섭, 김용호, 이준호, 최서일) ▲진도(조명문, 손재형)

◆경북(126명) : ▲대구갑(없음) ▲대구을(공원상) ▲대구병(김석현, 이우줄) ▲대구정(주덕근, 박춘석) ▲대구무(배정원) ▲대구기(서석현, 이순희) ▲포항(강주석, 하태환, 김판석) ▲김천(심문) ▲경주(김철, 정덕영, 최용근) ▲달성(전세덕, 김성곤) ▲군위(박만원, 장암권, 장우환) ▲의성갑(김기방, 이능식, 신영목, 박재석, 정운수, 신기훈, 장시영, 김기혁) ▲의성을(우상봉, 권병로, 박영교, 정태흠) ▲안동갑(유시영, 김호윤, 송원식, 오상규, 박봉웅, 김완섭, 김대진) ▲안동을(권한상, 임병진, 윤재관, 이동준, 김익기) ▲청송(조규택, 강호영, 심광택, 박준, 남재수, 윤용구) ▲영양(박종길, 한국원) ▲영덕(김원규) ▲영일갑(박순석, 김헌동, 이은우, 최원수, 최홍준) ▲영일을(박운규, 김익로, 이신근, 김종태, 안호대) ▲월성갑(이협우, 이상용) ▲월성을(황한수, 손삼호, 이종준, 정진구, 손학익, 이태석, 신봉주, 서영출) ▲영천갑(김상도, 이호) ▲영천을(이규태, 이정재 임재식) ▲경산(서문수) ▲청도(이양춘, 최태욱, 김보영, 박성봉, 박준현, 반재현, 박순복, 김재원) ▲고령(정남택, 오기문) ▲칠곡(김정식, 신동준) ▲성주(최성장, 이영균, 신동욱, 정근후, 이민석) ▲금릉(이팔봉, 김철안, 김갑준, 정주영, 이현) ▲선산(김우동, 조동규, 이부용, 김동석, 장기상) ▲상주갑(박인세, 장인건, 조광희, 김인태, 이종상) ▲상주을(조창희, 김정근, 백남식) ▲문경(이동녕, 고시복, 전진원, 채대식) ▲예천(정재원, 권중호) ▲영주(박용만, 이정희) ▲봉화(정문흠, 권성기) ▲울릉(김종선, 최병권)

◆경남(129명) : ▲부산중(이영업) ▲부산 동갑(김기옥, 유영모, 이

달준, 김용염) ▲부산 동을(성주갑, 이종률) ▲부산 서갑(이상용) ▲부산 서을(이기운, 황규홍, 김성용, 최금공, 허무인) ▲부산 동래(김지태, 윤병강, 김명자, 김인호) ▲부산 영도갑(이영언, 현기종) ▲부산 영도을(김학수, 김충근, 손우동, 이만식, 김기추) ▲부산진갑(안준기) ▲부산진을(하원준) ▲마산(김종신) ▲진주(서인홍, 김용계) ▲충무(김기섭) ▲진해(이종열, 김성삼) ▲삼천포(정갑주, 김영도) ▲진양(구태회, 우학경, 윤정봉, 윤시형) ▲의령(전성환, 이영희) ▲함안(윤효량, 이영개, 이중섭, 조경규) ▲창녕(하을춘, 신영주, 성보경, 하한석) ▲밀양갑(손영기, 조만종, 박일, 신학진, 표문칠) ▲밀양을(이원호, 김형덕, 최성웅, 이기우, 정호완, 박권희, 엄익순) ▲양산(지영진, 진영호, 최태운, 정현학, 임기태) ▲울산갑(안덕기, 박원주, 이희득) ▲울산을(노덕술, 김성탁, 이규옥, 신익순) ▲동래(김법린) ▲김해갑(강종무, 김경진, 변종택) ▲김해을(이종수, 서정원) ▲창원갑(김봉재, 김형돈) ▲창원을(이용범) ▲통영(지산만) ▲거제(이봉식, 이채오, 진석중, 반성환, 진도선) ▲고성(김기용, 최갑환, 최석림, 김복록) ▲사천(김항곤, 이태진, 최정우, 장상수) ▲남해(차진칠, 정영섭, 조주영, 백법권, 김정기) ▲하동(손영수, 엄석원, 장봉대, 김종만, 김찬경) ▲산청(오문택, 정홍거, 김공휴, 김인중, 김재옥, 정태운, 민영완, 김창근, 강임상, 김봉수) ▲함양(박상길, 김영상, 허준, 노영빈) ▲거창(서한두, 최성환, 정종철, 이철영, 신중목) ▲합천갑(유봉순, 박문신) ▲합천을(최창섭, 김삼상)

◆강원(88명) : ▲춘천(최규옥, 홍창섭, 서상준) ▲원주(함재훈) ▲강릉(최용근) ▲춘성(이찬우, 구인서, 임우영, 이종순, 황환근, 박승하, 유연국, 한석호) ▲홍천(이재학) ▲횡성(김형기, 장석윤, 송태희, 안상한, 한순기) ▲원성(장기선, 김동오, 차익교, 김흥배,

홍범희, 한기준) ▲정선(전홍진, 유기수) ▲영월(정규상, 태완선, 이주기, 고백규) ▲평창(손천일, 조경호, 조경환, 신정득, 이형진, 엄정일) ▲명주(박용익) ▲삼척(김진만) ▲울진(김광준, 전만중, 주세중, 황중찬, 이종만, 진기배, 남원수) ▲철원(황학성, 박현숙, 유진학) ▲금화(김영규, 김용해, 임창진, 김국현, 진성헌, 선우인서, 송효정, 임상순, 김해룡) ▲화천(원세덕, 왕초산, 오세진, 길호경, 유병하, 노승립, 박덕영, 신종균) ▲양구(양재익, 김우종, 곽진현, 허순원) ▲인제(엄각종, 나상근, 성낙신, 김만용, 이활) ▲고성(최정식, 원장길, 이동환, 이순배, 양재윤, 홍승업, 정재철, 권홍천) ▲양양(김창열, 진승국, 이동근, 박태송, 김성수)

◆제주(10명) : ▲제주(김주태, 김석우, 강재량, 고정협, 이인구) ▲북제주(김두진, 김구, 진문종, 부장환) ▲남제주(강경옥)

공천신청자에는 이호 법무부장관, 최인규 외자청장, 서상준 국회 의사국장, 안용백 문교부 편수국장, 이정선 치안국 경무관, 최정우 국회 사무총장 등이 포함됐으며, 전직 고위관료는 정운갑(농림부장관), 원용석(기획처장), 김종갑(국방부차관), 권성기(농림부차관), 박현숙(무임소장관), 이교선(상공부장관), 이종림(교통부장관), 갈홍기(공보실장), 이익흥(내무부장관), 김원태(내무부차관), 최규옥(농림부장관), 신중목(농림부장관), 정낙훈(농림부장관), 홍범희(내무부차관), 성낙서(충남도지사), 신동우(공군준장), 고백규(육군준장) 후보들을 꼽을 수 있다.

(2) 자유당은 1차로 공천 후보 116명을 선정하여 발표

자유당에서는 이기붕, 강성태, 김법린 라인과 장경근, 임철호, 김의준 라인이 대립되고 있는 상황에서 공천 후보자 결정에 있어서 이재학 부의장은 원내 중심을 주장하고 있으나 장경근 등은 철저한 인물 본위를 주장하여 대치된 상황이다.

그리하여 현역의원 30% 정도의 탈락이 예상되었다. 다만 이기붕 의장은 "족청계 인사들에게 출마를 권할 의사가 없다"고 단호하게 말했다.

자유당은 당무회의 심사를 거치고 이승만 대통령의 승인을 거쳐 제1차로 116개 지역구의 공천자를 발표했다.

서울의 종로갑(정기섭), 동대문갑(전성천), 동대문을(정기원), 성동갑(임흥순), 마포(함두영), 용산갑(남송학), 용산을(황성수), 영등포을(이인환), 경기의 인천갑(신태범), 인천병(김석기), 고양(이성주), 광주(최인규), 용인(신의식), 안성(오재영), 화성갑(손도심), 시흥(황의성), 강화(윤일상), 파주(정대천), 옹진(유영준), 충북의 충주(홍병각), 청원을(곽의영), 보은(김선우), 옥천(권복인), 진천(정운갑), 음성(이정석), 중원(정상희), 제천(노의중), 충남의 대전갑(정낙훈), 대전을(최석환), 공주을(김달수), 부여갑(한광석), 보령(이원장), 홍성(이창규), 당진갑(안태식), 당진을(원용석), 천안갑(한희석), 천안을(김종철), 전북의 전주갑(이양호), 군산(김원전), 완주(이존화), 무주(김진원), 장수(정준모), 임실(박세경), 남원을(안균섭), 정읍갑(김창수), 고창을(신용욱), 김제을(최광식), 전남의 광주갑(노인환), 광주병(박흥규), 여수(황병규), 순천(김병수), 광산(이정휴), 담양(국쾌남), 곡성(조순), 구례(이갑식), 광양(황숙현), 승주(이형모), 고흥갑(손문경), 보성(안용백), 화순(구흥남), 장흥(손석두), 강진(김성호), 해남갑(김병순), 나주갑(최영철), 나주을(정명섭), 영광(이강후), 목포(유정두), 경북의 대구을(손인식), 대구병(이우줄), 대구정(주덕근), 대구무(배정원), 대구기(이순희), 포항(하태환), 달성(김성곤), 의성을(박영교), 안동을(김익기), 영양(박종길), 영덕(김원규), 영일갑(박순석), 영일을(김익로), 월성갑(이협우), 영천갑(김상도), 성주(신동욱), 금릉(김철안), 상주갑(조광희), 상주을(백남식), 예천(정재원), 영주(이정희), 봉화(정문흠), 경남의 부산 서갑(이상룡), 영도갑(이영언), 부산진갑(안준기), 부산진을(하원준), 동래(김인호), 마산(김종신), 충무(김기섭), 삼천포(정갑주), 창녕(하을춘), 양산(지영진), 김해(강종무), 창원갑(김형돈), 창원을(이용범), 통영(지산만), 거제(진석중), 하동(손영수), 함양(김영상), 합천을(최창섭), 강원의 춘천(홍창섭), 원주(함재훈), 강릉(최용근), 영월(정규상), 평창(이형진), 명주(박용익), 삼척(김진만), 제주의 남제주(강경옥) 등이며 현역의원 65명이 포함됐다.

당무회의에서는 "인정과 우정에 관계없이 애당성이 강하고 당선율이 높은 사람을 공천하자"고 합의했고, "만일 공천을 얻지 못할 때는 무소속 혹은 타당으로 출마하지 않겠다"는 서약서를 징구(徵求)하기로 했다.

이기붕 국회의장은"이번 총선거에서 자유당이 3분의 2 의석 확보를 목적으로 하는 것은 정계 안정을 위한 것이지, 개헌을 위한 것이 아니다"면서 "장면 부통령이 누리고 있는 계승권을 삭제하는 것은 그의 경쟁자였던 나로서는 더욱 미안한 일이다"라고 밝혔다.

(3) 제2차로 76명을 선정하여 192명을 우선 공천

대체로 무연고지구인 수복지구 공천과 야당 영수급에 대한 무공천 원칙의 실현이라는 난제를 안고 자유당은 76명에 달하는 제2차 공천자를 발표했다.

서울의 중구을(이원순), 서대문갑(이종림), 경기의 인천을(문병관), 수원(설경동), 연천(이익흥), 가평(김종관), 양평(유용식), 화성을(신동우), 충북의 청주(이명구), 청원갑(오범수), 영동(손준현), 단양(경태호), 충남의 대덕(송우범), 연기(유지원), 논산갑(김공평), 논산을(김용간), 서천(나희집), 예산(윤병구), 서산갑(김제능), 서산을(유순식), 아산(이민우), 전북의 전주을(박정근), 이리(김원중), 완주을(김용남), 남원갑(양영주), 순창(임차주), 고창갑(진의종), 옥구(이을식), 익산갑(김형섭), 익산을(강세형), 전남의 광주을(최태근), 여천(이은태), 해남을(김석진), 무안갑(나판수), 무안을(배길도), 무안병(이영준), 함평(이필중), 장성(변진갑), 완도(김완주), 진도(조병문), 경북의 김천(이병용), 군위(박만원), 의성갑(신기훈), 안동갑(유시영), 청송(윤용구), 월성을(이종준), 영천을(이규태), 경산(서문수), 청도(김보영), 선산(김우동), 문경(이동녕), 울릉(최병권), 경남의 부산중(이영언), 부산 서을(최금동), 영도을(손우동), 부산 동갑(김기옥), 진주(서인홍), 진해(김성삼), 진양(구태회), 의령(이영희), 밀양갑(신학진), 밀양을(김봉재), 울산갑(안덕기), 김해을(이종수), 사천(김항곤), 남해(차진칠), 산청(김재한), 거창(서한두), 합천갑(유봉순), 강원의 춘성(임우영), 횡성(장석윤), 원성(홍범희), 정선(전홍진), 울진(전만중), 제주의 제주(고정협), 북제주(김두진) 지역구의 공천자를 확정했다.

이번 공천에서 당무위원인 이기붕(서대문을), 이재학(홍천), 김법린(동래), 강성태(양주을), 장경근(부천), 정존수(평택), 조경규(함안)을 제외하면 미결지구는 18개구에 불과했다.

진도의 조병문과 손재형, 서천의 나희집과 김종갑, 순창의 임차주와 김정두, 울진의 전만중과 김광준, 공주의 염우량과 박충식, 밀양의 김형덕과 최성웅 후보들의 격심한 대결로 공천이 보류됐고 박정근, 박만원, 김춘호, 송우범, 조경규 의원들의 탈락설도 나돌았다.

이번 공천에서 신경철, 태완선, 한백수, 박상길 후보들도 탈락했다. 다만 김원태, 이명구, 이활, 진승국, 이은태, 이정재는 보류 상태였다.

(4) 보류지역을 마무리하여 221명의 공천자를 확정 발표

자유당은 이승만 대통령의 재가를 받아 3차 공천자 29명을 발표하고 9개지구의 무공천지구를 발표하여 사실상 공천을 종결했다.

서울의 종로을(이중재), 영등포갑(윤재욱), 경기의 양주갑(김종규), 양주을(강성태), 여주(김의준), 평택(정존수), 부천(장경근), 김포(문창모), 충남의 부여을(임철호), 청양(김창동), 경북의 고령(정남택), 경남의 동래(김법린), 강원의 철원(황학성), 금화(박현숙), 양구(최규옥), 인제(나상근), 고성(홍승업), 양양(이동근) 지구 등의 공천자가 확정됐다.

자유당 공천자대회에서 이재학 중앙상임위 부의장은 "남북통일의 성업을 목첩(目睫)에 둔 오늘날 제4대 총선거는 정계 안정 세력을 확립하는 데 중대성을 띠고 있는바 우리는 이에 필승을 기하여 정당정치를 확립토록 해야 할 것이다. 이승만 대통령은 자유당의 육성을 필생의 사업으로 생각하고 계시니 우리는 자유당이 영구히 뿌리를 박을 수 있는 정당이 되도록 보답토록 노력해야 한다"고 발언했다.

자유당 공천자대회에서 "이번 선거에 필승을 기하고 창당 정신에 입각하여 애국애족에 헌신하며 당정책 구현에 노력하고 절대 복종하겠다"고 다짐했다.

낙천자 대부분은 "공천자 지명에 있어 하등 원칙(요강)을 세우지도 않고 9명의 당무위원 멤버에 의해 독단적으로 결정되고 있는 사실"을 신랄하게 비난했다.

자유당은 4차로 진안(고영추), 금산(오승근), 정읍(송능운), 부안(신규식), 고성(김기용), 부산 동을(성주갑) 공천자를 결정했다.

무공천지역은 서울 성북, 괴산, 경주, 화천 지역구라고 밝혔다.

자유당은 뒤늦게 서대문 을구에 최규남, 울산 을구에 김성탁, 화천에 박덕영, 성주에 이민석 후보를 공천했다.

그리하여 제명된 정해영 의원은 복당하여 공천을 얻어 보려는 꿈이 좌절됐다.

(5) 자유당 소속 3대 현역의원 21명이 공천에서 탈락

자유당의 1차 공천 발표 때 표양문(인천병), 이영섭(시흥), 이학림(음성), 정상열(대전), 김지준(홍성), 김지태(부산갑) 의원 등 7명이 탈락했다. 자유당은 당선 가능성보다는 비주류파 또는 족청계 출신들을 제거하는 듯한 인상을 남겼다.

자유당의 2차 공천자 발표로 인해 김춘호(이리), 최병국(화성을), 장영근(단양), 나창헌(서산갑), 홍순철(아산), 정세환(고창갑), 신행용(무안갑), 조만종(밀양갑), 김형덕(밀양을), 김석우(제주), 오형근(가평) 의원 등 11명이 무더기로 탈락했다.

제3차 공천에서 최갑환(고성) 의원이 낙천됐고 염우량(공주갑), 송경섭(고흥을), 김병철(이천) 의원들은 보류됐다.

제4차 공천에서 6명을 추가 발표하여 221명을 공천했다. 소속의원 131명 중 97명을 공천한 반면 21명을 낙천시켰다.

(6) 자유당의 야당 영수급에 대한 무공천의 실상

자유당에서 정당 영수급 간의 선거구 빠터제를 수차 시사하였으나 민주당 조병옥 최고위원은 "정당의 영수라하여 특혜를 받을 이유는 없고 입후보자에 대한 선택의 자유를 박탈하는 선거구 빠터는 부당하다"며 단호하게 거절했다.

자유당과 민주당은 영수들이 출마하는 지역구는 무경쟁지구로 하자는 비공식 협상을 벌였다.

그러나 조병옥 대표는 "대표 최고위원이라해서 특권을 받을 아무런 필요와 이유가 없다"는 입장을 거듭 밝혔다.

무공천지구는 서울의 중구갑(무신청), 성동을(조병옥), 경기의 이천(김병철, 이정재 경합), 충남의 공주갑(염우량, 박충식 경합), 전북의 김제갑(송방용), 전남의 영암(김준연), 고흥을(송경섭, 박철웅 경합), 경북의 칠곡(장택상)지구 등이다.

자유당 당무위원은 무공천지구 공천신청자들을 모아놓고 "무공천 결정을 양해하고 당해지구에서 입후보하라"고 권유하여, 무공천 운운은 절대적이 아닌 형식적이었다는 것을 보여줬다.

"소위 협상선거법이란 것은 선거운동도 못하도록 꽁꽁 묶어 놓은 데다가 당선 무효에 걸릴 조문이 29개항이나 있어 운동을 제한해 놓고 그 위에 언론마저 억압해 놓았는데 자유당에서는 이 법을 제정하기까지 유공한 야당의 협상대표에게는 여당 공천까지 보류해 준다고 나오고 있으니 이 통에 골로 가는 것은 야당 인사들뿐이다"라는 불평도 쏟아졌다.

이기붕 의장은 성동 을구, 영암, 칠곡 선거구에 자유당원들이 등록한 사태에 대하여 "그것이 당에서 입후보시킨 것이 아니다"라면서 자유당원들이 입후보하지 않기를 바란다고 말했다.

이홍식 자유당 선대위원장은 "자유당에서 무공천지구를 설정한 것은 접대상 그렇게 한 것으로서 공천을 안 한 그 자체만도 도의적인 대우를 한 것인 만큼, 그 지구에서 자유당원이 출마한다고 이를 전적으로 억압하여 국민의 주권을 무시할 수 없는 것"이라고 이기붕 의장과 상반된 주장을 펼쳤다.

2. 이기붕 국회의장 서대문 을구에서 이천으로

(1) 서대문 을구에서 무투표 당선 공작은 실패하고

이기붕 국회의장과 서대문 을구에서 대결이 예상된 민주당 김산 후보 부인의 전 남편이라는 신태근이 김산 후보를 간통과 공정증서 부실 기재 등으로 고소했다.

신태근은 김산 후보의 부인 유영자는 본인의 처이며 감리교회 목사인 김산 후보가 교회 종지기인 유영자와 간통하고 본인의 아들인 신흥식을 김산-유영자의 아들 김삼열로 호적에 등재했다고 고소장에 기재했다.

이에 김산 후보는 터무니없는 조작이며, 신태근은 자유당 측과 접촉하면서 낭설을 유포하고 있다고 반격했다.

서울시경은 김산 후보에게 소환장을 발부했으나 불응하자 구속을 검토하다가 불구속 기소로 방침을 결정했다.

이기붕 의장은 "이번 사건은 나 자신 전연 몰랐던 일로서 내 입장만 괴롭게 하는 불쾌한 일이므로 사직당국이 선거기간외로 피해서 이번 사건을 자연스럽게 해결시켜 주었으면 좋겠다"고 밝혔다.

한편 자유당에서는 충북 단양에 입후보하려는 인사들에 대하여 불출마 확인서를 받고 김산 후보에게 단양으로의 전구(轉區)를 종용했으나, 김산 후보는 "당의 명예나 본인의 정치 생명을 위해서 여하는 유혹에도 응하지 않겠다"고 확인한 것으로 알려졌다.

(2) 서대문 을구를 포기하고 이천에서 무투표 당선

이기붕 국회의장은 서대문 을구를 포기하고 경기도 이천으로 옮겨 입후보 등록을 마쳤다.

이미 등록을 마친 민주당 연윤희 후보는 민주당과 사전 연락도 없이 등록을 취소했고, 자유당 이정재 후보도 이기붕 의장 등록에 불만을 품고 농성을 벌이다가 뒤늦게 등록을 취소하여 이기붕 의장의 무투표 당선이 확정됐다.

이홍식 선대위원장은 "자유당은 서대문 을구에서 가장 모범적인 선거가 실시될 것을 기대했으나 김산 후보에 관한 의외의 사건이 발생하여 피차 명랑한 선거가 기대될 수 없으므로, 이기붕 의장의 선거구를 이천으로 정하게 되었다"면서, 이천군민들이 일찍부터 이 의장의 출마를 열원(熱願)해왔을 뿐 아니라 이천은 이 의장의 선영(先塋)이 있는 연고지라고 덧붙였다.

이에 민주당은 이천군민의 열원에 의하였다면 이정재 측의 불만을 표시한 사실은 무엇이며, 연윤희 후보가 연락도 두절되고 행방불명되었는데도 모범적인 명랑선거라고 하겠는가라고 반박했다.

(3) 이정재와 연윤희 후보들의 굴복인 후보직 사퇴

사퇴한 연윤희 후보는 조병옥 최고위원에게 사퇴 경위를 피력한 의문의 편지를 보내왔다.

편지에는 경찰의 호각 소리와 함께 20여 대의 짚차가 질주하고 완전 무장한 경찰대가 트럭을 타고 출연하고 백여 명의 깡패들이 보여 마치 계엄령이 내려진 것과 같은 살풍경이 벌어져, 어차피 승산이 없을진대 한 사람의 희생자가 나기 전에 깨끗하게 사퇴를 선언함이 좋겠다고 생각했으며, 순간적인 공포심에서 사퇴를 선언하게 되었다고 밝혔다.

그러나 연윤희 후보는 "민주당에서 발표한 그 서한은 자신은 전연 모르는 일로서 이번의 등록 취소는 이기붕 의장과 싸워봤댔자 도저히 승산이 없기때문에 쓸데없이 만용(蠻勇)을 부리다가 패가망신하는 것보다는 뒷날을 기대하는 것이 현명할 것 같아서 취한 것이고, 결코 어떤 압력에 눌려 취소한 것이 아니다"라고 해명했다.

해명 후 연윤희 후보는 정체불명의 인사 3~4명의 비호를 받으며 택시로 도망치듯 어디론지 사라졌다.

자유당이 연윤희 후보의 장인으로 자유당 이천군당 부위원장인 김동옥의 매개로 연 후보의 사퇴를 성공시켰다는 것이 정설이다.

이천 문제는 연윤희 후보의 사퇴보다 의문의 편지 출처에 관심이 집중됐다.

민주당 엄상섭 선전부장은 경기 도경국장 등이 이정재 후보에게 등록 취소를 권유했으며, 30여 명의 무장경관이 이천군청에 집결했으며 정체불명의 청년 30명이 이천읍 거리를 배회했다고 현지 조사 결과를 발표했다.

동아일보에서도 버림받은 이천의 주권이라는 제하의 연재 시리즈를 게재하여, 경찰대 출동은 사퇴와는 무관하며 연윤희 후보의 사퇴는 애초에 매수되어 조연 역할에 불과했으며 민주당과 유권자들을 기만했다고 성토했다.

김병철 의원을 대동하고 연윤희 후보가 등록 취소한 시간과 최하영 심계원장의 차로 이기붕 의장이 후보 등록한 시간차는 5분에 불과했다는 것은 사전에 밀약되었음을 암시하고 있다고 관측됐다.

당초 이천에서는 이정재, 연윤희와 이천 경찰서장 출신인 장한정 후보들의 3파전이 예상됐다.

이기붕 의장의 출현에 3대 총선에서 김병철 후보에게 공천을 빼앗긴 이정재는 "비겁하게 서울서 입후보 못하고 남이 닦아 논 곳에 오다니"라며 불평을 쏟아냈다.

그러나 이정재는 한갑수 이기붕 의장 비서실장과 경기도 도경국장의 설득으로 등록을 취소할 수밖에 없었다.

3. 민주당도 211명을 공천하여 맞불작전을

(1) 단일 신청구가 절반에 육박하여 공천 확정

민주당의 공천 신청 결과는 105개구가 단일신청지구이고, 나머지는 평균 3대 1의 경합이 이뤄지고 있다.

민주당은 당의 공천을 받지 않은 당원이 입후보할 때에는 자동적으로 제명한다는 당헌·당규를 마련하고 1월 27일 21개 지역구의 공천자를 발표했다.

공천자는 이상철(청양), 김영선(보령), 우희창(서천), 안만복(서산을), 고담룡(제주), 김옥천(북제주), 정헌주(사천), 김영삼(부산 서갑), 서정귀(통영), 김용진(진주), 오위영(부산 동갑), 김응주(부산 중), 최영근(울산갑), 김택천(울산을), 임창화(밀양갑), 윤병호(부산진을), 서동진(대구동), 이병하(대구을), 조재천(대구정), 조일환(대구무) 후보 등이다.

그리고 단독 공천신청자는 서울의 주요한(중구갑), 정일형(중구을), 윤보선(종로갑), 한근조(종로을), 김도연(서대문갑), 김산(서대문을), 엄상섭(용산갑), 김상돈(마포), 조병옥(성동을), 유홍(영등포), 조기항(동대문갑), 경기도의 곽상훈(인천을), 강승구(양주을), 홍익표(가평), 천세기(양평), 구철회(용인), 고학환(고양), 이종면(강화), 허길(김포), 허산(연천), 오일웅(옹진), 충남의 신정호(청원갑), 이민우(청주), 신각휴(옥천), 민장식(영동), 연윤희(괴산), 이동용(제

249

천), 민건식(중원), 충남의 성태경(연기), 엄대섭(공주갑), 윤담(논산을), 이종순(부여을), 유승준(홍성), 홍춘식(천안갑), 이상돈(천안을), 경남의 최원호(김해갑), 이양수(창원갑), 오재인(하동), 박순천(부산 동을), 강봉룡(의령), 경북의 윤만석(문경), 현석호(예천), 강해원(봉화), 문명호(군위), 김주경(선산), 우돈규(금릉), 홍정표(상주갑), 추광엽(상주을), 권중돈(영천을), 박해정(경산), 주병환(성주), 이상면(포항), 심명섭(청송), 권영유(영양), 김영수(영덕), 최태능(영일갑), 박해충(안동을), 전남의 조영규(영광), 김병수(장성), 정재완(여수), 고몽우(광산), 고기봉(구례), 김문평(여천), 박형근(고흥갑), 이정래(보성), 양병일(강진), 민영남(해남을), 김옥형(무안), 김의택(함평), 전북의 이철승(전주을), 이춘기(이리), 안개세(완주갑), 배성기(완주을), 유진산(금산), 엄병학(임실), 송영주(정읍을), 홍순희(고창을), 조한백(김제갑), 소선규(익산갑), 윤택중(익산을), 강원의 박영록(원성), 계광순(춘천), 홍영진(횡성), 이영배(평창), 함동호(원주), 문교익(철원), 김준섭(화천), 이동희(양구), 유경훈(고성) 후보 등으로 공천이 유력한 것으로 알려졌다.

(2) 경합지구를 마무리하여 211명의 후보 확정

민주당의 경합지구는 경기의 인천갑(김은하, 김재곤), 광주(이훈구, 신하균), 시흥(이정림, 홍헌표), 충북의 보은(박기종, 구연흥), 진천(박찬희, 이충환), 충주(김기철, 최대용), 충남의 대전갑(임경승, 김태동), 경북의 대구기(최희송, 장영모), 안동갑(권오종, 임규하), 김천(조필호, 배섭), 영주(김창룡, 전기석), 경남의 부산 서을(김동욱, 안용길), 부산 동래(김명수, 문상호), 강원 양양(함종윤, 신효순, 이교태), 철원(손권배, 문교익) 등은 투표에 의해 공천자가 결정될 예정이다.

부산 동래에서는 문상호 후보가 김명수 후보에게, 산청에서는 조명환 후보가 심상선 후보에게 양보하여 확정됐다.

광주 을구는 김용환 후보가 이필호 후보에게, 평택에서는 유치송 후보가 이병헌 후보에게 양보하여 마무리됐다.

춘천에서는 마라톤 선수인 함기용 후보가 투표에서 패배하자 권의준 후보에게 승복했고, 분규 지역구인 대구 병구는 임문석 후보가 김재관 후보를, 대구 기구에서는 최희송 후보가 장영모 후보를 꺾고 공천장을 거머쥐었다.

동대문 을구는 이영준과 김선태의 대결에서 이영준 의원이 승리하자, 김선태 의원은 완도로 환향하여 공천장을 받을 수 있었다.

민주당은 용산을(김원만), 천안(이희종), 광주병(김석주), 무안을(유옥우), 봉화(강해원), 영덕(김영수), 진해(엄칠갑), 경남 동래(조일재), 영월(엄정주) 등 9개 지구 공천자를 추가로 결정했다.

민주당은 중앙상위에서 5차에 걸친 심사를 거쳐 185개 선거구의 공천자를 2월 17일자로 완료하고 합법적인 선거운동에 착수했다.

민주당은 무소속 민관식 후보가 뛰고 있는 동대문갑을 비롯하여 영양, 고령, 선산, 영주, 봉화, 남제주를 무공천지역으로 하고, 고양, 여주, 안성, 단양, 고창을, 옥구, 광양, 해남갑, 영암, 무안병, 완도, 진도, 영천갑, 칠곡, 울릉, 밀양갑, 양산, 김해을, 합천을, 삼천포, 창원갑, 거제, 하동, 합천갑, 홍천, 명주, 울진의 적임자도 계속 물색코자 했다.

민주당은 공천이 없는 지구에서 무소속으로 입후보한 인사가 공천을 요청할 경우 추가 공천의 경우로 양덕인(횡성) 후보를 추가 공천했다. 등록 취소된 김상순(영일을) 공천을 무소속 최장수 후보로 교체했다.

"썩은 정치 바로잡자"는 구호를 부르짖는 민주당 공천자대회에서 공천자 205명이 참석한 개회식사에서 백남훈 최고위원은 "부통령 계승권을 삭제하여 영세집권을 기도하는 자유당을 분쇄하기 위해 민주당은 단결되어야 하며, 당선 제일주의로써 국가와 민족을 위한 단심(丹心)을 가지고 투쟁을 전개해야 한다"고 역설했다.

민주당은 "당 공천을 받지 않은 당원이 입후보를 할 때는 당헌에 의하여 신청과 동시에 제명된다"고 재천명했다.

민주당은 김사만(성동갑), 조기항(동대문갑), 김춘성(청주) 후보들을 제명 조치했다.

(3) 노농당과 통일당의 공천 후보 난맥상

노농당에서는 서울 종로을(김두한), 성동을(김상덕), 영등포갑(전진한), 경기의 수원(최선규), 인천병(심경국), 용인(오광선), 김포(김영익), 연천(김철), 양주을(장흥순), 충남의 당진갑(한명동), 천안갑(유화용), 홍성(김봉규), 전남의 광주갑(김창선), 목포(홍익선), 경북의 상주갑(석재곤), 경남의 부산 서갑(장인달), 영도갑(허명), 영도을(김용환), 부산 동을(이상우), 부산진갑(변동조), 부산진을(김희본), 부산 동래(윤관), 진양(지우석), 충무(조벽래), 강원 홍천(전창덕) 등 25개 지역구의 공천자를 발표했으나 대부분 등록을 포기하여 등록한 후보는 10명 이내였다.

부산 임시수도에서 정치파동이 발발되어 국회의사당이 포위되고 국회를 해산하든가 그렇지 않으면 대통령 직선의 개헌안을 통과시키라고 아우성할 때 선봉장으로 활동했던 김창선 후보가 "자기는 그런 흐리멍덩한 당에 가입한 일도 없는데 그 위에 공천 후보 운운은 경악을 금하는 바다"라는 성명을 발표하자, 전진한 노농당 대표는 "혹 착오인지는 모르나 우리는 그런 사람을 공천한 것이 아니다"라고 발뺌했다.

통일당은 1차로 22명을 공천한 데 이어, 2차로 김태동(영등포을), 김하성(마포), 김경(제천), 정구삼(옥천), 박완교(서산을), 김기선(공주), 조기승(부안), 김문수(보성), 유중석(고흥을), 신두완(제주) 후보들을 공천했다.

통일당은 이원홍 후보의 공천을 "유봉순 의원이 납북되었다가 무사히 귀환하게 되어 유 의원을 무투표 당선케 함으로써 구사일생으로 돌아온 그를 위로하기 위해"라는 명분으로 취소했다.

(4) 제4대 총선에 참여하는 군소정당들의 실상

제4대 총선에는 이승만 대통령을 추종하는 자유당과 이승만 대통령과 자유당을 반대하는 민주당이 호각지세를 이루며 양대산맥을 형성했다.

군소정당으로는 통일당(13명), 국민회(11명), 노농당(7명), 민주혁신당(6명), 독립노농당(3명), 대한국민당(2명), 농민회(2명)에서는 복수의 후보를 출전시켰으나, 대한반공청년회, 대한농민회, 민주자주연맹, 대한상이용사회, 대한반공단에서는 1명의 후보만 출전했다.

3대 현역의원으로는 김준연(영암), 박영종(담양) 의원들은 통일당으로, 윤치영(중구갑) 의원은 대한국민당으로, 김두한(종로을) 의원은 노농당으로 출전했다.

저명인사로는 민주혁신당 서상일(대구을), 신태권(논산갑), 김수한(대구병), 대한국민당 이규갑(동대문을), 통일당 이정우(대전을), 김하중(목포), 이찬순(부산 동갑), 독립노농당 유체중(안성), 박석홍(의성을), 국민회의 임순식(논산갑), 심동국(봉화), 노농당의 홍익선(목포) 후보 등을 들 수 있다.

4. 868명의 후보들이 등록하여 혈전을 전개

(1) 868명의 후보들이 등록했으나 842명이 완주

이번 선거는 868명의 후보들이 등록하여 평균 3.7대 1의 경쟁률을 보여 지난 3대 총선의 5.2대 1의 경쟁률에 비하면 현저하게 낮아진 수치이다.

자유당 공천 216명, 민주당 공천 199명, 자유당 비공천 21명, 민주당 비공천 2명, 통일당 13명, 노농당 7명, 민주혁신당 5명, 국민당 2명, 독립노농당 3명, 국민회 12명, 농민회 2명이며 무소속 후보는 385명으로 전체 후보자의 44.4%를 차지하고 있다.

최고 연령자는 대구 갑구의 배은희 후보와 대구 을구 서상일 후보로 72세이고, 최연소 후보는 경주의 이상하 후보로 27세이다.

연령대는 40~50세가 365명으로 42.1%를 차지하고 있고, 직업은 현역의원이 168명이지만 무직이 233명으로 가장 많고 실업인이 201명으로 그 뒤를 따르고 있다.

학력은 대학 졸업자가 474명으로 가장 많고, 중학 졸업자가 198명으로 22.8%를 점유하고 있다.

이번 선거에는 6명의 여성이 입후보하여 이채로웠으며 전체 입후보자의 0.7% 수준이다.

무투표 당선자가 7명이나 속출한 가운데 강원도 양양, 경북 김천은 9대 1이라는 치열한 경쟁상을 보이고 있다.

역대 경쟁률은 초대에는 5.0대 1, 제2대에는 10.6대 1, 제3대에는 5.2대 1의 경쟁률이었다.

등록 직후 이정재(이천), 연윤희(이천), 나명균(서대문), 차종채(강진), 김복순(함양), 임용택(월성갑), 윤경양(월성갑), 김귀암(영천갑), 신동욱(성주) 후보들이 사퇴하여 김상도(자유당) 후보가 무투표 당선됐고, 민주당 김대중(인제) 후보는 등록 무효됐다.

중앙선거위원회는 민주당 김대중(인제) 후보의 추천인 127명 중 등사용지를 사용하여 날인한 추천인이 38명으로 11명의 추천인이 부족하다는 이유로 등록 무효를 결정했다.

(2) 등록 방해등으로 무투표 당선이 5명에서 9명으로

등록 마감 결과 이기붕(이천), 이재학(홍천), 박용익(명주), 지영진(양산), 이용범(창원을), 이영언(영도갑), 장택상(칠곡) 후보 등 7명이 단독으로 등록하여 무투표 당선됐다. 그리고 김원규(영덕) 후보가 등록한 후보의 사퇴로 무투표 당선이 추가됐다.

영양의 무소속 김은호 후보와 영덕의 민주당 김영수 후보들의 등록이 무효되어 박종길(영양), 김원규(영덕) 후보들의 무투표 당선이 확정됐다.

경북 울릉에서도 무소속 허필 후보가 사퇴하여 자유당 최병권 후보가 무투표 당선됐다.

각처에서는 자유당 후보의 무투표 당선을 위해 다른 후보들의 등록 서류 접수에 불참하거나 서류 심사를 지연시키는가 하면, 등록 서류를 강탈하는 등 가지가지 등록 방해 공작이 노골적으로 전개됐다.

영양의 무소속 김은호 후보는 군법회의에서 정치관여 및 무단 부대 이탈죄로 징역 6개월을 받은 전과로 등록 무효되었으나, 군법회의에서 형의 면제를 받아 선거법상 입후보할 수 있다고 등록무효 이의신청 소송을 제기했다.

경북 영덕에서도 민주당 공천자 김영수가 등록을 완료했는데, 추천인 중 22명이 이중 추천자라며 이를 보완하라고 서류를 반려하여 보완했으나 마감 시간보다 7분 늦어 기각당했다.

김영수 후보는 이중 추천 관계로 농간이 있을까 염려되어 70명의 추천인을 선거위원회에 제출코자 했으나 선거위원회에서는 접수하지 않고 보완 지시도 없다가 등록 마감 이후 추천인 수 100명 미비라는 이유로 등록 무효를 공고하였다며 등록무효 취소청구 소송을 제기했다.

칠곡의 무소속 이수목 후보는 등록 서류를 가지고 선거위원회에 갔으나 선거위원들이 모두 자리에 없어 등록 서류 마감 시간까지 기다렸으나 끝내 나타나지 않아 등록을 하지 못했다.

중앙선거위원회는 칠곡의 이수목 후보의 등록을 유효 결정하여 장택상 후보의 무투표 당선을 번복했다. 그러나 칠곡선거위원회는 부당하다며 불응했다.

창원 을구에서는 민주당 설관수 후보 160명의 추천인 중 22명이 이중 추천자이고 37명이 성명과 인장의 차이로 불비하여 법정 추천인 수가 부족하다는 이유로 등록 신청을 각하했다.

민주당 설관수 후보는 9일 등록 서류를 접수했는데 160명의 추천인에 대한 심사를 10일 5시 마감 시간이 경과되자, 김태우 선거위원장은 등록 서류 불비를 이유로 서류 각하를 결의했다.

각하 이유는 이중 추천인이 22명이고 인장 차이가 16명이나 된다는 것이다. 이에 설관수 후보는 선거 소송을 제기했다.

중앙선거위원회는 창원 을구 설관수 후보가 제기한 이의서를 조사하여 등록 수리로 간주키로 결정하여 이용범 후보의 무투표 당선도 번복됐다.

춘성의 무소속 이찬우 후보는 등록시 기탁금 50만 환을 보증수표로 만들어 가지고 오지 않았다고 보증수표로 바꾸어 올 것을 지시하여 보증수표를 가지고 오니까 등록 시간이 지났다고 등록 무효를 선언했다.

영도 갑구는 민주당 공천자 송원도가 행방불명되어 이만우로 대체했으나 "납세증명서를 제출하라", "호적에 기재된 주소가 틀리다"는 등 법적으로 되지 않는 이유로 시일을 지연시켜 등록을 방해했다.

민주당 이만우 후보는 동래구청에서는 중구청에서 발행한 납세필증을 주소지가 다르다며 인정할 수 없다면서 신원증명을 발급하지 아니하여 등록 마감을 넘겨 등록할 수 없었다.

부산 영도의 무소속 조칠봉 후보는 백주에 등록 서류를 괴한에게 빼앗겼을 뿐아니라, 조칠봉 후보를 형사 수명이 낙태수술 사건이라는 허무맹랑한 사건 고소장 수사라며 연행해갔다.

민주당은 이기붕, 이용범, 이영언 의원들의 무투표 당선은 자연스러운 것이 아니라 반드시 강압과 협잡에 의한 것이라고 주장했다.

(3) 투표 결과를 정확하게 예측한 당선자 수

자유당은 125명의 당선이 확실하고 민주당 63명, 무소속이 45명 당선될 것으로 예측했다.

자유당의 목표인 3분의 2석인 156명에 비하면 31명이 부족하여 무소속 당선자 20여 명의 포섭이 불가피할 것으로 보인다.

민주당은 80~90석을 점거할 것으로 아전인수(我田引水) 격인 관측을 하고 있다.

민주당은 서울, 부산 등 대도시에서는 80%, 중소도시에서는 50%, 농촌지역에서 20% 당선율에 의해 산출하여 예상한 수치이다.

선거 결과는 자유당이 126명, 민주당이 79명의 당선자를 배출하여 당선예측치와 정확하게 일치했다.

5. 도처(到處)에서 짓밟히는 공명선거 실상

(1) 동아일보는 공명선거 캠페인을 전개

동아일보는 공명선거를 계도(啓導)하기 위해 "공명선거로만 민주정치 완성한다", "국민은 응시한다! 선거간섭 있나 없나", "귀중한 내 한표로 국운은 좌우", "민주선거 없는 곳에 독재정치 움튼다", "민주선거, 민주정치로만 국초(國礎)가 굳어진다", "선거 자유 분위기 파괴는 오명을 천추에", "여야대결은 공명정대한 선거로", "속아 뺏기지 말자, 귀중한 내 한 표", "선거의 자유만이 국가 융체(隆替)의 관건", "선량과 선악(選惡)을 엄선해서 깨끗한 표를!", "바른 선거로 어진 인물 뽑아 의정단상에", "정실로 던진 한 표 4년을 두고 후회한다", "올바른 투표 행사로 주권 사수에!", "깨끗한 표냐 아니냐로 잘 살고 못 살고", "자유선거 없는 곳에 민주주의 결실 없다", "1인의 선악(選惡), 10만의 불행을 가져온다", "배격하자! 구두선의 공명선거·공염불의 민주주의", "민주선거에의 반역은 앙화를 자손에", "양심과 흑심의 대결로 부정선거 봉쇄에", "유방(遺芳)! 유취(遺臭)! 공명선거 여부만이 좌우한다", "우리의 선거가 공정한가. 쏠리는 국련(UN)의 눈과 눈", "국민은 현명하다. 현사(賢士)와 용재(庸才)의 판별에", "권력에 굽히고 금력에 속은 투표는 자신의 불행을 초래", "명일의 총선! 유권자에게 호소하는 깨끗한 한표 한표", "오늘 투표일, 선량(選良)만이 활로다. 선악(選惡)은 자살이다!"는 표어를 게재하여 선거

캠페인에 앞장섰다.

(2) 자유당은 무공천자 제명을 공약했으나 공염불

이번 선거에서 공명선거를 공약하고 있는 자유당은 경찰의 선거간섭을 철저히 방지한다는 기본 방침을 세우고, 만약 일부 경찰관들이 쓸데없는 공명심에서 선거에 간섭하는 일이 있다면 그 지위의 고하를 막론하고 엄중한 처벌을 받게 될 것이라고 경고했다.

장면 부통령은 "이번 선거야말로 민주 역량을 시험하는 획기적 중대 의의를 가지고 있다"면서, "선거가 자유스럽고 공명하게 실시되려면 무엇보다 선행 조건으로 경찰 기타의 모든 관권이 엄정중립을 지켜야한다"고 강조했다.

검찰은 "각 정당의 공천에서 낙천되어 무소속으로 입후보한 자는 선거법에 저촉된다"고 단정한 견해를 표시하여 자유당 낙천자 100여 명과 민주당 낙천자 19명이 해당되어 위축되었다.

자유당은 134명에 달하는 낙천 출마자들의 사퇴 공작을 계속하여 왔으나 별반 성과를 거두지 못하자, 탈당계를 제출하지 아니하고 무소속으로 출전한 후보들에 대하여 제명조치하기로 결정했다.

그러나 포섭 대상인 당선 가능성이 있는 20여 명에 대한 명분이 서지 않아 이를 어떻게 기술적으로 해결하느냐 하는데 심각한 고민만을 노정(露呈)했다.

자유당은 선거일이 박두한 차제에 제명한다 하더라도 당 공천자에게 별반 도움이 되지 않을 뿐만 아니라 당선되는 경우 이를 포섭

할 명분이 서지 않는다는 사유로 낙천자들의 제명을 보류했다.

(3) 등록 방해, 협박, 공무원들의 선거 관여가 난무

야당 입후보자의 등록 서류 강탈사건을 필두로 유령선거인 명부등재, 사무실 계약 취소사건, 백지 날인 공작으로 인한 선거인 협박 등의 사건이 연발하여 공명선거 공약을 조소하기에 이르렀다.

경북 청도에서 민주당원인 황영석이 선관위원 추천서를 소지하고 있다가 파출소 순경에게 불심검문을 당하고 신원 미상으로 경찰서까지 연행됐다.

경찰서에서 풀려나 경찰서 인근 300m 지점에서 괴한 3~4명이 눈에 모래를 뿌리고 난행(亂行)을 하여 추천서를 탈취한 사건이 발생했으나 범인을 검거하지 못했다.

경북 월성에서는 경찰관이 선거 등록 상황을 취재하던 기자를 집단폭행하고 촬영한 필름을 뺏는 사건이 발생했다. 치안국장은 진상조사 후 경찰서장까지 엄중 문책하라고 지시했다.

경북 월성에서는 모든 도로의 요소에는 갑자기 사복 경찰관들이 동원되어 불법무기 소지자를 적발한다는 이유로 삼엄한 경계망을 펴고 통행인의 검문검색을 강화하여 오고가는 부락민을 일일히 불심검문하여 이중 추천의 보완을 불능 상태로 만들어 입후보 등록에 색다른 방해공작도 펼쳤다.

경남 김해에서는 선거위원으로 위촉된 교육 공무원이 전출교사 송별연에 백주에 참석하여 하루 동안 입후보 등록을 지연시켰다.

경남 창원 을구에서도 민주당 공천 후보가 등록을 접수시키려 하였으나 선거위원들이 퇴장하여 종일토록 접수를 못 하도록 했다.

경남 하동에서는 3명의 괴한이 무소속 윤종수 입후보 등록 서류를 탈취 도주하려다 제지한 윤임생 선거위원장과 경찰관들을 집단적으로 구타하고 도주했다.

하동경찰서장은 무보직 대기발령을 받았다.

경북 포항에서 김치경을 경찰관을 사칭한 괴한 2명이 주점으로 유인되어 야당 후보를 지지한다고 선언하자, 집단 구타를 당하는 불상사를 당했다.

부산 서구에서 야당 후보 선거운동원이 소형 홍보물을 배부하고 있는 가운데 정체불명의 청년 3명이 나타나 운동원을 집단 구타하자 재빨리 피신했다.

강원도 화천에서는 민주당 선거운동원 김민기가 정체불명의 괴한들에게 끌려가 집단폭행을 당했고, 부산 영도에서도 민주당 운동원 최익수가 괴한들로부터 무수히 구타를 당하여 영도 제동병원에 입원치료중이다.

서대문 을구 김산 후보의 선거사무장 김재광은 유령유권자 2,800명을 조작하여 선거인 명부를 확정했다고 권영덕 성암동장을 고발했다.

김천에서는 예정보다 추가된 투표용지 4천 매를 도난당했다. 김천시청 직원이 직공을 돌려보낸 뒤 분실되어 의혹을 불러왔다.

(4) 상상을 뛰어넘는 기상천외한 사건과 사고

경남 함안 조경규 후보는 박우범 함안경찰서장이 "자유당 이중섭 후보가 자유당 공천자로 결정되었으므로 당원들은 모두 이 후보를 지지해야 한다"고 역설했다며 선거법 위반으로 고소했다.

장숙현 해남군수와 조영 해남경찰서장은 해남수성회에서 "자유당을 절대다수 당선시키도록 여러분들이 협력해야 한다"고 역설했다.

충남 천안경찰서 경찰관은 여관 주인을 찾아 "야당 입후보자에게 사무실을 제공하면 여관업을 취소할 테니 그리 알기 바란다"고 위협하는 사건이 발생했다.

가짜 이강석 사건에 관련한 이인갑 경주경찰서장의 "이번 선거에 만약 민주당 후보가 당선된다면 경주시민들의 사상을 의심한다"는 발언에 대해 이호 내무부장관이 조사토록 지시했다.

충남 대덕에서는 부인회 강화대회를 개최하고 식권과 자유당 후보 기호표를 배부하고 "무소속과 민주당은 공산당과 같으며 정부에서 도둑질을 하다가 쫓겨나고 경찰에서 미역국을 먹은 집단"이라고 매도하는 선거운동을 펼쳤다.

조병순 대전시장은 "대전은 통·반장이 잘 훈련되어 있는데 무더기 표 같은 준비도 잘 되어 있다"고 발언하여 민주당으로부터 고발을 당했다.

서대전경찰서 김명회 유성지서 주임은 "경찰의 선거간섭이 보기 싫다"고 사표를 제출하고, 김익진 경찰서장이 "우리는 자유당 공천을 받은 송우범을 반드시 당선시켜야겠으니 수단 방법을 가리지 말고 활동을 하라" 등 선거법 위반 혐의를 폭로했다.

부산진 갑구 무소속 김지태 후보 선거사무실에 괴한 7명이 짚차를 갖고 출몰하여 기물을 파괴하는 등 테러를 자행하고 사라졌다.

테러를 감행하고 테러범 정모는 돈 5만 환을 주고 안대호 형사가 조종하였다고 폭로하여 안 형사는 부산지검에 구속됐다.

부산 서구 갑구에서는 경찰관이 김영삼 후보 개인 연설회에서 박수를 친 사람들의 명단을 작성하여 압력을 하는 색다른 사건이 발생했다.

(5) 언론계의 집단 반발 속에 문제되지 아니한 언론 조항

문제가 된 선거법 72조는 "누구든지 특정한 후보자의 당락을 목적으로 금품, 향응, 기타 이익의 수수 또는 약속하에 신문, 통신, 잡지, 기타 간행물에 선거에 관한 보도 평론을 게재할 수 없다", 선거법 73조는 "어떤 후보의 당락을 목적으로 허위 사실을 보도할 수 없다"는 조항으로 위반할 경우 3년 이하의 징역 또는 30만 환 이하의 벌금에 처하도록 규정되어 있다.

동아일보는 민주반역의 역사는 밤에 이뤄졌고 국민의 주권을 매매한 것은 민주당이며, 민주당의 협조와 장택상 등의 맞장단으로 민주주의 최종의 조종(弔鐘)이 울렸다고 선정적으로 보도했다.

또한 동아일보는 최고회의 결의까지 번복해가면서 언론 제약의 협상 선거법 통과에 공훈을 남긴 민주당 간부들은 전 언론계의 집중 공격을 받게 되자 모두가 꿀 먹은 벙어리가 됐다고 분기탱천했다.

조병옥 대표는 "언론계에서 법률을 잘못 해석하여 미리 겁에 질려 붓 들기를 주저한다면 이는 언론인들의 책임이다"라 말했고, "기정된 결의를 번복시킨 것만은 사실인 만큼 당 대표 최고위원으로서 책임을 느낀다"며 사퇴했다.

선거법 통과 과정에서 이철승 의원이 이석기 민주당 원내총무를 폭행하는 난장판이 벌어졌고, 조병옥 대표의 사표 수리는 신파의 책동으로 보고 있으며 백남훈을 대표최고위원에 선임했다.

민주당은 언론 조항에 관한 경위와 진사(陳謝) 성명을 내고 완전 삭제에 적극 노력하겠다고 다짐했고, 언론조항을 삭제하지 않는 한 협상 선거법안을 공동제안 할 수 없다는 입장을 밝혔다.

그러나 자유당은 언론 조항 수정에 거듭 반대한다는 입장을 내세웠다.

통일당, 민혁당, 노농당, 진보당의 4개 정당은 연석회의를 열고 협상 선거법의 언론제한 조항을 반대했다.

시공관에서 언론인들이 민권탈환 전국민 궐기대회를 개최하고 언론조항 삭제, 완전한 언론 자유수호 끝내 관철을 절규했다.

국회는 "어떤 특정한 후보자에 대해"를 "어떤 후보자에 대해"로 자귀를 수정하여 정부에 이송하자, 언론에서는 양두구육(羊頭狗肉) 격인 자귀 수정이라고 비난했다..

민주당은 국민 여론에 호응하여 언론 조항 삭제 개정안을 임시 국회에 제출하기로 결의했고, 이기붕 국회의장은 "법의 시행도 하기 전에 개정을 기도한 것은 부당한 것으로 한갓 인기 전술에 불과한 것이다"라고 반대했다.

검찰은 개정 선거법 언론 조항 해석을 입후보자와의 관련이 없으면 문제되지 않는다고 통지토록 했다.

이번 총선에서 언론조항이 문제를 일으키지도 아니했고, 선거 운동 과정에서 고발된 건도 하나도 없었는데 언론계에서 너무 호들갑을 떨었다고 볼 수밖에 없었다.

6. 개표과정에서도 발생한 연속된 불상사

(1) 개표 중단의 사태가 전국 도처에서 속출

경북 월성 을구는 자유당 후보 운동원과 군중 간에 유혈 난투극이 무더기 표 투입으로 벌어져 투표가 진행되지 못하고 20여 명의 경찰관이 투입되어 진압코자 했으나 군중들이 경찰관을 구타하여 험악한 분위기가 조성됐다.

이러한 개표과정의 불상사가 전국 도처에서 발생했으며 개표 사흘째가 지났으나 대구 병, 대구 기, 의성 갑, 창녕, 무안 병, 고창 을, 이리 등 7개구에서는 개표가 완료되지 못했다.

유효표의 무효화와 바꿔치기등 선거종사원들의 부정 계표 등을 이유로 대구갑(서동진), 여천(김우평), 창원갑(설관수), 울산을(정해영), 김해을(김정원), 부산 영도을(이만우), 부산진을(박찬현), 부산 동래(김명수), 이리(이춘기), 영주(박용만), 부산 서갑(김영삼), 대구병(임문석), 대구기구(최희송) 의 투표함 보전 신청을 했다.

검찰은 폭행, 사기, 선거법 위반으로 김두한을, 간통 및 호적 부실 기재 등으로 김산을, 소요죄로 설관수 후보를 구속했다.

또한 엄상섭, 윤명운, 서범석, 황성수 당선자를 불구속 송청했다.

(2) 경찰없는 암흑 천지가 사흘째 계속된 대구의 개표장

대구의 개표 과정은 폭도의 동원, 경찰관의 발악, 어깨 선거위원 등장, 야간 개표 진행, 정전, 피아노 반주, 엉터리 개표가 강행됐다.

대구 갑구에서 수많은 폭력배들이 민주당 입후보자의 운동원 집을 습격하여 "신도환이 국회의원 되는 것이 뭣이 나쁘냐? 서동진 그놈 개자식 같은 놈을 왜 지지하느냐"며 폭행하는 난장판을 이뤄 공포의 도시로 변해갔다.

대구 갑구는 신도환 후보의 당선사례 순회를 보고도 아무도 박수를 치지 아니했으나, 서동진 후보가 개표소에 나타났을 때 "선생님 우리 표를 도루 돌려주시오. 세상에 이런 꼴이 어디 있습니까"라고 눈물을 흘리는 여인들이 많았다.

대구 병구에서도 신암동 개표 도중 무더기 표가 5개 뭉치가 나와 여·야 참관인들의 논란으로 개표가 중단됐고, 전기불이 꺼진 것이 4, 5차례 심지어 전화선까지 끊어지고 말았다.

날이 새면 구실을 붙여 개표를 중단하고 밤에만 개표를 진행했다. 무효표가 500여 표 나오고, 전기는 꺼지고, 폭도들은 참관인석까지 달려들어 완력으로 혼란을 일으키고, 위원장이 실신하여 병원으로 실려 가고, 아우성치는 노파들을 민심을 선동시킨다는 이유로 트럭에 태운 채 남대구서로 연행하고, 가슴 아프게 외치는 군중들을 기마대의 발굽으로 모두 해산시키고, 정체불명의 청년들이 민주당 선거위원 및 참관인들을 구타 또는 납치하는 살벌한 공기로 돌변하였는데 이를 목도(目睹)한 경찰관들은 방관하는 태도를 취하여 일반인들이 분개케 했다.

"밤잠도 못자고, 밥도 제대로 못 먹고, 소변도 사이다 병에다 누어가며 유권자의 표를 지킨 사람이 무슨 죄가 있다고 주먹으로 의자로 마구 치는 놈들이여"라고 어느 노인이 절규했다.

대구 기구에서 민주당 후보가 리드하자 7명의 선거위원 중 4명이 개표소에서 퇴장한 채 행방불명되어 개표가 진행되지 못했다.

자유당 선거위원들이 퇴장 하면서 사표 소동을 일으키고 있기때문에 선거위원 과반수 미달로 개표 진행이 불가능하여 중단됐다.

민주당 선거위원들은 "나는 포기하였으나 살려주시오"하며 와들와들 떨고만 있었고, "표 도둑놈들아, 우리 표를 돌려달라"고 부르짖은 군중들의 아우성에도 기마경찰대에 의해 몰려나가고 경관의 총 뿌리에 항거를 못했다.

마지막 투표함 998표 중 민주당 후보에게 62표밖에 기재하지 않았다.

"462표로 되어 있는데 어째서 62표라고 하는가" 항의하자, "이놈아 죽일 놈아 무슨 잔소리냐, 잔소리 말고 가만히 있어"라는 고함 소리에 장내는 조용해졌다.

유권자 5백여 명이 "표 도둑놈을 잡아내라"고 외치면서 대구 시내에서 시위를 벌였다.

김용식 경북선거위원장의 설득으로 해산됐으나 이튿날 또다시 5백여 명이 대구지법에 몰려오자 "하늘이 무너지고 땅이 깨어지는 한이 있더라도 대법원만은 공정하게 시비를 가려줄 것이니 안심하라"

고 강조했다.

해산하려는 군중들을 향해 사복 경찰관들은 선동자나 지휘자 색출에 여념이 없었다.

대구 무구의 배정원 후보는 "나는 졌다"고 깨끗이 승복하여 "자유당에도 그런 양심적인 사람이 있어"라는 칭송을 받았다.

대구에서 갑자기 어깨 검거에 착수하여 30여 명을 검거하였는데 이들이 민주당 후보 운동원들에 대한 테러범인지도 모를 일이다. 테러 용의자로 3명을 구속했으나 주범은 잠적했다.

자유당 후보측에 승리의 억지 꽃다발을 안겨 주었으며 국민의 주권은 여지없이 짓밟히고 말았다.

야간 의원, 피아노 의원, 강도 의원, 폭력 의원 등 이곳에서 당선된 선량에게 보내는 새로운 유행된 국회의원 명칭이다.

그 많은 주권을 죽이고서도 그들에게는 영광이 수여되리라는 말을 들을 때 대구란 곳은 무섭도록 강한 정의자와 염치없이 아부하는 반역자로 조직된 합중도시(合衆都市)인 것도 같았다.

(3) 대구의 잔다르크로 추앙받은 우옥분 여사

대구의 잔다르크, 대구의 어머니, 민주주의의 여상은 대구 기구의 마지막 투표함을 사수하는 과정에서 일어났으며 사수자는 김정호였다.

아들의 수난을 보호하겠다고 거적을 펴고 밤을 새운 어머니가 우옥분 여사였다.

아들이 폭도들에 의해 두들겨 맞을 때 "매를 맞아도 비겁하지 말라"고 외쳤다.

이에 군중들은 "정호야 우리가 있다. 용감히 싸워라"고 외치기 시작하며, 군중들의 아우성은 대구의 밤하늘에 눈물마저 흘리게 했다.

김정호가 폭도들에게 납치를 당하자, 우옥분 여사는 "정호야, 에미가 이곳을 지킬 터이니 죽더라도 네 넋은 돌아와서 투표함을 지켜야 한다"고 절규했다.

개표장에서 어떤 놈이 의자를 뒤흔드는 광경을 보고 "정호가 맞아 죽는다"는 고함 소리와 함께 군중들은 개표장으로 달려갔다.

우옥분 여사는 "정호야, 에미가 여기 있다. 죽으려면 사나이답게 죽어라. 네 시체는 투표함에 넣어서 태극기로 덮어줄 터이다"라고 가슴이 찢어지도록 외쳤다.

이때 폭도인지 경관인지 모를 사람이 "뭐 이런 것이 있어. 우리를 어떻게 생각하는 거야"하며 멱살을 움켜잡고 우옥분 여사를 내동댕이쳤다.

이에 우옥분 여사는 "이놈, 네 손에 죽을 각오가 되어있다. 죽여라, 죽여라"고 최후의 발악을 했다. 이 광경을 목도한 경찰관은 우옥분 여사를 부축해서 끌고 나가면서 눈물을 주르르 흘렸다.

또 다시 우옥분 여사는 아들을 구하려고 개표소로 달려갔다. 이때에는 경찰관의 총 뿌리가 닥쳐왔다. 그리고 우 여사는 그 자리에서 실신했다.

경찰의 총 뿌리도 기마대의 말굽도 소방차의 호스도 어깨의 주먹도 이 모두를 무섭지 않다고 덤벼드는 것이다.

병석에 누운 우옥분 여사는 "아들이 변변치 못하여 기어코 표를 도둑맞아 미안하기 짝이 없습니다"라고 흐느껴 울었다.

(4) 불법적인 개표와 폭력이 난무한 이리시 개표장

자유당이 사주한 폭력단들은 이리시 유광수 선거위원장이 이춘기 후보의 무효표를 자유당 선거위원에게 무효표인가를 확인하자 "이런 것을 유효표로 하려면 전부 유효표라 하지 않겠느냐"고 소리를 질렀고, 그것을 무효표로 처리하였는데도 부정개표를 하였다고 생트집을 잡고 사표를 내도록 강요했다.

개표장으로 폭력배가 난입해서 "선거위원장을 집어내라, 찢어버려라, 사임시켜라"고 만행을 하게 되자, 개표장은 무법천지가 되고 주먹을 가진 놈이 사법권을 장악한 듯이 보였다.

이리시의회 의장실로 피신한 유광수 위원장을 폭력배들은 때리고 치고 차고 "시민이 너를 불신하니 사표를 내라"고 협박과 공갈을 했다.

이리 경찰서장은 선거위원들에게 "이놈의 새끼들 치워버리겠다"고 위협하고, 이리시장 이영택은 유광수 위원장을 붙잡고 사표 낼 것을 애원했다.

사표를 제출한 유광수 선거위원장은 부정개표를 한 일이 없다면서

"다만 덕이 모자라서 여러 가지 혼란(일부 시민의 데모와 폭력단의 테러) 때문"이라고 설명했다.

폭력배들은 이철승 의원과 중단 명령을 가지고 온 노병인 판사, 투표함에 차압을 한 집달리를 "죽여라, 쫓아내라"며 폭력을 행사하여 몰아내고 개표를 진행했다.

개표를 취재하던 동아일보 기자들을 구타하는 불상사가 일어나는 등 무질서가 횡행하고 1천여 명 군중들이 "개표 부정을 시정하라, 선거사무 종사원을 불신임한다"며 아우성을 치고, 선거위원들은 다른 사람이 써다 준 사직원에 도장을 찍을 수밖에 없었다.

군산지원 노병인 판사가 개표 중지를 명령하였는데도 이철호 선거위원장은 불복했고, 투표함을 차압하려는 집달리를 폭력배들이 몰려와 구타하고 "저놈을 죽여라. 판사를 집어내라"면서 난장판을 만들었다.

이철호 위원장은 이미 개표한 투표함의 재개표를 선언했고, 이철승 의원이 재개표의 불법을 규탄하자, 폭력배들은 일제히 개표장에 난입하여 의자 등 기물을 던지고 이철승 의원을 폭행했다.

전북도 선거위원장이 재개표를 무조건 중지하라는 지령서를 교부했는데도, 이철호 위원장은 "응할 수 없다"면서 지령서를 내동댕이쳤다.

또한 재개표 전까지는 이춘기 후보가 김원중 후보에게 228표 앞섰으나, 개표 결과는 김원중 후보가 727표 앞서 당선됐다.

이철호 이리시 선거위원장은 판사의 개표 중지 명령과 투표함의 차압 집행명령까지 거절하며 민주당 선거위원들의 개표 참여를 불가능하게 만들어놓고, 암흑과 공포에 뒤덮인 폭력단의 만행을 허용한 가운데 개표를 진행하여 자유당 김원중 후보의 당선을 선포했다.

신임 이철호 선거위원장은 이리경찰서 사찰계장을 지냈고, 김원중 전북 수리조합장 밑에서 수리조합 서무계장을 지냈다.

(5) 문제와 시비가 많은 개표에도 당선자는 변동없는 여천

투표가 한참 진행 중인 새벽 1시경 민주당 선거위원 조두만은 투표용지 5개를 손에 들고 "여기 무더기 표가 있다. 이것은 무효다"라고 외쳤다.

선거위원장은 투표함속에 있는 무더기 표지 개표장에서 생긴 무더기 표가 아니므로 개표를 중지할 수 없다고 주장하여 음성이 높아지고 소란스러워졌다.

이때 개표 성적은 이은태 3,739표, 김우평 5,135표였다.

3시간 실랑이 끝에 속개된 개표 중에 또 무더기 표 25매가 발견되어 옥신각신 하던 중에 돌산면에서 왔다는 한 사람이 "내가 그 무더기 표를 집어넣었다"고 자청하여 주위의 참관인들이 그 사람을 때리는 등 소란이 일어나자 30여 명의 무장 경찰관들이 여수로부터 달려왔다.

무더기 표를 유효표로 간주하고 속개된 새벽 6시경 조두만 선거위원은 삼산면 제3투표함을 보고 "이 투표함에는 선거위원 한 사람의 도장밖에 찍혀있지 않다"고 지적하며 개표 중지를 요구했다. 그리고 삼산면 제5투표함에는 투표함이 봉쇄되지 않았고, 율촌면 제4투표함에는 자물쇠에 봉인이 없었다. 그리하여 개표대에서 내려 놓여졌다.

선거위원장이 문제의 투표함 개함(開函) 명령을 내리자 민주당 참관위원은 투표함을 붙들고 "이것은 개표 못한다"고 고함치자, 퇴장명령을 내리고 개함하여 개표를 완료했다.

박병윤 선거위원장은 정당한 투표함이었기 때문에 개표한 것이며 도장이 찍히지 않고 봉인이 안 된 것은 "투표 참관인들이 잊어버리고 도장을 찍지 않고 봉인도 하지 않았다"고 해명했다.

문제의 투표함 개표 결과, 이은태 1,077표 대 김우평 404표로 673표차로 지금까지의 투표 결과를 뒤집고 이은태 후보가 303표 차로 당선됐다.

낙선한 김우평 후보는 "내가 당선권에 들지 않았다면 말도 않겠으며 이번 선거가 부정한 것이었다는 증거가 확연하며 법의 공정한 재결을 바란다"고 법원에 제소했다.

이번 여천의 선거는 정상적이지 않았다는 여러 가지 자료도 있었지만 법원은 선거 소송을 기각하고 이은태 후보의 당선을 확인했다.

제4장 여촌야도의 전형을 보여준 제4대 총선

1. 민주당은 도시 선거구에서만 대승을

2. 국회에 등원한 4대 의원들 면모

1. 민주당은 도시 선거구에서만 대승을

(1) 이번 총선의 특징과 결과 그리고 앞으로의 전망

투표 후 6일 만에 끝난 개표 결과 자유당 126석, 민주당 79석, 통일당 1석, 무소속 27석으로 나뉘었다.

3대 국회의 의석 분포는 자유당 131석, 민주당 46석, 무소속 24석이었다.

이번 선거는 자유당과 민주당이 공천 제도를 채택하고 정당과 정책에 대한 국민의 인식이 높아짐으로써 정당정치의 기초가 잡혔다. 한편으로는 자유당의 장기집권과 실정(失政)에서 오는 국민들의 준엄한 심판의 결과라고도 하겠다.

군소정당의 몰락은 의회 내에 발붙일 곳조차 없게 됐으며 27명으로 줄어든 무소속도 앞으로 자유, 민주 양당의 포섭공작에 대부분 흡수되어 교섭단체 구성이 불가능할 것은 물론이고 순수 무소속으로 남아있을 인사는 고작해서 5,6명에 불과할 전망이다.

민주당은 이석기, 현석호, 소선규, 김영선, 김판술, 김영삼 등 쟁쟁한 인사들이 낙선한 반면, 엄상섭, 서범석, 한근조, 진형하, 이태용, 이병하 등 이론파들이 맹장(猛將)급으로 보강됐다.

자유당은 개헌 기도를 결코 포기하지 않고 개헌선 확보를 위한 포섭공작을 끈덕지게 할 것이며 시기가 도래하면 결단을 단행할 것이고, 한편으로는 내각제 개헌안도 모색할 것으로 보인다.

자유당 포섭 대상은 서임수, 유기수, 최석림, 이사형, 정세환, 이옥동, 김향수, 손재형, 박상길, 황호현, 반재현, 김정근, 현오봉, 조종호, 박병배 의원 등이 예상되고 있으며, 조병옥 최고위원은 "자유당 총재 이승만 박사와 중앙위의장 이기붕은 반성하라"면서, "이번 선거를 통해서 한국의 민주주의는 또 한 번 유린됐으며 공명선거는 완전히 공염불이 되고 말았다"고 역설했다.

투표 당일 서대문 을구 관내에서 5명의 민주당 후보 운동원들이 10명의 괴한들에게 집단 테러를 당하고, 이를 취재하려던 동아일보 기자 2명도 100여 명에게 무조건 폭행을 당한 불상사가 발생했다. 또한 동아일보 포항지국장도 투표 상황 취재 중 수명의 괴한들에게 폭행을 당했다.

무투표 당선 확정자는 자유당 이기붕(이천), 이재학(홍천), 박용익(명주), 이영언(영도갑), 지영진(양산), 김원규(영덕), 김상도(영천갑), 박종길(영양), 최병권(울릉) 후보 등 9명으로 모두 자유당 후보로 밝혀졌다.

민주당은 217명을 내세웠으나 완주는 203명에 불과했다. 민주당 낙천자 20여 명 중 당선자는 없었다.

자유당은 220명을 공천하여 118명이 당선됐다. 143명이 당의 지시를 거역하고 입후보하였고 18명은 중도에 사퇴했다.

이번 총선에서 정당별 득표는 자유당이 3,607,092표로 42.1%, 민주당이 2,934,036표로 34.2%, 통일당이 53,716표로 0.6%를 점유했다. 독립노농당 11,683표, 노농당 22,893표, 국민당 7,192표, 민주혁신당도 22,655표를 득표했다.

국무위원들은 "장면 부통령은 신성한 부통령의 의무를 떠나서 정부와 민심을 이간시켜가지고 개인의 세력 부식에만 급급하여 공무원의 처우 개선, 농어촌의 고리대 정리, 인정과세 폐지 등 정부의 3대 당면 정책을 공수표라고 언명하는가 하면 역사상 가장 명랑한 5.2 4대 총선을 부정선거라고 단정하여 나라의 위신에 중대한 영향을 주고 있어 국무위원 일동은 이와 같은 장면 부통령의 정부와 민간의 이간책을 밝혀서 국민들의 공정한 판단을 바란다"고 규탄했다.

개표 과정에서 부정 사실이 밝혀져 대구 병구 자유당 이우줄 의원이 민주당 임문석 후보로, 대구 기구 자유당 이순희 의원이 민주당 최희송 후보로, 경북 선산 자유당 김우동 의원이 무소속 김동석 후보로 당선인 재결정으로 의원직으로 넘겨졌다.

부정이나 불법선거로 영일 을구(김익로), 영덕(김원규), 월성 을구(이종준), 영주(이영희), 울산 을구(김성탁), 양산(지영진), 인제(나상근), 보성(안용백)의 선거 무효로 재선거가 실시됐다.

(2) 도시는 민주당, 농촌은 자유당으로 양분(兩分)

전국 233개 선거구에서 도시 선거구는 서울특별시 16개구, 부산 10개구, 대구 6개구, 인천과 광주가 3개구이고 대전, 전주가 2개구이다.

경기도 수원, 충북의 청주, 충주, 전북의 군산, 이리, 전남의 목포, 여수, 순천, 경북의 포항, 경주, 김천, 경남의 마산, 진주, 충무, 진해, 삼천포, 강원의 춘천, 원주, 강릉, 제주의 제주 등이 1개구로 62개 선거구이다.

자유당 후보로 당선자는 최규남(서대문을), 홍병각(충주), 정낙훈(대전갑), 김원전(군산), 김원중(이리), 박흥규(광주병), 이우줄(대구병), 이순희(대구기), 하태환(포항), 이상용(부산 서갑), 이영언(부산 영도갑), 김인호(부산 동래), 최용근(강릉) 후보 등 13명에 불과하여 21% 수준이다.

무소속 후보들이 6명 당선됐고 민주당 후보들이 43명 당선되어 69%를 점유했다.

군(郡)지역 선거구는 1개구가 원칙이지만 경기도 양주, 화성, 충북의 청원, 충남의 공주, 논산, 부여, 서산, 당진, 천안, 전북의 완주, 남원, 정읍, 고창, 김제, 익산, 전남의 고흥, 해남, 나주, 경북의 의성, 안동, 영일, 월성, 영천, 상주, 경남의 밀양, 울산, 김해, 창원, 합천이 2개 선거구고 전남 무안은 3개구로 171개 구이다.

민주당 후보로 강영훈(양주갑), 홍익표(가평), 구철회(용인), 홍봉진(화성을), 민장식(영동), 김주묵(음성), 이태용(제천), 김학준(공주을), 윤담(논산을), 우희창(사천), 유승준(홍성), 전영석(서산갑), 배성기(완주을), 유진산(금산), 조정훈(남원갑), 나용균(정읍갑), 송영주(정읍을), 홍순희(고창을), 조한백(김제갑), 윤제술(김제을), 윤택중(익산을), 유옥우(무안을), 김삭(무안병), 김의택(함평), 조영규(영광), 김선태(완도), 김규만(의성갑), 권오종(안동갑), 권중돈(영천을), 주병환(성주), 박창화(밀양갑), 조정환(밀양을), 조일재(동래), 서정귀(통영), 정헌주(사천) 후보등이 당선되어 35명에 불과하여 20%에 불과하다.

무소속 후보들이 21석을 차지하고 나머지 114석을 자유당 후보들이 석권하여 점유율은 66.6%이다.

2. 국회에 등원한 4대 의원들의 면모

(1) 제4대 총선에서 낙선한 유명 인사들

4대 총선에서 낙선한 유명 인사로는 종로를 주름잡았던 김두한(종로을), 초대 내무부장관을 지낸 윤치영(중구갑), 반공연맹 사무총장 출신으로 공보실장인 전성천(동대문갑), 대법관과 검찰총장을 지낸 한격만(동대문을), 자유당 실세였던 임흥순(성동갑)과 남송학(용산갑), 국회부의장을 지낸 황성수(용산을), 초대 사회부장관을 지낸 전진한(영등포갑) 후보들이 추풍낙엽처럼 낙선했다.

민주당 공천이면 무조건 묻지마 투표를 한 서울시민들의 민심이 발동하였기 때문이다.

경기지역에서는 의사로 유명한 신태범(인천갑), 대한증권협회장인 설경동(수원), 신익희 국회의장의 아들로 3대의원인 신하균(광주), 현역의원인 김종규(양주갑), 강승구(양주을), 천세기(양평), 오형근(가평), 신의식(용인), 황경수(평택), 최병국(화성을), 이영섭(시흥), 윤일상(강화) 후보들은 물론 상공부장관을 지낸 이교선(안성) 후보도 낙선했다.

충청권에서는 현역의원인 박기운(청주), 김기철(충주), 신정호(청원갑), 신각휴(옥천), 손준현(영동), 이충환(진천), 안동준(괴산), 이학림(음성), 장영근(단양), 정상열(대전갑), 송우범(대덕), 염우량(공주갑), 김달수(공주을), 신태권(논산갑), 이석기(부여갑), 조남수(부여을), 나희집(서천), 김영선(보령), 성원경(예산), 나창헌

(서산갑) 후보들이 낙선했고, 제헌의원인 족청계의 핵심으로 내무부장관을 지낸 진헌식(연기), 야당 중진인 이상돈(천안을)과 이상철(청양) 후보들도 낙선했다.

호남권에서도 현역의원인 박정근(전주을), 김판술(군산), 김춘호(이리), 양영주(남원갑), 김창수(정읍갑), 김택술(정읍을), 신용욱(고창을), 송방용(김제갑), 소선규(익산갑), 강세형(익산을), 박영종(담양), 김정호(광양), 김성호(강진), 민영남(해남을), 신행용(무안병), 최영철(나주갑), 조병문(진도) 후보들은 현역의원의 이점을 살리지 못하고 낙선했지만, 이철승(전주을), 유진산(금산), 윤제술(김제을), 양일동(옥구), 정성태(광주갑), 윤형남(순천), 조순(곡성), 김준연(영암), 유옥우(무안을), 김의택(함평), 조영규(영광), 김선태(완도) 의원들은 당선되어 연승을 이어갔다.

영남권에서도 민주혁신당의 기수인 서상일(대구을), 경북지사를 지낸 최희송(대구기), 대학 조교수인 박준규(달성), 치안국장으로 유명한 김종원(영일을), 민주당 실세였던 현석호(예천), 자유당 조직부장인 박용만(영주), 3대의원인 김영삼(부산 서갑), 문교부 장관을 지낸 안호상(부산 영도을), 재선의원인 김지태(부산진 갑), 충무시장을 지낸 김기섭(충무), 대양석탄 사장인 정해영(울산을), 주일공사를 지낸 김용주(함양), 농림부장관을 지낸 신중목(거창)후보들도 낙선했다.

강원도에서도 춘천시장을 지낸 홍창섭, 2대의원인 태완선(영월), 원주시의원 출신인 박영록(원성), 월간새벽 주간인 김재순(양구), 제헌의원인 김광준(울진), 제주도에서는 독립운동가인 김성숙(남제주), 재선 의원인 강경옥(남제주) 후보들이 낙선했다.

(2) 제4대 총선에서 당선된 후보들

서울(16명) : 자유당 1명, 민주당 14명, 무소속 1명

◆종로갑: 윤보선 (민주, 서울특별시장, 3대의원), ◆종로을: 한근조 (민주, 변호사, 대법관), ◆중구갑: 주요한 (민주, 잡지사 사장), ◆중구을: 정일형 (민주, 2대, 3대의원, UN대표), ◆동대문갑: 민관식 (무소속, 3대 의원, UN대표), ◆동대문을: 이영준 (민주, 제헌의원, 의사), ◆성동갑: 유성권 (민주, 성동구 동연합회장), ◆성동을: 조병옥 (민주, 3대의원, 당 대표), ◆성북: 서범석 (민주, 2대의원), ◆서대문갑: 김도연 (민주, 재무부장관, 1대, 3대의원), ◆서대문을: 최규남 (자유, 서울대총장, 문교부장관), ◆마포: 김상돈 (민주, 1대, 3대의원), ◆용산갑: 엄상섭 (민주, 2대의원, 변호사), ◆용산을: 김원만 (민주, 신문사 사장), ◆영등포갑: 윤명운 (민주, 서울 시경국장), ◆영등포을: 유홍 (민주, 2대의원)

경기(25명) : 자유당 14명, 민주당 8명, 무소속 3명

◆인천갑: 김재곤 (민주, 3대의원), ◆인천을: 곽상훈 (민주, 1대, 2대, 3대의원), ◆인천병: 김훈 (민주, 지구당위원장), ◆수원: 홍길선 (민주, 1대, 2대의원), ◆고양: 이성주 (자유, 3대의원, 치안국장), ◆광주: 최인규 (자유, 외자청장), ◆양주갑: 강영훈 (민주, 육군대학 교관), ◆양주을: 강성태 (자유, 상공부장관), ◆포천: 윤성순 (자유, 2대, 3대의원), ◆가평: 홍익표 (민주, 1대, 2대의

원), ◆양평: 유용식 (자유, 육군중령, 헌병사 재정부장), ◆여주: 김의준 (자유, 3대의원, 변호사), ◆이천: 이기붕 (자유, 3대의원, 국회의장), ◆용인: 구철회 (민주, 지구당위원장), ◆안성: 오재영 (자유, 3대의원, 건설신문 사장), ◆평택: 정존수 (자유, 수원지원장), ◆화성갑: 손도심 (자유, 3대의원), ◆화성을: 홍봉진 (민주, 고려대 교수, 국회 전문위원), ◆시흥: 이재형 (무소속, 1대, 2대의원, 상공부장관), ◆부천: 장경근 (자유, 3대의원, 내무부장관), ◆김포: 정준 (무소속, 1대, 3대의원), ◆강화: 윤재근 (무소속, 1대, 2대의원), ◆파주: 정대천 (자유, 3대의원, 경성전기 사장), ◆연천: 이익흥 (자유, 경기도지사, 내무부장관), ◆옹진: 유영준 (자유, 대강산업 사장)

충북(13명) : 자유당 8명, 민주당 4명, 무소속 1명

◆청주: 이민우 (민주, 청주시의회 부의장), ◆충주: 홍병각 (자유, 충북도 교육위원), ◆청원갑: 오범수 (자유, 회사 사장), ◆청원을: 곽의영 (자유, 2대, 3대의원), ◆보은: 김선우 (자유, 3대의원), ◆옥천: 권복인 (자유, 충북도의원), ◆영동: 민장식 (민주, 민교사 사장), ◆진천: 정운갑 (자유, 농림부장관), ◆괴산: 김원태 (자유, 내무부차관), ◆음성: 김주묵 (민주, 조선일보 정치부장), ◆중원: 정상희 (자유, 통화통신 부사장), ◆제천: 이태용 (민주, 3대의원), ◆단양: 조종호 (무소속, 국회의원 비서)

충남(22명) : 자유당 15명, 민주당 6명, 무소속 1명

◆대전갑: 정낙훈 (자유, 농림부장관), ◆대전을: 진형하 (민주, 대전지법 부장판사), ◆대덕: 박병배 (무소속, 서울 시경국장), ◆연기: 유지원 (자유, 3대의원), ◆공주갑: 박충식 (자유, 2대의원), ◆공주을: 김학준 (민주, 공주사대 조교수), ◆논산갑: 김공평 (자유, 강경읍장), ◆논산을: 윤담 (민주, 2대의원), ◆부여갑: 한광석 (자유, 보병 중대장), ◆부여을: 임철호 (자유, 농림부장관), ◆서천: 우희창 (민주, 충남도의원), ◆보령: 이원장 (자유, 육군 소장), ◆청양: 김창동 (자유, 충남도의원), ◆홍성: 유승준 (민주, 2대의원), ◆예산: 윤병구 (자유, 제헌의원), ◆서산갑: 전영석 (민주, 서산읍장), ◆서산을: 유순식 (자유, 3대의원), ◆당진갑: 인태식 (자유, 3대의원, 재무부장관), ◆당진을: 원용석 (자유, 농림부차관), ◆아산: 이민우 (자유, 회사 사장), ◆천안갑: 한희석 (자유, 내무부차관), ◆천안을: 김종철 (자유, 대동청년단 선전부장)

전북(24명) : 자유당 10명, 민주당 11명, 무소속 3명

◆전주갑: 유청 (민주, 전주북중 교장), ◆전주을: 이철승 (민주, 3대의원), ◆군산: 김원전 (자유, 고려제지 사장), ◆이리: 김원중 (자유, 수리조합장), ◆완주갑: 이존화 (자유, 3대의원), ◆완주을: 배성기 (민주, 농민회 축산과장), ◆진안: 이옥동 (무소속, 재일거류민단 간부), ◆금산: 유진산 (민주, 3대의원), ◆무주: 김진원 (자유, 무주군수), ◆장수: 정준모 (자유, 3대의원, 보사부장관), ◆임실: 박세경 (자유, 3대의원, 변호사), ◆남원갑: 조정훈 (민주, 2대의원), ◆남원을: 안균섭 (자유, 군인), ◆순창: 임차주 (자유, 3대의원), ◆정읍갑: 나용균 (민주, 제헌의원), ◆정읍을: 송영주

(민주, 정읍군당위원장), ◆고창갑: 정세환 (무소속, 3대의원), ◆고창을: 홍순희 (민주, 정당인), ◆부안: 신규식 (자유, 3대의원), ◆김제갑: 조한백 (민주, 제헌의원), ◆김제을: 윤제술 (민주, 3대의원), ◆옥구: 양일동 (무소속, 제헌의원), ◆익산갑: 김형섭 (자유, 군당부위원장), ◆익산을: 윤택중 (민주, 2대의원)

전남(32명) : 자유당 18명, 민주당 10명, 통일당 1명, 무소속 3명

◆광주갑: 정성태 (민주, 3대의원), ◆광주을: 이필호 (민주, 광주시의원), ◆광주병: 박흥규 (자유, 3대의원), ◆목포: 정중섭 (민주, 3대의원, 전남대학장), ◆여수: 정재완 (민주, 2대, 3대의원), ◆순천: 윤형남 (민주, 3대의원), ◆광산: 이정휴 (자유, 3대의원), ◆담양: 국쾌남 (자유, 무역상, 공무원), ◆곡성: 조순 (자유, 2대, 3대의원), ◆구례: 이갑식 (자유, 3대의원, 전남도당위원장), ◆광양: 황숙현 (자유, 국회 전문위원), ◆여천: 이은태 (자유, 전남도의원, 조선대 학장), ◆승주: 이형모 (자유, 3대의원), ◆고흥갑: 손문경 (자유, 3대의원, 숙명여대 교수), ◆고흥을: 박철웅 (자유, 2대의원, 조선대 이사장), ◆보성: 안용백 (자유, 문교부 편수국장), ◆화순: 구흥남 (자유, 3대의원), ◆장흥: 손석두 (자유, 3대의원), ◆강진: 김향수 (무소속, 회사 사장), ◆해남갑: 김병순 (자유, 3대의원), ◆해남을: 김석진 (자유, 전남도의원), ◆영암: 김준연 (통일당, 1대, 3대의원, 법무부장관), ◆무안갑: 나판수 (자유, 면장, 사회사업가), ◆무안을: 유옥우 (민주, 3대의원), ◆무안병: 김삭 (민주, 판사, 변호사), ◆나주갑: 이사형 (무소속, 경감, 전남도의원), ◆나주을: 정명섭 (자유, 나주군수, 3대의원), ◆함평: 김의택 (민주,

287

경찰국장, 3대의원), ◆영광: 조영규 (민주, 1대, 3대의원), ◆장성: 변진갑 (자유, 2대, 3대의원), ◆완도: 김선태 (민주, 판사, 3대의원), ◆진도: 손재형 (무소속, 서화가, 예술원 회원)

경북(38명) : 자유당 24명, 민주당 8명, 무소속 6명

◆대구갑: 신도환 (무소속, 반공단장), ◆대구을: 이병하 (민주, 판사, 변호사), ◆대구병: 이우줄 (자유, 3대의원), ◆대구정: 조재천 (민주, 3대의원, 경북도지사), ◆대구무: 조일환 (민주, 대구대 강사), ◆대구기: 이순희 (자유, 회사장), ◆포항: 하태환 (자유, 3대의원, 학교장), ◆경주: 안용대 (무소속, 2대의원), ◆김천: 문종두 (무소속, 3대의원, 신문사 사장), ◆달성: 김성곤 (자유, 연합신문 중역), ◆군위: 박만원 (자유, 2대, 3대의원), ◆의성갑: 김규만 (민주, 군당위원장), ◆의성을: 박영교 (자유, 3대의원, 면장), ◆안동갑: 권오종 (민주, 3대의원), ◆안동을: 김익기 (자유, 1대, 2대, 3대의원), ◆청송: 윤용구 (자유, 3대의원), ◆영양: 박종길 (자유, 3대의원), ◆영덕: 김원규 (자유, 3대의원), ◆영일갑: 박순석 (자유, 1대, 3대의원, 목사), ◆영일을: 김익로 (자유, 1대, 2대, 3대의원), ◆월성갑: 이협우 (자유, 2대, 3대의원), ◆월성을: 이종준 (자유, 경동중 교장), ◆영천갑: 김상도 (자유, 3대의원), ◆영천을: 권중돈 (민주, 2대, 3대의원), ◆경산: 박해정 (민주, 1대, 3대의원), ◆청도: 반재현 (무소속, 청도군 내무과장), ◆고령: 정남택 (자유, 수리조합장), ◆성주: 주병환 (민주, 국회 전문위원), ◆칠곡: 장택상 (무소속, 2대, 3대의원), ◆금릉: 김철안 (자유, 3대의원), ◆선산: 김우동 (자유, 3대의원), ◆상주갑: 조광희 (자유,

공무원), ◆상주을: 김정근 (무소속, 상주군수), ◆문경: 이동영 (자유, 회사장), ◆예천: 정재원 (자유, 경북도의회 의장), ◆영주: 이정희 (자유, 3대의원), ◆봉화: 정문흠 (자유, 2대, 3대의원), ◆울릉: 최병권 (자유, 3대의원)

경남(40명) : 자유당 20명, 민주당 15명, 무소속 5명

◆부산중: 김응주 (민주, 부산석탄 사장), ◆부산 서갑: 이상용 (자유, 내무부차관, 경남도지사), ◆부산 서을: 김동욱 (민주, 3대의원), ◆부산 영도갑: 이영언 (자유, 3대의원), ◆부산 영도을: 이만우 (민주, 청량음료 회사장), ◆부산 동갑: 박순천 (민주, 2대의원), ◆부산 동을: 오위영 (민주, 2대의원), ◆부산 부산진갑: 이종남 (민주, 경남도의원), ◆부산 부산진을: 박찬현 (민주, 제헌의원, 동아대 교수), ◆부산 동래: 김인호 (자유, 대동고무 사장), ◆마산: 허윤수 (민주, 마산시장), ◆진주: 김용진 (민주, 군수, 경남도의원), ◆충무: 최천 (민주, 3대의원, 경남 도경국장), ◆진해: 주금용 (무소속, 경남도의원), ◆삼천포: 이재현 (무소속, 경남도의원), ◆진양: 구태회 (자유, 진양군당위원장), ◆의령: 이영희 (자유, 3대의원), ◆함안: 조경규 (자유, 2대, 3대의원), ◆밀양갑: 박창화 (민주, 경남도의원), ◆밀양을: 조정환 (민주, 하남면장), ◆양산: 지영진 (자유, 2대의원), ◆울산갑: 안덕기 (자유, 경남농민회장), ◆울산을: 김성탁 (자유, 풍곡연탄 사장), ◆동래: 조일재 (민주, 당 조직부장), ◆김해갑: 강종무 (자유, 경남 농지관리국장), ◆김해을: 이종수 (자유, 2대, 3대의원), ◆창원갑: 김형돈 (자유, 도당부위원장), ◆창원을: 이용범 (자유, 3대의원, 도당위원

장), ◆통영: 서정귀 (민주, 경남도의원), ◆거제: 진석중 (자유, 경남도의회 의장), ◆고성: 최석림 (무소속, 상공회의소 전문위원), ◆사천: 정헌주 (민주, 3대의원), ◆남해: 김정기 (자유, 경남도의원), ◆하동: 손영수 (자유, 하동군수, 부산시장), ◆산청: 김재위 (자유, 문교부 체육과장), ◆함양: 박상길 (무소속, 연구소 소장), ◆거창: 서한두 (자유, 거창군당위원장, 양조업), ◆합천갑: 유봉순 (자유, 3대의원), ◆합천을: 최창섭 (자유, 1대, 3대의원)

강원(20명) : 자유당 15명, 민주당 2명, 무소속 3명

◆춘천: 계광순 (민주, 관광진흥사장), ◆원주: 박충모 (민주, 원주읍의회 의장), ◆강릉: 최용근 (자유, 3대의원, 강릉농고 교장), ◆춘성: 임우영 (자유, 3대의원), ◆홍천: 이재학 (자유, 1대, 2대, 3대의원), ◆횡성: 장석윤 (자유, 3대의원, 내무부장관), ◆원성: 홍범희 (자유, 제헌의원, 내무부차관), ◆영월: 정규상 (자유, 3대의원), ◆평창: 황호현 (무소속, 제헌의원, 내무부장관 서리), ◆정선: 유기수 (무소속, 체신사업협회 전무), ◆철원: 서임수 (무소속, 공군 정훈감), ◆금화: 박현숙 (자유, 숭의학원 이사장), ◆화천: 박덕영 (자유, 도당부위원장), ◆양구: 최규옥 (자유, 제헌의원, 농림부장관), ◆인제: 나상근 (자유, 염업조합회장), ◆고성: 홍승업 (자유, 강원도 경무과장), ◆양양: 이동근 (자유, 운수부 해사국장), ◆명주: 박용익 (자유, 3대의원, 강원도 국장), ◆삼척: 김진만 (자유, 3대의원, 강원일보사장), ◆울진: 전만중 (자유, 3대의원)

> 제주(3명) : 자유당 1명, 민주당 1명, 무소속 1명

◆제주: 고담룡 (민주, 성균관대 교수), ◆북제주: 김두진 (자유, 3대의원), ◆남제주: 현오봉 (무소속, 제주경찰청 통신과장)

(3) 자유당으로 몰려간 4대 의원들의 달라진 운명

자유당의 집권이 영원할 것이라고 믿고 민주당과 무소속으로 당선된 많은 의원들이 자유당으로 전향했으나 청천벽력(靑天霹靂)과 같은 4.19 혁명으로 추풍낙엽처럼 정계에서 사라졌다.

민주당으로 당선된 구철회(용인), 유승준(홍성), 전영석(서산갑), 조정훈(남원갑), 송영주(정읍을), 홍순희(고창을), 권오종(안동), 이만우(영도을), 허윤수(마산), 박창화(밀양갑), 조정환(밀양을)의원들과 무소속으로 당선된 정세환(고창갑), 김향수(강진), 이사형(나주갑), 손재형(진도), 신도환(대구갑), 안용대(경주), 반재현(청도), 주금용(진해), 최석림(고성), 박상길(함양), 황호현(평창), 유기수(정선), 서임수(철원), 현오봉(남제주) 후보들이 자유당으로 전향하여 정치적 재기에 어려움을 겪었다.

또한 개표 과정에서 부정으로 대구 병구 자유당 이우줄 의원이 민주당 임문석 후보에게, 대구 기구 자유당 이순희 의원이 민주당 최희송 후보에게, 경북 선산 자유당 김우동 의원이 무소속 김동석 후보에게 당선무효 판결로 인한 당선인 재결정으로 의원직을 넘겨 줬다.

부정이나 불법선거로 인한 재선거에서 영일 을구 자유당 김익로, 영덕의 자유당 김원규, 월성 을구의 자유당 이종준, 영주의 자유당 이정희, 울산 을구 자유당 김성탁, 양산의 자유당 지영진 의원들은 재당선되어 의원직을 이어갔으나, 인제의 자유당 나상근 의원은 자유당 전형산 후보에게, 보성의 자유당 안용백 의원은 자유당 황성수 후보에게 의원직을 넘겨줬고, 재선거에서 투표지 절도로 의원직을 잃은 영일 을구 김익로 의원은 내무부차관 출신인 자유당 김장섭 후보에게 의원직을 넘겨줬다.

임기 중 권오종(안동갑), 엄상섭(용산갑), 이기붕(이천), 조병옥(성동을), 진석중(거제) 의원들은 사망했고, 박만원(군위), 손도심(화성갑), 신도환(대구갑), 이익흥(연천), 이재학(홍천), 이존화(완주갑), 임철호(부여을), 장경근(부천), 정존수(가평), 최인규(광주), 한희석(천안갑) 의원들은 3.15 정·부통령 선거 부정 등에 관련되어 구속되거나 의원직을 사직했다.

강성태(양주을), 국쾌남(담양), 김익기(안동을), 김장섭(영일을), 박순석(영일갑), 박철웅(고흥을), 손문경(고흥갑), 신규식(부안), 오범수(청원갑), 오위영(부산 동을), 원용석(당진을), 윤성순(포천), 이원장(보령), 이은태(여천), 최규남(서대문을), 최규옥(양구), 최희송(대구을), 한광석(부여갑), 홍범희(원성), 홍순영(고성), 황성수(보성) 의원들은 참의원 의원 입후보를 위해 사직했다.

[제4부] 지역구별 불꽃 튀는 격전의 현장들

제1장 수도권 : 민주당 후보들의 선전이 돋보여
제2장 영남권 : 자유당 후보 당선율은 56.4%
제3장 강원·충청권 : 자유당 후보들의 금성탕지
제4장 호남·제주권 : 반자유당 정서 엄연히 상존

제1장 수도권 : 민주당 후보들의 선전이 돋보여

1. 민주당 후보들이 수도권 의석의 절반을 차지

2. 수도권 41개 지역구 불꽃튀는 격전의 현장으로

1. 민주당 후보들이 수도권 의석의 절반을 차지

(1) 수도권의 지역구는 41개구로 전국의 19.2%

서울과 경기도의 수도권은 41개 지역구로 전국 233개 지역구의 19.2%에 불과하다.

서울은 16개 선거구이고 경기도가 25개 선거구로 이번 총선에서 수복지구인 연천, 옹진이 신설되어 2개 선거구가 증설됐다.

서울에서는 동대문이 갑·을구로 분구되고 마포 갑·을구가 통합되어 증감은 없었다.

수도권 당선자 41명의 정당 분포는 자유당이 15명이고 민주당이 22명이며 무소속이 4명으로 민주당 당선자가 자유당 당선자보다 7명이나 많다.

그리하여 자유당 후보의 당선율은 36.6%에 불과했다. 무소속 당선자는 민관식(동대문갑), 이재형(시흥), 정준(김포), 윤재근(강화) 후보들이다.

지난 3대 총선에서 의석 분포는 자유당이 21명이었고 민주국민당이 3명이었으며 국민당이 2명뿐이었다. 민주당이 3명에서 22명으로 증가하여 신장세가 놀라웠다.

3대의원 39명 중 한동석(고양), 신익희(광주) 의원들이 사망하여 보궐선거가 실시되어 이성주(자유당), 신하균(민주당) 후보들이 당선돼 의원직을 승계했다.

(2) 3대 의원들의 귀환율은 41.5%를 밑돌고

3대의원 중 지역구를 유지한 의원들은 윤보선(종로갑), 정일형(중구을), 민관식(동대문갑), 김도연(서대문갑), 김상돈(마포), 김재곤(인천갑), 곽상훈(인천을), 윤성순(포천), 김의준(여주), 오재영(안성), 손도심(화성갑), 장경근(부천), 정준(김포) 의원 등 13명에 불과하며 이성주(고양) 의원은 보궐선거에서 당선됐다.

이기붕(이천) 의원은 서대문 을구에서, 조병옥(성동을) 의원은 대구 을구에서, 정존수(평택) 의원은 수원에서 지역구를 옮겼다.

그리하여 3대 의원들의 귀환율은 41.5%에 불과하다.

김두한(종로을), 윤치영(중구갑), 임홍순(성동갑), 김재황(성동을), 남송학(용산갑), 황성수(용산을), 윤재욱(영등포갑), 김종규(양주갑), 강승구(양주을), 오형근(가평), 천세기(양평), 신의식(용인), 황경수(평택), 이영섭(시흥), 윤일상(강화) 의원 등 15명의 의원이 낙선의 고배를 마셨다.

반면 한근조(종로을), 이영준(동대문을), 김원만(용산을), 엄상섭(용산갑), 유성권(성동갑), 서범석(성북), 유홍(영등포을), 윤명운(영등포갑), 김훈(인천병), 최인규(광주), 강영훈(양주갑), 홍익표(가평), 구철회(용인), 홍길선(수원), 홍봉진(화성을), 이재형(시흥), 윤재근(강화), 서범석(성북) 후보 등 18명은 지난 3대 총선에서의 낙선을 딛고 재기에 성공했다.

(3) 당선자의 득표수, 득표율, 학력은 가지가지

서범석(성북), 김상돈(마포) 의원들은 4만 표 이상의 득표로 당선됐으나, 옹진의 유영준 후보는 4,671표를 득표하고도 당선됐다.

윤보선(종로갑), 정일형(중구을), 조병옥(성동을), 김도연(서대문), 최규남(서대문을), 최인규(광주), 이기붕(이천) 의원들은 미국 유학파이지만 오재영(안성), 정대천(파주) 의원들은 국민학교 졸업생들이다.

이기붕(이천) 의원은 무투표 당선됐고 조병옥(성동을), 김상돈(마포), 곽상훈(인천병), 민관식(동대문갑) 후보들은 70%가 넘는 득표율로 당선됐지만, 유홍(영등포을), 강영훈(양주갑), 강성태(양주을), 오재영(안성), 홍봉진(화성을), 이재형(시흥) 후보들은 30%대 득표율로 당선됐다.

2. 수도권 41개 지역구별 불꽃 튀는 격전의 현장으로

서울특별시

〈종로 갑〉 법무부장관 출신으로 영등포 을구 3대의원인 이인, 2대와 3대 총선에서 차점 낙선한 장후영 후보들을 잠재우고 재선의원에 등극한 윤보선

지난 3대 총선에서는 영국 에딘버러대 출신으로 서울특별시장과 상공부장관을 지낸 윤보선 후보가 민국당 공천으로 명성과 야당을 육성해주어야 한다는 민심을 등에 업고, 2대 총선에서 혈전을 전개했던 박순천, 서울변호사회장 장후영 후보들을 꺾고 당선됐다.

동아일보 편집국장인 주요한, 항일운동가인 유석현, 체신부차관을 지낸 백홍균 후보 등 13명의 후보들이 난립했다.

이번 총선에는 민주당 공천을 받은 윤보선 후보가 재선 고지를 향해 진군하자 의사 출신인 정기섭 후보가 자유당 공천을 받고 대항마로 출전했다.

법무부장관을 지내고 3대 총선에는 영등포 을구에서 당선됐던 이인, 울산 을구에서 제헌의원에 당선됐던 김수선, 경성과 광주지법 판사 출신으로 서울변호사회 회장을 지냈으며 2대와 3대 총선에

출전하여 박순천 후보와 윤보선 후보에게 차점으로 낙선한 장후영 후보들이 무소속으로 등록하여 5파전이 전개됐다.

현역의원 3명이 맞붙어 화제를 일으켰던 선거전은 민주당에 대한 우호적인 정서와 지역구의 현역의원이라는 이점을 살린 윤보선 후보가 대승을 거두고 재선의원이 됐다.

영등포 을구를 떠나서 이 지역구에 도전한 이인, 2대와 3대 총선에서 아쉽게 패배한 장후영 후보들의 득표력은 한계를 보였고, 재선의원으로 울산의 지역구를 버리고 상경한 김수선 후보는 출전 자체에 의미를 부여해야만 했다.

□ 득표상황

후보자	정당	연령	주요 경력	득표 (%)
윤보선	민주당	60	3대의원(종로 갑)	22,780 (63.2)
정기섭	자유당	56	의사	6,601 (18.3)
이 인	무소속	61	3대의원(영등포 을)	3,990 (11.1)
장후영	무소속	49	서울변호사회장	1,688 (4.7)
김수선	무소속	46	3대의원(2선,울산)	980 (2.7)

〈종로 을〉 지난 3대 총선에서 조선민주당으로 출전하여 김두한 후보에게 패배했던 한근조 후보가 민주당으로 변신하여 김두한 후보를 꺾고 설욕전에서 승리

지난 3대 총선에서는 김두한 후보가 김좌진 장군의 아들로 자유당에서 제명당한 투사 이미지를 부각시켜 평양부윤을 지낸 조선민주당 한근조, 양평에서 2대의원에 당선됐던 여운홍 후보들을 꺾고 당선됐다.

개성에서 2대의원에 당선됐던 김동성 후보는 등록한 뒤 중도에 사퇴했다.

이번 총선에는 대한노총 대표최고위원에 오른 노농당 김두한 의원과 3대 총선에서 김두한 의원에게 고배를 들었던 한근조 후보가 민주당으로 변신하여 한판 승부를 벌였다.

자유당 공천으로 출마키로 승락한 김동성 2대의원은 일신상 형편으로 이를 번의하고 철회하는 동시에 "일절 정계에는 관여 않겠다"고 발표하고 정계에서 은퇴하자, 자유당은 경선전기 사장인 이중재 후보를 공천했다.

종로 을구에 출마한다던 박영종 의원은 담양으로, 이기붕 의장 선거사무장으로 이 지역구에 내정된 것으로 알려진 서임수 후보는 철원에 등록했다.

중학교사인 김현국 후보가 뒤늦게 등록하여 4파전이 전개됐다.

대법관 출신이라는 명망과 민주당에 우호적인 민심을 등에 업은 민주당 한근조 후보가 대승을 거두고 지난 3대 총선에서의 패배를 설욕했다.

□ 득표상황

후보자	정당	연령	주요 경력	득표 (%)
한근조	민주당	62	대법관, 변호사	20,911 (55.7)

김두한	노농당	39	3대의원(종로 을)	8,987 (23.9)
이중재	자유당	59	경성전기 사장	6,918 (18.5)
김현국	무소속	49	중학교사	704 (1.9)

〈중구 갑〉 민주당 후보면 무조건 찍고보자는 민심으로 주요한 후보는 대승을, 윤치영 후보는 4선의 문턱에서 좌절을

지난 3대 총선에서는 내무부장관과 민의원 부의장을 지낸 국민당 윤치영 후보가 제헌의원 시절부터 가꾸어 온 조직과 명망을 되살려 명치대 출신 변호사로 자유당 공천을 받고 출전한 임철호, 자유당 감찰부장을 지낸 신태악, 군정(軍政) 시절 농림부장으로 인천 갑구에서 2대의원에 당선됐던 이용설 후보들을 꺾고 당선되어 고토를 회복했다.

윤치영 후보는 제헌의원에 당선됐으나 2대 총선에서는 민련 원세훈 후보에게 패배했고, 충남 공주의 김명동 의원의 사망으로 실시된 보궐선거에서 조병옥 후보를 꺾고 의원직을 승계했다.

이번 총선에서 윤치영 의원이 대한국민당 공천으로 4선 고지 점령에 나서자, 자유당은 무공천 지역으로 배려하여 윤치영 의원의 당선을 암묵적으로 지원했다.

민주당은 동아일보 편집국장 출신으로 3대 총선에서는 종로 갑구에 출전하여 윤보선 후보에게 패배한 주요한 후보를 공천했고, 일본 중앙대 출신 변호사로 2대와 3대 총선에 출전하여 낙선한 신태

악 후보가 무소속으로 등록하여 2전 3기를 기대했다.

윤치영 의원을 이승만 대통령의 수족으로 간주한 유권자들이 자유당 정권에 대한 반감과 민주당 후보면 무조건 찍고보자는 심리가 발동되어 주요한 후보가 68.5% 득표율로 당선되는 이변이 일어났고, 윤치영 후보는 4선의원의 문턱에서 주저앉고 말았다.

□ 득표상황

후보자	정당	연령	주요 경력	득표 (%)
주요한	민주당	57	동아일보 편집국장	17,492 (68.5)
윤치영	대한국민당	60	3대의원(3선,중구)	6,105 (23.9)
신태악	무소속	56	변호사	1,956 (7.6)

〈중구 을〉 자유당은 정일형 의원의 대항마로 김을길에서 한국증권 사장인 이원순으로 교체했으나 역부족을 실감

지난 3대 총선에서는 유엔 한국대표로 활약했던 정일형 후보가 월남한 북한 출신들의 민심을 휘어잡아 대한청년단 중구단장인 김헌, 중구 동연합회장인 자유당 김을길 후보들을 꺾고 재선 의원이 됐다. 체신부장관을 지낸 장기영, 수도경찰병원장인 김용호 후보들도 출전했다.

이번 총선에서 자유당은 민주당 정일형 의원의 대항마로 김을길 후보를 대체하여 한국증권과 한미무역 사장인 이원순 후보를 내세

웠다.

대한청년단 단장과 경찰서장을 지낸 김헌 후보가 지난 3대 총선에 이어 출전했고, 시사시보 사장인 김석길 후보도 무소속으로 등록했다.

민주당 정일형 후보가 이번 총선에서도 대승을 거두고 이 지역구는 정일형의 철옹성임을 선포했다.

□ 득표상황

후보자	정당	연령	주요 경력	득표 (%)
정일형	민주당	57	3대의원(2선, 중구)	18,344 (65.9)
이원순	자유당	64	한국증권 사장	4,818 (17.3)
김 헌	무소속	46	경찰서장, 청년단장	4,004 (14.4)
김석길	무소속	45	정치평론가	661 (2.4)

〈동대문 갑〉 민주당의 무공천 배려로 대승을 거두고 재선 의원으로 발돋움한 무소속 민관식

갑·을구로 분구되지 아니한 지난 3대 총선에서는 장연송 의원이 납북되어 무주공산인 상황에서 고려시보 사장인 민관식 후보가 세브란스 병원장인 민국당 이영준, 제헌의원 선거 때부터 줄곧 출전하여 자유당 공천을 받은 전호엽 후보 등을 꺾고 당선됐다.

이번 총선에서는 민관식 후보가 갑구를 선택하여 재선 고지를 선

점하자, 차점 낙선한 이영준 후보는 을구를 선택하여 사이좋게 균분했다.

자유당은 예일대 철학박사로서 한국 아세아연맹 사무총장으로 활약한 전성천 후보를 내세웠고, 치과의사로서 변호사 시험에도 합격한 준재(俊才)로서 서울시의원으로 활약한 조기항, 세종학원 이사장인 이홍학 후보들도 무소속으로 출전했다.

민권옹호투쟁위원회 대변인으로 활약한 경력과 유엔총회 한국대표에 발탁된 능력을 겸비한 민관식 후보가 민주당의 무공천 배려에 힘입어 대승을 거두고 재선의원으로 발돋움했다.

□ 득표상황

후보자	정당	연령	주요 경력	득표 (%)
민관식	무소속	39	3대의원(동대문)	26,297 (76.9)
전성천	자유당	44	반공연맹 사무총장	5,814 (17.6)
조기항	무소속	49	서울시의원, 변호사	1,342 (3.9)
이홍학	무소속	49	세종학원 이사장	733 (2.1)

〈동대문 을〉 의사로서 제헌의원에 당선됐으나 2대와 3대 총선에서 고배를 마시고 동대문구 분구의 호기를 맞이하여 신설구를 선택하여 재선의원에 등재한 이영준

이번 총선에서 신설된 이 지역구에 제헌의원으로서 2대와 3대 총

선에서 연거푸 낙선한 이영준 후보가 민주당 공천을 받고 선점했다.

이에 자유당은 부산에서 2대의원과 3대의원에 당선되고 부통령에도 입후보했던 정기원 후보를 전략 공천했고, 대법관과 검찰총장을 역임한 한격만, 전남 무안에서 제헌의원과 2대의원에 당선된 장홍염 후보가 대항마로 출전했다.

한민당 중앙집행위원이었던 이혁, 충남 아산에서 2대의원에 당선된 이규갑, 법무부 검찰국 사무관으로 근무했던 정준묵, 청량리동 회장으로 서울시의원을 지낸 전중남, 육군 군의관 출신으로 신중병원 원장인 이원찬 후보들도 등록하여 9명의 후보들이 혼전을 벌였다.

제헌의원 선거에서 동대문 을구에서 장연송과 전호엽 후보 등을 꺾고 당선됐으나 2대 총선에서는 장연송 후보에게, 3대 총선에서는 민관식 후보에게 패배했던 이영준 후보가 공천 경쟁에서 김선태, 전중남 후보들을 물리친 여세를 타고 낙선으로 얻어진 지명도와 민주당 공천 후보임을 내세워 대승을 거두고 재선의원이 됐다.

□ 득표상황

후보자	정당	연령	주요 경력	득표 (%)
이영준	민주당	61	제헌의원(동대문 을)	18,765 (50.3)
정기원	자유당	59	3대의원(2선, 부산)	7,144 (19.1)
한격만	무소속	58	대법관, 검찰총장	3,663 (9.8)
장홍염	무소속	47	2선의원(무안)	2,502 (6.7)
정준묵	무소속	39	법무부 사무관	1,388 (3.7)
이규갑	대한국민당	69	2대의원(아산)	1,087 (2.9)

전중남	무소속	50	서울시의원	989 (2.7)
이원찬	무소속	38	육군 군의관, 병원장	900 (2.4)
이 혁	무소속	51	한민당 중앙위원	886 (2.4)

〈성동 갑〉 조병옥 대표에 밀려 을구에서 갑구로 옮긴 유성권 후보가 민주당 후보들에게 묻지마 투표한 서울 민심으로 2대와 3대의원을 지낸 자유당 임흥순 후보를 격파

지난 3대 총선에선 성동구 동연합회장을 지낸 임흥순 2대의원이 을구에서 갑구로 옮겨 부통령 비서실장을 지내고 자유당으로 출전한 이정우, 지난 2대 총선에도 출전했던 한성피혁 사장 유종남, 해인대 교수인 정필선 후보들을 가볍게 꺾고 재선의원이 됐다.

이번 총선에는 자유당의 실세로 부상한 임흥순 후보가 3선 고지를 향해 진군하자, 민주당은 성동구 동연합회장에 선임된 유성권 후보를 공천했다.

서울지법 판사 출신으로 변호사인 김사만 후보가 무소속으로 등록하여 3파전이 전개됐다.

성동 을구에서 2대의원에 당선되고 성동 갑구에서 3대의원에 당선한 임흥순 후보가 무명의 유성권 후보에게 무너지리라고는 아무도 예상하지 못했다.

지난 3대 총선에서는 성동 을구에 자유당으로 출전하여 자유당에

서 제명된 김재황 후보에게 참패하고, 지역구를 조병옥 민주당 대표에게 밀려 을구에서 갑구로 옮긴 유성권 후보가 민주당 공천을 받고서 반자유당 민심을 등에 업고 조병옥 민주당 대표의 후광을 받아 임홍순 후보를 1만 3천여 표차로 꺾고 등원하는 기적을 만들어냈다.

□ 득표상황

후보자	정당	연령	주요 경력	득표 (%)
유성권	민주당	43	성동구 동연합회장	26,338 (62.5)
임홍순	자유당	62	3대의원(2선, 성동)	12,453 (29.5)
김사만	무소속	39	서울지법 판사	3,378 (8.0)

〈성동 을〉 3대 총선에서는 자유당에서 제명되고 무소속 후보로 당선됐으나, 자유당에 복당하여 출전하였지만 조병옥 민주당 대표의 옹벽은 높다는 것을 실감한 김재황

지난 3대 총선에서는 자유당에서 제명 처분을 받고 무소속으로 출전한 김재황 후보가 자유당으로 출전한 서울 동연합회 부회장인 유성권, 서울연료회사 전무인 진영하 후보들을 꺾고 당선됐다.

한영고 교사인 채영철 후보도 선전했다.

이번 총선에서는 내무부장관 출신으로 대구에서 3대의원에 당선됐던 조병옥 후보가 민주당 대표최고위원에 당선되고 지역구를 옮겨

출전하자 자유당은 무공천 지역으로 배려했다.

자유당에서 제명되자 무소속으로 출전하여 자유당 공천으로 출전한 유성권 후보를 꺾고 3대의원에 당선된 김재황 후보가 자유당에 복당하여 자유당으로 출전했으나, 조병옥 민주당 대표의 옹벽은 높기만 했다.

□ 득표상황

후보자	정당	연령	주요 경력	득표 (%)
조병옥	민주당	63	3대의원(대구 을)	27,428 (75.4)
김재황	자유당	46	3대의원(성동 을)	8,925 (24.6)

〈성북〉 김일 의원의 자유당 탈당과 선거 포기로 지난 3대 총선에서 차점 낙선한 서범석 후보가 민주당 공천으로 대승을 거두고 재선의원으로 발돋움

지난 3대 총선에서는 조소앙 의원의 납북으로 무주공산이 되자 국민회 선전부장 출신인 김일 후보가 자유당 공천을 받고서 2대 총선에서는 옹진 을구에서 당선됐으나 지역구를 잃은 서범석 후보와 상해임정 요인으로 고양 갑구에서 제헌의원에 당선된 서성달 후보들을 꺾고 당선됐다.

고려대 정치대학장인 신기석 후보도 출전하여 선전했다.

이번 총선에서는 3대 총선 때 혈전을 벌였던 김일, 서범석, 신기

석 후보들이 재대결을 벌였다.

여고 교사인 통일당 김자옥, 보성전문대 교수로서 동대문 제헌의원 보궐선거에서 당선된 홍성하, 경성부의원을 지낸 박영민, 서울시의원을 지낸 박승목 후보들이 새롭게 출전하여 7파전이 전개됐다.

자유당 공천자로 내정된 김일 의원은 "민주당에 대한 지나친 허위 선전과 공격으로 자유당의 과오를 엄폐(掩蔽)하여 주권자인 국민을 우롱할 우려가 있다"며 자유당을 탈당했다.

지난 3대 총선에서 차점 낙선하고 민주당 공천을 받은 서범석 후보가 김일 후보의 자유당 탈당과 선거 포기로 무소속 신기석 후보를 대파하고 재선의원이 됐다.

□ 득표상황

후보자	정당	연령	주요 경력	득표 (%)
서범석	민주당	55	2대의원(옹진 갑)	40,173 (67.7)
신기석	무소속	49	고려대 법정대학장	12,849 (21.7)
홍성하	무소속	60	제헌의원(종로 을)	2,043 (3.4)
김자옥(여)	통일당	40	여고 교사	1,536 (2.6)
박영민	무소속	43	경성부의원	1,153 (1.9)
김 일	무소속	57	3대의원(성북)	812 (1.4)
박승목	무소속	47	서울시의원	778 (1.3)

<서대문 갑> 재무부장관을 지낸 김도연 후보가 교통부장관을 지낸 자유당 이종림 후보를 대파하고 3선의원에

지난 3대 총선에서는 초대 재무부장관에 발탁된 김도연 후보가 주택영단 이사장으로 2대 총선에서 패배의 아픔을 주었던 김용우 후보에게 패배를 되돌려주고 고토를 회복하고 재선의원이 됐다.

조선운수 사장인 강창희 후보가 자유당 공천을 받고 두 후보의 혈투를 지켜봤다.

이번 총선에서도 김도연 후보가 민주당 공천을 받고서, 교통부장관을 지내고 자유당 공천을 받고 출전한 이종림 후보를 대파하고 3선의원에 등극했다.

독립시보 발행인인 장순덕, 대한연료공업협회 간사인 장춘백, 서울중앙여고 자모회장인 양순이 후보들도 출전했다.

□ 득표상황

후보자	정당	연령	주요 경력	득표 (%)
김도연	민주당	63	3대의원(2선, 서대문)	26,638 (69.3)
이종림	자유당	48	교통부장관	9,166 (23.9)
장순덕	무소속	32	독립시보 발행인	1,241 (3.2)
양순이(여)	무소속	43	대한독촉부인회 이사	851 (2.2)
장춘백	무소속	42	경남연료협회 부회장	522 (1.4)

<서대문 을> 이기붕 국회의장이 무투표 당선을 시도했으나 무산되자 이천으로 옮기며 내세운 자유당 최규남 후보가 구속된 민주당 김산 후보에게 승리

지난 3대 총선에서는 서울특별시장과 국방부장관을 지낸 이기붕 후보가 자유당 공천으로 한민당 중앙상임위원으로 활동한 민국당 김산 후보를 가볍게 꺾고 처음으로 등원에 성공했다.

독립운동가로 한국마사회장으로 활동하며 제헌의원 선거에 이어 출전한 나명균 후보도 출전했으나 또 다시 낙선했다.

이번 총선에서는 이기붕 의원이 무투표 당선을 시도했으나 김산 후보의 결사적 항쟁에 경기도 이천으로 옮겨가면서 서울대총장과 문교부장관을 역임한 최규남 후보를 내세웠다.

혁명운동, 농민운동, 정치운동, 계몽운동을 펼쳐 3대 총선에서 차점 낙선한 김산 후보가 민주당 공천으로 출전을 강행했으나 호적 기재 부실혐의 등으로 구속, 기소된 호기를 활용하여 자유당 최규남 후보가 승리를 쟁취하여 서울에서 당선된 유일한 자유당 공천 후보자가 됐다.

청수조 사원인 민주혁신당 정순학 후보는 완주했으나, 상해임시정부 요원으로 한국마사회장인 나명균 후보는 네 번째 출전했다가 중도에 사퇴했다.

☐ 득표상황

후보자	정당	연령	주요 경력	득표 (%)

최규남	자유당	60	서울대총장, 장관	22,951 (56.6)
김 산	민주당	59	혁명운동, 교육사업	16,617 (41.0)
정순학	민주혁신당	35	청수조 사원	987 (2.4)
나명균	무소속	59	한국마사회장	사퇴

〈마포〉 2대 총선 때 오성환 후보에게 패배했지만 민주당 바람을 타고 79.5% 득표율로 3선의원에 등극한 김상돈

마포구가 갑·을구로 분구된 지난 3대 총선에서 갑구는 제헌의원으로 반민특위 부위원장으로 활동한 민국당 김상돈 후보가 패배를 안겨줬던 오성환 후보와의 설욕전에서 승리했고, 을구에서는 마포구 동연합회장인 함두영 후보가 자유당 공천을 받고서 민중일보 사장인 김우정, 민국당 중앙상임위원인 이민국 후보들을 꺾었다.

갑·을구가 통합된 이번 총선에서는 용산 갑구에서 당선된 민주당 김상돈 후보와 용산 을구에서 당선된 자유당 함두영 후보가 자웅을 겨루게 됐다.

경남 거창에서 3대의원에 당선된 신도성 후보가 지역구를 옮겨 도전하여 3명의 현역의원이 맞붙게 되었으며, 지난 3대 총선에 자유당 공천으로 낙선한 광산을 경영하고 있는 김우정 후보도 무소속으로 출전했다.

제헌의원 선거 때 유진산, 오성환 등 12명의 후보들을 꺾고 당선됐으나 2대 총선 때 오성환 후보에게 일격을 맞고 쓰러졌고, 3대

총선에서 오성환 후보에게 설욕하고 고토를 회복한 김상돈 후보가 민주당의 바람을 타고 79.5% 득표율로 당선되어 민주당을 탈당한 신도성, 자유당을 고수한 함두영 의원들을 꺾고 3선의원에 등극했다

□ 득표상황

후보자	정당	연령	주요 경력	득표 (%)
김상돈	민주당	56	3대의원(2선, 마포)	44,857 (79.5)
신도성	무소속	40	3대의원(거창)	5,587 (9.9)
함두영	자유당	53	3대의원(마포 을)	4,283 (7.6)
김우정	무소속	62	광업	1,682 (3.0)

〈용산 갑〉 전남 광양에서 상경하여 민주당 공천을 받고 용산 갑·을구를 넘나들며 재선의원에 등극한 자유당 남송학 후보를 1만 6천여 표차로 격파한 엄상섭

지난 3대 총선에서는 을구에서 제헌의원인 김동원 후보를 걲고 당선됐던 남송학 후보가 갑구에서 당선됐던 황성수 후보와 지역구를 맞바꾸고 자유당 공천을 받고서 신광여중 교장인 최영휘 후보를 어렵게 꺾고 재선의원이 됐다.

이번 총선에서 검사 출신 변호사로서 전남 광양에서 2대의원에 당선됐으나 3대 총선에서는 자유당 김성호 후보에게 패배한 엄상섭 후보가 지역구를 옮겨 민주당 공천을 받고서, 제헌의원 선거에서

는 김동원 후보에게 패배했으나 2대의원 선거에서 김동원 후보를 꺾고 당선되고서 3대 총선에서는 갑구로 옮겨 당선된 자유당 남송학 후보에게 도전했다.

청년시보 사장인 손창섭, 한국개척단장인 강재훈 후보들도 무소속으로 출전하여 두 후보의 혈투를 지켜봤다.

전남 광양에서 상경한 엄상섭 후보가 반자유당, 반이승만 정서를 타고 용산 갑구와 을구를 넘나들며 재선의원에 등극한 남송학 후보를 1만 6천여 표차로 꺾고 재선의원이 됐다.

□ 득표상황

후보자	정당	연령	주요 경력	득표 (%)
엄상섭	민주당	49	2대의원(광양)	26,511 (69.8)
남송학	자유당	54	3대의원(2선,용산)	9,859 (26.0)
손창섭	무소속	38	청년시보 사장	864 (2.3)
강재훈	무소속	38	한국개척단장	730 (1.9)

〈용산 을〉 지난 3대 총선에서 낙선한 설움을 딛고 김의준 후보의 불출마에 힘입어 국회부의장을 지낸 황성수 후보에게 설욕한 민주당 김원만

지난 3대 총선에서는 외무부 정보국장 출신으로 용산 갑구에서 제헌의원 보궐선거에서 당선된 대학교수 출신 홍성하 후보 등을 꺾

고 당선됐던 황성수 후보가 을구로 옮겨 자유당 공천을 받고서 용산구 동연합회장인 김원만, 강원도 경찰국장을 지낸 김의준, 내무부 차관보를 지낸 강석천 후보들을 꺾고 재선의원이 됐다.

이번 총선에서는 3대 총선에서 대결을 펼쳐 승패가 엇갈린 자유당 황성수 후보와 민주당 김원만 후보가 진검승부를 펼쳤다.

지난 3대 총선에서 자유당 황성수 후보는 5,273표를 득표했고, 무소속 김원만 후보는 4,864표를, 무소속 김익준 후보는 3,303표를 득표했다.

강원도 경찰국장 출신으로 민주당 공천에서 낙천한 김익준 후보는 "무소속으로라도 기어이 출마하여 민주당의 처사가 얼마나 현실을 무시한 편견이었던가를 실증으로 보여주겠다"고 반발했다.

김의준 후보는 주민의 대부분이 월남한 동포이고 교회가 40여 개나 되는 신앙촌으로 당선은 확실하다고 낙관했으나, 민주당 바람이 거세어 승산이 불투명하다고 판단되자 등록을 포기했다.

김의준 후보의 출전 포기에 힘입은 김원만 후보가 동연합회장으로서의 조직 구축과 반자유당 정서로 황성수 후보를 1만여 표차로 꺾고 지난 3대 총선에서의 패배를 깔끔히 설욕했다.

□ 득표상황

후보자	정당	연령	주요 경력	득표 (%)
김원만	민주당	49	신문사 총재	22,401 (65.8)
황성수	자유당	41	3대의원(2선,용산)	11,640 (24.2)

<영등포 갑> 지난 3대 총선에서는 2,241표를 득표하여 6위로 낙선했지만, 민주당 공천을 받고 2선의원인 자유당 윤재욱, 3선의원인 노농당 진전한 후보들을 격파한 윤명운

지난 3대 총선에선 목사 출신으로 영등포구 동연합회장으로 활동한 인연으로 제헌의원에 당선됐던 윤재욱 후보가 2대 총선 때 패배를 안겨줬던 대한노총 출신인 자유당 조광섭 후보와의 세 번째 결투에서 승리하여 재선의원이 됐다.

헌병사령관으로 유명해진 전병덕, 서울시 경찰국장을 지낸 윤명운, 영등포경찰서장을 지낸 최성길 후보들도 출전했다.

이번 총선에서는 3대 총선에서 맞대결을 펼친 윤재욱, 조광섭, 윤명운 후보들이 재대결을 펼쳤다.

경북 상주에서 제헌의원에 당선되어 초대 사회부장관에 발탁되고 2대 총선에서 부산 을구에서 낙선했지만 부산 무구 보궐선거에서 당선되고, 3대 총선에선 부산 을구에서 당선되어 3선의원에 등극한 전진한 후보가 노농당위원장의 명예를 걸고 노동자가 많은 이 지역구에 출전했고, 영등포동회장 출신인 민동기 후보도 무소속으로 출전했다.

자유당 공천에서 낙천한 조광섭 후보는 "이제 더 이상 그들을 믿고 붙어있다가는 내 몸만 썩어버릴 상 싶어 지극히 만시지탄(晩時之歎)이 있으되 깨끗이 물러난다"며 자유당을 탈당했다.

서울 시경국장 출신으로 3대 총선에서는 2,241표를 득표하여 6위로 낙선했던 윤명운 후보가 민주당 공천을 받고, 자유당 공천을 받은 재선의원인 윤재욱, 장관을 지내고 부산에서 3선의원에 등극한 전진한, 자유당 공천에서 탈락하자 자유당을 탈당한 조광섭 후보들을 큰 표차로 따돌리고 등원에 성공했다.

□ 득표상황

후보자	정당	연령	주요 경력	득표 (%)
윤명운	민주당	46	서울시 경찰국장	21,093 (51.3)
윤재욱	자유당	47	3대의원(2선, 영등포)	10,463 (25.5)
전진한	노농당	56	3대의원(3선,부산)	6,379 (15.5)
민동기	무소속	43	영등포동회장	1,643 (4.0)
조광섭	무소속	45	2대의원(영등포 갑)	1,508 (3.7)

<영등포 을> 2대의원으로 지난 3대 총선에서는 이인 후보에게 패배했지만 민주당 공천을 받고서 자유당 이인환, 무소속 김석원 후보들을 어렵게 따돌리고 재선의원에 등극한 유홍

지난 3대 총선에선 법무부장관을 지낸 이인 후보가 연고가 없는 이 지역구에 낙하하여, 제헌의원 시절부터 출전하여 지역 기반을 다진 국민회 유홍 2대의원을 큰 표차로 꺾고 당선됐다.

청년신문 주필인 자유당 조영환, 조선전기 사장인 엄규진, 보건부 총무과장을 지낸 김득황 후보들도 출전했다.

이인 의원이 종로 갑구로 지역구를 옮긴 이번 총선에는 3대 총선에서 이인 후보에게 2,684표차로 패배했던 유홍 후보가 민주당 공천을 받고 재선 고지 점령에 나섰다.

이에 서울시의원을 지낸 이인환 후보가 자유당 공천을 받고, 예비역 육군소장으로 성남중고 교장인 김석원 후보가 무소속으로, 노총 최고위원인 김태룡 후보가 통일당 공천으로 저지에 나섰다.

제헌의원 선거에서는 낙선했으나 분구된 2대 총선에서는 당선됐고, 3대 총선에서 낙선한 유홍 후보가 민주당 공천 후보라는 위력으로 자유당 이인환, 예비역 육군소장 김석원 후보를 어렵게 제치고 당선되어 재선의원으로 발돋움했다.

□ 득표상황

후보자	정당	연령	주요 경력	득표 (%)
유 홍	민주당	58	2대의원(영등포 을)	15,915 (38.9)
이인환	자유당	48	서울시의원	12,745 (31.1)
김석원	무소속	64	육군소장, 고교교장	11,477 (28.1)
김태룡	통일당	41	노총 최고위원	770 (1.9)

경기도

〈인천 갑〉 지난 3대 총선에선 자유당 공천으로 13,596표를 득표한 김재곤 후보는 민주당으로 변신하여 21,905표를 득표하고 재선의원에 등재

지난 3대 총선에서는 이용설 의원이 지역구를 서울로 옮겨 무주공산이 되자, 인천 해사국장을 거쳐 자유당 공천을 받은 김재곤 후보가 강원도지사, 농림부장관을 지낸 이종현 후보를 인천토박이를 내세워 75표차로 꺾고 당선됐다.

국방부 이사관 출신인 함효영 후보는 지난 2대 총선에 이어 연속 낙선했다.

이번 총선에서 인천 갑구는 자유당 공천을 받아 당선됐던 김재곤 후보가 자유당을 탈당하고 민주당 공천으로 출전했다.

이에 당황한 자유당은 의사로서 중앙교육위원인 신태범 후보를 공천했고, 동양통신 경기지사장으로 인천시의원을 지낸 김은하, 덕성여대 강사인 강위정 후보들이 무소속으로 출전하여 4파전이 형성됐다.

지난 3대 총선에서 자유당 공천으로 13,596표를 득표했던 김재곤 후보는 민주당으로 변신하여 선거 구역이 조정되었음에도 불구하고 8천여 표를 더 득표하고 재선의원에 등재됐다.

민주당 낙천에 불복하고 무소속으로 출전한 김은하 후보는 선전했지만, 민주당의 바람 앞에서는 초라했다.

□ 득표상황

후보자	정당	연령	주요 경력	득표 (%)
김재곤	민주당	45	3대의원(인천 갑)	21,905 (51.9)
신태범	자유당	46	의사, 중앙교육위원	11,850 (28.1)

김은하	무소속	34	인천시의원	6,358 (15.1)
강위정	무소속	55	덕성여대 강사	2,057 (4.9)

<인천 을> 제헌의원 선거 때부터 연승을 이어 온 곽상훈 후보가 민주당 공천을 받고, 서울대 사범대 조교수인 자유당 문병관 후보를 꺾고 4선의원에 등극

지난 3대 총선에서 경성공고 중퇴생으로 신문사 지국장으로 활동한 곽상훈 후보가 제헌의원 선거에서 입법의원 출신인 하상훈 후보를 꺾은 여세를 타고, 동양기선 사장으로 자유당 공천을 받고 도전한 김종섭 후보를 가볍게 꺾고 3선의원이란 금자탑을 쌓아올렸다.

이번 총선에서 민주당 공천을 받은 곽상훈 후보가 서울대 사범대 출신으로 서울대에서 조교수로 활약하고 있는 자유당 문병관 후보를 큰 표차로 따돌리고 홍천의 이재학, 영일의 김익로 후보들과 함께 4선의원에 등극했다.

□ 득표상황

후보자	정당	연령	주요 경력	득표 (%)
곽상훈	민주당	61	3대의원(3선, 인천)	28,097 (74.3)
문병관	자유당	28	서울대 조교	9,705 (25.7)

〈인천 병〉 지난 3대 총선에서 무소속으로 출전하여 낙선한 김훈 후보가 민주당 공천을 받고서 자유당으로 출전한 김석기 후보를 1만 4천여 표차로 제압

지난 3대 총선에선 인천시장 출신인 표양문 후보가 2대 총선 때는 갑구에 출전하여 이용설 후보에게 패배하고서 지역구를 옮겨 자유당 공천을 받고서, 북경대 출신으로 부평특경대장을 지낸 김훈 후보를 2,248표차로 꺾고 등원에 성공했다.

자유당이 표양문 현역의원을 낙천시키고 국산자동차 전무 취체역인 김석기 후보를 내세우자, 지난 3대 총선에서 무소속으로 낙선한 김훈 후보가 민주당으로 출전하여 한판 승부를 벌였다.

민주당과 자유당 후보의 1대 1 진검승부에서 여촌야도 정치지형에 발을 맞춰 인천은 도시라는 주민들의 민심이 김훈 후보에게 대승을 안겨줬다.

김석기 후보는 공천경쟁에서 현역의원을 꺾고 기염을 토했으나 지명도에서 김훈 후보를 따라잡을 수가 없었다.

□ 득표상황

후보자	정당	연령	주요 경력	득표 (%)
김 훈	민주당	48	부평 특경대장	28,932 (64.9)
김석기	자유당	58	자동차회사 전무	15,625 (35.1)

〈수원〉 정존수 의원이 평택으로 옮겨간 호기를 맞아 자유당 설경동 후보를 제압하고 3선의원에 등극한 홍길선

지난 3대 총선에는 서울지법 판사 출신인 정존수 후보가 자유당 공천을 받고서 제헌, 2대의원인 홍길선 후보의 사퇴에 힘을 얻어 중학교사 출신인 황칠성, 수원시의회 의장인 유기설 후보들을 가볍게 제압하고 재선의원이 됐다.

정존수 의원이 평택으로 옮겨간 이번 총선에서는 지난 3대 총선에서는 중도 사퇴한 홍길선 후보가 민주당 공천을 받고서, 대한증권협회장 출신인 자유당 설경동 후보를 제압하고 3선의원 반열에 올라섰다.

설경동 후보는 자신이 당선되면 서울에 있는 경기도청을 수원으로 옮겨올 것을 공약했지만 역부족을 실감했고, 경기도의원인 최선규 후보는 민주당 수원시당위원장으로 활동했으나 공천에서 밀리자 노농당으로 출전하여 파수꾼 역할을 수행했다.

굴지의 재벌인 설경동 후보가 거액의 선거자금을 방출하여 참관인 매수공작에 대한 대책이 요망됐고, 시민들 가운데 설경동 후보의 혜택을 받은 대다수의 유권자들이 많아 수원 바닥은 한 때 풍성풍성 선거경기 같은 정경이 눈에 띄곤 했다.

장국밥 한 그릇이라도 먹고 난 유권자는 표 찍을 때 "기왕이면 신세진 사람에게 던진다"며 표 쏠림 현상이 우려됐으나, 지난 부통령 선거에서 장면 후보가 이기붕 후보보다 4배 많은 득표율을 올린 민심으로 기우(杞憂)에 불과했다.

□ 득표상황

후보자	정당	연령	주요 경력	득표 (%)
홍길선	민주당	53	2선의원(수원)	17,507 (55.6)
설경동	자유당	57	대한증권협회장	13,197 (41.9)
최선규	노농당	51	경기도의원	776 (2.5)

〈고양〉 보궐선거에서 당선된 치안국장 출신인 이성주 후보가 자유당 공천을 받고, 용인경찰서장 출신으로 민주당으로 출전한 이양훈 후보를 가볍게 꺾고 재선가도를

지난 3대 총선에서는 경성제대 출신으로 총무처장을 지낸 한동석 후보가 자유당 공천을 받고서, 신익희 국회의장 비서로서 2대 총선에도 출전하여 낙선한 유광열 후보를 1,233표차로 꺾고 등원에 성공했다.

한동석 의원의 사망으로 실시된 보궐선거에서 내무부 치안국장을 지낸 이성주 후보가 자유당 공천을 받고 출전하여 민국당으로 출전한 유광열, 산경시보 사장으로 서울 마포 갑구에서 2대의원에 당선된 오성환 후보들을 꺾고 의원직을 승계했다.

이번 총선에서는 치안국장 출신으로 보궐선거에서 당선된 이성주 후보가 자유당 공천을 받고서 용인경찰서장을 지낸 민주당 이양훈 후보를 4,591표차로 꺾고 재선의원이 됐다.

□ 득표상황

후보자	정당	연령	주요 경력	득표 (%)
이성주	자유당	47	3대의원(보궐, 고양)	15,905 (58.4)
이양훈	민주당	36	용인경찰서장	11,314 (41.6)

〈광주〉 외자청장 출신으로 자유당 공천을 받은 최인규 후보가 신익희 국회의장의 아들로 보궐선거에서 당선된 신하균 후보를 1만 2천여 표차로 제압

지난 3대 총선에서는 조도전대 출신으로 상해임시정부 내무부장, 입법의원으로 활동하고 제헌의원 선거에서 무투표 당선된 신익희 후보가 민국당으로 출전하여 세계무역진흥회 한국대표로 활동했던 최인규 후보를 꺾고 3선의원으로 발돋움했다.

신익희 의원 사망으로 실시된 보궐선거에서는 신익희 의원의 아들로 외국어대 강사인 신하균 후보가 민주당 공천을 받고 출전하여 광주 수리조합장 출신으로 자유당 공천을 받은 박재덕 후보를 253표차로 꺾고 당선됐다.

숙명여대 사친회 이사인 허호영, 목사로서 은광중고 교장인 이강목 후보들도 출전했다.

이번 총선에서는 뉴욕대 출신으로 외자청장을 지낸 최인규 후보가 자유당 공천을 받고서 보궐선거에서 당선된 민주당 신하균 후보를 1만 2천여 표차로 꺾고 등원에 성공했다.

고려대와 서울대 교수로서 경찰전문학교 교장인 김익준 후보가 무소속으로 출전하여 두 후보의 결전을 관전했다.

□ 득표상황

후보자	정당	연령	주요 경력	득표 (%)
최인규	자유당	39	외자청장	29,055 (58.6)
신하균	민주당	39	3대의원(보궐, 광주)	16,497 (33.3)
김익준	무소속	42	서울대 교수	3,995 (8.1)

<양주 갑> 지난 3대 총선에서는 6,388표차로 패배한 강영훈 후보가 민주당 공천을 받고서 자유당 지지세가 양분한 틈새를 비집고 707표차로 승리

지난 3대 총선에는 양주군수를 지낸 김종규 후보가 자유당 공천을 받고서 서울지검 검사 출신인 김병완, 군법회의 심판관인 홍종익, 운수부 해사국장을 지낸 이동근, 육군대 교관을 지낸 강영훈 후보들을 가볍게 제치고 등원에 성공했다.

이번 총선에는 3대 총선에서 승패가 엇갈린 김종규 의원과 강영훈 후보가 재대결을 펼쳤고, 고양군수를 지낸 남승희 후보가 무소속으로 출전하여 3파전을 전개했다.

육군대 출신으로 육군대 교관을 지낸 강영훈 후보가 민주당 공천을 받고서 고양군수 출신으로 여권성향표를 양분한 남승희, 양주군수 출신으로 현역의원인 김종규 후보들을 꺾고 당선됐다.

공천의 막바지까지 공천경쟁을 벌였다가 공천에서 탈락한 남승희 후보가 낙천에 불복하고 무소속으로 출전하여 김종규 후보의 뒷덜미를 잡아당겼다.

지난 3대 총선에서는 김종규 후보에게 6,388표차로 패배한 강영훈 후보가 이번 총선에서는 민주당 지지세를 결집시켜 김종규 후보를 707표차로 꺾고 설욕전에서 승리했다.

□ 득표상황

후보자	정당	연령	주요 경력	득표 (%)
강영훈	민주당	30	육군대 교관	20,275 (37.0)
김종규	자유당	53	3대의원(양주 갑)	19,568 (35.8)
남승희	무소속	49	고양군수	14,888 (27.2)

〈양주 을〉 재무부차관과 상공부장관을 지낸 강성태 후보가 자유당 공천을 받고서 민주당 3대의원인 강승구, 2선의원인 무소속 이진수 후보들을 제압하고 당선

지난 3대 총선에는 대동청년단장으로 활동했던 강승구 후보가 지난 2대 총선에 출전했다 사퇴한 동정여론과 진양 강씨 문중들의 지원과 토박이 출신임을 내세워 서울약학대 이사장으로 제헌, 2대 의원인 이진수 후보를 꺾은 기적을 만들어냈다.

이번 총선에서는 재무부차관과 상공부장관을 역임한 강성태 후보가 자유당 공천을 받고서, 3대 총선에서 당선된 민주당 강승구 후보와 제헌, 2대의원을 지낸 무소속 이진수 후보들을 꺾고 등원에 성공했다.

예비역 육군 대령인 심긍구, 해인대 교수인 이건용, 육사 교수를 지낸 조승옥 후보들도 출전했으나 득표력은 보잘 것 없었다.

의정부읍 남쪽을 관할한 이 지역구는 농촌의 특성을 벗어나지 못했고, 일본대 출신으로 변리사인 이진수 후보는 제헌과 2대의원에 당선됐으나, 3대와 4대 총선에서 낙선하여 2승 2패의 전적을 안고 정계의 뒤안길로 사라졌다.

□ 득표상황

후보자	정당	연령	주요 경력	득표 (%)
강성태	자유당	54	상공부장관	12,667 (33.7)
강승구	민주당	54	3대의원(양주 을)	11,711 (31.2)
이진수	무소속	57	2선의원(양주 을)	7,939 (21.1)
심긍구	무소속	46	육군 대령	1,853 (4.9)
조승옥	무소속	41	육군 대령, 변호사	1,748 (4.7)
이건용	무소속	53	해인대 교수	1,639 (4.4)

〈포천〉 자유당 윤성순 후보가 패기에 찬 민주당 김영구 후보를 어렵게 따돌리고 3선의원에 등극

지난 3대 총선에서는 상공부 광공국장을 지낸 윤성순 후보가 2대 총선 때 서정희 제헌의원 등 19명의 후보들을 꺾고 지역구를 물려받은 여세를 몰아 자유당 공천을 받고서, 강원·충남도 경찰국장을 지낸 황학성, 포천·부평 경찰서장을 지낸 이해진, 서울농대 강사인 임대순 후보들을 가볍게 제압하고 재선의원이 됐다.

이번 총선에서 민주당은 동경제국대 출신으로 고려대 교수인 김영구 후보를 윤성순 의원의 대항마로 내세웠고, 3대 총선에도 출전하여 3위를 했던 임대순 후보와 정경민보 사장인 김도원 후보들도 무소속으로 출전했다.

정치신인으로 패기에 찬 김영구 후보가 턱 밑까지 추격했으나 8년 동안 가꾸어 온 윤성순 의원의 아성을 무너뜨리기엔 역부족이었다.

□ 득표상황

후보자	정당	연령	주요 경력	득표 (%)
윤성순	자유당	59	3대의원(2선, 포천)	34,537 (42.0)
김영구	민주당	37	고려대 교수	30,418 (37.0)
임대순	무소속	53	서울농대 강사	14,686 (17.9)
김도원	무소속	54	정경민보 사장	2,517 (3.1)

〈가평〉 홍익표 후보가 제헌의원 시절부터 가꾸어 온 조직을 되살려 자유당 김종관 후보를 따돌리고 3선의원에 등극

지난 3대 총선에서는 일본대 출신으로 옹진·장단과 가평군수를 지낸 오형근 후보가 자유당 공천을 받고서, 제헌의원 선거에는 무투표 당선되고, 2대 총선에서도 13명의 경쟁자들을 물리치고 재선의원이 된 홍익표 후보를 6,040표차로 꺾고 새로운 지역의 주인이 됐다.

이번 총선에서는 3대 총선에서 혈전을 전개했던 오형근 의원과 홍익표 후보가 재대결을 펼쳤고, 중·고교 교장으로 덕망을 쌓은 김종관 후보가 자유당 공천을 받고 출전하여 3파전을 전개했다.

생명보험 사원인 장봉순 후보도 패기를 내세우며 참전했다.

농촌지역에도 무소속에 대한 관념이 지극히 경시되어 "자유당이냐? 민주당이냐?"하는 양자를 택일하려는 분위기가 노골화되었다.

이러한 분위기에 편승하여 홍익표 후보가 제헌의원 시절부터 가꾸어 온 조직을 재정비하여 정치신인인 김종관 후보를 4,445표차로 꺾고 3선의원에 등극했다.

자유당 공천에서 탈락한 오형근 의원이 낙천에 불복하고 무소속으로 출전하여 민주당의 의석을 늘려주는 데 공헌했다.

□ 득표상황

후보자	정당	연령	주요 경력	득표 (%)
홍익표	민주당	48	2선의원(2선, 가평)	12,484 (47.9)
김종관	자유당	48	중·고교 교장	8,039 (30.8)
오형근	무소속	54	3대의원(가평)	3,373 (12.9)
장봉순	무소속	45	보험회사원	2,172 (8.3)

〈양평〉 구필회 후보를 제치고 자유당 공천을 받은 유용식 후보가 행정력의 지원을 받아 3대의원인 천세기 후보를 꺾고 의원직을 승계

지난 3대 총선에서는 여운홍 의원이 서울 종로로 옮겨간 호기를 맞아 국무총리 비서로 활동했지만, 2대 총선에서 낙선한 천세기 후보가 낙선에 따른 지명도와 동정여론을 불러일으켜, 의사로서 자유당 공천을 받고 당선권을 넘나들던 구필회 후보를 꺾고 당선됐다.

경무부 부국장 출신인 이만종, 양평군수를 지낸 여성구, 대학교수인 홍건원 후보들도 출전하여 선전했다.

이번 총선에서 천세기 의원의 대항마로 자유당은 지난 3대 총선에서 낙선한 구필회 후보를 내팽개치고, 육군사관학교 출신으로 헌병사령부 재정부장을 지낸 예비역 육군 중령인 유용식 후보를 내세웠다.

자유당 공천에서 탈락한 이준용, 이창재, 전창식, 김경한 후보들은 꿈을 접었지만, 지난 3대 총선에서 자유당 공천으로 석패한 구필회, 경기도의원인 이철연, 중앙산업 사장인 강대성, 동신건설 사장인 최형찬 후보들은 낙천에 불복하고 무소속으로 출전했다.

자유당원들이 다섯 후보에게 나뉜 절호의 기회였지만 "지방 사업을 하기 위해서는 자유당 출신을 뽑아야한다"는 구호가 넘실대는

선거전에서 행정력을 총동원한 자유당 유용식 후보가 3대의원인 민주당 천세기 후보를 6,206표차로 압승을 거두고 의원직을 승계했다.

□ 득표상황

후보자	정당	연령	주요 경력	득표 (%)
유용식	자유당	34	육군 중령, 헌병	20,367 (46.8)
천세기	민주당	36	3대의원(양평)	14,161 (32.6)
이철연	무소속	49	경기도의원	3,813 (8.8)
구필회	무소속	42	의사	2,355 (5.4)
최형찬	무소속	40	동신건설 사장	2,012 (4.6)
강대성	무소속	45	중앙산업 사장	778 (1.8)

〈여주〉 무소속으로 자유당 후보를 꺾고 당선됐던 김의준 후보가 자유당으로 변신하여 선전위원장에 선임되어 거침없이 3선의원 고지를 점령

지난 3대 총선에서는 무소속 김의준 후보가 명치대 출신으로 판사를 거쳐 2대 총선에서 제헌의원인 원용한 후보 등 24명의 후보들을 꺾고 의정 단상에 오른 여세를 타고, 양조장을 경영하며 여주여중·고 교장으로 자유당 공천을 받고서 추격전을 전개한 이봉구 후보를 1,555표차로 꺾고 재선의원이 됐다.

이번 총선에서는 지난 총선에서 무소속으로 당선됐던 김의준 의원이 자유당으로 변신하여 자유당 공천을 받고 3선의원 고지 점령에 나섰다.

이에 민주당은 대청 여주군단장을 지낸 오덕섭 후보를 대항마로 내세웠고, 한의사로서 경기도 향교재단 이사인 신철회 후보가 무소속으로 출전했다.

정치신인인 오덕섭 후보가 자유당으로 변신하여 자유당 선전위원장으로 선임된 김의준 후보를 따라잡기에는 역부족하여 김의준 후보의 3선의원 고지 점령을 처다만 볼 수밖에 없었다.

☐ 득표상황

후보자	정당	연령	주요 경력	득표 (%)
김의준	자유당	49	3대의원(2선,여주)	27,686 (64.5)
오덕섭	민주당	47	대청 여주군단장	12,314 (28.7)
신철회	무소속	43	향교재단 이사	2,944 (6.8)

〈이천〉 서울 서대문에서 무투표 당선을 시도하다 실패한 이기붕 후보가 전격적으로 등록하여 이정재 후보의 반발, 연윤희 후보의 제명을 딛고 무투표 당선

이종성 의원의 납북으로 무주공산인 지난 3대 총선에서는 양정중학 중퇴생인 김병철 후보가 자유당 공천을 받고서 자유당 공천에

서 밀린 여동수, 설성면장을 지낸 조종호, 모가면장을 지낸 권영탁 후보들을 큰 표차로 꺾고 등원에 성공했다.

이번 총선에서는 서울 서대문에서 무투표 당선을 위해 김산 후보의 회유와 설득에 나섰으나 실패한 이기붕 후보가 등록 마감에 임박하여 이 지역구에 전격적으로 등록하자, 자유당 감찰부 차장으로 이 지역구에 등록했던 이정재 후보가 반발하다가 울분을 삼키며 사퇴했다.

민주당 서울시당 선전부장으로 활약한 연윤희 후보도 중앙당과 상의없이 전격적으로 사퇴하고서 잠적했다.

연윤희 후보는 살벌한 분위기 속에서 생명의 위협을 느껴 사퇴했다는 변명서를 조병옥 대표에게 우송했다가 3일 만에 출현하여 회유와 협박에 의한 사퇴가 아니라, 도저히 승산이 없자 후일을 기약하기 위한 자의에 의한 사퇴라고 기자회견에서 밝혔다.

연윤희 후보에 대한 민주당의 제명, 이정재 후보의 반발 속에 이기붕 후보는 무투표 당선이라는 상처뿐인 영광을 차지했다.

☐ 득표상황

후보자	정당	연령	주요 경력	득표 (%)
이기붕	자유당	61	3대의원(서대문 을)	무투표
연윤희	민주당	36	서울시당 선전부장	사퇴
이정재	자유당	40	자유당 감찰위원	사퇴

〈용인〉 야당을 탄압하면 할수록 야당 후보가 당선되는 사례

로 능변가로 알려진 민주당 구철회 후보가 자유당 신의식 현역의원을 꺾은 기적을 창출

지난 3대 총선에서는 사회부 노동국장 출신인 신의식 후보가 혜성처럼 나타나 자유당 공천을 받고서 2대 총선에서 차점 낙선한 목성표, 신문기자로 3위로 낙선한 구철회 후보들을 가볍게 제압하고 납북된 유기수 의원의 빈 자리를 메웠다.

이번 총선에는 지난 3대 총선에서 격전을 벌였던 자유당 신의식 후보와 민주당 구철회 후보가 재대결을 벌였으며 두 후보만의 진검승부가 펼쳐졌다.

각 지서에서 아궁이 조사, 솔가지 조사, 농주밀주 조사를 하는데 자유당계라는 집은 눈감아주고 야당지지자 집만 샅샅이 뒤지며 트집을 잡아 경찰서에 출두하라고 엄한 사달을 내렸다.

치열한 선거전은 풍족한 선거자금을 여유 있게 살포했고 경찰관 제복을 무서워하는 주민들은 민주당 선거운동에는 우선 성가심을 안 받기 위해서 가담하지 않으려 했다.

자유당 후보가 불참한 합동정견발표회에 주민들은 도로 부역에 동원되어 10명만 참석했다.

신의식 후보는 "비열한 인신공격만 하는 자하고 어찌 한 자리에서 정견을 발표할 수야 없지 않는가"라며 불참 사유를 밝혔고, 구철회 후보는 "구철회의 능변을 신의식이 당해낼 수가 없기 때문에 비겁하게 꽁무니를 빼고 있는 것이다. 용인경찰서가 너무나 지나치게 사찰에 기울어져 있다"고 항변했다.

과거 3차에 걸친 각종 선거를 통하여 야당을 탄압하면 할수록 그가 당선되었다는 움직일 수 없는 경험을 비추어 이번 총선에서 실증되어 당선을 누구도 예상치 아니했던 민주당 구철회 후보가 3대 총선에서는 4,754표차의 패배를 딛고, 이번 총선에서는 3,187표차로 자유당 신의식 현역의원을 꺾은 기적을 만들어냈다.

□ 득표상황

후보자	정당	연령	주요 경력	득표 (%)
구철회	민주당	42	용인군당위원장	22,063 (53.9)
신의식	자유당	48	3대의원(용인)	18,876 (46.1)

<안성> 3대 총선에서는 무소속으로 당선됐던 오재영 후보가 자유당으로 변신하여 상공부장관을 지낸 이교선 후보를 연파하고 재선의원으로 등극

지난 3대 총선에서는 이시영 부통령의 비서 출신으로 건설신문 사장인 오재영 후보가 30대의 패기와 불굴의 투지로, 2대 총선에서 낙선의 아픔을 던져줬던 상공부장관을 지낸 이교선 의원을 꺾고 설욕전에서 승리했다.

판사 출신 변호사인 김종근, 안성읍의회 의장인 이상열, 안성읍의원인 김노묵, 주정회사 사장인 목항상 후보들도 출전했다.

이번 총선에는 3대 총선에서 승패가 엇갈렸던 오재영 3대의원과 이교선 2대의원이 세 번째 맞대결을 펼쳤다.

민주당에서는 병원장으로 덕망을 쌓은 강희갑 후보를 내세웠고, 서울지법 수원지원장을 지낸 유제충 후보는 독립노농당으로, 신성보육원장인 안수연, 안성읍의원인 이상열 후보들은 무소속으로 출전했다.

지난 3대 총선에서는 무소속으로 출전하여 당선됐던 오재영 후보가 자유당으로 변신하여 자유당 공천을 받고서, 자유당 공천에서 낙천되자 무소속으로 변신한 상공부장관을 지낸 이교선 후보를 연파하고 재선의원으로 발돋움했다.

□ 득표상황

후보자	정당	연령	주요 경력	득표 (%)
오재영	자유당	38	3대의원(안성)	17,011 (35.2)
이교선	무소속	55	2대의원(안성), 장관	12,601 (26.1)
강희갑	민주당	39	병원장	6,096 (12.6)
이상열	무소속	53	안성읍의원	5,580 (11.6)
유제충	독립노농당	33	수원지원장	4,122 (8.5)
안수연	무소속	36	신생보육원장	2,910 (6.0)

<평택> 자유당 감찰위원장인 정존수 후보가 수원에서 낙하하여 이 지역구의 토박이 후보들을 제치고 재선의원에 등극

민정장관을 지낸 안재홍 의원도 납북된 지난 3대 총선에선 안재홍 의원에게 패배했던 황경수, 최석화, 이병헌, 양재현 후보들이 패

자부활전을 펼쳤다.

패자부활전에서 2대 총선에선 4위로 낙선한 경남 수리조합장인 황경수 후보가 자유당 공천을 받고서 제헌의원인 최석화, 전매청 총무과장을 지낸 이병헌 후보들을 꺾고 당선됐다.

이번 총선에서는 자유당 감찰위원장, 경기도당위원장으로 3대 총선에선 수원에서 당선됐던 정존수 후보가 수원을 설경동 후보에게 넘겨주고 이 지역구의 황경수 의원을 밀쳐내고 자유당 공천을 받고 출전하자, 황경수 의원이 반발하여 무소속으로 출전했다.

2대 총선 때부터 출전했던 이병헌 후보가 민주당 공천을 받고서 세 번째 출전했고, 평택군 오성면장을 지낸 황욱재, 평택금융조합장과 경남 수리조합장을 역임한 이민원, 국민회 중앙상임위원인 이병국 후보들은 무소속으로 출전했다.

자유당 감찰위원장인 정존수 후보가 수원에서 낙하했지만 이 지역구에서 네 번째 출전한 황경수, 세 번째 출전한 이병헌 후보들을 가볍게 제압하고 재선의원이 됐다.

□ 득표상황

후보자	정당	연령	주요 경력	득표 (%)
정존수	자유당	47	3대의원(수원)	28,114 (46.0)
이병헌	민주당	61	민주의원 서무과장	10,437 (26.9)
이민원	무소속	63	경남 수리조합장	9,628 (15.7)
황경수	무소속	51	3대의원(평택)	3,557 (5.8)
황욱재	무소속	41	평택군 오성면장	2,089 (3.4)
이병국	무소속	37	자유당 창당요원	1,311 (2.2)

〈화성 갑〉 김인태 현역의원을 밀쳐내고 자유당 공천을 받고 당선된 손도심 후보가 이번 총선에도 김인태 후보를 격파

지난 3대 총선에서는 상공부장관 비서 출신으로 단국대 교수인 손도심 후보가 자유당 공천을 받고서, 2대 총선에서 차점 낙선한 팔탄면장을 지낸 이승재, 금강전기 사장인 홍사혁, 경성일보 기자인 박상묵, 국민대 교수인 홍봉진 후보들을 꺾고 등원에 성공했다.

이번 총선에서는 손도심 후보가 자유당 공천을 받고 재선의 나래를 펴자, 3대 총선에서 손도심 후보에게 패배했던 4명의 후보들이 출전을 포기했고, 민주당은 2대 총선에서 화성 갑구에서 당선됐으나 3대 총선에서는 화성 을구로 전구(轉區)하여 낙선한 김인태 후보를 환원하여 공천했다.

2대의원과 3대의원이 맞붙은 선거전은 3대 총선 때 김인태 현역의원을 밀쳐내고 자유당 공천을 받은 손도심 후보가 저력을 발휘하여 고토 회복에 나선 김인태 후보를 512표차로 꺾고 재선의원이 됐다.

□ 득표상황

후보자	정당	연령	주요 경력	득표 (%)
손도심	자유당	37	3대의원(화성 갑)	19,086 (50.7)
김인태	민주당	50	2대의원(화성 갑)	18,574 (49.3)

〈화성 을〉 지난 3대 총선에서 화성 갑구에서 낙선한 홍봉진 후보가 자유당 지지세가 신동우 공천 후보, 최병국 현역의원으로 분열된 틈새를 비집고 승리를 쟁취

제헌, 2대의원인 김웅진 의원이 출전을 포기한 지난 3대 총선에선, 2대 총선에서 차점 낙선한 오산면장 출신인 최병국 후보가 자유당 공천을 받고서, 화성 갑구에서 2대의원에 당선됐으나 자유당 공천에서 밀려나자 지역구를 옮겨 출전한 김인태, 고등공민학교장으로 2대 총선에도 출전했던 서태원 후보들을 꺾고 당선됐다.

이번 총선에서는 3대 총선에서 격투를 벌였던 최병국, 서태원 후보들이 재대결을 펼친 선거전에 고려대 교수로 국회 전문위원으로 활약한 홍봉진 후보가 민주당 공천을 받고 등장했다.

순경과 면서기를 지낸 최병규, 동탄면장을 지낸 박광병, 예비역 공군 준장인 신동우 후보들이 출전하여 6파전이 전개됐다.

지난 3대 총선에서는 화성 갑구에 무소속으로 출전하여 2,602표를 득표했던 홍봉진 후보가 자유당 지지성향표가 공천자인 신동우, 낙천자며 현역의원인 최병국 후보로 분열된 틈새를 비집고 들어가 낙선의 경험을 살리고 민주당 지지표를 결집시켜 당선의 열매를 맺을 수 있었다.

자유당이 면장 출신인 현역의원을 낙천시키고 공군 준장을 공천하여 민주당 후보에게 금배지를 헌납한 결과였다.

신동우 후보는 최병국 3대의원은 물론 박정환, 최병익, 박완, 오학환 후보들을 꺾고 자유당 공천을 받고 출전했으나 지역 기반이

미약하여 기대에 부응하지 못했다.

□ 득표상황

후보자	정당	연령	주요 경력	득표 (%)
홍봉진	민주당	55	고려대 교수	14,542 (34.6)
신동우	자유당	37	공군 준장	10,495 (25.0)
서태원	무소속	34	고등공민학교장	8,117 (19.3)
최병국	무소속	52	3대의원(화성 을)	4,141 (9.8)
박광병	무소속	39	은행원, 동탄면장	2,443 (5.8)
최병규	무소속	54	면서기, 순경	2,330 (5.5)

〈시흥〉 2선의원과 상공부장관을 지낸 무소속 이재형 후보가 현역의원을 밀쳐내고 자유당 공천을 받은 황의성, 현역의원인 이영섭 후보들을 따돌리고 3선의원 반열에 등극

지난 3대 총선에서는 안양중 이사장인 이영섭 후보가 자유당 공천을 받고 출전하자 제헌, 2대의원으로 상공부장관을 지낸 이재형 후보가 자유당 공천에서 밀리자 등록했다 사퇴하여 싱거워진 선거전에서 민국당 백봉운 후보를 가볍게 제치고 등원에 성공했다.

이번 총선에서 자유당은 이영섭 현역의원을 낙천시키고 조흥토목 사장인 황의성 후보를 공천하자, 이영섭 의원이 반발하여 무소속으로 출전했다.

민주당은 경도제국대 출신으로 기획처 차장과 내무부차관을 지내고 성균관대 총장을 역임한 홍헌표 후보를 내세웠고, 지난 3대 총선에 등록했다 사퇴했던 이재형 후보가 무소속으로 출전하여 4파전이 전개됐다.

제헌의원 선거와 2대의원 선거에서 당선되고 상공부장관에 발탁된 이재형 후보가 제헌의원 시절부터 닦아온 조직을 되살리고 시흥의 인물임을 내세워, 풍부한 선거자금을 활용하며 추격전을 전개한 자유당 황의성 후보를 따돌리고 3선의원에 등극했다.

내무부차관 출신인 홍헌표 후보는 나름대로 선전했지만, 자유당 공천에서 밀린 이영섭 후보의 득표력은 초라했다.

□ 득표상황

후보자	정당	연령	주요 경력	득표 (%)
이재형	무소속	43	2선의원(2선, 시흥)	15,128 (37.0)
황의성	자유당	36	조흥토목 사장	13,414 (32.8)
홍헌표	민주당	51	공보처, 내무부차관	8,455 (20.7)
이영섭	무소속	58	3대의원(시흥)	3,881 (9.5)

〈부천〉 서울지방법원장으로 내무부장관에 발탁된 장경근 후보가 2대의원인 박제환, 민주당 공천 후보인 김용성 후보들을 가볍게 제압하고 재선의원 반열에

지난 3대 총선에서 판사 출신으로 내무부차관과 국방부차관을 지낸 장경근 후보가 자유당 공천을 받고서, 한강 수리조합장 출신으로 2대의원에 당선된 박제환, 대한청년단 부천군단장으로 세 번째 출전한 김종남, 제헌의원인 이유선 후보들을 꺾고 2대 총선에서의 패배를 설욕했다.

이번 총선에서는 3대 총선에서 승패가 엇갈렸던 3대의원인 장경근, 2대의원인 박제환 후보들이 재대결을 펼쳤으며, 신흥대와 서울여의대 강사인 김용성 후보가 민주당 공천을 받고 출전하여 3각 대결을 펼쳤다.

서울지방법원장 출신으로 내무부장관으로 재무장한 장경근 후보가 2대의원인 박제환, 민주당 공천자인 김용성 후보들을 가볍게 제치고 재선의원이 됐다.

지난 3대 총선에서 장경근과 박제환 후보의 표차는 2,065표차에 불과했지만, 이번 총선에서는 21,500표차로 간극이 벌어졌다.

□ 득표상황

후보자	정당	연령	주요 경력	득표 (%)
장경근	자유당	46	3대의원(부천)	29,393 (67.7)
박제환	무소속	53	2대의원(부천)	7,794 (17.9)
김용성	민주당	33	서울여대 강사	6,236 (14.4)

〈김포〉 기독교 지지세를 양분한 무소속 정준 후보가 제헌의원 시절부터 닦아온 조직을 되살려 자유당 문창모 후보를 어

렵게 제압하고 3선의원에 등극

지난 3대 총선에서는 기독청년회 총무 출신으로 제헌의원에 당선됐던 정준 후보가 지명도와 그동안 쌓아놓은 조직을 재구축하여, 이범승 2대의원을 밀쳐내고 자유당 공천을 받은 경성전기 총무과장을 지낸 배용문 후보를 9,900표차로 꺾고 의원직을 되찾고 재선의원이 됐다.

이번 총선에서는 정준 의원이 3선 고지 점령에 나서자 자유당은 의사로서 감리교회 중앙회 이사인 문창모 후보를, 민주당은 명치대 출신으로 중앙위원인 허길 후보를 내세워 3파전을 전개하도록 했다.

기독교 지지표를 문창모 후보와 양분한 정준 후보가 제헌의원 시절부터 닦아 온 조직을 되살리고 현역의원의 이점을 활용하여 자유당 공천을 받고 행정력을 동원한 문창모 후보를 2,502표차로 어렵게 따돌리고 3선의원에 등극했다.

정준 후보의 승리에는 문창모 후보는 김포 출신이 아닌 강원도 원주 출신이라는 지역 의식을 홍보한 일면도 일익을 차지했다.

□ 득표상황

후보자	정당	연령	주요 경력	득표 (%)
정 준	무소속	43	3대의원(2선, 김포)	17,844 (45.0)
문창모	자유당	51	의사	15,342 (38.6)
허 길	민주당	29	회사원	6,504 (16.4)

〈강화〉 파평 윤씨 문중의 바꿔보자는 열풍으로 자유당 윤일상 현역의원을 꺾고 3선의원 반열에 오른 윤재근

지난 3대 총선에서는 양도면의회 의장 출신인 윤일상 후보가 2대 총선에서 낙선에 따른 동정여론과 자유당의 조직을 활용하여 화도면장 출신으로 제헌, 2대의원인 윤재근 후보를 3,291표차로 꺾고 의원직을 승계했다.

이번 총선에는 3대 총선에서 혈전을 전개하여 3,291표차로 승패가 엇갈렸던 윤일상 의원과 윤재근 후보가 재대결을 펼쳤고, 이종면 후보가 민주당 공천을 받고 출전하여 두 후보의 결투를 지켜봤다.

파평 윤씨 문중에서 이번에는 바꿔보자는 종중 여론과 자유당에 대한 민심이반과 행정력 동원이 교차되어 윤재근 후보가 이번 총선에서는 1,682표차로 윤일상 후보를 꺾고 3선의원에 등극했다.

□ 득표상황

후보자	정당	연령	주요 경력	득표 (%)
윤재근	무소속	47	2선의원(김포)	20,060 (47.4)
윤일상	자유당	49	3대의원(김포)	18,378 (43.4)
이종면	민주당	50	김포군당위원장	3,874 (9.2)

〈파주〉 3대 총선에서 결전을 벌였던 정대천과 백남표 후보들

이 이번 총선에서도 재대결을 펼쳐 연승과 연패로 엇갈려

지난 3대 총선에서는 경성전기 노총위원장으로 2대 총선에서는 7위로 낙선했지만, 2대 총선에서 당선된 이동환 의원을 밀쳐내고 자유당 공천을 받은 여세로 해군 중령인 백남표, 대한청년단 탄현면 단장으로 활동한 구자경 후보들을 가볍게 제치고 등원했다.

이번 총선에는 정대천 의원이 자유당 공천을 받고 재선 고지 선점에 나서자, 지난 3대 총선에서 3,098표차로 낙선한 백남표 후보가 민주당 공천을 받고 재도전했다.

민주당 경기도당 재정위원회 의장인 황인원 후보가 민주당 공천에서 밀려나자 무소속으로 출전했고, 자유당 중앙당 조직부 차장인 원현국 후보도 자유당 공천에서 낙천되자 무소속으로 출전하여 4파전이 전개됐다.

자유당과 민주당 후보들에 대한 표쏠림 현상이 두드러져 공천에서 밀려난 황인원과 원현국 후보들은 당선권에서 멀어지고, 지난 3대 총선에서 격전을 벌였던 정대천과 백남표 후보들의 대결장으로 선거전이 변모됐다.

자유당 공천을 받은 정대천 후보가 재향군인들의 전폭적인 지지를 받으며 추격전을 전개한 백남표 후보를 6천여 표차로 제압하고 재선의원이 됐다.

□ 득표상황

후보자	정당	연령	주요 경력	득표 (%)
정대천	자유당	48	3대의원(파주)	26,752 (46.0)

백남표	민주당	34	해군 중령	20,407 (35.1)
황인원	무소속	37	농업, 민주당원	7,443 (12.8)
원현국	무소속	34	회사원, 자유당원	3,595 (6.2)

〈연천〉 이번 총선에서 신설된 이 지역구에 경기도지사와 내무부장관을 역임한 이익흥 후보가 출전하여 대승을

휴전협정에 따라 남한 지역에 편입되었다가 이번 총선에서 신설된 이 지역구에 자유당은 경기도지사와 내무부장관을 지낸 이익흥 후보를 내세웠고, 민주당은 민주국민당 중앙위원과 상공국장을 지낸 허산 후보를 대항마로 출전시켰다.

경기산업 전무인 강대곤 후보가 무소속으로 출전했고, 예비군 육군 중령으로 보병 대대장 출신인 강덕봉 후보는 등록무효됐다.

수복지구 주민들이 대한민국 복권을 열원하고 있으며 난관이 중첩한 제반 행정의 군정(軍政)을 폐지해달라는 청원이 잇달았다.

이들의 청원을 반영하기 위해 출전한 자유당 이익흥 후보가 내무부장관 출신이라는 명성과 경찰들의 간접적인 지원으로 대승을 거두고 등원에 성공했다.

무소속 강대곤 후보는 이익흥 내무부장관의 불신임 경위 기사를 낭독한 찬조연사를 연행한 이동진 연천경찰서장을 고소했다.

□ 득표상황

후보자	정당	연령	주요 경력	득표 (%)
이익흥	자유당	53	경기지사, 내무장관	23,870 (60.3)
허 산	민주당	45	민국당 중앙위원	12,376 (31.3)
강대곤	무소속	55	회사 중역	3,351 (8.4)
강덕봉	무소속	40	육군 중령	등록 무효

〈옹진〉 옹진반도의 대부분을 북한에 넘겨주고 백령도와 연평도의 섬 지역을 관할하는 선거구가 신설되어 자유당 공천 후보를 압도적 지지로 선출

제헌의원 선거와 2대 총선까지는 갑·을구로 분구되어 2명의 의원을 선출했다가 3대 총선 때에는 폐지되었다가 이번 총선에 다시 신설된 이 지역구는 옹진반도의 대부분은 북한에 편입되고 연평도, 백령도의 섬 지역만을 관할하게 됐다.

자유당은 대강산업 사장인 유영준 후보를 공천했고, 옹진군수와 연백군수를 지낸 박창빈 후보가 노익장을 과시하며 무소속으로 출전했고, 목사로서 대한예수장로회 순천장로회장인 손치호 후보도 무소속으로 등록했다.

백령도 출신들인 세 후보의 대결에서 재력을 구비하고 자유당 공천을 받은 유영준 후보가 박창빈과 손치호 후보들을 큰 표차로 따돌리고 지역구의 주인이 됐다.

☐ 득표상황

후보자	정당	연령	주요 경력	득표 (%)
유영준	자유당	37	대강산업 사장	4,671 (68.1)
손치호	무소속	50	순천장로회 회장	1,163 (17.0)
박창빈	무소속	67	연백, 옹진군수	1,024 (14.9)

제2장 영남권 : 자유당 후보 당선율은 56.4%

1. 민주당 후보 당선자는 23명으로 29.5%에 불과

2. 영남권 78개 지역구 불꽃 튀는 격전의 현장으로

1. 민주당 후보 당선자는 23명으로 29.5%에 불과

(1) 무소속 당선자는 24명에서 11명으로 감소

영남권은 경북이 38개구, 경남이 40개구로 78개구의 선거구를 가지고 있어 전국 233개 선거구의 33.5%를 점유하고 있다.

지난 3대 총선 때에는 경북이 34개구, 경남이 32개구로 66개구였으나, 이번 총선에서는 12개가 증설됐고 특히 경남이 경북보다 2개구가 부족했다가 오히려 2개구가 더 많아졌다.

경북은 대구 병, 대구 정, 대구 기, 경주 등 4개구가 늘어난 반면, 경남은 부산이 구제(區制)가 실시되면서 5개구 체제가 10개구로 증설됐고 충무, 진해, 삼천포가 시로 승격되면서 선거구가 증설되어 경남 지역에서 8개구가 증설되어 경남이 경북을 추월하게 됐다.

지난 3대 총선에서 66명 당선자의 소속은 자유당이 34명, 민국당 등 정당 후보 8명, 무소속 후보 24명이 당선됐다.

민국당은 서동진(대구갑), 조병옥(대구을), 조재천(달성), 최천(통영갑), 신도성(거창) 후보 등 5명이고, 국민당이 박재홍(김해갑), 국민회가 김영상(함양), 권오종(안동) 후보 등이었다.

이번 총선에서 당선자 78명의 소속은 자유당이 44명으로 전체의 56.4%를 점유하고 있다.

민주당이 23명 당선됐고, 무소속이 11명 당선되어 무소속 당선자가 줄어든 반면, 민주당 당선자가 대폭 늘어났다.

(2) 3대 의원들의 귀환율은 47%를 밑돌고

3대 의원 중 산청의 이병홍 의원이 사망하여 자유당 안준기 후보가 당선되어 의원직을 승계했다.

3대 의원 중 이우줄(대구병), 하태환(포항), 문종두(김천), 박만원(군위), 박영교(의성을), 권오종(안동갑), 김익기(안동을), 윤용구(청송), 박종길(영양), 김원규(영덕), 박순석(영일갑), 김익로(영일을), 이협우(경주갑), 김상도(영천갑), 권중돈(영천을), 박해정(경산), 장택상(칠곡), 김철안(금릉), 김우동(선산), 이정희(영주), 정문흠(봉화), 최병권(울릉), 김동욱(부산병), 이영언(부산정), 이영희(의령), 조경규(함안), 지영진(양산), 이종수(김해을), 이용범(창원을), 유봉순(합천갑), 최창섭(합천) 의원 등이 4대 총선에서도 당선되어 당선 귀환율은 47% 수준에 달했다.

조재천 의원은 달성에서 대구 정으로 옮겨 당선됐고, 조병옥 후보는 서울로 상경했다.

서동진(대구갑), 김홍식(고령), 백남식(상주을), 윤만석(문경), 현석호(예천), 김지태(부산갑), 김영삼(거제), 김종신(마산), 서인홍(진주), 황남팔(진양), 하을춘(창녕), 정해영(울산을), 박재홍(김해갑), 김성삼(진해), 정갑주(사천), 조주영(남해), 김영상(함양) 의원 등은 낙선했다.

김규만(의성갑), 안용대(경주), 정남택(고령), 주병환(성주), 조광희(상주갑), 김정근(상주을), 이종남(부산진갑), 김응주(부산중), 이만우(영도을), 오위영(부산 동을), 허윤수(마산), 김용진(진주), 신영주(창녕), 안덕기(울산갑), 주금용(진해), 정헌주(사천) 후보 등은 지난 3대 총선에서의 낙선을 딛고 당선됐다.

(3) 1만 표 미만의 득표에도 불구하고 당선자가 수두룩

지영진(양산), 이영언(영도을), 최병권(울릉), 김상도(영천갑), 박종길(영양) 후보들은 무투표 당선됐다.

미국이나 일본 유학파가 당선자의 대부분이지만 소졸로는 김원규(영덕), 김익로(영일을), 김철안(금릉), 이동녕(문경), 최천(충무), 이영희(의령), 지영진(양산), 이용범(창원을) 후보 등이고 중졸은 이정희(영주), 이만우(영도을), 박창화(밀양갑), 안덕기(울산갑), 서한두(거창) 후보 등을 들 수 있다.

조재천(대구정), 김성곤(달성), 이동영(문경), 구태회(진양) 후보들은 3만 표 이상을 득표하고 당선됐지만, 안용대(경주), 문종두(김천), 박영교(의성을), 이종준(월성을), 이만우(영도을), 최천(충무), 김정환(밀양을) 후보들은 1만 표 미만으로 당선됐다.

득표율은 조재천(70.6%), 김성곤(72.8%), 박만원(72.9%), 김익로(82.3%), 장택상(75.0%), 김응주(72.6%), 최창섭(82.7%) 후보들은 70%가 넘는 득표율로 당선됐으나, 안용대(29.3%), 문종두(17.3%), 박영교(22.3%), 이종준(23.5%), 김정환(23.1%), 손영수(29.7%), 박상길(25.1%) 후보 등은 30% 미만의 득표로 당선을 일궈냈다.

2. 영남권 78개 지역구 불꽃 튀는 격전의 현장으로

경상북도

<대구 갑> 부정선거의 논란과 개표 중단과 데모가 성행한 가운데 반공청년단장 신도환 후보가 서동진 현역의원을 꺾고 등원에 성공

지난 3대 총선에서는 조경규 의원이 고향을 찾아 경남 함안으로 옮겨간 호기를 맞아 2대 총선에서 조경규 의원에게 패배했던 예총 경북연합회장인 민국당 서동진 후보가 경북도지사를 지낸 최희송 후보와 대구시의원 출신으로 자유당 공천을 받은 서석현 후보들을 꺾고 당선됐다.

최희송 후보는 2대 총선에도 출전하여 3위로 낙선했었다.

이번 총선에서는 서동진 의원이 민주당 공천을 받고 재선을 향해 달리자, 반공청년단 단장인 신도환 후보가 대항마로 출전했고, 고시위원장 출신으로 경북 달성의 2대의원 보궐선거에서 당선됐던 배은희 후보가 등록하여 3파전이 전개됐다.

자유당이 자유당 창당주역인 배은희 의원의 공천을 보류하고 무소속으로 등록한 신도환 후보의 암묵적인 지원에 나섰다.

353

반공청년단원의 악행과 횡포가 횡행하는 선거전에서 고소와 고발이 빈번했고, 개표 과정에서 무효표가 유효표수의 4할 가량이 쏟아져 나오자 민주당이 개표 중단을 요구하여 중단되기도 했다.

시민들의 '부정선거 다시 하라'는 데모가 빈번한 상황에서 무소속 신도환 후보가 민주당 서동진 후보를 4,783표차로 꺾고 등원에 성공했다.

□ 득표상황

후보자	정당	연령	주요 경력	득표 (%)
신도환	무소속	35	반공청년단장	15,623 (55.9)
서동진	민주당	58	3대의원(대구 갑)	10,840 (38.8)
배은희	무소속	71	3대의원(달성, 보궐)	1,484 (5.3)

〈대구 을〉 문경에서 2대와 3대 총선에서 낙선한 이병하 후보가 조병옥 의원의 조직을 성공적으로 승계하여 반자유당 지역정서에 결합시켜 승리

지난 3대 총선에서는 내무부장관을 지낸 조병옥 후보가 6.25 동란 때 대구 사수를 성공적으로 수행한 인연으로 민국당으로 출전하여 현역의원인 박성하, 의사로서 자유당 공천을 받은 손인식, 대구시의원을 지낸 농민회 김봉문 후보들을 큰 표차로 따돌리고 처음으로 등원에 성공했다.

조병옥 의원이 서울 성동으로 옮겨간 이번 총선에는 병원장으로 지역 기반을 구축한 손인식 후보가 자유당으로, 항일독립운동의 투사로서 제헌의원에 당선된 서상일 후보가 민혁당으로, 문경에서 2대와 3대 총선에 출전하여 낙선한 이병하 후보가 민주당으로 출전하여 3파전을 전개했다.

상해임시정부 시절 국무위원으로 활동했던 유림 후보가 독립노동당으로 출전했다.

판사 출신 변호사인 이병하 후보가 조병옥 의원의 조직을 순조롭게 승계하고, 반자유당 지역정서를 부추겨 70세의 독립투사인 서상일 후보를 가볍게 제치고 등원에 성공했다.

자유당 공천 후보인 손인식 후보와 독립노동당 유림 후보는 서상일 후보와 같이 60대의 노령으로 표의 확장성에서 한계를 보였다.

□ 득표상황

후보자	정당	연령	주요 경력	득표 (%)
이병하	민주당	44	판사, 변호사	15,621 (45.3)
서상일	민주혁신당	71	제헌의원(대구 을)	10,815 (31.4)
손인식	자유당	63	병원장	6,579 (19.1)
유 림	독립노농당	59	임정 국무위원	1,437 (4.2)

〈대구 병〉 이갑성 옹의 출전 포기로 자유당 공천을 받은 이우줄 후보가 당선됐으나 개표 부정이 드러나 민주당 임문석 후보로 당선자가 교체

지난 3대 총선에서는 대구시의원 출신으로 제헌의원 선거에 출전하여 백남채 후보에게 석패하고, 2대 총선에서도 출전하여 이갑성 후보에게 석패한 이우줄 후보가 연패에 따른 동정여론과 자유당에 대한 반감을 활용하여 기미독립선언 33인으로 자유당의 실세인 이갑성 의원을 큰 표차로 꺾고 등원하는 이변을 창출했다.

이번 총선에는 무소속으로 출전하여 당선된 이우줄 후보가 자유당 공천을 받고 출전하자, 독립운동가인 이갑성 옹이 참의원 출전을 위해 민의원 출마를 포기했다.

변호사인 임문석 후보가 민주당 공천을 받고 이우줄 후보의 대항마로 떠올랐고, 학도전몰 중앙상무위원인 김수한 후보는 민혁당으로, 경북도 관재국장을 지낸 김재권, 명치대 출신으로 회사장인 김영호, 대구시의원으로 자유당 공천에서 낙천한 김석현 후보는 등록했다 자유당의 압력과 권유로 중도에 사퇴했다.

민주당 임문석 후보는 대구 병 선거구내에 3,456명의 유령 선거인을 발견하고 대구시장에게 항의서를 제출했다.

대구시민들이 개표 부정을 감시하기 위해 운집한 가운데 정전 소동을 벌여 올빼미표, 빈대표 등을 양산하는 개표 소동 속에 자유당 이우줄 후보가 민주당 임문석 후보에게 678표차로 승리했다.

그러나 선거위원회의 재검표에서 무효표에서 임문석 후보 표를 찾아내어 당선자를 임문석 후보로 교체하여 공고했다.

□ 득표상황

후보자	정당	연령	주요 경력	득표 (%)
이우줄	자유당	42	3대의원(대구 병)	14,355 (40.4)

임문석	민주당	54	변호사	13,677 (38.4)
김재권	무소속	59	경북도 관재국장	3,537 (9.9)
김영호	무소속	41	명치대 졸, 회사장	2,770 (7.8)
김수한	민주혁신당	29	대구대 졸	1,238 (3.5)
김석현	무소속	42	대구시의원	사퇴

〈대구 정〉 달성에서의 3대의원과 경북도지사를 지낸 조재천 후보가 경력을 내세우고 반자유당 지역정서를 활용하여 대승을 거두고 등원에 성공

이번 총선에 신설된 이 지역구에는 중·고교 교장 출신인 주덕근 후보가 자유당으로, 경북도지사를 지낸 조재천 후보가 민주당으로 출전하여 양강구도를 형성했다.

일본대 출신으로 경북도의원인 조병관 후보는 무소속으로 출전하여 완주했으나, 공무원 출신으로 자유당 공천에서 낙천한 박춘석 후보는 대한농민회로 출전했다가 중도에 사퇴했다.

경북 달성에서 배은희 현역의원, 박준규 대학교수 등을 꺾고 3대의원에 당선된 조재천 의원이 지역구의 일부가 편입된 이 지역구로 옮겨와 현역의원과 경북도지사 경력을 내세우고 반자유당의 지역정서에 힘입어 대승을 거두고 등원에 성공했다.

☐ 득표상황

후보자	정당	연령	주요 경력	득표 (%)
조재천	민주당	45	3대의원(달성)	30,125 (70.6)
주덕근	자유당	54	고교 교장	11,404 (26.8)
조병관	무소속	50	경북도의원	1,111 (2.6)
박춘석	대한농민회	40	공무원	사퇴

〈대구 무〉 무명의 민주당 조일환 후보가 반자유당 지역정서에 편승하여 애락원 원장이며 대구시의회 의장인 배정원 후보를 1,678표차로 제압

이번 총선에서 신설된 이 지역구는 대구 애락원장으로 대구시의회 의장을 지낸 배정원 후보와 명치대 출신으로 대구대 강사인 조일환 후보가 맞대결을 펼쳤다.

대구시의원인 김행문 후보가 무소속으로 출전하여 파수꾼 역할을 수행했다.

자유당 배정원 후보는 선거운동은 대구의 다른 지역구의 자유당 후보들과 같이 불법적인 선거운동을 감행했을지라도, 개표 과정에서는 일체의 불상사 없이 진행되고 패배하자 깨끗하게 승복하여 찬사(讚辭)를 받기도 했다.

무명의 민주당 조일환 후보가 반자유당 지역정서에 편승하여 1,678표차로 애락원 원장이며 대구시의회 의장으로 덕망을 쌓은 배정원 후보를 꺾고 등원에 성공했다.

□ 득표상황

후보자	정당	연령	주요 경력	득표 (%)
조일환	민주당	42	대구대 강사	16,332 (46.4)
배정원	자유당	50	대구시의회 의장	14,654 (41.7)
김행문	민주혁신당	37	대구시의원	4,179 (11.9)

<대구 기> 중앙선거위원회의 재검표로 이순희 당선자가 교체되고 두 번의 낙선을 딛고 2전3기를 이뤄낸 경북도지사 출신인 최희송

이번 총선에서 신설된 이 지역구에는 회사장인 자유당 이순희 후보와 경북도지사를 지낸 민주당 최희송 후보가 건곤일척 한판 승부를 벌였고, 일정시대 대구부의원을 지낸 서석현 후보가 자유당 공천 경쟁에서 밀리자 무소속으로 출전하여 두 후보의 혈전의 심판자 역할을 했다.

치열하게 전개된 선거운동이 끝나고 개표 과정에서 자유당 추천의원의 개표지연과 반복된 정전으로 시민들의 항의 데모가 빈번했다.

민주당 후보의 추천위원의 참관인 교대를 트집 잡아 자유당이 개표 중단을 요구하여 중단됐다.

오랫동안 진행되는 개표는 이순희 후보가 16,113표를 득표하여 15,985표를 득표한 최희송 후보를 218표 앞선 것으로 발표했다.

그러나 중앙선거위원회의 재검표 결과, 개표 부정을 확인하고 당선자를 이순희 후보에서 최희송 후보로 교체했다.

최희송 후보는 2대 총선에는 대구 갑구에 출전하여 조경규 후보에게, 3대 총선에도 대구 갑구에 출전하여 서동진 후보에게 차점 낙선하였으나 지역구를 옮겨 2전 3기를 이뤄냈다.

□ 득표상황

후보자	정당	연령	주요 경력	득표 (%)
이순희	자유당	40	회사장	16,113 (43.8)
최희송	민주당	65	경북도지사	15,895 (43.2)
서석현	무소속	52	대구부의원	4,762 (13.0)

〈포항〉 동지고교 교장으로 교육자로서 이미지를 부각시킨 하태환 후보가 김판석 2대의원을 물리치고 자유당 공천을 받고 출전하여 대승을 거두고 재선 고지를 점령

지난 3대 총선에서는 동지고교 교장인 하태환 후보가 교육자로서 인망과 자유당에 대한 비우호적인 지역정서를 활용하여 대한청년단 포항시단장으로 자유당 공천을 받은 김판석 현역의원을 2,978 표차로 꺾고 의원직을 승계했다.

소방서장을 지낸 문달식, 경북도의원으로 2대 총선에도 출전했던 강청석 후보들도 출전했다.

이번 총선에는 무소속으로 당선됐던 하태환 의원이 자유당으로 변신하여 재선 고지를 점령하자, 민주당은 포항시당위원장인 이상면 후보를 대항마로 내세웠다.

수산업자로서 회사장인 김병준 후보도 무소속으로 출전했다.

자유당 공천경쟁에서 김판석 후보를 물리친 여세를 타고 동지고교 교장으로 교육자로서 이미지를 부각시킨 하태환 후보가 지명도를 활용하여 대승을 거두고 재선의원으로 발돋움했다.

□ 득표상황

후보자	정당	연령	주요 경력	득표 (%)
하태환	자유당	45	3대의원(포항)	13,079 (61.0)
이상면	민주당	39	상업	4,226 (19.7)
김병준	무소속	50	수산회사 사장	4,150 (19.3)

〈경주〉 2대 의원을 지낸 안용대 후보가 자유당이 무공천한 혜택과 지명도를 활용하여 육군병원장 출신인 오정국 후보를 꺾고 재선 고지를 점령

경주읍이 경주시로 승격되면서 이번 총선에 신설된 이 지역구는 3대 총선 때 경주군 갑구에 출전하여 낙선했던 2대의원 안용대와 의학박사로 육군병원장을 지낸 오정국 후보가 재격돌했다.

경북도 문교사회국장을 지낸 김동선, 회사장인 손상목, 대구대 출

신인 이상하, 대학 강사인 장세환 후보들이 출전하여 6파전이 전개됐다.

지난 3대 총선에서 안용대 후보는 12,557표를 득표하여 차점 낙선했고, 오정국 후보는 3,287표를 득표하여 5위에 머물렀다.

2대 총선 때 11명의 후보들을 꺾고 당선된 저력을 지닌 안용대 후보가 경주군수를 지낸 지명도를 활용하고 자유당이 무공천 지역으로 배려한 데 힘을 얻어, 맹추격한 오정국 후보를 1,345표차로 따돌리고 재선 고지에 올랐다.

경주군 갑구였던 지난 3대 총선에서는 2대 총선 때 경주군 갑구에서 혈전을 전개했던 제헌의원 김철, 2대의원 안용대, 차점 낙선한 최현순 후보들이 재격전을 펼쳤다.

세무서장 출신인 김철 후보가 경주군수 출신으로 2대 의원에 당선된 안용대, 분황사 주지인 최현순 후보들을 꺾고 재선의원이 됐다.

의사로서 경북도의원인 김종해, 의사로서 예비역 육군 대령인 오정국, 감포읍장과 경찰서장을 지낸 김종선 후보들도 출전했다.

□ 득표상황

후보자	정당	연령	주요 경력	득표 (%)
안용대	무소속	45	2대의원(경주 갑)	7,612 (29.3)
오정국	민주당	48	육군병원장	6,267 (24.1)
김동선	무소속	57	경북도 문사국장	5,012 (19.3)
손상목	무소속	41	회사장	3,891 (15.0)
이상하	무소속	26	대구대 졸	2,459 (9.5)
장세환	무소속	32	대학 강사	733 (2.8)

〈김천〉 자유당 공천 후보 이병용, 민주당 공천 후보 배섭, 재력을 구비한 김세영 후보들이 각축하리라는 예상을 뒤엎고 문종두 현역의원이 재선 고지를 점령

지난 3대 총선에서는 김천시보를 운영하면서 지역기반을 다진 문종두 후보가 조선방직 중역으로 자유당 공천을 받은 심문 후보를 65표차로 꺾고 등원에 성공했다.

양조장을 운영한 안충기, 재건타임즈 부사장인 백운붕, 김천시의원을 지낸 박영원 후보들도 출전했다.

이번 총선에도 문종두 의원이 재선을 향해 달리자, 탄광을 경영하고 있는 김세영, 김천부읍장을 지낸 황병두, 교육감으로 활약한 최길진, 부통령 비서관을 지내고 민주당 공천을 받은 배섭, 대전검사장으로 자유당 공천을 받은 이병용, 대한용사회 학도장인 김재홍, 회사장인 심문, 민주당 중앙위원인 조필호 후보들이 출전하여 8명의 후보들이 난립했다.

김세영, 황병두, 최길진, 문종두, 배섭, 이병용, 심문 등 쟁쟁한 후보들이 용쟁호투를 벌인 난형난제의 선거전은 예상을 뒤엎고, 현역의원으로 지명도를 살린 문종두 후보가 자유당 이병용 후보를 667표차로 꺾고 재선의원이 됐다.

선거운동 기간에는 재력을 갖춘 김세영, 민주당 공천을 받은 배섭, 자유당 공천을 받은 이병용, 자유당 김천시당위원장으로 활동했으

나 자유당 공천에서 탈락한 심문 후보들이 각축전을 전개할 것으로 예상했다.

□ 득표상황

후보자	정당	연령	주요 경력	득표 (%)
문종두	무소속	41	3대의원(김천)	3,027 (17.3)
이병용	자유당	53	대전지검 검사장	2,360 (13.5)
배 섭	민주당	43	부통령 비서관	2,224 (12.7)
황병두	무소속	41	김천부읍장	2,211 (12.7)
심 문	무소속	58	자유당 시당위원장	2,135 (12.2)
김세영	무소속	38	탄광 경영	2,112 (12.1)
최길진	무소속	40	김천 교육감	1,956 (11.2)
조필호	무소속	37	민주당 중앙위원	1,097 (6.3)
김재홍	무소속	43	용사회 학도장	347 (2.0)

〈달성〉 재력을 구비한 김성곤 후보가 자유당 공천을 받고서 지난 3대 총선에도 출전하여 3위로 낙선한 민주당 박준규 후보를 대파하고 등원

지난 3대 총선에선 경북도지사를 지낸 민국당 조재천 후보가, 권오훈 의원 사망으로 인한 보궐선거에서 당선된 자유당 창당의 주역인 배은희 후보를 꺾고 처음으로 국회에 등원했다.

뉴욕 써튼홀 대학 출신으로 대학 조교수인 박준규, 경북도의원인 최한덕, 반민특위 조사관인 양기식 후보들도 출전했다.

조재천 의원이 대구 병구로 지역구를 옮긴 이번 총선에는 연합신문 사장인 김성곤 후보가 자유당 공천을, 컬럼비아대 출신으로 대학 조교수인 박준규 후보가 민주당 공천으로 출전하여 자웅을 겨루게 됐다.

재력이 구비된 김성곤 후보가 자유당 공천 후보임을 내세워, 지난 3대 총선에도 출전하여 3위로 낙선한 박준규 후보를 대파하고 등원에 성공했다.

박준규 민주당 후보측에서 자유당 김성곤 후보가 호별 방문을 하고 있다고 고발한 상황에서, 자유당의 금력과 세력에 억압을 당하여 고민하고 흥분한 끝에 박준규 후보의 부친 박노익 옹이 영면하는 불상사가 일어났다.

□ 득표상황

후보자	정당	연령	주요 경력	득표 (%)
김성곤	자유당	44	연합신문 사장	23,518 (72.8)
박준규	민주당	33	대학조교, 회사중역	8,805 (27.2)

〈군위〉 2대와 3대의원으로서 구축한 지역 기반, 자유당 공천 후보의 위세로 가볍게 3선의원 고지 점령에 성공한 박만원

지난 3대 총선에서는 식산은행 대구지점장으로 2대 총선에서 3,939표를 득표하여 17명 후보를 꺾은 행운을 거머쥔 박만원 의원이 자유당 공천을 받고서 무투표 당선되는 행운까지 겹쳤다.

이번 총선에는 2대 총선에서는 17명 후보를 꺾고 혜성처럼 등장한 박만원 후보가 3대 총선에서는 행운의 무투표 당선을 이뤄냈고, 3선 고지 점령을 위해 자유당 공천을 받고 출전하자, 민주당은 후보 공천을 포기했다.

대구 을구 제헌의원 선거에서 서상일 후보에게 패배했지만 2대 총선에서 서상일 의원에게 설욕하고 당선됐고, 3대 총선에서 조병옥 후보에게 참패한 박성하 후보가 지역구를 옮겨 출전했고, 판임문관고시에 합격하고 재단 이사장으로 활동하고 있는 장암권 후보도 출전하여 박만원 후보의 무투표 당선을 저지했다.

재선의원으로 구축한 지역기반, 자유당 공천 후보로서 강점을 살린 박만원 후보가 자유당 공천에서 낙천하자 무소속으로 도전한 장암권, 2대의원 출신인 방랑정객 박성하 후보들을 가볍게 제압하고 재선의원이 됐다.

☐ 득표상황

후보자	정당	연령	주요 경력	득표 (%)
박만원	자유당	46	3대의원(2선, 군위)	21,213 (72.9)
장암권	무소속	55	재단간사장	5,159 (17.7)
박성하	무소속	50	2대의원(대구 을)	2,748 (9.4)

<의성 갑> 2대 총선과 3대 총선에 출전하여 2위와 3위를 차지한 김규만과 신기훈 후보들이 재격돌하여 민주당 김규만 후보가 24표차로 행운승을

지난 3대 총선에서는 2대 총선에 출전하여 당선된 회사장인 박영출, 차점 낙선한 농민회 총대로 활동한 입법의원 출신인 김규만, 3위로 낙선한 안동군수를 지낸 신기훈 후보들이 재격돌하여 금, 은, 동메달을 다시 한번 확인했다.

동아일보 지국장인 오윤근, 경찰관 출신인 오상직 후보들도 출전했다.

박영출 의원이 국제시계 밀수사건에 연루되어 출전을 포기한 이번 총선에는 3대 총선에서 함께 뛰었던 입법의원 출신인 김규만, 경북도 관재국장과 안동군수를 지낸 신기훈 후보가 재격돌했다.

김규만 후보는 3대 총선에서 10,367표를 득표하여 1,660표차로 차점 낙선했고, 신기훈 후보는 9,608표를 득표하여 3위를 차지했다.

해운공사 사장인 정운수 후보도 처녀출전하여 3파전을 전개했다.

2대 총선과 3대 총선에 출전하여 차점 낙선하고서 민주당 공천을 받은 김규만 후보가 차점 낙선한 동정여론, 경주 김씨, 의성 김씨, 안동 김씨 등 범김씨 문중의 집중지원을 받아, 2대 총선 때부터 출전하여 3위를 하고서 자유당 공천을 받고서 승리를 예견한 신기훈 후보를 24표차로 꺾고 당선되는 행운아가 됐다.

김기방, 이능식, 신영목, 박재석, 장시영, 김기혁 후보들은 자유당 공천에서 낙천되자 꿈을 접었지만, 정운수 후보는 불복하고 무소속으로 출전하여 신기훈 후보의 당선을 저지했다.

지역구 선거위원회는 개표가 종료되었음에도 불구하고 민주당 김규만 후보의 당선자 결정을 보류하고 재개표 여부를 중앙선거위원회에 질의했다.

□ 득표상황

후보자	정당	연령	주요 경력	득표 (%)
김규만	민주당	53	입법의원	14,410 (40.1)
신기훈	자유당	49	안동군수, 관재국장	14,386 (40.1)
정운수	무소속	55	해운공사 사장	7,104 (19.8)

〈의성 을〉 5개면 대표주자들이 경쟁을 벌인 선거전에서 자유당 갑옷을 입고 출전한 박영교 후보가 승리하여 무소속 권병로 후보와 2승 2패 균형을

지난 3대 총선에는 안교면장 출신으로 제헌의원 선거에서는 2,117표차로, 2대의원 선거에서도 945표차로 의사 출신인 권병로 후보에게 패배했던 박영교 후보가 2번 낙선한 동정여론으로, 자유당 공천이란 갑옷까지 걸친 권병로 의원을 꺾고 2전 3기를 이뤄냈다.

중학교사인 우홍구, 회사 중역인 김진식 후보들도 출전하여 두 후

보의 혈투를 지켜봤다.

이번 총선에서도 안고면장 출신인 박영출 후보와 의사출신인 권병로 후보가 제헌의원 시절부터 네 번째 맞붙어 대결을 펼치게 됐다.

검사 출신 변호사 최성인 후보가 민주당으로, 중학교사로서 3대 총선에도 출전했던 우홍구, 경북도의원인 양재목, 군법무관 출신 변호사인 정태흠 후보들은 무소속으로, 휘문중을 중퇴하고 정치운동을 펼쳐온 박석홍 후보는 독립노농당으로 출전했다.

안계면, 단북면, 다인면, 비안면 대표주자들이 경쟁을 벌인 선거전에서 현역의원으로서 권병로, 우상봉, 정태흠 후보들을 꺾고 자유당 공천을 받은 박영교 후보가 당선자를 예측할 수 없는 혼전에서 승리하여 재선의원이 되면서 권병로 후보와 2승 2패의 균형을 이뤘다.

□ 득표상황

후보자	정당	연령	주요 경력	득표 (%)
박영교	자유당	52	3대의원(의성 을)	7,509 (22.3)
박석홍	독립노농당	61	정치운동	6,124 (18.2)
최성인	민주당	44	검사, 변호사	5,171 (15.4)
우홍구	무소속	29	중학교사	4,329 (12.9)
권병로	무소속	54	2선의원(의성 을)	3,949 (11.7)
양재목	무소속	44	경북도의원	3,743 (11.1)
정태흠	무소속	36	법무관, 변호사	2,833 (8.4)

〈안동 갑〉 민주당 공천을 받고서 자유당 지지세가 유시영 후보와 김웅 후보로 양분되는 틈새를 비집고 재선 고지를 점령한 권오종

김시현 의원이 이승만 대통령 암살미수 혐의로 구속된 지난 3대 총선에서는 일정시대 경북도의원을 지낸 국민회 권오종 후보가 명치대 출신으로 제헌, 2대 총선에서 차점 낙선하고 자유당 공천을 받은 권중순 후보를 291표차로 세 번째 울리고 등원했다.

의사 출신인 김호윤, 심계원 차장을 지낸 김완섭, 경북도의원을 지낸 김병동, 한국미창 총무부장인 권오훈 후보들도 출전했다.

이번 총선에서는 국민회 안동군위원장 출신인 권오종 후보가 민주당 공천으로 재선을 기대하자, 자유당은 일본대 출신인 유시영 후보를 내세웠다.

경북도의원인 임규하, 미창(米倉) 지점장인 권오훈, 자유당위원장으로 활동했으나 공천에서 밀린 박봉웅, 일본대 출신으로 회사원인 장기팔 후보들도 무소속으로 도전했다.

현역의원으로의 지명도를 최대한으로 살려낸 권오종 후보가 자유당 지지세가 유시영과 김봉웅 후보로 양분된 틈새를 비집고 들어가 재선을 일궈냈다.

권오훈 후보는 지난 총선에 이어 연패했고, 유시영 후보는 김호윤, 송원식, 오상규, 김봉웅, 김완섭, 김대진 후보들을 꺾고 자유당 공천을 받았으나 자유당의 위력을 발휘하지 못했다.

□ 득표상황

후보자	정당	연령	주요 경력	득표 (%)
권오종	민주당	57	3대의원(안동 갑)	17,826 (40.0)
유시영	자유당	57	자유당 위원장	11,150 (25.0)
김봉웅	무소속	51	자유당 위원장	7,110 (16.0)
권오훈	무소속	41	미창 지점장	5,008 (11.2)
임규하	무소속	48	경북도의원	2,359 (5.3)
장기팔	무소속	44	회사원	1,131 (2.5)

〈안동 을〉 자유당 김익기 후보가 민주당 박해충 후보를 어렵게 따돌리고 인천의 곽상훈, 영일의 김익로, 홍천의 이재학 후보들과 함께 4선의원에 등극

지난 3대 총선에서는 김익기 후보가 25세인 항공소년단 이사 박해충, 중학교 교장인 권오경, 고교 교장인 오성, 안동군수를 지낸 권한상 후보들을 꺾고 3선의원 반열에 올랐다.

김익기 후보는 제헌의원 선거에서는 안동 갑구에서 권중순 후보들을 꺾고 당선됐으나, 임영신 의원이 전북 금산으로 옮겨가자 2대 총선에서는 안동 을구로 옮겨 유림과 정휘양 후보들을 꺾고 재선의원이 됐다.

이번 총선에서 김익기 후보가 권한상, 임병진, 윤재관, 이동준 후

보들을 꺾고 자유당 공천을 받고 4선 고지 점령에 나서자, 민주당은 지난 3대 총선에서 차점 낙선한 박해충 후보를 공천하여 설욕을 기대했다.

경북도 사회국장을 지낸 임병진 후보는 무소속으로, 회사 중역인 윤재관 후보는 민족자주연맹으로 출전하여 4파전이 전개됐다.

무적의 함대인 김익기 후보는 자유당 공천에서 낙천한 윤재관과 임병진 후보들의 출전으로 자유당 지지세의 분산에도 불구하고 상주 박씨 문중들의 집중지원을 받은 박해충 후보에게 2,098표차 아찔한 승리를 거두고, 4선의원 반열에 오르는 영광을 차지했다.

□ 득표상황

후보자	정당	연령	주요 경력	득표 (%)
김익기	자유당	42	3대의원(3선, 안동)	16,378 (42.4)
박해충	민주당	29	대구공고 졸	14,280 (37.0)
윤재관	무소속	34	회사원	4,011 (10.4)
임병진	민족자주연	56	경북도 사회국장	3,955 (10.2)

〈청송〉 경북 북부 오지인 이 지역구에서 현역의원으로 자유당 공천을 받고서 대승을 거두고 재선고지에 오른 윤용구

지난 3대 총선에서는 대동청년단 청송군단장 출신인 윤용구 후보가 제헌의원 선거와 2대 총선에서 패배를 안겨줬던 경북도 학무과장 출신으로 국회 문교분과위원장을 지낸 김봉조 후보를 두 번이

나 차점 낙선한 동정여론과 자유당 공천 후보임을 내세워 가볍게 꺾고 2전 3기를 이뤄냈다.

민국당 서기원 후보와 흥아실업 대표인 황하제 후보들도 출전했다.

이번 총선에서 윤용구 의원이 조규택, 강호영, 심광택, 박준, 남재수 후보들을 꺾고 자유당 공천을 받고 재선을 향해 질주하자, 민주당은 일본 입교대 출신으로 정치대 교수인 심명섭 후보를 공천했고, 제약회사 사원인 강호영 후보가 무소속으로 출전하여 3파전이 형성됐다.

경상북도 북부 산간 오지인 청송에서 현역의원으로 자유당 공천을 받은 윤용구 후보가 민주당 심명섭, 무소속 강호영 후보들에게 대승을 거두고 재선의원이 됐다.

□ 득표상황

후보자	정당	연령	주요 경력	득표 (%)
윤용구	자유당	43	3대의원(청송)	15,194 (55.6)
심명섭	민주당	42	정치대 교수	6,138 (22.5)
강호영	무소속	54	제약회사 사원	5,988 (21.9)

〈영양〉 선거위원회에서 김은호 변호사의 등록을 무효로 처리하여 자유당 박종길 의원의 무투표 당선을 지원

조헌영 의원이 납북되어 무주공산이 된 지난 3대 총선에서는 20

대의 예비역 육군 중령인 박종길 후보가 영덕에서 2대 의원에 당선된 한국원, 영양군 내무과장을 지낸 오현병, 대한청년단 영양군 단장을 지낸 김도술 후보들을 석보면민들의 전폭적인 지지로 어렵게 꺾고 당선됐다. 김은호 변호사는 등록했다 중도에 사퇴했다.

이번 총선에서 대구에서 변호사로 활동하는 김은호 후보가 자유당 박종길 의원의 무투표 당선을 저지하기 위해 등록했으나, 선거위원회의 등록 무효 처리로 한국원 후보를 자유당 공천에서 따돌린 박종길 의원의 무투표 당선을 지원했다.

김은호 후보는 군법회의에서 정치관여 및 무단 부대이탈로 징역 6개월을 받은 전과로 등록 무효됐으나 혐의 면제로 등록 무효 사유가 없어졌으나 영양군 선거위원회가 무효처리하는 오류(誤謬)를 고의적으로 저질렀다.

□ 득표상황

후보자	정당	연령	주요 경력	득표 (%)
박종길	자유당	33	3대의원(영양)	무투표
김은호	무소속	40	변호사	등록 무효

〈영덕〉 무투표 당선됐으나 선거위원회의 등록 방해로 대법원에서 당선무효 판결로 실시된 재선거에서도 당선된 김원규

한국원 의원이 영양으로 옮겨간 지난 3대 총선에서는 남선무역 사장인 김원규 후보가 자유당 공천을 받고서 달성광산 총무과장인

신삼휴, 어업조합장인 김정한, 중·고교 교장인 남건모, 비행학교장을 지낸 김영수, 영덕군수를 지낸 김무환 후보 등 다양한 경력의 후보들을 꺾고 등원에 성공했다.

이번 총선에선 김원규 의원이 자유당 공천을 받고 재선 고지 점령에 나서자, 비행학교장으로 지난 3대 총선에도 출전했던 김영수 후보가 민주당 공천으로 등록했으나, 선거위원회의 등록 지연으로 등록 무효되어 김원규 후보가 무투표 당선됐다.

김영수 후보는 이중 추천이라는 농간이 염려되어 170명의 추천을 받아 영덕군 선거위원회에 제출했으나 선거위원회에서는 하등의 보완지시도 없다가 등록마감 이후 80명이 이중 추천자라며 추천인 100명 미만이라는 이유로 등록이 무효되자 중앙선거위원회에 등록무효 이의신청 소송을 제기했다.

오랜 선거 소송 끝에 대법원의 선거무효 판결로 당선이 무효되어 재선거가 실시됐다.

재선거에서 자유당 공천을 받은 김원규 후보가 민주당 공천을 받은 김영수 후보를 8천여 표차로 꺾고 당선되어 의원직을 이어갔다. 예비역 육군 대령인 김도영 후보도 출전했다.

□ 득표상황

후보자	정당	연령	주요 경력	득표 (%)
김원규	자유당	47	3대의원(영덕)	무투표
김영수	민주당	50	비행학교장	등록 무효

〈영일 갑〉 제2대 총선에는 포항에 출전하여 낙선했지만, 3대 총선에서 자유당 공천을 받고 이 지역구에 복귀하여 옛 동지들을 꺾고 당선되고서 연승을 이어간 박순석

지난 3대 총선에서는 제헌의원 선거 때 영일 갑구에서 당선됐던 목사 출신인 박순석 후보가 영일군수 출신으로 2대의원에 당선됐던 최원수, 학원이사장인 민국당 최태능 후보들을 꺾고 재선의원이 됐다.

이번 총선에서도 3대 총선에서 승패가 엇갈렸던 박순석, 최원수, 최태능 후보들이 세 번째 맞대결을 펼쳤다.

김헌동, 이은우, 최원수, 최홍준 후보들을 꺾고 자유당 공천을 받은 목사인 박순석 후보는 제헌의원에 당선됐고, 2대 총선에서는 포항에 출전하여 낙선했으나, 3대 총선에서 다시 이 지역구로 복귀하여 당선됐고, 무소속 최원수 후보는 제헌의원 선거에서는 박순석, 이원만, 최태능 후보에 뒤진 4위로, 2대 총선에서는 박순석 의원의 포항 전구를 틈타 당선, 3대 총선에서는 박순석 후보에게 뒤져 차점 낙선했고 이번 총선에서는 자유당 공천에서 고배를 마셨다.

합동정견발표회에 청중이 한 사람도 오지 않아 입후보자들의 기도와 고별사로 선거연설을 끝마친 진풍경이 벌어졌다.

민주당 공천을 받은 최태능 후보는 제헌의원 선거에서 3위, 2대 총선에서도 3위, 3대 총선에서는 4위로 낙선했다.

지난 3대 총선에서는 자유당으로 대승을 거두고 자유당 공천에서

최원수 후보를 따돌린 박순석 후보가 이번 총선에서도 자유당 공천을 받고 대승을 거두고 3선의원에 등극했다.

□ 득표상황

후보자	정당	연령	주요 경력	득표 (%)
박순석	자유당	53	3대의원(2선, 영일갑)	27,394 (69.3)
최원수	무소속	45	2대의원(경주 갑)	6,419 (16.3)
최태능	민주당	49	휘문고보 졸	5,698 (14.4)

〈영일 을〉 자유당 김익로 후보가 이신근, 최장수 무소속 후보들을 가볍게 제치고 4선의원에 등록했으나 대법원의 선거 무효 판결로 재선거가 실시됐고 표를 도둑질하여 재재선거가

지난 3대 총선에서는 신문사 지국장 출신으로 자유당 공천을 받은 김익로 후보가 2대 총선에서의 낙선을 딛고 재도전한 김헌수 후보를 가볍게 제압하고 3선의원에 등극했다.

김익로 후보는 제헌의원 선거에서는 포항에서 2대의원에 당선된 김판석 후보를, 2대의원 선거에서는 포항에서 3대의원에 당선된 하태환 후보를 꺾은 저력을 지니고 있다.

이번 총선에서 자유당 공천을 받은 김익로 후보가 의사인 무소속 이신근, 경성일보 지국장인 무소속 최장수 후보들을 가볍게 제치고 인천의 곽상훈, 홍천의 이재학, 안동의 김익기 후보들과 함께

4선의원이란 금자탑을 쌓았다.

치안국장으로 유명한 김종원 후보는 등록했다 중도에 사퇴했고, 민주당 중앙위원인 김상순 후보는 등록했지만 등록이 무효됐다.

기표소 내에 괴한이 잠입하여 지령대로 안 찍으면 구타했고, 야당 참관인이 입만 떼도 축출하는 불법 선거가 자행됐다.

대법원은 '집행유예기간이 만료되면 피선거권이 회복되지만, 영일 을구 선거위원회가 김상순 후보가 집행유예기간이 만료됐지만 2년이 경과되지 아니했다는 사유로 등록을 무효시킨 것은 위법하다'며 이번 선거를 무효화하고 당선도 취소했다.

그리하여 실시된 재선거에서 자유당 공천을 받은 김익로 후보가 민주당 공천을 받은 김상순 후보를 224표차로 꺾고 재당선을 이뤘으나, 김익로 후보 측에서 김상순 후보에 기표한 350표를 도난한 사실이 발각되어 또 다시 대법원에서 당선무효 판결을 내렸다.

재재선거에서는 내무부차관 출신인 김장섭 후보가 자유당 공천을 받고 당선되어 의원직을 승계했다.

□ 득표상황

후보자	정당	연령	주요 경력	득표 (%)
김익로	자유당	58	3대의원(3선,영일을)	32,108 (82.3)
이신근	무소속	46	의사	4,365 (11.2)
최장수	무소속	42	경성일보 지국장	2,534 (6.5)
김상순	민주당	41	하얼빈대 졸	등록 무효
김종원	무소속	35	치안국장	사퇴

〈월성 갑〉 2대와 3대의원으로서 조직 기반과 자유당 공천 후보로서의 강점을 발휘하여 정치신인들을 가볍게 제압하고 3선의원에 등극한 이협우

경주 을구였던 지난 3대 총선에서는 청년운동가로 16명의 후보들이 난립한 2대 총선에서 내남면민들의 지지로 7,825표로 당선된 이협우 의원이 11명이 또 다시 난전을 벌인 선거전에 대한청년단 장인 서영출, 안강읍장을 지낸 김진수, 자유당 공천을 받은 최용근 후보 등을 꺾고 재선의원이 됐다.

이번 총선에서는 지난 3대 총선에 출전하여 이협우 후보에게 패배했던 10명의 후보들이 흔적 없이 바람처럼 사라지고, 새로운 7명의 후보들이 이협우 후보의 3선의원 저지에 나섰다.

판사 출신 변호사인 김봉태 후보가 민주당 공천으로, 감포읍장을 지낸 이상용, 회사 중역인 정운화, 양남면 대표주자인 강진희 후보들은 무소속으로 출전했다.

문화중학교 서기인 김동윤, 우체국장 출신으로 수산업자인 임용택, 자유당 외동면위원장인 국민회 윤경양 후보들은 등록했다 중도에 모두 사퇴했다.

재선의원으로서 조직을 되살리고 자유당 공천을 받은 강점을 발휘한 이협우 후보는 자유당 공천 경쟁을 벌였던 이상용 후보를 비롯한 정치신인들인 네 후보들을 가볍게 제압하고, 3선의원에 등극했다.

□ 득표상황

후보자	정당	연령	주요 경력	득표 (%)
이협우	자유당	37	3대의원(2선,월성)	13,088 (40.2)
이상용	무소속	49	월성군 감포읍장	6,447 (19.8)
김봉태	민주당	52	판사, 변호사	5,456 (16.8)
정운화	무소속	33	회사 중역	5,125 (15.7)
강진희	무소속	40	소졸, 농업인	2,450 (7.5)
임용택	무소속	38	수산업, 우체국장	사퇴
윤경양	국민회	50	도정업	사퇴
김동윤	무소속	28	문화중 서기	사퇴

〈월성 을〉 자유당 공천을 받고 당선된 이종준 후보가 대법원의 일부 지역 무효판결로 실시된 재선거에서 자유당에서 민주당으로 변신한 황한수 후보를 꺾고 재당선

경주 갑구에서 낙선한 안용대와 오정국 후보들이 경주시로, 경주 을구에서 당선된 이협우 의원이 월성 갑구에 출전하여 사실상 신설구인 이 지역구에는 경동중 교장으로 자유당 공천을 받은 이종준, 수리조합연합회 경북지부장으로 민주당 공천을 받은 이대곤, 민주당 공천에서 탈락한 무소속 심봉섭, 헌병사령부 서무과장 출신으로 자유당 공천에서 제외된 황한수, 경찰서장 출신으로 지난 3대 총선에 경주 을구에 출전하여 차점 낙선한 서영출, 도정업자

로서 경북도의원인 손삼호 후보들이 출전하여 난형난제의 혈전을 전개했다.

신설구라는 특성에 부응하여 자유당 공천을 향해 황한수, 손삼호, 이종준, 정진구, 손학익, 이태석, 신봉주, 서영출 등 8명의 후보들이 운집되었으며 이종준 후보가 공천을 받아내자 황한수 후보는 자유당으로, 손삼호와 서영출 후보들은 무소속으로 출전하여 혈전을 전개했다.

선거 기간 중에도 가지가지 잡음을 양산한 선거전은 개표 도중에는 자유당 이종준 후보에게 기표한 무더기 투표지가 다섯 번이나 발견되어 개표가 중단되었다가 가까스로 개표를 마무리했다.

개표 결과 자유당 공천을 받은 이종준 후보가 자유당 공천에서 탈락한 황한수, 경북도의원을 지낸 손삼호 후보들을 어렵게 따돌리고 등원에 성공했다.

대법원의 일부 지역 선거무효로 안강읍 지역에서 재선거가 실시되자, 이대곤 후보가 사퇴하고 황한수 후보가 민주당으로 변신하여 자유당 이종준, 무소속 손삼호 후보와 3파전을 전개했다.

무소속 심봉섭, 무소속 서영출 후보들도 사퇴하여 이종준 후보의 낙선을 기대했다.

그러나 선거무효에서 제외된 지역에서 월등하게 득표한 이종준 후보가 재선거 지역에서는 패배했음에도 두 후보를 큰 표차로 따돌리고 의원직을 이어갔다.

□ 득표상황

후보자	정당	연령	주요 경력	득표 (%)

이종준	자유당	50	경동중 교장	8,597 (23.5)
손삼호	무소속	38	도정업, 경북도의원	7,295 (20.0)
황한수	자유당	31	헌병사령부 서무과장	7,282 (19.9)
이대곤	민주당	59	수련 경북지부장	4,975 (13.6)
서영출	무소속	51	경찰서장, 광업	4,891 (13.4)
심봉섭	무소속	28	건국대 중퇴	3,493 (9.6)

〈영천 갑〉 자유당 김상도 후보의 대항마로 출전한 국방부 총무과장 출신인 김귀암 후보가 석연치 아니한 사유로 사퇴하여 김상도 후보 무투표 당선 도우미로 전락

지난 3대 총선에서는 권중돈 의원이 영천 을구로 옮겨간 호기를 맞아 권중돈 의원에게 2,666표차로 패배했던 경북도의원 출신인 김상도 후보가 자유당 공천을 받고서, 전남도 내무국장을 지낸 민국당 임문석 후보를 꺾고 당선의 기쁨을 맛보았다.

임문석 후보가 대구 병구로 옮겨간 이번 총선에서는 예비역 육군 준장으로 국방부 총무과장을 지낸 김귀암 후보가 이호 후보를 꺾고 자유당 공천을 받은 김상도 의원의 대항마로 출전했다.

그러나 회유나 협박을 당하였는지, 당선에 대한 자신감 결여로 인한 자의였는지 밝혀지지 아니한 채 김귀암 후보가 사퇴하여, 김상도 후보의 무투표 당선의 도우미로 전락했다.

□ 득표상황

후보자	정당	연령	주요 경력	득표 (%)
김상도	자유당	43	3대의원(영천 갑)	무투표
김귀암	무소속	38	육군 준장	사퇴

〈영천 을〉 경북도 노동국장과 내무국장 출신인 권중돈 후보가 민주당 공천을 받고 군수 출신으로 지역 기반이 단단한 자유당 이규태 후보를 꺾고 3선의원 반열에

조규설 의원이 납북되어 무주공산이 된 지난 3대 총선에서는 경북도 내무국장 출신으로 2대 총선 때 영천 갑구에서 당선됐던 권중돈 의원이 지역구를 옮겨 제헌의원인 국민회 정도영, 경산경찰서장을 지낸 자유당 조규생, 신문기자인 이우백 후보들을 꺾고 재선의원이 됐다.

이번 총선에는 민주당 권중돈 의원의 3선 저지를 위해 경북도 과장과 군수를 지낸 이규태 후보가 자유당 공천으로, 경북도의원을 지낸 임재식 후보가 무소속으로 출전했다.

조도전대 출신으로 경북도 내무국장을 지낸 권중돈 후보가 학력과 경력을 과시하며 민주당 후보라는 약점을 극복하고, 군수 출신으로 지역 기반이 튼튼하고 자유당 공천 후보임을 내세우며 추격전을 전개한 이규태 후보를 1,376표차로 따돌리고 3선의원에 등극했다.

자유당 공천경쟁에서 탈락한 임재식 후보의 출전이 이규태 후보에

게는 아쉽게만 다가왔다.

□ 득표상황

후보자	정당	연령	주요 경력	득표 (%)
권중돈	민주당	45	3대의원(2선, 영천)	14,046 (42.5)
이규태	자유당	46	군수, 경북도 과장	12,670 (38.3)
임재식	무소속	45	경북도의원	6,336 (19.2)

<경산> 민주당 공천을 받은 박해정 후보가 인물론을 내세워 풍요로운 재력으로 지역 기반을 다진 이형우, 자유당 공천을 받은 서문수 후보들을 꺾고 3선의원 반열에

지난 3대 총선에서는 방만수 의원이 불출마한 호기를 맞이하여, 경찰서장 출신으로 제헌의원에 당선됐으나 2대 총선에서는 파출소장 출신인 방만수 후보에게 패배했던 박해정 후보가 심기일전하여 남대구경찰서장을 지낸 박주현, 내무부장관 비서 출신인 배태준, 자유당 경북도당 산업부장으로 활약한 허동식 후보들을 꺾고 재선의원으로 발돋움했다.

이번 총선에서 일본 중앙대 출신으로 경찰서장을 지낸 박해정 후보가 3선의원 고지 점령에 나서자, 예비역 공군 대위인 서문수 후보가 자유당 공천을 받고, 과수조합 지소장으로 지역 기반을 다진 이형우, 경위 출신으로 박해정 후보를 꺾고 2대의원에 당선됐던 방만수 후보들이 무소속으로 저지에 나섰다.

민주당 공천을 받은 박해정 후보가 일본 중앙대 출신, 2선의원이라는 인물임을 내세우고 조직을 재정비하여 풍부한 재력으로 지역기반을 구축한 이형우, 자유당 공천 후보임을 내세운 서문수 후보들을 가볍게 제압하고 3선의원에 등극했다.

□ 득표상황

후보자	정당	연령	주요 경력	득표 (%)
박해정	민주당	41	3대의원(2선, 경산)	22,848 (41.2)
이형우	무소속	36	과일조합 지소장	16,208 (29.3)
서문수	자유당	37	공군 대위	13,553 (24.5)
방만수	무소속	38	2대의원(경산)	2,784 (5.0)

〈청도〉 청도군 내무과장 출신으로 2대의원 민주당 김준태, 3대의원 자유당 김보영 후보들의 연속된 혈투를 비집고 들어가 어부지리를 취한 무소속 반재현

지난 3대 총선에서는 청도읍의회 의장을 지낸 김보영 후보가 자유당 공천 후보임을 내세워, 변호사로서 2대 총선에서 당선된 김준태, 한국매일신문 사장으로 세 번째 출전한 최태욱, 금천중학교장인 박봉현 후보들을 제압하고 등원에 성공했다.

이번 총선에는 2대의원인 김준태 후보는 민주당 공천으로, 3대의원인 김보영 후보는 이양춘, 최태욱, 박성봉, 박준현, 반재현, 박순복, 김재원 후보들을 제압하고 자유당 공천을 받고서 재대결을

펼쳤다.

청도군 내무과장을 지낸 반재현, 치과의사인 통일당 박응달, 장교 출신으로 3대 총선에도 출전했던 김철수, 한선물특 사장인 박해재 후보들이 출전하여 6파전이 전개됐다.

청도군 내무과장으로 지역 기반을 구축하고서 자유당 공천에서 낙천했지만, 이승만 대통령의 총애를 받아 실질적 공천자라고 홍보한 반재현 후보가 3대 총선에 이어 혈투를 전개한 자유당 김보영, 민주당 김준태 후보의 혈투의 틈새를 비집고 들어가 의외의 당선을 일궈냈다.

□ 득표상황

후보자	정당	연령	주요 경력	득표 (%)
반재현	무소속	38	청도군 내무과장	16,664 (38.4)
김준태	민주당	42	2대의원(청도)	12,548 (28.9)
김보영	자유당	48	3대의원(청도)	10,310 (23.7)
박응달	통일당	41	의사	2,008 (4.6)
김철수	무소속	33	육군장교	1,905 (4.4)
박해재	무소속	36	한선물특 사장	사퇴

〈고령〉 지난 3대 총선에서는 1,745표를 득표했던 정남택 후보가 자유당 공천을 받고서 2대의원인 민주당 곽태진, 3대의원인 무소속 김홍식 후보들을 제압

지난 3대 총선에서는 신흥공업 사장인 김홍식 후보가 풍부한 재력과 자유당 소속 후보임을 내세워 2대의원인 곽태진, 다산면장을 지낸 신현두, 자유당 고령군당위원장으로 활약한 정남택, 쌍림면장을 지낸 전규현 후보들을 꺾고 등원에 성공했다.

8명의 후보 가운데 김홍식, 신현두, 전규현, 정남택, 박성배 후보들은 모두 자유당 소속 후보라고 내세웠다.

이번 총선에서는 3대 총선에서 당선된 김홍식, 낙선한 곽태진과 정남택 후보들이 재격돌했다.

수리조합장 출신으로 3대 총선에서는 1,745표를 득표하여 낙선한 정남택 후보가 자유당 공천 후보임을 내세워 3대의원인 무소속 김홍식, 2대의원인 민주당 곽태진 후보들을 제압하고 의원직을 물려받았다.

민혁당 창당을 주도한 김홍식 의원은 "이념과 현실은 차이가 너무 멀고 더욱이 총선거에 임하여 창당 당시의 그 정신 그 이념을 유권자들에게 설득시키려는 데 있어서는 당직에 이름을 두고서는 도저히 실현 불가능하여"라는 성명을 내고 탈당하고 무소속으로 출전했다.

김홍식 의원은 자유당 후보로 당선되고서 자유당을 사수하여 자유당 공천을 받았더라면 재선 의원은 따놓은 당상인데라는 아쉬움만을 남기고 정계의 뒤안길로 사라졌다.

☐ 득표상황

후보자	정당	연령	주요 경력	득표 (%)
정남택	자유당	46	고령 수리조합장	12,068 (45.1)

| 김홍식 | 무소속 | 46 | 3대의원(고령) | 8,137 (30.4) |
| 곽태진 | 민주당 | 40 | 2대의원(고령) | 6,562 (24.5) |

〈성주〉 지난 3대 총선에 출전하여 6,708표를 득표했던 민주당 주병환 후보가 높아진 지명도를 살려 자유당 후보 단일화에 성공한 이민석 후보를 격파하고 당선

지난 3대 총선에서는 육군 특무대 출신인 도진희 후보가 자유당 소속 후보임을 내세워. 자유당 성주군당위원장인 이영균, 대구시장 출신으로 제헌의원에 당선된 이호석, 은행 감사 출신으로 2대 의원에 당선된 배상연 후보들을 꺾고 당선됐다.

보건후생부 차관을 지낸 주병환 후보도 출전하여 선전했다.

도진희 의원은 김창룡 특무대장 암살사건에 연루되어 구속됐다가 자격 상실을 받아 의원직을 물러났다.

이번 총선에서는 예비역 해군 준장인 이민석, 국회 전문위원인 주병환, 상이용사회 회장인 신동욱, 경성전기 사원인 도정환, 의사인 최성장 후보들이 출전하여 6파전을 전개했다.

유일하게 지난 3대 총선에 출전하여 3위로 낙선한 경험을 가진 주병환 후보가 민주당 공천을 받고서, 자유당 공천을 받은 이민석 후보를 그동안 구축한 지역 기반을 활용하여 큰 표차로 따돌리고 등원에 성공했다.

자유당 공천을 받은 상인군인용사회 회장인 신동욱 후보가 석연치 아니한 사유로 공천을 반납하고 정계에서 은퇴하여 자유당은 이민석 후보를 부랴부랴 공천했으나 지역에 뿌리가 깊지 아니하여 주병환 후보의 적수가 되지 못했다.

□ 득표상황

후보자	정당	연령	주요 경력	득표 (%)
주병환	민주당	53	국회 전문위원	23,496 (55.9)
이민석	자유당	36	해군 준장	12,795 (30.5)
최성장	무소속	53	의사	3,283 (7.8)
도정환	무소속	31	경성전기 사원	2,439 (5.8)
신동욱	자유당	28	상이용사회 회장	사퇴

〈칠곡〉 제헌의원 보궐선거에서 패배의 쓴맛을 보고서 고향을 찾아들어 어렵지 않게 3연승을 이어간 무소속 장택상

지난 3대 총선에서는 국무총리를 지낸 장택상 의원에게 경북 영주에서 2대의원에 당선됐던 김정식 의원이 족청계로서 이범석 장군의 라이벌인 장택상 후보에게 도전하겠다는 웅대한 꿈을 품고 도전했으나 도전에 머물렀다.

국회타임스 주필인 우인기 후보는 두 의원의 싸움을 지켜봤다.

이번 총선에서는 자유당이 김정식과 신동준 후보들이 공천신청을

했으나 무공천 지역임을 공표하여 장택상 의원의 무투표 당선이 예상됐으나, 등록 막바지에 무명의 이수목 후보가 자유당 후보임을 내세우고 등록하여 무투표 당선이 무산됐다.

이수목 후보는 선거위원들이 모두 자리에 없어 등록을 하지 못했으나, 중앙선거위원회에서 추가로 등록토록 조치하여 무투표 당선 발표가 번복됐다.

무투표 당선이 예상됐던 장택상 후보는 "제4대 국회에서 야당 의원이 투쟁할 제1호는 언론 자유를 제한하는 개정선거법의 언론 조항 삭제다"고 피력하여 병 주고 약 주는 것 아니냐는 핀잔을 받았다.

제헌의원 시절 안동의 보궐선거에 출전하여 상공부장관을 지낸 임영신 후보에게 패배하여 쓴 맛을 본 장택상 후보는 심기일전하여 고향을 찾아들어 2대 총선 이후 연승을 이어갔다.

□ 득표상황

후보자	정당	연령	주요 경력	득표 (%)
장택상	무소속	64	3대의원(2선, 칠곡)	25,391 (75.0)
이수목	자유당	67	한문수학	8,483 (25.0)

〈금릉〉 지난 3대 총선에서 현역의원을 꺾은 여세로 밀양지청장 출신인 우돈규 후보를 따돌려 박순천과 임영신에 못지않은 여장부임을 과시한 김철안

지난 3대 총선에서는 자유당 공천을 받은 김철안 후보가 귀성면장 출신으로 2대의원에 당선된 여영복 후보에게 설욕전에서 승리하고 의원직을 승계했다.

부산지법 밀양지청장 출신으로 변호사인 우돈규 후보가 2대 총선에서부터 두 후보의 결투를 지켜봤다.

북선화학 사장인 이필영 후보도 출전하여 선전했다.

이번 총선에선 김철안 이원이 자유당 공천을 받고 재선을 향해 질주하자, 밀양지청장 출신으로 지난 3대 총선에 출전하여 8,593표를 득표했던 우돈규 후보가 재도전했고, 봉산면장을 지낸 박용준, 공천에서 제외된 자유당 중앙위원인 정주영 후보들이 무소속으로 출전했다.

제헌의원 선거에 출전하여 3위로 낙선하고 2대 총선에서도 차점 낙선한 김철안 후보가 지난 3대 총선에서 여영복 현역의원을 꺾어버린 여세를 몰아, 이번 총선에서도 민주당 공천을 받고 추격전을 전개한 우돈규 후보를 649표차로 따돌려 박순천과 임영신에 못지 않은 여장부임을 과시했다.

□ 득표상황

후보자	정당	연령	주요 경력	득표 (%)
김철안(여)	자유당	46	3대의원(금릉)	21,312 (39.0)
우돈규	민주당	60	판사, 변호사	20,663 (37.8)
박용준	무소속	46	금릉군 봉산면장	7,510 (13.7)
정주영	무소속	42	회사장	5,175 (9.5)

〈선산〉 지난 3대 총선에서 무소속으로 자유당 공천 후보를 꺾고 당선됐다가, 이번 총선에서는 자유당으로 전향하여 공천을 받고 당선됐으나 개표 부정으로 당선무효된 김우동

지난 3대 총선에서는 선산학원 재단 이사장인 김우동 후보가 풍부한 자금을 활용하여 혜성처럼 출현하여, 제헌의원 선거 때부터 아성을 구축하고 자유당 공천까지 받은 육홍균 의원을 무너뜨리고 의원직을 승계했다.

선산면의회 의장을 지낸 이재기, 국제웅변학회장인 김정준, 중앙정치비판 사장인 김여산, 오상중·고 교장인 김동석 후보들도 출전했다.

이번 총선에서는 지난 3대 총선 때 무소속으로 출전하여 자유당 재선의원인 육홍균 후보를 꺾고 당선됐던 김우동 후보가 자유당으로 전향하여 김동석, 조동규, 이부용, 장기상 후보들을 꺾고 자유당 공천을 받고 재선 고지를 점령하자, 3대 총선에 출전하여 1,030표를 득표해 6위를 차지했던 김동석 후보와 358표를 득표하여 7위로 낙선했던 승려 출신 노승억 후보들이 재도전했다.

법문사 사장인 박기홍 후보는 민주당 공천을 받고, 회사원인 윤지평, 국방부 사무관 출신인 박일상 후보들은 무소속으로 출전했다.

현역의원이라는 강점과 자유당 공천 후보라는 이점을 활용한 김우동 후보가 오상중 교장으로 장산면에서 기반을 구축한 김동석 후

보를 930표차로 꺾고 재선의원에 당선됐다.

그러나 선거와 개표 과정에서 불법이 드러나 대법원에서 김우동 후보의 당선무효를 선언하고 당선자를 김동석 후보로 교체했다.

□ 득표상황

후보자	정당	연령	주요 경력	득표 (%)
김우동	자유당	61	3대의원(선산)	17,014 (41.0)
김동석	무소속	54	오상중 교장	15,084 (36.4)
박기홍	민주당	31	법문사 사장	3,792 (9.1)
박일상	무소속	35	국방부 법제계장	3,091 (7.5)
윤지평	무소속	44	회사원	1,384 (3.3)
노승억	무소속	29	승려	1,131 (2.7)

〈상주 갑〉 3대 총선에서는 3,985표 득표에 머물렀지만 자유당 공천을 받고 민주당 홍정표 후보를 꺾어버린 조광희

박성우 의원이 피랍되어 무주공산인 지난 3대 총선에서는 동경 중앙대 출신으로 판·검사를 섭렵한 김달호 후보가 중학교장 출신으로 자유당 공천을 받은 석희관 후보를 416표차로 꺾고 등원에 성공했다.

일본대 출신으로 상주청년회장인 박재희, 육군 법무관을 지낸 김인태, 운크라 고문으로 활약한 편정희, 농림부에서 과장을 지낸

조광희, 경북도의원을 지낸 김대칠 후보들도 출전했다.

진보당 사건에 연루된 김달호 의원의 불출마로 무주공산인 이번 총선에서는 경도제대 출신으로 지난 3대 총선에 출전하여 3,985표를 득표하여 5위로 낙선했던 조광희 후보가 자유당 공천이라는 행운을 잡고서, 검사 출신 변호사로 민주당 공천을 받은 홍정표 후보와 선두권을 형성했다.

자유당 공천에서 낙천한 재일거류민단 동경지부장인 장인건, 상주군 공보과장을 지낸 박인세 후보들이 중앙당의 만류에도 아랑곳하지 않고 무소속으로 출전했다.

지난 총선에 출전하여 낙선한 경력과 자유당 공천 위력을 살린 조광희 후보가 원광대 출신으로 사법고시에 합격한 홍정표 후보를 2,209표차로 제압하고 등원에 성공했다.

□ 득표상황

후보자	정당	연령	주요 경력	득표 (%)
조광희	자유당	40	농림부 농업서기관	19,658 (44.4)
홍정표	민주당	42	검사, 변호사	17,449 (39.4)
장인건	무소속	48	거류민단 지부장	5,432 (12.3)
박인세	무소속	46	상주군 공보과장	1,713 (3.9)

〈상주 을〉 명치대를 졸업하고 상주군수 출신이라는 인물론과 2대와 3대 총선에서 차점 낙선한 동정론을 결합시켜 백남식 자유당 재선의원을 꺾어버린 김정근

지난 3대 총선에서는 금융조합장 출신으로 2대의원에 당선된 백남식 의원이 상주군수를 지낸 김정근, 경북도 교육위원인 김기령 후보들을 연파하고 재선의원이 됐다.

판사 출신 변호사로 자유당 공천을 받은 조창희, 경북도에서 국장을 지낸 김달경, 경북도의원인 이운하, 중학교사인 임재영 후보들도 출전했다.

이번 총선에는 지난 3대 총선에서 출전하여 금, 은, 동메달을 차지한 백남식, 김정근, 김기령 후보들이 2대 총선 때부터 대결을 시작하여 재재대결을 펼친 선거전에 민주당 공천을 받은 추광엽 후보가 새롭게 출전하여 4각 구도를 형성했다.

지난 3대 총선에서 무소속 백남식 후보는 9,308표를 득표하여 재선의원이 됐고, 명치대 출신인 무소속 김정근 후보는 7,811표를 득표하여 차점 낙선했고, 정미업자인 김기령 후보는 6,663표를 득표하여 3위로 낙선했다.

자유당 공천에서 낙천하자 자유당을 탈당했지만 명치대 출신으로 상주군수를 지낸 김정근 후보가 인물론과 2대와 3대 총선에서 차점 낙선한 동정론을 결합시켜 재선의원으로 자유당 공천까지 받아 3선을 의심하지 아니한 백남식 후보를 4,762표차로 꺾고 당선됐다.

정미업자로 학교재단 이사장인 김기령 후보는 2대 총선에서 4위, 3대 총선에서 3위, 4대 총선에서 3위로 낙선하여 다음을 기약할 수밖에 없게 됐다.

395

□ 득표상황

후보자	정당	연령	주요 경력	득표 (%)
김정근	무소속	41	상주군수	19,672 (43.6)
백남식	자유당	55	3대의원(2선, 상주을)	14,910 (33.1)
김기령	무소속	42	학교재단 이사장	9,335 (20.7)
추광엽	민주당	52	경성고교 중퇴	1,174 (2.6)

〈문경〉 자유당 공천으로 당선됐던 윤만석 후보가 민주당으로 전향하자, 2대와 3대 총선에서 석패한 이병하 후보는 대구로 옮겨 출전

지난 3대 총선에서는 검사 출신 변호사인 윤만석 후보가 자유당 소속 후보임을 내세워, 2대 총선에 출전했던 판사 출신 변호사인 이병하, 의사 출신으로 자유당 재정부 차장으로 활약한 채대식 후보들을 꺾고 등원에 성공했다.

회사장인 권영달과 김훈, 자유당 문경군위원장으로 활약한 임영학 후보들도 출전했다.

이번 총선에서는 자유당 공천으로 당선된 윤만석 후보가 자유당을 탈당하고 민주당으로 출전하자, 자유당은 문경탄광 사장인 이동녕 후보를 대항마로 내세웠다.

2대와 3대 총선에서 석패했던 이병하 후보는 민주당 공천에서 밀

려나자 대구로 지역구를 옮겨 갔다.

풍요로운 자금을 활용하고 행정력을 총동원한 이동녕 후보가 고시복, 전진원, 채대식 후보들을 자유당 공천에서 따돌린 여세를 몰아 윤만석 현역의원에게 대승을 거두고 등원에 성공했다.

□ 득표상황

후보자	정당	연령	주요 경력	득표 (%)
이동녕	자유당	53	회사장	35,163 (66.3)
윤만석	민주당	45	3대의원(문경)	17,838 (33.7)

〈예천〉 지난 3대 총선에서는 자유당으로 당선되고서 민주당으로 전향하여 출전했지만, 자유당 공천을 받은 정재원 후보에게 처절하게 무너진 현석호

지난 3대 총선에서는 경성전기 전무로서 풍부한 자금을 활용한 현석호 후보가, 대동청년단 예천군단장으로 2대 총선에서 당선되어 자유당 후보임을 내세운 이호근 후보를 같은 자유당 후보라고 희석하여 큰 표차로 꺾고 당선됐다.

독립운동가인 김현구, 국민회 예천지부장인 장인석, 예천 전매서장인 권우섭 후보들도 출전했다.

이번 총선에서는 지난 3대 총선에서 자유당으로 출전하여 당선된 현석호 후보가 민주당으로 전향하여 출전하자, 자유당은 경북도의

회 의장을 지낸 정재원 후보를 대항마로 내세웠다.

경북도의원 시절 구축한 조직과 자유당 공천의 위력으로 정재원 후보가 민주당 현석호 현역의원을 11,663표차로 대파하고 의원직을 승계했다.

경북도 산간 오지인 문경과 예천에서 인물론에서 결코 뒤지지 아니한 윤만석과 현석호 현역의원들이 자유당 정치신인 후보들에게 허무하게 무너졌다.

□ 득표상황

후보자	정당	연령	주요 경력	득표 (%)
정재원	자유당	51	경북도의회 의장	34,904 (60.0)
현석호	민주당	50	3대의원(예천)	23,241 (40.0)

〈영주〉 영주 교육감 출신으로 자유당 공천을 받고서, 자유당 공천에서 밀려난 박용만, 재무부 이재국장 출신인 황호영 후보들을 꺾고 재선 고지에 오른 이정희

지난 3대 총선에서는 중졸 출신이지만 영주 교육감인 이정희 후보가 자유당 공천을 받고서 자유당 중앙당 선전부장인 박용만 후보의 사퇴에 힘을 얻어, 일본 경응대 출신으로 재무부 관재국장을 지낸 무소속 황호영 후보를 꺾고 당선되어 자유당 공천 후보의 위력을 과시했다.

이번 총선에는 지난 3대 총선에서 자웅을 겨뤘던 이정희 후보와 황호영 후보가 재대결을 펼친 선거전에 지난 3대 총선에서 이정희 후보 당선을 위해 중도 사퇴했던 박용만, 민주당 공천을 받은 김기석 후보들이 출전하여 4파전이 전개됐다.

자유당 공천을 받은 이정희 후보가 자유당 공천에 밀려 무소속으로 출전한 박용만 후보를 1,443표차로 제압하고 재선의원이 됐다.

일본 경응대 출신으로 재무부 이재국장을 지낸 황호영 후보는 인물론을 제창했지만, 무소속 후보의 한계를 실감하며 당선권에서 멀어졌다.

뒤늦게 대법원에서 일부 지역 선거무효 판결로 풍기읍 지역에서 재선거가 실시됐으나 박용만과 황호영 후보들의 선거 포기로 이정희 의원이 의원직을 이어갔다.

□ 득표상황

후보자	정당	연령	주요 경력	득표 (%)
이정희	자유당	54	3대의원(영주)	18,815 (37.3)
박용만	무소속	34	자유당 조직부장	17,372 (34.5)
황호영	무소속	38	재무부 관재국장	12,654 (25.1)
김기석	민주당	63	소졸, 농업	1,578 (3.1)

〈봉화〉 자유당 공천을 받은 정문흠 후보가 민주당 강해원, 국민회 심동국 후보들을 가볍게 제압하고 3선의원 반열에

지난 3대 총선에서 정문흠 후보가 제헌의원 선거에서 차점 낙선하고 2대 총선에서 당선하여 자유당 공천을 받고서, 경북도의원인 최영두 후보를 987표차로 꺾고 재선의원이 됐다.

예비역 육군 준장인 배재룡, 국민회 봉화군지부장인 심동국, 교통부장관 비서관을 지낸 송두수 후보들도 출전했다.

이번 총선에는 정문흠 의원이 자유당 공천을 받고 3선 고지 점령에 나서자, 민주당은 중앙위원인 강해원 후보를 내세웠고, 국민회 지부장인 심동국 후보가 지난 3대 총선의 낙선을 딛고 재도전했다.

권성기 후보를 자유당 공천경쟁에서 물리친 정문흠 후보가 춘양면민들의 지지에 고무된 강해원 후보를 1만 3천여 표차로 가볍게 제압하고 3선의원 반열에 올랐다.

□ 득표상황

후보자	정당	연령	주요 경력	득표 (%)
정문흠	자유당	64	3대의원(2선,봉화)	24,285 (61.1)
강해원	민주당	39	민주당 중앙위원	11,121 (28.0)
심동국	국민회	63	봉화군 국민회장	4,344 (10.9)

〈울릉〉 지난 3대 총선에서 1,119표를 득표하여 3위로 낙선한 허필 후보가 사퇴하여 자유당 최병권 의원이 무투표 당선

지난 3대 총선에서는 자유당 공천을 받은 최병권 후보가 2대 총선

에서 패배를 안겨줬던 서이환 의원을 꺾고 설욕했다.

경북도의원인 허필 후보는 완주했으나, 울릉군 보건과장을 지낸 전석봉 후보는 중도에 사퇴했다.

이번 총선에는 최병권 후보가 자유당 공천을 받고 재선 고지 점령에 나서자, 울릉도사(島司) 출신으로 경북도의원을 지낸 허필 후보가 무소속으로 등록했다 사퇴하여 최병권 후보의 무투표 당선을 축하했다.

지난 3대 총선에서 자유당 최병권 후보는 1,741표를 득표하여 당선됐고, 무소속 허필 후보는 1,119표를 득표하여 3위로 낙선했다.

□ 득표상황

후보자	정당	연령	주요 경력	득표 (%)
최병권	자유당	44	3대의원(울릉)	무투표
허 필	무소속	40	울릉도사, 경북도의원	사퇴

경상남도

<부산 중구> 지난 3대 총선에서 병구에서 낙선한 입법의원 김철수, 항만협회 이사장 김응주의 대결에서 민주당 공천을 받은 김응주 후보가 2전3기를 성공시켜

지난 3대 총선 때까지 부산은 갑, 을, 병, 정, 무구 등 5개 선거

구로 분할됐는데 이번 4대 총선에는 구제(區制)가 실시되면서 중구, 서구, 영도구, 동구, 부산진구, 동래구로 나뉘며 5개 선거구가 증설되어 3대 총선 때 출전했던 후보들이 갈피를 잡을 수 없을 정도로 흩어졌다.

지난 3대 총선에서 갑구에서는 김지태 후보가 하원준, 이종남 후보들을, 을구에서는 전진한 후보가 김예준, 허정 후보들을, 병구에서는 정기원 후보가 김철수, 김응주 후보들을, 정구에서는 김동욱 후보가 김환선, 정재설, 배수환 후보들을, 무구에서는 이영언 후보가 이만우, 조칠봉 후보들을 꺾고 당선됐다.

지난 3대 총선에서 부산 갑구는 2대 총선 때 제헌의원으로 경남도지사에 임명된 문시환, 문시환 의원의 사퇴로 실시된 보궐선거에 당선된 허영호, 경북 상주 을구에서 당선되어 초대 사회부장관에 발탁된 전진한 의원들을 제압한 부산일보 사장이자 부산상공회의소 회두 김지태 의원이 자유당 공천을 받았다가 포기하고서 자유당 공천 경쟁을 벌인 하원준 후보를 꺾고 재선의원이 됐다.

경남도의원을 지낸 이종남, 운수조합 이사인 최병규, 재민고교 기성회장인 문도원 후보들도 출전하여 추격전을 전개했으나 임갑수 후보는 중도에 사퇴했다.

이번 총선에는 항만협회 이사장으로 2대 총선에 출전하여 김칠성 후보에게, 3대 총선에서 정기원 후보에 패배했던 김응주 후보와 3대 총선에서 병구에 출전하여 차점 낙선한 자유민보 사장인 김철수 후보들이 재대결을 펼쳤다.

3대 총선 때 김철수 후보는 13,765표를, 김응주 후보는 13,211표를 득표했다.

민주당 공천을 받은 부산석탄 사장인 김응주 후보가 자유당 공천을 받은 이영업 경남직물 사장과 대한부인회 방어진읍지부장으로 활동한 통일당 이정숙 후보를 여촌야도의 민심에 따라 큰 표차로 따돌리고 2전 3기를 이뤄냈다.

입법의원으로 국민회 경남지부장으로 활동한 자유민보 사장인 무소속 김철수 후보는 유권자들의 자유당과 민주당 표 쏠림 현상으로 당선권에서 멀어졌다.

□ 득표상황

후보자	정당	연령	주요 경력	득표 (%)
김응주	민주당	47	부산석탄 사장	28,119 (72.6)
이영업	자유당	42	경남직물 사장	6,741 (17.4)
김철수	무소속	61	입법의원	2,904 (7.5)
이정숙(여)	통일당	36	대한부인회 지부장	992 (2.5)

〈부산 서구 갑〉 경남도지사와 내무부차관을 지낸 자유당 이상룡 후보가, 경남 거제에서 자유당으로 당선됐으나 민주당으로 변신한 김영삼 후보에게 대승을

지난 3대 총선에서 부산 을구에서는 경북 상주 을구에서 당선되어 초대 사회부장관에 발탁되고, 2대 총선에서는 부산 갑구에 출전했으나 부산일보 사장인 김지태 후보에게 패배하고, 부산 무구의 최원봉 의원의 사망으로 실시된 보궐선거에서 당선된 전진한 의원이 출전하여, 제헌의원에 당선되고 국무총리 서리를 지낸 허정 후보를 꺾고 3선의원으로 발돋움했다.

민주신보 사장으로 자유당 공천을 받은 김예준, 동아일보 지국장인 이상창, 대한노총 경남위원장인 우갑린 후보들도 출전했다.

이번 총선에는 경남도지사와 내무부차관을 지낸 이상룡 후보가 자유당 공천을 받고 혜성처럼 등장하자, 민주당은 경남 거제에서 자유당 공천을 받고 당선됐으나 자유당을 탈당하고 민주당에 입당한 김영삼 후보를 내세웠다.

부산시의원인 장인원 후보는 노농당으로, 경남야구협회장인 강봉수 후보는 무소속으로 등록하여 선거전은 2중 2약 체제가 형성됐다.

경남도지사를 지낸 자유당 이상룡 후보가 거제에서 지역구를 옮겨 경남고 동문 외에는 뿌리가 미약한 김영삼 후보를 3,273표차로 꺾고 당선됐다.

김영삼 후보는 "이번 선거에는 죽을 것을 각오하고 출마하는 것이니 청상과부(靑孀寡婦)가 될 것을 미리부터 각오하고 있으라"라는 편지를 부인에게 보내 화제가 됐다.

□ 득표상황

후보자	정당	연령	주요 경력	득표 (%)
이상용	자유당	46	경남도지사, 차관	22,131 (50.5)
김영삼	민주당	30	3대의원(거제)	18,858 (43.0)
장인원	노농당	52	부산시의원	2,119 (4.8)
강봉수	무소속	36	경남야구협회장	761 (1.7)

〈부산 서구 을〉 부산 정구에서 농림부장관 정재설, 부산매일신보 사장인 김환선 후보를 꺾은 저력으로 정치신인들을 가볍게 제압하고 재선고지에 오른 김동욱

이번 총선에서는 2대 총선에 출전하여 낙선했지만 부산 정구에서 3대 총선에서 자유당 정책위원으로 출전하여 당선한 김동욱 후보와 3대 총선에 출전하여 낙선한 배수환 후보들이 재대결을 펼쳤다.

김동욱 후보는 13,935표를 득표했고, 서울대 출신인 배수환 후보는 3,741표를 득표했다.

변호사인 김용겸, 자동차보험회사 사장인 최금공, 경위인 이기운, 신화건설 사장인 정판수, 민주당 지구당위원장으로 활약한 안용길 후보들도 출전했다.

부산 정구에서 농림부장관을 지낸 정재설, 부산매일신보 사장인 김환선 후보를 꺾고 당선된 김동욱 후보가 민주당 공천을 받고, 이기운, 황규홍, 김성용, 허무인 후보들을 꺾고 자유당 공천을 받은 최금공 후보를 비롯하여 대부분 무명이며 정치신인인 후보들을 가볍게 제압하고 재선의원이 됐다.

□ 득표상황

후보자	정당	연령	주요 경력	득표 (%)
김동욱	민주당	40	3대의원(부산 정)	23,030 (64.2)

최금공	자유당	47	자동차보험회사 사장	6,909 (19.3)
배수환	무소속	33	부산대 강사	1,903 (5.3)
안용길	무소속	47	경남도의원	1,430 (4.0)
김용겸	무소속	35	변호사	1,414 (3.9)
이기운	무소속	37	경찰관(경위)	766 (2.1)
정판수	무소속	30	신화건설 사장	441 (1.2)

<부산 영도갑> 지난 3대 총선에서 부산 무구에서 당선된 이영언 후보가 자유당 공천을 받고 무투표 당선의 영광을 차지

지난 3대 총선 때 부산 무구에서는 전진한 의원이 부산 을구로 옮겨가자 흥국산업 사장으로 자유당 공천을 받은 이영언 후보가 가내수공업 사장인 이만우 후보를 꺾고 당선됐다.

대한중석 고문인 우제하, 병원장인 조칠봉, 동진흥업 사장인 한근홍 후보들도 출전했다.

이번 총선에서 한국미유회사 사장으로 지난 3대 총선에서 당선된 이영언 후보가 무투표 당선의 영광을 차지했다.

이만우 후보는 동래구청에서 신원증명을 발급하지 아니하여 등록 마감 시간을 넘겼고, 조칠봉 후보는 백주에 등록 서류를 괴한에게 빼앗겨 이영언 후보의 무투표 당선의 도우미가 됐다.

□ 득표상황

후보자	정당	연령	주요 경력	득표 (%)
이영언	자유당	58	3대의원(부산 무)	무투표

〈부산 영도 을〉 부산 무구에서 2대 총선에선 최원봉 후보에게, 3대 총선에선 이영언 후보에게 패배한 이만우 후보가 민주당 공천을 받고 2전3기를

이번 총선에서는 가내수공업자로 부산 무구에 출전하여 2대 총선에서는 최원봉 후보에게, 3대 총선에서는 이영언 후보에게 차점 낙선한 이만우 후보가 민주당 공천을 받고 선점했다.

자유당은 김학수, 김충근, 손우동, 이만식 후보들을 제치고 삼화식품 사장인 손우동 후보를 내세웠고, 노농당은 서울대 출신 신문기자인 김용환 후보를 공천했다.

독일 여나대 출신으로 문교부장관을 지낸 안호상, 고균회(古均會) 이사인 정장출, 부산남고 기성회장인 김기추 후보들은 무소속으로 출전했다.

출전 경험이 많은 이만우 후보가 지명도와 주민들로부터 환영을 받고있는 민주당 공천을 받고서 대승을 거두고 2전 3기의 신화를 이뤄냈다.

재력이 구비된 김기추 후보는 선전했으나 철학박사로서 문교부장관을 지낸 안호상 후보는 위상에 걸맞지 아니한 득표력을 보여줬

다.

□ 득표상황

후보자	정당	연령	주요 경력	득표 (%)
이만우	민주당	50	청량음료 제조사장	9,608 (47.5)
김기추	무소속	50	부산남고 기성회장	6,983 (34.5)
안호상	무소속	66	문교부장관	1,768 (8.7)
손우동	자유당	32	삼화식품 사장	1,295 (6.4)
정장출	무소속	33	고균회 이사	418 (2.1)
김용환	노농당	34	신문기자	163 (0.8)

<부산 동구 갑> 서울 종로에서 1승 2패의 전적을 갖고 고향 찾아 부산으로 내려온 박순천 후보가 대한부인회장, 민주당 공천후보를 내세워 2선 고지를 점령

지난 3대 총선에서 부산 병구는 미국 프린스턴대 출신으로 미군정 시절 경남군정청 고문으로 활약한 정기원 후보가 2대 총선 때에는 부산 정구에서 당선됐으나, 김칠성 후보가 납북되어 지역구가 공석이 되자 지역구를 옮겨 자유당 공천을 받고서 자유민보 사장인 김철수, 항만협회 이사인 김응주, 경남도의원인 김임룡 후보들을 꺾고 재선의원이 됐다.

이번 총선에서는 대한부인회 회장으로 제헌의원 선거에는 종로 갑구에 출전하여 조선민주당 이윤영 후보에게 패배했으나, 2대 총선에서는 서울변호사회 회장인 장후영 후보에게 승리했고, 3대 총선에서 민국당 윤보선 후보에게 패배한 박순천 후보가 이 지역구에 터전을 마련했다.

자유당은 유영모, 이달준, 김용염 후보들을 잠재우고 노총 최고위원인 김기옥 후보를 내세웠고, 통일당은 명치대 출신으로 민국당 경남도당 부위원장인 이찬순 후보를 내세웠다. 자유당 공천에서 탈락한 부산시의원인 김용염, 상동 수리조합장인 윤우현 후보들은 무소속으로 출전했다.

박순천 후보는 민주당 강연회에서 "민주당만이 이상적인 집권 후보당이라고는 할 수는 없지만, 적어도 금력과 권력과 환표(換票)가 난무하는 자유당 집권하의 정치보다는 좀 더 나은 정치를 할 수 있을 것으로 믿는다"고 열변을 토해냈다.

대한부인회장으로서 명성과 민주당 공천 후보임을 내세운 박순천 후보가 대승을 거두고 재선의원이 됐다.

□ 득표상황

후보자	정당	연령	주요 경력	득표 (%)
박순천	민주당	59	2대의원(종로 갑)	22,907 (60.0)
김기옥	자유당	39	노총 최고위원	11,803 (30.9)
윤우현	무소속	38	상동 수리조합장	1,724 (4.5)
김용염	무소속	47	부산시의원	1,475 (3.9)
이찬순	통일당	50	명치대학원 졸	297 (0.8)

〈부산 동구 을〉 경남 울산에서 1승 1패의 전적을 가졌지만 지역구를 옮겨 민주당 공천을 받고 출전하여 민주당 선호 지역정서로 가볍게 재선 고지에 오른 오위영

울산 갑구에서 2대 총선에서는 제헌의원 김수선 후보를 꺾고 당선됐으나, 3대 총선에서는 자유당 후보의 당선을 위해 중도 사퇴했던 오위영 후보가 민주당으로 변신하여 이 지역구에 터전을 마련했다.

자유당은 노총 경남위원장인 성주갑 후보를 내세웠고, 회사장인 박선기, 경남석탄운수 사장으로 경남도의원인 이수은, 경남 합천에서 2대의원에 당선된 노기용, 신문기자로 2대와 3대 총선에 출전했던 이상철 후보들이 출전했다.

자유당 성주갑 후보가 사퇴한 싱거운 선거전에서 민주당 공천을 받은 오위영 후보가 회사장인 무소속 박선기 후보를 가볍게 제압하고 재선의원으로 발돋움했다.

□ 득표상황

후보자	정당	연령	주요 경력	득표 (%)
오위영	민주당	55	3대의원(울산 갑)	19,468 (59.2)
박선기	무소속	45	부산대 후원회장	10,374 (31.5)
노기용	무소속	60	2대의원(합천 을)	1,386 (4.2)
이수은	무소속	47	경남도의원	1,197 (3.6)
이상철	무소속	33	신문기자	488 (1.5)
성주갑	자유당	45	노총 경남위원장	사퇴

<부산 부산진 갑> 반자유당 정서의 물결을 타고 전남 출신이지만, 부산상공회의소 회두로 2선의원인 김지태 후보를 제압한 민주당 이종남

지난 3대 총선 때 부산 정구에서는 자유당 정책위원 출신으로 자유당 공천에서 밀린 김동욱 후보가 2대 총선 때 낙선하고 자유당 공천 탈락자라는 동정여론을 일으켜, 자유당 공천 후보로 농림부 장관을 지낸 정재설 후보를 꺾은 기적을 만들어냈다.

부산 매일신문 사장인 김환선 후보는 2대 총선에 이어 출전하여 연속 낙선했다.

이번 총선에는 김동욱 의원이 서구 을구에 뿌리를 내리자, 부산일보 사장으로 부산 갑구에서 2대와 3대의원을 지낸 김지태 후보가 지역구를 선점했다.

자유당은 부산변호사회 부회장으로 경남 산청의 보궐선거에서 당선된 안준기 후보를, 민주당은 경남도의원으로 지난 3대 총선에는 부산 갑구에 출전하여 낙선한 이종남 후보를 내세웠다.

부산일보 부사장인 이수우 후보도 무소속으로 등록했다.

반자유당 정서가 물결치는 항도 부산에서 전라도 출신으로 민주당 공천을 받은 이종남 후보가 부산상공회의소 회두이며 2선의원인 김지태, 자유당 공천을 받은 2대의원 안준기 후보들을 제압하고 등원에 성공했다.

김지태 의원의 낙천에 대해 자유당원들은 "중앙당부의 처사가 부당하다고 지적하는 동시에 절대적인 당선 확률을 가지고 있는 김의원을 끝까지 지지하겠다"는 진정서를 중앙당에 제출했다.

자유당 공천에서 탈락하고 무소속으로 출전한 김지태 재선의원의 득표력은 초라했다.

□ 득표상황

후보자	정당	연령	주요 경력	득표 (%)
이종남	민주당	39	경남도의원	27,931 (62.2)
김지태	무소속	49	3대의원(2선, 부산)	9,911 (22.1)
안준기	자유당	41	2대의원(산청)	6,459 (14.4)
이수우	무소속	64	부산일보 부사장	629 (1.4)

<부산 부산진 을> 미국 미주리대 출신으로 제헌의원인 박찬현 후보가 자유당 하원준 후보를 꺾고 재선의원에 등극

이번 총선에는 지난 3대 총선에서 한국당밀 사장으로 부산 갑구에 출전하여 차점 낙선한 하원준 후보가 자유당 공천을 받고, 동아대 교수로 부산 정구에서 제헌의원에 당선된 박찬현 후보가 민주당 공천을 받고 자웅을 겨루게 됐다.

대한웅변협회 경남지부장인 손성권, 부산시의원인 김장환, 기독교청년회 회장인 정사영, 대한노총 선전부장인 홍경훈 후보들이 무소속으로 출전했다.

미국 미주리대 출신으로 동아대 교수라는 인물론을 내세운 박찬현 후보가 반자유당 민심을 등에 업고, 재력이 완비된 자유당 하원준 후보를 3,977표차로 꺾고 재선의원으로 발돋움했다.

민주당에서 경남 남해에서 3대의원에 당선된 윤병호 후보를 공천하자 300여명의 민주당원이 집단 탈당하며 반발성명을 발표했고, 일부 민주당원들은 불법 집단탈당에 대한 항의 동지회를 결성하여 대항하는 굴곡으로 내분이 발생했다.

민주당 공천을 받은 윤병호 후보가 신병을 이유로 자진 사퇴하여 민주당은 부랴부랴 제헌의원인 박찬현 후보를 영입하여 공천자를 교체하여 성공을 거두었다.

□ 득표상황

후보자	정당	연령	주요 경력	득표 (%)
박찬현	민주당	40	제헌의원(부산 정)	23,311 (50.4)
하원준	자유당	46	한국당밀 사장	19,334 (41.8)
손성권	무소속	31	웅변협회 지부장	1,380 (3.0)
김장환	무소속	43	부산시의원	799 (1.7)
홍경훈	무소속	40	대한노총 선전부장	752 (1.6)
정시영	무소속	45	민주당 중앙위원	671 (1.5)

〈부산 동래〉 대동고무 사장으로 재력을 구비하고 자유당 공천을 받은 김인호 후보가, 합천에서 옮겨와 뿌리가 미약한

민주당 김명수 후보를 가볍게 제압

부산시 동래구와 경남 동래군이 병립(竝立)한 이번 총선에선 대동고무 사장인 자유당 김인호, 합천 을구에서 2대의원에 당선된 민주당 김명수, 사회사업가인 대한상이용사 김두연, 변호사로 동아대 교수인 무소속 안병진 후보들이 4파전을 전개했다.

대동고무 사장으로 재력을 구비한 김인호 후보가 김지태, 윤병강, 김명자 후보들을 자유당 공천에서 따돌린 여세를 몰아, 합천에서 옮겨와 조직을 완비하지 못한 김명수 후보를 3,372표차로 꺾고 등원에 성공했다.

자유당은 부산의 10개 지역구에서 경남도지사, 내무부차관 경력을 자랑한 이상용, 무투표 당선된 이영언, 아직도 도시화가 미흡하여 시골풍인 동래의 김인호 후보의 당선을 일궈냈을 뿐이다.

□ 득표상황

후보자	정당	연령	주요 경력	득표 (%)
김인호	자유당	58	대동고무 사장	20,259 (45.8)
김명수	민주당	52	2대의원(합천 을)	16,887 (38.2)
안병진	무소속	41	변호사	4,478 (10.1)
김두연	상이용사회	26	상이용사회 전문위원	2,619 (5.9)

〈마산〉 반자유당 지역 민심을 감지하고 무소속에서 민주당

으로 변신한 허윤수 후보가 자유당 김종신 후보를 대파

지난 3대 총선에서는 양조장을 경영하며 부를 축적한 김종신 후보가 자유당 공천을 받고서 마산시장을 지낸 허윤수, 마산공대 과학관장 출신으로 제헌, 2대의원을 거쳐 3선 고지 점령에 나선 권태욱, 경남도의원인 민국당 황장오 후보들을 꺾고 당선됐다.

이번 총선에선 지난 3대 총선에서 결전을 벌였던 김종신, 허윤수, 권태욱 후보들이 재대결을 벌였다.

지난 3대 총선에서 자유당 공천을 받은 김종신 후보가 17,372표를 득표하여 당선됐고, 마산시장을 지낸 허윤수 후보는 15,148표를 득표하여 낙선했다.

제헌과 2대의원인 권태욱 후보는 2,439표를 득표하여 당선권에서 밀려났다.

반자유당 민심을 등에 업고 무소속에서 민주당으로 변신한 허윤수 후보가 자유당 공천을 받고 재선을 기대한 김종신 후보를 대파하고 의원직을 승계했다.

네 번째 출전한 권태욱 후보는 2승 2패의 전적을 안고 정계에서 사라졌다.

□ 득표상황

후보자	정당	연령	주요 경력	득표 (%)
허윤수	민주당	49	마산시장	27,411 (58.0)
김종신	자유당	53	3대의원(마산)	19,114 (40.5)

| 권태욱 | 무소속 | 60 | 2선의원(마산) | 726 (1.5) |

<진주> 자유당 서인홍 의원이 경찰의 무자비한 탄압으로 사퇴한 싱거운 선거전에서 대승을 거둔 민주당 김용진

지난 3대 총선에서는 대판제국대 출신으로 남선화학이라는 풍부한 자금을 활용한 서인홍 후보가 진양군수를 지낸 2대의원인 유덕천, 경남도의원으로 자유당 공천을 받은 김인중, 애국단체 이사장인 민국당 허만채, 진주시장을 지낸 정순종 후보들을 꺾고 당선됐다.

진주시의회 의장을 지낸 문해술, 경남도의원을 지낸 김용진 후보들은 사퇴했다.

이번 총선에서 무소속으로 당선된 서인홍 후보가 자유당 공천을 받고 출전하자, 진양군수와 경남도의원을 지내 지역 기반이 탄탄한 김용진 후보가 민주당으로 출전하여 양강구도를 형성했다.

농민회 지부장 출신으로 진주시장에 당선된 김용주, 동국대 교수인 오복근 후보들도 무소속으로 출전했다.

자유당 서인홍 후보는 "자유당 공천만 받으면 틀림없이 당선될 줄만 알았는데 경찰이 무자비한 탄압을 하여 배겨낼 수가 없으므로 부득이 사퇴한다"면서, "경찰이 탄압해서 사퇴했다. 갈아보자"고 절규했다.

반자유당 분위기가 팽배하여 당선에 대한 회의가 늘어나자 서인홍 후보가 후보직을 사퇴한 싱거운 선거전에서 민주당 김용진 후보가 무소속 김용주 후보를 가볍게 꺾고 등원에 성공했다.

□ 득표상황

후보자	정당	연령	주요 경력	득표 (%)
김용진	민주당	56	군수, 경남도의원	15,417 (55.5)
김용주	무소속	42	민선 진주시장	10,029 (36.1)
오복근	무소속	33	동국대 교수	2,346 (8.4)
서인홍	자유당	40	3대의원(진주)	사퇴

〈충무〉 자유당 공천을 받은 김기섭, 지난 3대 총선에서 꺾었던 정찬진, 배철세, 이정규, 노기만, 박중한 후보들을 제압하고 재선의원이 된 민주당 최천

지난 3대 총선에서는 통영 선거구로 경남도 경찰국장 출신인 최천 후보가 2대 총선 때 낙선했지만 얻은 지명도와 경찰공무원들의 간접적인 지원에 힘을 입어 농림부 농지관리국장으로 자유당 공천을 받은 배철세 후보를 꺾고 등원에 성공했다.

통영상고 이사장인 노기만, 재일거류민단 동경단장인 정찬진, 제헌의원인 김재학, 2대의원인 서상호, 통영군수를 지낸 박중한, 원양어업 전무인 지산만 후보들도 출전했다.

통영읍이 충무시로 승격된 이번 총선에서는 지난 3대 총선에선 통

영에서 당선된 최천 후보가 민주당 공천을 받고 출전하자, 충무시장을 지낸 김기섭 후보가 자유당 공천을 받고 출전하여 양강구도를 형성했다.

지난 3대 총선에서 최천 후보에게 고배를 마셨던 농림부 농지관리국장을 지낸 배철세, 통영상고 이사장인 민혁당 노기만, 통영읍장을 지낸 이정규, 재일거류민단 중앙본부장인 정찬진, 통영군수 출신인 민주당 박중한 후보들이 재도전했다.

일본대 출신으로 수산업자인 정태석 후보만 새롭게 출전했다.

2대 총선부터 출전하여 지역 기반을 다진 최천 후보가 자유당 공천을 받고 야멸차게 도전한 김기섭 후보를 비롯하여 지난 3대 총선에서 꺾었던 정찬진, 배철세, 이정규, 노기만, 박중한 후보들에게 또 한번 패배를 안겨주며 재선의원이 됐다.

□ 득표상황

후보자	정당	연령	주요 경력	득표 (%)
최 천	민주당	57	3대의원(통영)	7,615 (43.0)
김기섭	자유당	42	충무시장	5,232 (29.5)
정찬진	무소속	52	거류민단 본부단장	1,951 (11.0)
배철세	무소속	42	농림부 농지국장	997 (5.6)
이정규	무소속	52	통영읍장	903 (6.0)
노기만	민혁당	50	고교사친회 이사	405 (2.3)
박중한	민주당	62	통영군수	337 (1.9)
정태석	무소속	48	일본대 졸, 수산업	285 (1.6)

<진해> 지난 3대 총선에서 김성삼 후보를 위해 중도 사퇴했던 주금용 후보가 자유당 공천 후보로 재무장한 김성삼 후보를 199표차로 꺾고 당선

창원 갑구였던 지난 3대 총선에서는 해군소장 출신인 변호사 김성삼 후보가 자유당 공천을 받고서, 진해읍 출신 경남도의원인 주금용 후보의 사퇴에 힘입어 임명관대 출신인 김정 후보를 780표차로 꺾고 등원에 성공했다.

진해읍이 진해시로 승격된 이번 총선에는 지난 3대 총선에서 승패가 갈렸던 자유당 김성삼 후보와 무소속 주금용 후보가 재대결을 펼쳤다.

민주당 공천을 받은 엄칠갑 후보가 출전하여 3강 구도를 기도했고, 자유당 공천경쟁을 벌였던 대한산업건설 사장인 이종열, 해군1함대 참모장을 지낸 이상열 후보들은 무소속으로 출전했다.

지난 3대 총선에서 김성삼 후보의 당선을 위해 사퇴한 주금용 후보가 이번에는 김성삼 후보가 양보해야 한다는 지역 여론에 편승하고, 경남도의원 시절 구축해놓은 조직을 가동하여 현역의원으로 자유당 공천까지 받은 김성삼 후보를 199표차로 꺾고 등원에 성공했다.

☐ 득표상황

후보자	정당	연령	주요 경력	득표 (%)

주금용	무소속	50	경남도의원	10,315 (35.5)
김성삼	자유당	51	3대의원(창원 갑)	10,116 (34.8)
엄칠갑	민주당	42	상업	7,693 (26.5)
이종열	무소속	52	대한산업건설 사장	935 (3.2)
이상열	무소속	40	제1함대 참모장	사퇴

〈삼천포〉 경남도의원 시절 가꾸어 온 조직을 되살리고 풍부한 자금을 활용하여 자유당 공천을 받은 현역의원을 대파한 무소속 이재현

지난 3대 총선 때 사천 선거구에서는 청주경찰서장 출신인 자유당 정갑주 후보가 2대 총선 때 59표차로 낙선한 데 따른 동정여론을 일으켜, 당선된 정헌주 후보를 5,744표차로 꺾고 설욕전을 승리로 장식했다.

2대 총선 때 등록 취소됐던 경남도의원인 황순주 후보가 자유당 공천 경쟁에서 정갑주 후보에게 밀렸으나, 자유당 후보임을 내세우며 완주했다.

삼천포읍이 삼천포시로 승격된 이번 총선에는 정갑주 후보가 김영도 후보를 밀치며 자유당 공천을 받고 재선 고지를 넘나들자, 경남도의원 출신인 이재현 후보가 무소속으로, 통영 갑구에서 제헌의원에 당선됐던 김재학 후보가 민주당 공천을 받고 출전하여 3파전이 전개됐다.

경남도의원 시절 가꾸어 온 조직을 되살린 이재현 후보가 풍부한 자금을 살포하여 자유당 공천을 받은 현역의원을 대파하고 삼천포시 최초의 의원으로 등재했다.

□ 득표상황

후보자	정당	연령	주요 경력	득표 (%)
이재현	무소속	40	경남도의원	10,867 (62.5)
정갑주	자유당	51	3대의원(사천)	5,827 (33.5)
김재학	민주당	61	제헌의원(통영 갑)	694 (4.0)

〈진양〉 자유당 공천을 받은 구태회 후보가 풍부한 자금과 자유당 공천 후보임을 내세워, 황남팔 3대의원을 큰 표차로 제압하고 의원직을 승계

지난 3대 총선에서는 진주시 사회과장 출신인 황남팔 후보가 자유당 공천 후보임을 내세워 입법의원 출신으로 2대의원인 하만복 후보를 꺾고 의원직을 승계했다.

2대 총선에 출전하여 낙선한 경남도의원 출신인 허병호 후보는 완주했지만, 경북도 경찰국장이었던 박명제, 경남도의원인 이영만 후보들은 중도에 사퇴했다.

이번 총선에는 구인회 럭키금성 회장의 동생인 구태회 후보가 자유당 공천을 받고서 자유당 공천으로 3대의원에 당선됐으나 자유

당을 탈당한 황남팔 후보와 진검승부를 펼쳤다.

우학경, 윤정봉, 윤시형 후보들을 제치고 자유당 공천을 받은 구태회 후보가 진주시 외곽지역을 관할하고 있는 이 지역구의 특성에 맞춰 풍부한 자금을 활용하고, 자유당 공천 후보임을 내세워, 반자유당 정서에 메달린 황남팔 현역의원을 7천여 표차로 제압하고 의원직을 승계했다.

□ 득표상황

후보자	정당	연령	주요 경력	득표 (%)
구태회	자유당	34	회사 중역	30,030 (57.0)
황남팔	무소속	52	3대의원(진양)	22,647 (43.0)

〈의령〉 3대 총선에서 이시목 현역의원을 꺾고 당선된 이영희 후보가 자유당 공천을 받고서 민주당 강봉룡 후보를 꺾어

지난 3대 총선에서 국졸로서 자유당 의령군당 부위원장인 이영희 후보가 현역의원인 이시목 후보를 밀쳐내고 자유당 공천을 받은 여세를 몰아, 의령에서 집성촌을 이루고 있는 전 씨 문중의 대표주자인 전용이 후보를 1,713표차로 꺾고 당선됐다.

부통령 비서였던 김조경 후보는 완주했으나, 이시목 2대의원은 중도에 사퇴했다.

이번 총선에서 이영희 의원이 전성환 후보를 꺾고 자유당 공천을

받고 재선 고지 점령에 나서자, 민주당은 경남도의원 출신인 강봉룡 후보를 내세웠고, 동양통신 이사로 지난 3대 총선에서 차점 낙선한 전용이 후보가 도전하여 3파전이 전개됐다.

엎치락뒤치락 당선자 예측이 어려웠던 선거전은 자유당 공천이 위력을 발휘하여 이영희 후보가 강봉룡 후보를 1,908표차로 꺾고 재선의원 반열에 올라섰다.

□ 득표상황

후보자	정당	연령	주요 경력	득표 (%)
이영희	자유당	47	3대의원(의령)	16,321 (45.0)
강봉룡	민주당	43	경남도의원	14,413 (39.7)
전용이	무소속	32	연합신문 이사	5,555 (15.3)

〈함안〉 자유당이 공천을 보류한 선거전에서 국회부의장을 지낸 인물론을 내세워, 백병전을 펼친 두 후보를 따돌리고 수성에 성공하여 3선의원에 등극한 조경규

지난 3대 총선에서는 대구 갑구에서 2대의원에 당선된 조경규 후보가 국민회 선전부장으로 활약한 양우정 의원이 퇴진한 이 지역구에 낙하하여 변호사 한종건, 육영사업가인 윤효량 후보들을 꺾고 재선의원으로 발돋움했다.

토박이 출신 변호사인 이영개, 경남도의원인 박노일 후보들은 하

위권으로 밀려났다.

이번 총선에선 자유당이 조경규 국회부의장의 공천을 보류하여 함안 수리조합장인 이중섭 후보가 자유당으로 출전해 자유당이 양분되고, 미군 군정 시절 경무부장으로 활약한 한종건 후보가 지난 3대 총선에서의 패배를 설욕하고자 민주당 공천을 받고 출전하여 예측불허의 3파전이 전개됐다.

자유당 공천경쟁을 벌였던 지난 3대 총선에서 석패했던 윤효량, 이영개 후보들은 출전을 포기했으나 이중섭 후보는 자유당 공천 후보임을 내세우며 출전했다.

대한변호사협회에서 민주반역자라며 호된 규탄을 받은 조경규 국회부의장은 법원조직법 개정안을 철회키 위한 동의를 받기 위해 노력했다.

조경규 후보가 함안경찰서장 박우범을 걸어 고소하자, 이중섭 후보도 조경규 후보 선거사무장 박성길을 고소하는 진흙탕 싸움을 전개했다.

조경규 후보가 40여 명의 깡패들을 동원하여 흉기로 유권자들을 감금코 선거사무원들을 구타하는 사건이 발생하자, 이를 저지코자 경찰관들이 발포하는 무법천지가 벌어지기도 했다.

국회부의장이라는 인물론을 내세운 조경규 후보가 자유당 바람에 편승하여 수성에 성공하고 3선의원에 등극했다.

□ 득표상황

후보자	정당	연령	주요 경력	득표 (%)
조경규	자유당	54	3대의원(2선)	18,704 (41.7)

한종건	민주당	55	미군정 경무부장	13,662 (30.4)
이중섭	자유당	47	함안 수리조합장	12,539 (27.9)

〈창녕〉 극성스러운 선거운동으로 지난 3대 총선에서 1,645 표차의 패배를 극복하고 자유당 공천 현역의원을 1,085표차로 되갚아주고 설욕전에서 승리한 신영주

신용훈 의원이 납북되어 무주공산이 된 지난 3대 총선에서는 경남도 문교사회국장을 지낸 하을춘 후보가 자유당 공천을 받은 충남도 경찰국장을 지낸 신영주 후보를 격전 끝에 1,645표차로 꺾고 등원에 성공했다.

일본 동양대 출신인 임영택, 대한노총 정치위원인 성보경 후보들은 들러리 수준을 벗어나지 못했다.

이번 총선에선 지난 3대 총선에서 1위, 2위, 3위를 한 하을춘, 신영주, 성보경 후보들이 예선인 자유당 공천 경쟁과 본선에서 재대결을 펼쳤고, 민주당 중앙위원인 노형식 후보는 민주당으로, 마산 해사국장을 지낸 김응두, 창녕 축산협동조합장인 박판암, 농과대 교수로 수리조합장인 손판주 후보들은 무소속으로 출전했다.

하씨와 신씨의 문중 대결을 펼친 선거전은 지난 3대 총선에서 1,645표차로 패배하고 자유당 공천경쟁에서도 패배한 신영주 후보가 물불을 가리지 아니한 극성스러운 선거운동으로 자유당 공천을 받은 하을춘 후보를 1,085표차로 꺾고 당선되어 두 후보는 장군명

군이 됐다.

4만 명으로 추산되는 선거인들은 개표 장소를 둘러싸고 "부정개표를 밝히라"고 아우성을 치는 등 혼란을 일으켜 무장경관들이 동원되었으나, 해산을 하지 않고 군중들은 철야농성을 벌였다.

신영주와 하을춘의 하-신 대전은 이후의 선거전에서도 문중대결을 펼친 빌미가 됐다.

□ 득표상황

후보자	정당	연령	주요 경력	득표 (%)
신영주	무소속	41	충남도 경찰국장	20,883 (39.4)
하을춘	자유당	54	3대의원(창녕)	19,798 (37.3)
박판암	무소속	46	창녕 축협조합장	5,104 (9.6)
김응두	무소속	53	마산 해사국장	3,200 (6.0)
손판주	무소속	45	교수, 수리조합장	2,682 (5.1)
노형식	민주당	38	일본대 졸	1,383 (2.6)
성보경	대한반공단	32	대한반공단장	사퇴

〈밀양 갑〉 밀양 박씨 문중의 전폭적인 지원과 경남도의원 시절의 조직과 선거 경험을 살려 자유당 공천 후보를 비롯한 정치신인들을 제압한 민주당 박창화

지난 3대 총선에서는 2대 총선 때 남선고무 사장으로 밀양 을구에

서 당선됐던 김형덕 의원이 밀양 갑구로 지역구를 옮겨 자유당 공천을 받고서, 밀양 갑구에서 당선됐던 대동청년단장 출신으로 지역에 깊게 뿌리내린 최성웅 의원을 꺾고 재선의원이 됐다.

부산시 사회국장을 지낸 이영규, 밀양읍의원을 지낸 진기훈 후보들은 하위권으로 밀려났다.

김형덕 의원이 불출마한 이번 총선에는 육군 의무감 출신인 신학진, 경남도의원인 박창화, 농림부 양정국장을 지낸 손영기 후보 등 정치신인들이 3파전을 전개했다.

경남도의원으로서의 밀양 박씨 문중 조직과 선거 경험을 살린 박창화 후보가 자유당 공천을 받았지만 지역에 뿌리를 내리지 못한 신학진, 농림부 양정국장과 경기도지사 서리를 지냈지만 지역민과의 거리감이 있는 손영기 후보들을 꺾고 새로운 지역구의 주인이 됐다.

자유당 신학진 후보는 조만종 현역의원과 손영기, 박일, 표문칠 후보들을 꺾고 자유당 공천을 받았으나 지명도에서 밀려 당선권에서 멀어졌다.

□ 득표상황

후보자	정당	연령	주요 경력	득표 (%)
박창화	민주당	42	경남도의원	15,791 (43.5)
손영기	무소속	53	농림부 양정국장	12,780 (35.2)
신학진	자유당	46	육군 의무감	7,693 (21.2)

〈밀양 을〉 하남면장 출신인 김정환 후보가 민주당 공천을 받고서 지역민들의 지역의식을 고취시켜 부산, 창원, 동경에서 사업가로 성공한 후보들을 꺾고 지역구의 주인으로 등장

김형덕 의원이 갑구로 옮겨간 지난 3대 총선에서는 2대 총선 때 김형덕 의원에게 패배했던 밀양 금융조합장인 조만종 후보가 자유당 공천을 받고서 의사로서 교육위원으로 활동한 박권희, 밀양교육감을 지낸 신학상, 밀양 배재중 교장인 윤술룡, 경남도의원인 김용태, 언론인인 박일 후보들을 제치고 등원에 성공했다.

조만종 의원이 밀양 갑구에 공천을 신청하고 김형덕, 최성웅, 이원호, 박권희, 엄익순, 정호완 후보들이 자유당 공천을 신청했으나 이들의 공천 신청을 도외시하고 창원 을구에서 2대의원에 당선됐던 김봉재 후보를 낙하시켰다.

이에 불복하여 재일 한국의사협회 부회장인 박권희, 초동중 재단 이사장인 엄익순, 밀양 수리조합 이사인 이원호, 밀양 갑구에서 2대의원에 당선됐던 최성웅 후보들이 김봉재 후보의 당선 저지에 나섰다.

이원호 후보가 하남면민들의 표를 잠식했음에도 불구하고, 하남면장 출신으로 민주당 공천을 받고 토착민들의 지지를 이끌어낸 김정환 후보가 부산에서 사업가로 성공한 엄익순 후보와 창원에서 2대의원에 당선된 김봉재 후보, 일본에서 사업가로 변신한 박권희 후보들을 어렵게 따돌리고 등원에 성공했다.

□ 득표상황

후보자	정당	연령	주요 경력	득표 (%)
김정환	민주당	53	밀양군 하남면장	9,108 (23.1)
엄익순	무소속	41	중학재단 이사장	8,271 (21.0)
김봉재	자유당	47	2대의원(창원 을)	8,269 (21.0)
박권희	무소속	32	거류민단 부회장	7,820 (19.8)
이원호	무소속	41	밀양수리조합 이사	4,305 (10.9)
최성웅	무소속	36	2대의원(밀양 갑)	1,646 (4.2)

〈양산〉 지난 총선에서 무소속으로 출전하여 자유당 후보에게 승리하고서 자유당으로 변신하여 무투표 당선된 지영진

지난 3대 총선에서는 대한도기 사장인 지영진 후보가 풍부한 선거자금과 제헌의원 선거 때 차점 낙선한 지명도를 활용하여 경남도의원으로 자유당 공천을 받은 임기태, 제헌의원인 정진근, 경남도 노동과장을 지낸 문치선, 양산면장을 지낸 김동만 후보들을 꺾고 등원에 성공했다.

지난 3대 총선에서 무소속으로 자유당 후보를 이겼던 지영진 의원이 이번 총선에서는 자유당으로 변신하여 자유당 공천을 받고 출전하자, 자유당 공천 경쟁자였던 임기태와 정현학 후보들이 등록을 포기하여 무투표 당선의 영광을 차지하게 됐다.

□ 득표상황

후보자	정당	연령	주요 경력	득표 (%)
지영진	자유당	59	3대의원(양산)	무투표

〈울산 갑〉 김수선 의원의 전구(轉區)라는 호기를 맞아 지난 총선에서 389표차의 석패를 딛고 민주당 최영근 후보를 꺾고 당선된 안덕기

지난 3대 총선에서는 자유당 공천에서 탈락한 오위영 2대의원이 사퇴한 선거전에서, 울산 을구에서 제헌의원에 당선된 김수선 후보가 조선제유 사장으로 자유당 공천을 받은 안덕기 후보를 울산읍과 삼남면의 지역대결로 몰고 가 389표차로 꺾고 재선의원이 됐다.

김수선 의원이 서울로 옮겨 간 이번 총선에는 지난 3대 총선에서 석패한 안덕기 후보가 자유당 공천을 받고 설욕을 기대하자, 언양면장과 경남도의원을 지낸 박원주 후보가 무소속으로, 경남도의원인 최영근 후보가 민주당으로 출전하여 3파전이 전개됐다.

자유당과 민주당의 양대 정당에 대한 표 쏠림 현상이 심화된 선거전에서, 지난 총선에서의 석패에 대한 동정여론과 자유당 공천 후보의 위세로 안덕기 후보가 공천에서 탈락한 박원주 후보의 잠식에도 불구하고 최영근 후보를 3천여 표차로 제압하고 국회 등원에 성공했다.

☐ 득표상황

후보자	정당	연령	주요 경력	득표 (%)
안덕기	자유당	43	경남 농민회장	18,364 (49.9)
최영근	민주당	37	경남도의원	14,736 (40.1)
박원주	무소속	43	면장, 경남도의원	3,688 (10.0)

〈울산 을〉 풍곡무연탄 사장인 김성탁 후보가 자유당 공천을 받고서, 자유당에서 제명을 당하고 무소속으로 출전한 정해영 의원을 꺾고 의원직을 승계

지난 3대 총선에서 연탄공장 사장인 정해영 후보가 자유당 공천 경쟁을 격렬하게 펼쳤던 변호사 출신인 안준기 후보와 2대 총선 때 한글학자 최현배 후보를 꺾고 당선됐던 김택천 의원을 꺾고 국회 등원에 성공했다.

이번 총선에서 풍곡무연탄 사장인 김성탁 후보와 자유당에서 제명된 대한연탄과 대양석탄 사장인 무소속 정해영 후보가 한판 승부를 벌였다.

정해영 후보는 자유당 경남도당 위원장을 놓고 접전을 벌인 이용범 의원을 향해 "이용범 의원의 죄상을 규탄한다", "이용범 경남도당위원장이 자유당을 팔아 경남도내 공사를 독점했다"고 비난한 것이 해당행위로 판명되어 제명을 당하게 됐다.

2대의원에 당선되고 지난 3대 총선에도 출전하여 낙선한 김택천 후보가 민주당 공천을 받고 출전하여 어부지리를 기대했다.

정해영 후보 지지자들이 매표 사실을 조사하는 경찰지서를 작당하여 습격하는 불상사가 일어났다.

무질서와 살벌한 분위기에서 치러진 선거전에서 노덕술, 이규옥, 신익순 후보들을 꺾고 자유당 공천을 받은 김성탁 후보가 무소속 정해영 3대의원을 꺾고 당선을 일궈냈다.

대법원의 일부 지역 선거무효로 실시된 재선거에서도 김성탁 후보가 승리하여 의원직을 유지하게 됐다.

□ 득표상황

후보자	정당	연령	주요 경력	득표 (%)
김성탁	자유당	36	풍곡무연탄 사장	17,682 (48.9)
정해영	무소속	43	3대의원(울산 을)	14,703 (40.7)
김택천	민주당	59	2대의원(울산 을)	3,753 (10.4)

〈동래〉 자유당에 대한 민심이반으로 원내총무인 김법린 후보가 무명의 민주당 조일재 후보에게 허무하게 무너져 내려

지난 3대 총선에서는 제헌의원 선거에서 김약수 후보에게 패배했지만 문교부장관에 발탁된 김법린 후보가 자유당 공천을 받고서, 항공대 강사인 윤명찬, 장안면장을 지낸 김화덕, 삼식기업 사장인 서갑순 후보들을 가볍게 제치고 등원에 성공했다.

이번 총선에서는 문교부장관을 역임하고 자유당 원내총무로 활약

한 김법린 후보에게 일본 중앙대 출신으로 민주당 경남도당 조직부장인 조일재 후보가 무모하게 도전하여 혈전이 전개됐다.

자유당 정권에 대한 반발심리가 부산과 대구를 중심으로 만연되어 부산과 인접한 이 지역구도 여촌야도 경향에 부응하여 자유당의 거물 정객이 무명의 민주당 후보에게 허무하게 무너지는 현상이 드러났다.

□ 득표상황

후보자	정당	연령	주요 경력	득표 (%)
조일재	민주당	38	경남도당 조직부장	16,114 (52.5)
김법린	자유당	58	3대의원(동래)	14,570 (47.5)

〈김해 갑〉 동경제대 출신으로 농림부 농지관리국장을 지낸 인물론과 자유당 공천 후보임을 내세워, 민주당 최원호 2대 의원과 무소속 박재홍 3대의원을 꺾어버린 강종무

지난 3대 총선에서는 대동신문 지국장 출신인 박재홍 후보가 제헌의원 선거에서는 신상학 후보에게 164표차로, 2대 총선에도 최원호 후보에게 60표차로 패배하여 얻은 지명도와 동정여론으로 2대 의원인 민국당 최원호, 자유당 경남도당 국민부장으로 활약한 배상갑 후보들을 꺾고 2전 3기를 이뤄냈다.

이번 총선에는 지난 3대 총선에서 세 번째 결전을 벌였던 3대의원

박재홍과 2대의원 최원호 후보들이 네 번째 결전을 벌이는 상황에서 대복장유 전무인 이봉학, 동경제대 출신으로 농림부 농지관리국장을 지낸 강종무, 고교 교사로서 사회사업가인 변종택, 동양의대 설립 이사장인 김경진 후보들이 새롭게 출전하여 6파전이 전개됐다.

변종택과 김경진 후보들을 공천 경쟁에서 따돌리고 자유당 공천을 받은 강종무 후보가 동경제대와 동경 중앙대 학력 대결과 농지관리국장이라는 인물론을 내세워 민주당 최원호 2대의원을 332표차로 꺾고 의정 단상에 올랐다.

제헌의원 선거에서부터 줄기차게 출전했던 박재홍 의원은 위계에 의한 공무집행방해 혐의로 출석정지 당한 징계등으로 선거 초반부터 당선권에서 멀어졌다.

□ 득표상황

후보자	정당	연령	주요 경력	득표 (%)
강종무	자유당	51	농림부 농지관리국장	15,868 (41.1)
최원호	민주당	60	2대의원(김해 갑)	15,536 (40.2)
박재홍	무소속	55	3대의원(김해 갑)	2,336 (6.0)
이봉학	무소속	48	대복장유 전무	2,187 (5.7)
변종택	무소속	40	중학교사	1,468 (3.8)
김경진	무소속	62	동양대 설립 이사장	1,222 (3.2)

〈김해 을〉 일본 중앙대 출신으로 2대 총선에서 조규갑 제헌

의원을 꺾고 당선되고서 연승을 이어가 30대에 3선의원 반열에 오른 자유당 이종수

지난 3대 총선에서는 일본 중앙대 출신으로 조규갑 제헌의원을 꺾고 2대의원에 당선된 이종수 의원이 대한방직협회 부이사장인 이복수, 조선실업 부사장인 조희순, 포획심판소 서기국장을 지낸 서정원 후보들을 제치고 재선의원이 됐다.

이번 총선에서는 3대 총선에서 한판 승부를 벌였던 이종수와 서정원 후보들이 재대결을 펼친 선거전에 주촌면장 출신으로 주류조합 이사장인 민주당 조용환 후보가 출전하여 3강 구도를 형성했다.

사업가인 이종대, 정치대 출신인 김환기 후보들도 처음으로 얼굴을 선보였다.

지난 3대 총선에서는 무소속 이종수 후보가 자유당 서정원 후보를 1,630표차로 제압하고 무소속으로 당선되고서 자유당으로 전향하여, 이번 총선에서는 자유당 공천경쟁에서 서정원 후보를 따돌렸다.

자유당 공천을 받은 이종수 후보는 낙천에 불복하고 무소속으로 출전한 서정원 후보를 141표차로 아찔한 승리를 거두고 30대에 3선의원 반열에 올랐다.

□ 득표상황

후보자	정당	연령	주요 경력	득표 (%)
이종수	자유당	37	3대의원(2선, 김해을)	11,109 (31.6)

서정원	무소속	46	포획심판소 서기국장	10,968 (31.2)
조용환	민주당	61	김해군 주촌면장	8,291 (23.6)
김환기	무소속	27	정치대 졸	4,404 (12.5)
이종대	무소속	33	김해농업학교 졸	428 (1.2)

〈창원 갑〉 지난 3대 총선에서 함께 뛰었던 김성삼, 주금용 후보들이 진해시에 출전하여 무주공산인 이 지역구는 김형돈 30대 자유당 공천 후보가 가볍게 선점

지난 3대 총선에서는 창원 갑구에서 김성삼 후보가 당선됐으나 이번 총선에서는 진해읍이 진해시로 승격되면서 진해시로 출전했다. 그리하여 이번 총선에는 김봉재 후보를 공천경쟁에서 따돌린 자유당 경남도당 부위원장인 김형돈 후보와 진해시의원을 지낸 조두홍 후보 등 신인들의 쟁패장이 됐다.

자유당 공천에서 밀린 김봉재 후보는 밀양 을구에 출전했으나 토착 후보에게 어이없이 패배했다.

여촌야도의 경향에 부응하여 30대의 자유당 공천자인 김형돈 후보가 50대의 무소속 조두홍 후보를 4천여 표차로 제압하고 새로운 지역의 주인이 됐다.

  □ 득표상황

후보자	정당	연령	주요 경력	득표 (%)

| 김형돈 | 자유당 | 33 | 동아대 졸 | 17,835 (57.2) |
| 조두홍 | 무소속 | 50 | 진해시의원 | 13,372 (42.8) |

<창원 을> 이용범 자유당 경남도당위원장에 도전하여 지난 3대 총선에서 751표에서 이번 총선에서 12,103표로 크게 신장하는데 만족해야 할 민주당 설관수

지난 3대 총선에서는 토건업자로서 자유당 경남도당위원장으로 활약한 이용범 후보가 창원 금융조합장 출신으로 2대의원에 당선된 김봉재, 명치대 출신인 이찬순, 조도전대 출신인 설관수 후보들을 꺾고 국회에 등원했다.

이번 총선에서는 자유당 경남도당위원장으로 활약하고 있는 이용범 후보와 양조장을 경영하고 있는 설관수 후보가 지난 3대 총선에 이어 재대결을 펼쳤다.

지난 3대 총선에서는 무소속으로 751표를 득표했던 설관수 후보가 이번 총선에서는 민주당 공천을 받고서 12,103표를 득표하는 신장을 보여줬다.

민주당 설관수 후보의 등록 서류를 검토한 김태우 창원을구 선거위원장은 마감 시간이 경과된 이후에 서류 불비를 이유로 각하를 결정하고 이용범 후보의 무투표 당선을 선언했다.

이에 불복한 설관수 후보가 선거 소송을 제기하여 중앙선거위원회가 뒤늦게 등록 수리로 결정하여 이용범 후보의 무투표 당선이 번복됐다.

□ 득표상황

후보자	정당	연령	주요 경력	득표 (%)
이용범	자유당	52	3대의원(창원 을)	25,561 (67.9)
설관수	민주당	58	주류제조업	12,103 (32.1)

〈통영〉 경남도의원 출신인 서정귀 후보가 민주당 공천 후보라는 불리함을 극복하고, 자유당 지산만 후보를 839표차로 따돌리고 등원에 성공

지난 3대 총선에서는 경남도 경찰국장인 최천 후보가 농림부 농지관리국장 출신인 자유당 배철세, 통영상고 이사장인 노기만, 제헌의원인 김재학, 2대의원인 서상호 후보들을 꺾고 당선됐으나, 통영읍이 충무시로 승격되면서 최천, 배철세, 노기만 후보들은 충무에 출전했다.

그리하여 무주공산이 된 이번 총선에는 경남 어민회장인 자유당 지산만 후보와 경남도의원을 지낸 민주당 서정귀 후보들이 출전하여 결전을 벌였다.

경남도의원 시절 구축한 조직을 재가동하고 풍부한 자금을 활용한 서정귀 후보가 민주당 공천이라는 불리한 상황을 극복하고, 자유당 공천 후보임을 내세우며 어민회장으로 어업인들의 표를 집중공

략한 지산만 후보를 839표차로 꺾고 등원에 성공했다.

□ 득표상황

후보자	정당	연령	주요 경력	득표 (%)
서정귀	민주당	39	경남도의원	14,478 (51.5)
지산만	자유당	45	경남 어민회장	13,639 (48.5)

<거제> 경남도의원 출신으로 자유당 진석중 후보가 제헌의원 선거 때부터 네 번째 출전한 반성환 후보를 꺾고 등원

지난 3대 총선에서는 장택상 국무총리 비서 출신인 김영삼 후보가 자유당 공천을 받고서 제헌의원 선거에서 차점 낙선하고 2대의원 선거에서도 낙선한 반성환 후보의 중도 사퇴에 힘입어, 제헌의원인 서순영, 2대의원인 이채오 후보들을 꺾고 최연소 당선의 영광을 차지했다.

김영삼 의원이 자유당을 탈당하고 지역구를 부산으로 옮겨간 이번 총선에는 수산업자로서 경남도의원을 지낸 진석중 후보가 이재오와 반성환 후보들을 밀쳐내고 자유당 공천을 받아냈고, 역전의 용사인 반성환 후보는 공천에서 탈락했음에도 자유당 후보로 등록하여 중앙당으로부터 질책을 받았다.

민주당은 산업일보 부사장인 윤병한 후보를 내세웠다.

경남도의원 선거에서 쌓아 온 조직을 재정비하고 자유당 공천 후보임을 내세운 진석중 후보가 집권여당 후보를 선호하는 지역정서에 힘입어 대승을 거두고 등원했다.

제헌의원 선거에서 차점 낙선한 반성환 후보는 네 번 출전하여 네 번 낙선하는 진기록을 세웠다.

□ 득표상황

후보자	정당	연령	주요 경력	득표 (%)
진석중	자유당	43	경남도의회 의장	18,585 (45.0)
반성환	무소속	35	동경법대 졸	12,169 (29.5)
윤병한	민주당	40	회사원	10,545 (25.5)

〈고성〉 국회 전문위원인 최석림 후보가 자유당 공천을 받고 당선을 예상한 김기용 후보를 197표차로 꺾어

지난 3대 총선에서는 공업신문 사장으로 제헌의원 선거에서는 3위로, 2대의원 선거에서는 2위로 낙선한 최갑환 후보가 동정여론과 최씨 문중 표를 결집시켜 2대의원으로 자유당 공천을 받은 김정실 후보를 꺾고 설욕했다.

인쇄조합 이사장인 김기용, 대구방송 국장인 정종갑 후보들도 출전했다.

이번 총선에서 자유당은 최갑환 현역의원과 최석림, 김복록 후보들을 밀쳐내고 지난 3대 총선에서 낙선한 김기용 후보를 공천했다.

최갑환 의원은 자유당 당무회의에서는 공천자로 결정됐으나 경무대 결재 과정에서 김기용 후보로 교체됐다.

자유당 공천에서 탈락한 국회 전문위원인 최석림, 국민회 문화국장으로 활동한 김복록 후보들이 무소속으로 출전했고, 명치대를 중퇴한 이종근 후보도 민주당으로 출전하여 4파전이 전개됐다.

예측불허의 난타전을 전개한 선거전은 예상을 뒤엎고 30대의 최석림 후보가 자유당 공천을 받은 김기용 후보를 197표차로 꺾어버린 이변이 일어났다.

30대의 패기를 앞세운 최석림 후보가 최갑환 의원의 조직을 오롯이 인수하고, 해주 최씨 문중의 전폭적인 단결이 이러한 이변을 만들어냈다.

□ 득표상황

후보자	정당	연령	주요 경력	득표 (%)
최석림	무소속	35	농림수산 전문위원	16,991 (35.4)
김기용	자유당	51	공영인쇄 사장	16,794 (34.8)
이종근	민주당	35	명치대 중퇴	7,239 (15.1)
김복록	무소속	40	운수회사 부사장	7,056 (14.7)

〈사천〉 2대 총선에서 당선, 3대 총선에서 낙선한 정헌주 후보가 김항곤 후보를 꺾고 재선의원 반열에 올라 2승 2패를

삼천포시와 사천군이 통합된 지난 3대 총선에서는 청주경찰서장을 지낸 정갑주 후보가 제헌, 2대의원 선거에서 연속 낙선에 따른 동정여론과 자유당 공천 후보임을 내세워, 2대의원에 당선된 정헌주, 의사로서 경남도의원인 황순주 후보들을 꺾고 당선됐다.

이번 총선에서는 지난 3대 총선에서 당선된 정갑주 의원은 삼천포에, 낙선한 정헌주 후보는 사천에 출전했다.

정헌주 후보가 민주당 공천으로 출전하자, 자유당은 이태진, 최정우, 장상수 후보들을 밀쳐내고 회사장인 김항곤 후보를 정헌주 후보의 대항마로 내세웠다.

정헌주 선거운동원 합숙소에 정체불명의 괴한들이 침입하여 죽창과 몽둥이로 운동원들을 난타하고 도주한 사건이 발생했으나, 현장에 나타난 형사들은 피해자들을 취조하는 기현상도 일어났다.

일본 중앙대 출신으로 제헌의원 선거에서 차점 낙선하고 2대 총선에서는 당선됐으나 3대 총선에서도 차점 낙선한 정헌주 후보가 혼탁한 선거전에서 다채로운 선거 경험을 살려 정치신인인 자유당 김항곤 후보를 4천여 표차로 꺾고 재선의원이 됐다.

□ 득표상황

후보자	정당	연령	주요 경력	득표 (%)
정헌주	민주당	42	2대의원(사천)	18,387 (56.2)
김항곤	자유당	45	해인대 졸	14,307 (43.8)

〈남해〉 경남도의원 시절 닦아온 조직을 되살려 자유당 공천을 받은 차진칠, 민심이반에 직면한 2대의원과 체신부장관을 지낸 조주영 후보들을 꺾은 김정기

지난 3대 총선에서는 경남도 농정과장을 지낸 윤병호 후보가 명치대 출신으로 2대의원에 당선되고 체신부장관을 지내고 자유당 공천까지 받은 조주영 후보의 방심을 틈타 이길 수 없는 선거전에서 기적을 만들어냈다.

경성일보 지국장인 박준민, 농업연구소 이사인 백법권 후보들도 출전했다.

윤병호 의원이 부산으로 전구(轉區)한 이번 총선에 자유당은 조주영, 백법권, 김정기, 정영섭 후보들을 탈락시키고 사업가로서 지구당 위원장인 차진칠 후보를 내세웠다.

이에 경남도의원인 김정기, 2대의원과 체신부장관을 지낸 조주영 후보가 반발하여 출전했다.

전통적으로 자유당 강세지역을 감안하여 윤병호 의원마저 출전을 포기한 민주당은 공천을 포기했다.

경남도의원 시절 구축한 조직을 가동하고 지역민심을 달랜 김정기 후보가 자유당 남해군 위원장으로 자유당 공천을 받은 차진칠, 명치대 출신, 2대의원, 체신부장관을 지냈지만 민심이반에 고심하는 조주영 후보들을 꺾고 등원에 성공했다.

☐ 득표상황

후보자	정당	연령	주요 경력	득표 (%)
김정기	자유당	46	경남도의원	17,518 (37.5)
차진칠	자유당	41	하동군당위원장	16,799 (36.0)
조주영	자유당	62	2대의원(남해)	12,393 (26.5)

〈하동〉 부산시장을 역임하고 자유당 공천을 받은 경남도의원인 윤종수, 민주당 문부식 후보들을 가볍게 제압한 손영수

이상경 의원의 납북으로 무주공산이 된 지난 3대 총선에서는 농업고 중퇴생이지만 자유당 공천을 받은 강봉옥 후보가 조도전대 출신인 오재인, 명치대 출신으로 세무서장을 지낸 김태진, 적량면장을 지낸 정석현, 명치대 출신으로 해인대 교수인 이병주, 조도전대 출신인 박종원, 경남도 교육위원장을 지낸 전수일, 예비역 육군 중령인 김치헌 후보 등 11명의 후보들을 따돌리고 등원에 성공했다.

강봉옥 의원이 불출마한 이번 총선에는 하동군수와 부산시장을 역임한 손영수, 경남도의원으로 2대 총선에도 출전했던 문종수, 회사 중역인 문부식, 하동교육감을 지낸 장봉대, 하동군 진교면장을 지낸 이위수 후보들이 격전을 벌였다.

하동군수를 지낸 지명도와 부산시장을 지낸 관록을 지니고, 엄석원, 장봉대, 김종만, 김찬경 후보들을 제치고 자유당 공천을 받은 손영수 후보가 경남도의원으로 지역민심을 훑은 윤종수, 민주당

공천을 받고 20대 패기로 추격전을 전개한 문부식 후보를 3천여 표차로 제압하고 당선됐다.

윤종수 후보는 진교면장 출신인 이위수 후보의 잠식으로 분루를 삼켜야만 했고, 낙천에 반발하여 무소속으로 출전한 장봉대 후보의 득표력은 보잘 것 없었다.

□ 득표상황

후보자	정당	연령	주요 경력	득표 (%)
손영수	자유당	59	부산시장, 하동군수	14,190 (29.7)
윤종수	무소속	50	경남도의원	11,706 (24.5)
문부식	민주당	29	회사 중역	11,129 (23.3)
장봉대	무소속	43	하동교육감	5,644 (11.8)
이위수	무소속	50	하동군 진교면장	5,097 (10.7)

〈산청〉 문교부 체육과장을 지낸 김재위 후보가 자유당 공천을 받고서 민주당 공천 후보인 심상선, 공천에 반발하여 출전한 오문택과 김인중 후보들을 꺾고 당선을 일궈내

지난 3대 총선에서는 반민특위 조사부장을 지낸 이병홍 후보가 제헌의원 선거에서는 낙선했지만, 심기일전하여 제2대 총선에서 강기문 제헌의원을 꺾고 당선된 저력을 내세워, 부산시 교육위원인 정태운, 정치대 부학장인 박승하, 경남도의원인 정석두 후보들을 꺾고 재선의원이 됐다.

이병홍 의원의 사망으로 실시된 보궐선거에서는 부산지법 조정위원으로 자유당 공천을 받은 안준기 후보가 경남도의원인 민주당 조명환, 문교부 체육과장을 지낸 민주당 김재위, 예비역 육군 대령인 무소속 심상선 후보들을 꺾고 당선됐다.

안준기 의원이 부산으로 지역구를 옮긴 이번 총선에는 문교부 체육과장을 지낸 김재위, 예비역 육군대령인 심상선, 문화보도 기자인 문위상, 조도전대 출신으로 자유당 산청군당위원장으로 활약한 오문택, 경남도의원을 지낸 김인중 후보들이 5파전을 전개했다.

문교부 체육과장 출신으로 오문택 산청군당위원장을 밀쳐내고 자유당 공천을 받은 김재위 후보가 민주당 공천을 받고 추격전을 전개한 심상선 후보를 4천여 표차로 꺾고 등원에 성공했다.

공천에 반발하여 출전한 오문택 후보의 성적은 신통치 않았으며 김인중 후보는 중도에 사퇴했다.

□ 득표상황

후보자	정당	연령	주요 경력	득표 (%)
김재위	자유당	37	문교부 체육과장	17,249 (44.9)
심상선	민주당	32	육군 대령	12,369 (32.2)
오문택	무소속	48	자유당 산청군위원장	4,895 (12.7)
문위상	무소속	38	문화보도 기자	3,899 (10.2)
김인중	무소속	39	경남도의원	사퇴

〈함양〉 무명의 정치신인인 박상길 후보가 주일특명전권공사를 지낸 김용주, 전라도 출신으로 3대의원인 김영상 후보들을 제치고 의원직을 승계

지난 3대 총선에서는 국민회 함양지부장 출신인 김영상 후보가 2대 총선에서 격전을 벌여 375표차로 패배를 안겨줬던 대한청년단 백전면단장으로 자유당 공천을 받은 박정규 후보를 동정여론으로 1,472표차로 되갚아주고 설욕했다.

국민회 함양군회장인 이진언, 농림부 농지과장을 지낸 허준, 조도전대 출신인 윤길현, 하동고교 교장인 도석균 후보들도 출전했다.

김영상 의원이 박상길과 허준 후보들을 자유당 공천경쟁에서 따돌리고 재선을 기대한 이번 총선에는 세계사정연구소장인 박상길, 한광제분 사장인 노영한, 거창읍의원인 김복순, 안의중 이사장인 이진언, 주일특명전권대사였던 김용주, 공립전기 부사장인 허준 후보들이 재선 저지에 나섰다.

민주당 후보자 추천 날인 선거민이 자유당 후보의 추천 취소를 강요하는 웃지 못할 사건이 발생했다.

자유당 공천을 받은 김영상 3대의원이 전라도 전주 출신이라는 풍문으로 당선권에서 멀어지고, 당선을 예상치 못한 무명의 정치신인 박상길 후보가 주일공사로 재력을 구비한 김용주 후보를 182표차로 꺾고 당선됐다.

지난 3대 총선에도 출전했던 민주당 공천을 받은 이진언, 일본대 출신인 허준 후보들은 표의 확장성에 한계를 실감했고, 김복순 후

보는 중도에 사퇴했다.

□ 득표상황

후보자	정당	연령	주요 경력	득표 (%)
박상길	무소속	33	세계연구소 소장	10,462 (25.1)
김용주	국민회	52	주일전권공사	10,280 (24.6)
이진언	민주당	52	안의중 이사장	8,218 (19.7)
허 준	무소속	47	중립전기 사장	4,422 (10.6)
노영한	무소속	48	한광제분 사장	4,324 (10.4)
김영상	자유당	51	3대의원(함양)	4,017 (9.6)
김복순	무소속	44	정미업, 거창읍의원	사퇴

〈거창〉 신중목 2대의원을 제치고 자유당 공천을 받은 서한두 후보가 민주당 신중하 후보를 6천여 표차로 대파

지난 3대 총선에서는 2대 총선 때 거창 신씨 문중의 입김으로 중도 사퇴했던 부통령 비서관 출신인 신도성 후보가 이번에는 젊은 후보에게 물려주어야 한다는 문중의 여론에 힘입어 2대의원으로 농림부장관을 지내고 자유당 공천을 받은 신중목 후보를 큰 표차로 꺾고 의원직을 승계했다.

마산시장을 지낸 장동은, 대성중고 교장인 변경식, 대구시 사회과장을 지낸 이시현 후보들도 출전했다.

민국당 선전부장 출신이지만 민국당을 탈당하고 자유당에 입당하여 물의를 일으켰던 신도성 의원이 불출마하고 족청 출신으로 농림부장관을 지낸 신중목 2대의원이 재선을 노리는 이번 총선에 자유당은 신중목 후보를 배제하고 양조업으로 부를 축적한 서한두 후보를 공천했다.

민주당 중앙위원인 신중하, 예비역 육군소령인 한소문, 문교부 생활개선과장을 지낸 최성환 후보들도 출전했다.

최성환, 정종철, 이철영, 신중목 후보들을 꺾고 자유당 공천을 받은 서한두 후보가 거창 신씨 문중의 분열의 틈새와 자유당 후보에 대한 환호 분위기를 타고 민주당 공천 후보로서 거창 신씨 문중표를 규합한 신중하 후보를 6천여 표차로 대파했다.

이범석 국무총리의 오른팔로서 한 시대를 풍미했던 신중목 후보는 이제는 거물(去物)정객임을 실감했고, 국민회 최성환 후보의 선전이 돋보였다.

□ 득표상황

후보자	정당	연령	주요 경력	득표 (%)
서한두	자유당	41	양조업, 군당위원장	16,536 (36.7)
신중하	민주당	39	홍익대 졸	10,233 (22.7)
최성환	국민회	55	문교부 생활개선과장	8,232 (18.3)
신중목	무소속	55	2대의원(거창)	6,471 (14.4)
한소문	무소속	35	육군 소령	3,575 (7.9)

〈합천 갑〉 현역의원으로 자유당 공천을 받은 유봉순 후보가 합천읍장으로의 지명도로 대승을 거두고 재선의원 반열에

지난 3대 총선에서는 2대 총선에서 낙선하고 4년동안 지역민들과 동고동락하며 지역기반을 구축한 합천읍장을 지낸 유봉순 후보가 대구지검 검사 출신인 제헌의원 이원홍, 합천군수 출신인 2대의원 노기용 후보들을 꺾은 기염을 토해냈다.

농림부 과장을 지내고 자유당 공천을 받은 이정갑 후보는 2대 총선에서 격전을 벌인 세 후보의 틈새에서 실력을 발휘하지 못했고 26세의 이상신 후보도 첫 선을 보였다.

북한에 납북된 KAN기에 동승했다 기적적으로 귀환한 유봉순 의원이 재선 고지를 넘보는 이번 총선에는 지난 3대 총선에 출전했던 이상신, 합자공업회사 사장인 이기백, 해인대 학장인 이용조 후보들이 출전했다.

현역의원으로 자유당 공천을 받은 유봉순 후보가 합천읍장을 지낸 지명도, 2대 총선 때부터 가꾸어 온 조직을 되살려 대승을 거두고 재선의원이 됐다.

□ 득표상황

후보자	정당	연령	주요 경력	득표 (%)
유봉순	자유당	39	3대의원(합천 갑)	23,770 (69.5)
이용조	무소속	58	해인대 학장	4,948 (14.5)
이상신	무소속	29	대구대 졸	4,513 (13.2)
이기백	무소속	43	회사장	955 (2.8)

〈합천 을〉 자유당 공천을 받아 대승을 거두고 3선의원에 등극했으나 유봉순 간첩사건에 휘말려 곤욕을 치른 최창섭

지난 3대 총선에서는 제헌의원 선거에서는 낙선했지만 김효석 의원의 내무부차관 취임으로 실시된 보궐선거에서 당선된 최창섭 후보가, 2대 총선에서는 금융조합장을 지낸 김명수 후보에게 패배했지만, 자유당 공천을 받고 심기일전하여 민국당 김명수 의원에게 승리하여 고토를 회복하며 재선의원이 됐다.

2대 총선에도 출전했던 국회의원 비서 출신인 정용택, 독립운동에 참여했던 박인재 후보들도 출전했다.

최창섭 의원이 재선을 넘보는 이번 총선에는 지난 3대 총선에도 출전했던 정용택, 주일대표부 영사였던 변종봉 후보들이 재선 저지에 나섰다.

현역의원으로 김상삼 후보를 꺾고 자유당 공천을 받은 최창섭 후보가 80%가 넘는 득표율로 재선의원으로 발돋움했다.

김효석 의원의 내무부차관 취임에 따른 보궐선거에서 당선되고 3대 총선에서 김명수 후보에게 설욕하고 의원직을 되찾은 최창섭 의원은 3선의원으로 등극했지만, 유봉순 간첩사건에 휘말려 의원직을 박탈당하는 수모를 겪었다.

□ 득표상황

후보자	정당	연령	주요 경력	득표 (%)
최창섭	자유당	59	3대의원(2선, 합천을)	28,416 (82.7)
정용택	통일당	37	국회의장 비서	3,753 (10.9)
변종봉	무소속	39	주일대표부 영사	2,178 (6.4)

제3장 강원·충청권: 자유당 후보들의 금성탕지

1. 자유당을 맹목적으로 지지하는 자유당 문전옥답

2. 강원·충청권 55개 지역구 격전의 현장으로

1. 자유당을 맹목적으로 지지하는 자유당 문전옥답

(1) 자유당은 58.1%에서 69.1%로 점유율 신장

강원·충청권은 강원도 20개구, 충북 13개구, 충남 22개구 등 55개 선거구로 전국의 23.6%를 차지하고 있다.

지난 3대 총선에는 강원도 12개구, 충청권 31개구 등 43개구에 불과했으나 이번 총선에서 12개구가 증설됐다.

강원도 원주읍이 원주시로 승격되면서 1개구가 증설되었고, 수복지구인 철원, 화천, 양구, 인제, 고성, 양양, 금화 등 7개구가 신설됐다.

충청권에서 충주읍이 충주시로 승격되면서 1개구가 증설됐고, 대전, 당진, 천안이 분구되면서 3개구가 증설됐다.

강원도 임우영(춘성), 이재학(홍천), 장석윤(횡성), 정규상(영월), 최용근(강릉), 박용익(명주), 김진만(삼척), 전만중(울진) 의원이 재당선됐고, 충청권에서 곽의영(청원을), 김선우(보은), 이태용(제천), 유지원(연기), 유순식(서산을), 인태식(당진갑), 한희석(천안갑) 의원등 15명이 재당선되어 귀환율은 34.9%에 불과했다.

홍창섭(춘천), 함재훈(원주), 이형진(정선), 박기운(청주), 신정호(청원갑), 신각휴(옥천), 손준현(영동), 이충환(진천), 안동준(괴산), 이학림(음성), 김기철(충주), 장영근(단양), 정상열(대전), 송우범

(대덕), 염우량(공주갑), 김달수(공주을), 신태권(논산갑), 이석기(부여갑), 조남수(부여을), 나희집(서천), 김영선(보령), 성원경(아산) 의원 등 22명의 의원들이 출전했다 낙선했다.

계광순(춘천), 황호현(정선), 권복인(옥천), 조종호(단양), 박충식(공주갑), 김학준(공주을), 김공평(논산갑), 한광석(부여갑), 김창동(청양), 유승준(홍성), 윤병구(예산), 전영석(서산갑) 후보들은 3대 총선에서의 낙선을 딛고 기사회생했다.

지난 3대 총선에서 당선자의 소속은 강원도가 자유당 8명, 국민회가 1명인 반면, 충청권에서는 자유당 25명, 민국당 1명, 제헌동지회 1명으로 자유당이 43명 중 58.1%를 차지했다.

이번 총선에서는 강원도에서 자유당이 8명, 충청권에서 30명을 차지하여 38명이 자유당 소속으로 69.1%로 크게 신장했다.

민주당이 계광순(춘천), 박충모(원주), 이민우(청주), 민장식(영동), 김주묵(음성), 이태용(제천), 진형하(대전), 김학준(공주을), 윤담(논산을), 우희창(서천), 유승준(홍성), 전영석(서산갑) 의원 등 12명이고 황호현(평창), 유기수(정선), 서임수(철원), 조종호(단양), 박병배(대덕) 의원 등 5명이 무소속이다.

(2) 1만 표 미만의 득표로 6명의 후보들이 당선

김원태(괴산), 이태용(제천), 윤병구(예산), 김진만(삼척) 후보들은 3만 표 이상의 많은 득표로 당선되었으나 최용근(강릉), 임우영(춘성), 유기수(정선), 홍승업(고성), 이민우(청주), 홍병각(충주) 후보들은 1만 표 미만의 득표로 당선되는 행운아들이다.

명치대 출신들은 정상희(중원), 임철호(부여을), 김종철(천안을), 조도전대 출신은 김주묵(음성) 후보들도 있지만, 소졸 출신 후보들은 정규상(영월), 이민우(청주), 김선우(보은), 김공평(논산갑), 윤담(논산을) 후보 등이 있고, 중졸 출신 후보들은 유기수(정선), 김진만(삼척), 윤병구(예산), 전영석(서산갑) 후보 등을 들 수 있다.

박충식 후보는 69.9%로, 이태용(제천) 후보는 67%의 득표율로 당선됐지만 임우영(춘성), 이동근(양양), 김공평(논산갑) 후보들은 30% 미만의 저조한 득표율로 당선됐다.

2. 강원·충청권 55개 지역구 격전의 현장으로

| 강원도 |

〈춘천〉 도시 지역의 반자유당 정서에 힘입어 지난 3대 총선에서 575표차로 석패한 계광순 후보가 2,757표차로 자유당 홍창섭 후보에게 설욕

지난 3대 총선에서는 춘천부윤 출신으로 2대의원으로 자유당 공천을 받은 홍창섭 후보가 강원도 내무국장 출신인 계광순 후보와 강원도 상공과장과 서무과장을 지낸 윤원준 후보들을 제압하고 재선의원으로 발돋움했다.

이번 총선에서는 3대 총선에서 혈전을 전개했던 승자인 홍창섭 후보와 패자인 계광순 후보가 재대결을 펼쳤다.

도시 지역에서의 반자유당 정서로 인한 민심이반으로 지난 3대 총선에서 525표차로 패배했던 계광순 후보가 동정여론까지 일으켜 이번 총선에서는 2,757표차로 자유당 공천을 받고 3선의원 등극을 의심치 않은 홍창섭 후보에게 설욕하고 의원직을 승계했다.

최규옥 제헌의원과 서상준 후보들을 꺾고 자유당 공천을 받은 홍창섭 의원은 "관상에도 그렇거니와 4주(四柱) 속에서도 나는 70세까지 계속해서 국회의원을 해먹게 되어있는 만큼 이번 선거 역시

승천입지(昇天入地)를 하는 재주를 가지고 덤벼들어도 나를 떨어 뜨릴 사람은 없을 것이다"라고 대기염(大氣焰)을 토했다.

"민주당의 테러를 늘 경계하고 있다"는 자유당 홍창섭 후보는 합동 정견발표회에서 "민주당은 공산당과 똑같은 당"이라며, "민주당이 집권하면 국민의 생명이 안 남아 날 것이다"는 망언으로 파문을 일으켰다.

홍창섭 후보는 금강회관 주인을 찾아 "내가 확실히 들었는데 계광순 후보에게 선거자금 3백 환을 주었다는데 나에게는 2백 환을 주시라"고 위협했다고 고발당했으나 홍창섭 후보가 사죄하여 유야무야됐다.

□ 득표상황

후보자	정당	연령	주요 경력	득표 (%)
계광순	민주당	49	광업진흥 사장	15,950 (54.7)
홍창섭	자유당	53	3대의원(2선, 춘천)	13,193 (45.3)

〈원주〉 자유당에 대한 민심이반으로 원주읍의원 출신인 민주당 박충모 후보가 원주읍장 출신으로 자유당 공천을 받은 함재훈 후보를 꺾어

원성군과 통합된 지난 3대 총선에서는 원주읍장 출신으로 자유당 공천을 받은 함재훈 후보가 국회 법제조사국장으로 활약한 변호사로서 2대의원에 당선된 윤길중, 대학교수인 한기준, 면장 출신인

원정호 후보들을 큰 표차로 제압하고 당선됐다.

원주읍이 원주시로 승격되면서 지역구가 신설된 이번 총선에서는 함재훈 의원이 자유당 공천을 받고 재선 고지 점령에 나섰다.

원주읍의회 의장을 지낸 박충모 후보가 민주당으로, 원성군수를 지낸 이중연, 신문사 사장인 한경수, 대성학원 이사장인 장호순 후보들이 무소속으로 참전했다.

자유당에 대한 반감으로 여촌야도 경향이 이 지역까지 영향을 끼쳐 원주읍의원인 민주당 박충모 후보가 원주읍장 출신으로 자유당 공천 현역의원을 825표차로 꺾어버린 이변이 일어났다.

□ 득표상황

후보자	정당	연령	주요 경력	득표 (%)
박충모	민주당	63	강원도의원	11,703 (40.5)
함재훈	자유당	40	3대의원(원주)	10,878 (37.6)
이중연	무소속	46	원성군수	2,792 (9.7)
장호순	무소속	29	대성학원 이사장	2,144 (7.4)
한경수	무소속	47	신문사 사장	1,409 (4.9)

〈강릉〉 현역의원으로 자유당 공천을 받고서 강릉 최씨 문중 표를 결집시켜 대승을 거두고 재선 고지를 점령한 최용근

강릉읍이 시로 승격되기 전 강릉군은 갑구와 을구로 분구된 지난

3대 총선에서 강릉 갑구에서는 강릉농고 교장인 최용근 후보가 강원도지사를 지낸 박건원 후보의 사퇴에 힘입어 대한청년단 강릉군단장을 지낸 박세동 2대의원, 조도전대 출신으로 운크라 고문관으로 활약한 최용길, 대한청년단 강릉군단장인 김진백, 대한부인회 강릉지부장인 전환자 후보들을 꺾고 등원에 성공했다.

강릉읍이 강릉시로 승격되면서 강릉군이 남북으로 강릉 갑구, 강릉 을구로 분구된 지역 분할이 강릉시와 강릉시의 외곽인 묵호읍, 주문진읍이 묶인 명주군으로 재편성됐다.

이번 총선에서는 강릉 갑구에서 당선된 최용근 후보가 자유당 공천을 받고 재선 고지를 향해 달리자, 민주당은 강원도 의사회장으로 활동하고 있는 정순응 후보를 내세워 맞불을 놓았다.

대창건설 사장인 김영하, 30대의 춘천지청 강릉지청 검사인 김명윤 후보도 도전장을 내밀었다.

강릉농고 교장 출신으로 강릉 최씨 문중세를 규합한 최용근 후보가 자유당 공천을 받고 대승을 거두고 재선의원이 됐다.

□ 득표상황

후보자	정당	연령	주요 경력	득표 (%)
최용근	자유당	38	3대의원(강릉 갑)	8,144 (36.5)
정순응	민주당	47	강원도 의사회장	5,693 (25.5)
김명윤	무소속	33	강릉지청 검사	4,840 (21.7)
김영하	무소속	58	대창건설 사장	3,654 (16.4)

〈춘성〉 현역의원으로 자유당 공천을 받고서 대한청년단 군단장인 민주당 권의준 후보를 3천여 표차로 따돌리고 재선의원 반열에 오른 임우영

지난 3대 총선에서는 국민회 춘성지부장 출신으로 2대의원 선거에서 194표차로 낙선한 임우영 후보가 2대 총선에서 격전을 벌여 당선된 박승하, 낙선한 제헌의원인 이종순, 낙선한 케이피통신 전무인 이찬우 후보들을 꺾고 재기에 성공했다.

춘성군수를 지낸 임용준, 홍천군수를 지낸 김유실, 전매서장을 지낸 신정균, 춘천상공회의소 회장인 지규설 후보들도 출전했다.

임우영 의원이 자유당 공천을 받고 재선의 나래를 펼친 이번 총선에는 2대의원인 박승하 후보가 설욕전에 나섰다.

대한청년단 춘성군단장인 권의준 후보가 민주당 공천으로, 정선군수와 횡성군수를 역임한 황환근 후보가 국민회로, 심계원 총무과장을 지낸 유민국, 춘성 축협장인 김정은, 홍천군수를 지낸 이호식 후보들은 무소속으로 출전했다.

국민회 춘성지부장 출신인 임우영 후보가 자유당 공천을 받고서 민주당 공천 후보인 권의준 후보를 3천여 표차로 따돌리고 재선의원이 됐다.

자유당의 표가 무더기로 쏟아져 나오기로 전국에서 이름 높은 곳으로 평온하기 이를 데 없는 고장 암하노불(岩下老佛)로 알려진 곳이 강원도이다.

야당의 그림자도 찾기 힘든 평온하기 이를 데 없는 고장으로 풀잎이 바람에 쓸리듯 강원도민들은 관의 억센 바람에 나부꼈다.

민주당에서는 도저히 무더기 표를 감시해낼 재간이 없다는 엄살모드에 경찰서에서 발부하는 출두통지서가 500매 이상 난무하여 아연 긴장 상태이다.

이찬우, 구인서, 한석호, 이종순, 황환근, 박승하, 유연국 후보들을 꺾고 임우영 후보가 자유당 공천장을 거머쥐자 유연국, 박승하, 황환근 후보들이 낙천에 반발하여 무소속으로 출전했으나 역부족을 실감했다.

□ 득표상황

후보자	정당	연령	주요 경력	득표 (%)
임우영	자유당	53	3대의원(춘성)	9,329 (28.0)
권의준	민주당	48	대청 춘성군단장	6,032 (18.1)
유연국	무소속	47	심계원 총무과장	4,546 (13.6)
박승하	무소속	44	2대의원(춘성)	3,874 (11.6)
김정은	무소속	30	춘성 축산업조합장	3,707 (11.1)
황환근	국민회	63	정선, 횡성군수	3,539 (10.6)
이호식	무소속	45	홍천군수	2,329 (7.0)

〈홍천〉 이재학 의원이 자유당 공천을 받고 출전하자 등록자가 아무도 없어 무투표로 4선의원에 등극

지난 3대 총선에서는 홍천군수를 지내고 제헌, 2대의원에 당선된 이재학 후보가 대법원에서 과장을 지낸 정동어 후보를 3만여 표차로 제압하고 홍천은 이재학의 왕국임을 선포하고 3선의원에 등극했다.

이재학 의원이 자유당 공천을 받고 4선 고지 점령에 나서자 아무도 등록하지 않고 이재학 의원의 무투표 당선을 묵인하고 축하했다.

□ 득표상황

후보자	정당	연령	주요 경력	득표 (%)
이재학	자유당	53	3대의원(1, 2, 3대)	무투표

〈횡성〉 내무부장관을 지낸 장석윤 후보가 자유당 공천이라는 철갑을 두르고 재선의원 고지를 점령

지난 3대 총선에서는 내무부장관을 지낸 장석윤 후보가 2대 총선에서 511표차로 패배를 안겨준 안상한 2대의원을 꺾고 설욕에 성공했다.

강원도 지방과장을 지내고 자유당 공천을 받은 김형기, 자유당 횡성군당위원장으로 활약했으나 공천에서 밀리자 대한농민회 소속으로 출전한 양덕인 후보들도 참전했다.

내무부장관을 지낸 장석윤 후보가 김형기, 송태희, 한순기 후보들

을 꺾고 자유당 공천을 받고 재선 고지 점령에 나서자, 공천 탈락에 반발하여 지난 3대 총선에 출전했던 김형기와 안상한 후보들이 모두 출전했고, 자유당 공천을 신청하지 않은 양덕인 후보도 재도전했다.

압승을 기대했던 장석윤 후보가 대한농민회 허울을 벗고 무소속으로 도전한 양덕인 후보를 겨우 3,049표차로 꺾고 재선 고지를 점령했다.

지난 3대 총선에서 자유당 공천으로 9,057표를 득표했던 김형기 후보는 국민회로 출전하여 3,458표로 급감했고, 2대의원으로 제주대 학장을 지낸 안상한 후보의 득표력도 돋보이지를 못했다.

□ 득표상황

후보자	정당	연령	주요 경력	득표 (%)
장석윤	자유당	54	3대의원(횡성)	14,526 (42.6)
양덕인	무소속	48	횡성 교육위원	11,477 (33.7)
안상한	무소속	51	2대의원(횡성)	4,636 (13.6)
김형기	국민회	42	강원도 지방과장	3,458 (10.1)

〈원주군〉 제헌의원과 내무부차관을 지낸 홍범희 후보가 자유당 공천을 받고 민주당 박영록 후보를 4천여 표차로 꺾어

원주시와 통합된 지난 3대 총선에서는 원주읍장을 지낸 함재훈 후

보가 대학교수인 한기준, 변호사로서 2대의원에 당선된 윤길중 후보들을 꺾고 등원에 성공했다.

원주시의 외곽 지역인 이 지역구는 이번 총선에서는 제헌의원과 내무부차관을 지낸 홍범희, 원주시의원을 지낸 박영록, 국민대 교수인 차익교 후보들이 출전했다.

제헌의원인 홍범희 후보가 장기선, 김동오, 차익교, 김홍배, 한기준 후보들을 제압하고 자유당 공천을 받고서 민주당 공천을 받고 추격전을 전개한 박영록 후보를 4,946표차로 따돌리고 재선의원이 됐다.

자유당 공천에서 탈락하자 반발하여 출전한 차익교 후보는 13.8%의 득표력을 보여줬다.

□ 득표상황

후보자	정당	연령	주요 경력	득표 (%)
홍범희	자유당	46	제헌의원(원주)	17,685 (50.1)
박영록	민주당	36	원주시의원	12,739 (36.1)
차익교	무소속	40	국민대 교수	4,862 (13.8)

〈영월〉 제헌의원 시절부터 네 번째 맞붙은 정규상, 태완선 후보의 격돌은 정규상 후보는 연승을, 태완선 후보는 연패를

지난 3대 총선에서는 광산업자로서 사업에 성공한 정규상 후보가

제헌의원 선거와 2대 총선에서 차점 낙선한 동정여론과 주천면민들의 전폭적인 지원으로 영월경찰서장을 지낸 엄정주, 2대의원에 당선된 태완선 후보들을 꺾고 2전 3기를 이뤄냈다.

정규상 의원이 자유당 공천을 받고 재선을 향해 질주한 이번 총선에는 지난 3대 총선에서 낙선한 태완선 후보가 설욕을 다짐하며 도전했다.

대한석탄공사 파견단장이었던 고백규 후보가 두 후보의 심판자로 등장했다.

세 후보 모두 자유당 공천을 신청하자, 자유당은 정규상 현역의원을 공천했고, 낙천한 두 후보가 정규상 의원을 협공했다.

지난 3대 총선에서 정규상 후보는 13,121표를 득표하여 당선됐고, 2대의원인 태완선 후보는 10,130표를 득표하여 낙선했으며, 표차는 2,991표였다.

이번 총선에서는 두 후보의 표차가 24표차로 연승과 연패를 이어가는 얄궂은 운명을 맞이하게 됐다.

제헌의원 시절부터 맞붙어 결전을 벌인 정규상 후보는 2승 2패를, 태완선 후보는 1승 3패를 거두었다.

　□ 득표상황

후보자	정당	연령	주요 경력	득표 (%)
정규상	자유당	47	3대의원(영월)	15,342 (38.9)
태완선	민주당	43	2대의원(영월)	15,318 (38.9)
고백규	무소속	41	석탄공사 파견단장	8,773 (22.2)

〈평창〉 현역의원으로 자유당 공천을 받은 이형진 후보를 세 번째 맞대결에서 3천여 표차로 꺾고 재선의원으로 발돋움한 무소속 황호현

지난 3대 총선에서는 농민회 평창군 기수인 이형진 후보가 자유당 공천을 받고서 2대 총선 때부터 호적수였던 제헌의원과 내무부차관을 지낸 황호현 후보를 꺾고 등원에 성공했다.

이번 총선에서도 3대의원인 이형진 후보와 제헌의원인 황호현 후보가 세 번째 맞대결을 펼쳤다.

서울원목조합 이사인 이창호, 대한중석 상동광업소 총무과장인 손천일, 대창농림 사장인 조경환 후보들도 출전했다.

제헌의원으로 내무부차관을 지낸 황호현 후보가 두 번의 낙선을 딛고 현역의원으로 자유당 공천을 받은 이형진 후보를 3천여 표차로 꺾고 2전3기를 이루며 재선의원으로 발돋움했다.

지난 3대 총선에서 자유당 이형진 후보는 15,275표를 득표하여 당선됐고, 국민회 황호현 후보는 11,404표를 득표하여 낙선했다.

이형진 의원의 자유당 공천에 반발하여 조정호, 신정득, 엄정일 후보들은 꿈을 접었지만 손천일과 조경환 후보들이 무소속으로 도전해보았으나 득표력은 보잘 것 없었으나, 자유당 지지세의 분산이 이 의원의 낙선으로 연결됐다.

☐ 득표상황

후보자	정당	연령	주요 경력	득표 (%)
황호현	무소속	47	제헌의원(평창)	14,447 (45.1)
이형진	자유당	46	3대의원(평창)	11,324 (35.3)
이창호	무소속	47	원목조합 이사	2,583 (8.1)
손천일	무소속	40	광업소 총무과장	2,290 (7.1)
조경환	무소속	41	대창농림 사장	1,406 (4.4)

〈정선〉 2대 총선과 3대 총선에서 차점 낙선한 유기수 후보가 자유당 공천에서 낙천했지만, 동정여론을 일으켜 자유당 공천을 받은 전홍진 후보를 꺾고 2전3기를

지난 3대 총선에서는 문묘 전교인 전상요 후보가 제헌의원 선거와 2대 총선에서의 낙선에 따른 동정여론과 유림들의 절대적인 지지로 체신부 보험관리국장 출신으로 2대 총선 때 차점 낙선하고 자유당 공천을 받은 유기수 후보를 예상을 뒤엎고 꺾고 등원했다.

전상요 의원이 불출마한 이번 총선에는 체신사업협회 전무인 유기수, 민주당 중앙위원인 신인우, 서울신문 상무인 전홍진, 헌병대 대장인 문병태, 동경대 출신으로 다복면업 사장인 전부일 후보들이 출전하여 5파전을 전개했다.

2대 총선에 출전하여 차점 낙선하고 지난 3대 총선에도 자유당 공천을 받고도 9,124표를 득표하여 1,384표차로 차점 낙선한 유기수 후보가 동정여론을 불러일으켜, 자유당 공천을 받은 전홍진 후보,

민주당 공천을 받은 신인우 후보들을 따돌리고 2전 3기로 금배지 패용(佩用)의 꿈을 실현할 수 있었다.

자유당은 자유당 공천을 받고도 3대 총선에서 낙선한 유기수 후보를 버리고, 전홍진 후보를 선택했는데 유기수 후보가 예선전의 패배를 딛고 본선에서 설욕했다.

□ 득표상황

후보자	정당	연령	주요 경력	득표 (%)
유기수	무소속	50	체신사업협회 전무	9,861 (41.1)
전홍진	자유당	48	서울신문 상무	7,081 (29.5)
전부일	무소속	58	다복면업 대표	2,811 (11.7)
신인우	민주당	44	민주당 중앙위원	2,567 (10.7)
문병태	무소속	58	헌병대 대장	1,686 (7.0)

〈철원〉 국회 총무국장 출신인 무소속 서임수 후보가 강원도경국장 출신인 자유당 황학성과 손권배 후보들을 따돌려

수복지구로 이번 총선에 신설된 이 지역구에는 강원도 경찰국장, 철원 수리조합장을 지낸 황학성, 완주 을구에서 3대의원에 당선된 손권배, 교원과 육군 중위 등 다채로운 경력의 소유자인 최열, 공군 정훈감 출신으로 국회 총무국장을 지낸 서임수 후보들이 예측불허의 4파전을 전개했다.

이기붕 국회의장의 측근으로 알려진 서임수 후보가 자유당 공천을

받은 도경국장 출신인 황학성, 민주당 공천을 받은 3대의원 손권배 후보들을 꺾고 국회에 등원했다.

황학성 후보는 3대 총선에는 경기도 포천에 출전하여 윤성순 후보에게 패배하여 차점 낙선했다.

자유당 황학성 후보는 15사단장 이명재 소장을 선거법 위반 혐의로 고발했다.

이명재 소장은 고희운 동송면장을 불러 "황학성은 사실은 껍데기 공천이고 내용 공천은 서임수 후보이므로 서 후보의 사무장이 되어 달라"고 종용한 혐의이다.

□ 득표상황

후보자	정당	연령	주요 경력	득표 (%)
서임수	무소속	35	공군 정훈감	22,560 (52.0)
손권배	민주당	41	3대의원(완주 을)	10,160 (23.4)
황학성	자유당	40	강원 도경국장	8,168 (18.9)
최 열	무소속	36	교원, 공군 중위	2,466 (5.7)

〈금화〉 무임소 국무위원으로 자유당 공천을 받은 박현숙 후보가 여성이라는 어려움을 극복하고 민주당 신기복 후보를 큰 표차로 꺾고 당선

수복지구로 이번 총선에서 신설된 이 지역구는 숭의학원 이사장으

로 무임소장관을 지낸 박현숙, 중동기업 사장인 송효정, 금화 축산조합장인 신기복, 자유당 금화군당위원장으로 활약한 김용해 후보들이 출전했다.

자유당 공천을 받은 박현숙 후보가 공천에 반발한 김용해 후보의 출전에도 불구하고, 민주당 공천을 받고 추격전을 전개한 신기복 후보를 5천여 표차로 따돌리고 등원에 성공했다.

이 지역구는 김용해, 김영규, 임창진, 김국현, 진성헌, 선우인서, 김해룡, 송효정, 임상순 등 9명의 후보들이 자유당의 공천을 신청했으나 자유당은 이들을 모두 배제하고 철원에 공천을 신청한 박현숙 후보를 낙하산 공천을 단행하여 당선시켰다.

낙하산 공천에 반발하여 김용해와 송효정 후보들이 출전했지만 득표력은 보잘 것 없었다.

□ 득표상황

후보자	정당	연령	주요 경력	득표 (%)
박현숙(여)	자유당	61	숭의학원 이사장	10,876 (58.3)
신기복	민주당	49	금화 축산업조합장	5,716 (30.6)
김용해	무소속	42	자유당 군당위원장	1,251 (6.7)
송효정	무소속	44	중동기업 사장	828 (4.4)

〈화천〉 다섯 명의 후보들이 자유당 후보임을 내세운 선거전에서 자유당 공천 후보인 박덕영 후보가 대승을 거두고 등원

수복지구로 이번 총선에서 신설된 이 지역구에는 서울건물 전무인 원세덕, 노동운동가인 차국찬, 내외무역 대표인 김준섭, 남북여객 사장인 최영선, 국민학교 교장인 길호경, 자유당 강원도당부위원장인 박덕영, 동일금속 사장인 김연우 후보들이 출전하여 7파전이 전개됐다.

김준섭 후보는 민주당으로, 차국찬 후보는 무소속으로 출전했지만 원세덕, 최영선, 길호경, 박덕영, 김연우 후보들은 자유당 후보임을 내세웠다.

원세덕, 왕초산, 오세진, 길호경, 유병하, 노승립, 신종균 후보들을 꺾고 자유당 공천 후보임을 과시한 박덕영 후보가 행정력의 지원을 받아 민주당 김준섭 후보를 11,792표차로 대파하고 등원에 성공했다.

자유당은 부대 내의 군인표를 자유당 후보에게 주기 위해 부대를 40km 이상 이동교체 명령을 기도했다.

유권자 6만 2천 명 중 5만 명이 군인인 이 지역구에서는 부대별로 비밀투표대를 구성하여 몇 번이고 들락날락하여 제대, 전출 등 유령표를 들고 투표를 하며 릴레이식 방법으로 100% 자유당 투표함을 만들기로 되어있다는 설이 난무했다.

그래서 선거는 하나마나 국회의원은 자유당의 몫이라고 떠들썩했다.

길호경, 원세덕, 최영선 등 지역 출신들이 외지출신인 공천 후보자를 막을 궐기대회를 개최했고, 늦은 공천으로 자유당 박덕영 후보의 선거 홍보지가 작성되지 아니하자 모든 후보들에게 "원고를 춘천 인쇄소에서 분실하였으니 모두 다시 제출하시오"라고 시달했다.

경찰은 민주당 선거사무소에서 폭행당한 피해자를 범인인 양 취조하고 산에서 굴러 상처를 입었다고 진술하라고 강요했다.

조선민주당 출신으로 자유당에 입당하여 공천 운동을 전개한 개성 왕씨 왕초산 후보는 전주 이씨인 이재학 국회의장의 반대로 꿈이 무산됐다.

□ 득표상황

후보자	정당	연령	주요 경력	득표 (%)
박덕영	자유당	51	경도동명중 졸	26,570 (48.0)
김준섭	민주당	35	내외무역 대표	14,778 (26.7)
차국찬	무소속	30	경성전업 사원	8,182 (14.8)
원세덕	자유당	46	서울건물 취체역	2,228 (4.0)
최영선	자유당	39	남북여객 사장	2,096 (3.8)
김연우	자유당	34	동일금속 사장	1,525 (2.7)
길호경	자유당	58	국민교 교장	사퇴

〈양구〉 제헌의원, 강원도지사, 농림부장관 등 화려한 경력에다 자유당 공천까지 받은 최규옥 후보가 30대의 정치신인 김재순 후보에게 진땀승을

수복지구로 이번 총선에서 신설된 이 지역구에 제헌의원으로 강원도지사와 농림부장관을 지낸 최규옥 후보가 자유당 공천을 받고 출전하자, 민주당은 월간새벽 주간인 김재순 후보를 내세웠다.

양조업자로 자유당 부위원장으로 활동했던 곽진호 후보가 무소속으로 출전했다 최규옥 후보의 당선을 위해 사퇴했다.

화려한 경력과 자유당 공천으로 압도적인 당선이 예상됐으나, 최규옥 후보는 30대의 정치신인인 김재순 후보에게 680표차의 진땀승을 거두고 재선의원이 됐다.

이 지역구도 양재익, 김우종, 곽진현, 허순원 후보들이 공천을 신청했지만, 자유당은 춘천에 공천 신청한 최규옥 후보를 내리꽂았다.

"무려 2,700여 표가 누구 표라는 것을 알려주기 위해 도장을 찍었는데 도장을 찍어도 되는 줄만 알고 일부러 도장을 찍는 것인데 그것이 무효표가 되었다니 원통하다"고 어느 유권자가 선거 후일담을 늘어놓기도 했다.

□ 득표상황

후보자	정당	연령	주요 경력	득표 (%)
최규옥	자유당	57	제헌의원(춘천)	16,661 (51.0)
김재순	민주당	34	월간새벽 주간	15,981 (49.0)
곽진호	무소속	51	양조업	사퇴

〈인제〉 수복지구의 특성에 힘입어 자유당 공천의 나상근 후보가 경찰서장 출신인 신현규 후보를 가볍게 제압하고 당선

수복지구로 이번 총선에 신설된 이 지역구에 염업조합 회장인 나상근, 강원도경 보안과장과 경찰서장을 지낸 신현규, 농림부장관 비서관을 지낸 엄각종 후보들이 출전했다.

엄각종, 성낙신, 김만용, 이활 후보들을 예선전에서 꺾고 자유당 공천을 받은 나상근 후보가 경찰서장 출신으로 인물론을 내세우며 추격전을 전개한 신현규 후보를 강원도 오지의 지역 특성에 힘입어 5천여 표차로 꺾고 등원에 성공했다.

현직 연대장이 자유당 나상근 후보의 선거운동원으로 전락하여 금품을 살포하고 상대방 후보 현수막을 철거하는 등 진풍경을 이뤘다.

선거위원 및 참관인에 대한 행동 제약, 유령투표와 기권표의 활용, 투표함 수송시 환표와 개표시의 농간, 수사당국의 야당 후보자의 선거법 위반 적발 등이 이루어진 선거전에서 자유당 공천 후보의 당선은 어쩌면 당연사일 것이다.

□ 득표상황

후보자	정당	연령	주요 경력	득표 (%)
나상근	자유당	48	대한염업조합장	20,727 (50.0)
신현규	무소속	51	대한특수공업 전무	14,891 (35.9)
엄각종	무소속	42	농림부장관 비서관	5,848 (14.1)

〈고성〉 강원도경 경무과장 출신이지만 자유당 공천 후보임을 내세워 전북 도경국장을 지낸 김응조 후보를 꺾은 홍승업

수복지구로 이번 총선에 신설된 이 지역구는 유권자가 2만 명에도 미달한 인구 희소 지역으로 춘천역장 출신으로 강원물산 취체역인 우경훈, 사단장 출신으로 전북도 경찰국장을 지낸 김응조, 강원도 경무과장을 지낸 홍승업, 항일독립투쟁을 벌인 정훈 후보들이 출전했다.

자유당 공천을 받은 강원도경 경무과장 출신인 홍승업 후보가 6.25동란 때 고성지구를 관할하던 사단장 출신으로 전북도 경찰국장을 지낸 김응조 후보를 2,508표차로 꺾고 등원에 성공했다.

최정식, 원장길, 이동환, 이순배, 양재윤, 권홍천, 정재철 후보들을 꺾고 홍승업 후보가 자유당 공천을 받아내자, 김민하 자유당원은 자유당에서 연고지를 무시한 공천자를 임의로 결정하였다며 300명을 이끌고 집단 탈당을 주도했다.

□ 득표상황

후보자	정당	연령	주요 경력	득표 (%)
홍승업	자유당	44	강원도 경무과장	5,511 (46.5)
김응조	무소속	48	전북도 경찰국장	3,003 (25.3)
우경훈	민주당	51	춘천역장	1,886 (15.9)
정 훈	무소속	37	항일투쟁	1,452 (12.3)

〈양양〉 동경대 출신으로 운수부 해사국장을 지낸 이동근 후보가 자유당 공천을 받고서 8명의 후보들을 제압하고 등원

수복지구로 이번 총선에 신설된 이 지역구에는 9명의 후보들이 난립하여 난타전을 벌였다.

운수부 해사국장을 지내고 경향여객 사장인 이동근 후보가 자유당 공천을 받고서 인천대 강사로 민주당 공천을 받은 함종윤 후보와 한판 승부를 벌였다.

김해군 내무과장을 지낸 이준택 후보는 국민회 소속으로, 양양 경찰서장을 지낸 최정, 입교대 출신으로 중앙산업 사장인 진승국, 휘문고 교사인 최기선, 농사원 교도국장을 지낸 전덕민, 부산하역 협회 이사인 김형우, 부산공업 취체역인 김창열 후보들은 무소속으로 출전했다.

박태송, 김성수 후보들은 꿈을 접었지만, 김창열과 진승국 후보들은 자유당의 낙천에 반발하여 무소속으로 출전했다.

동경대 출신으로 운수부 해사국장을 지낸 이동근 후보가 인물과 경력 그리고 자유당 공천 후보임을 내세워 8명의 후보들을 압도하고 등원에 성공했다.

30대의 정치신인인 함종윤 후보가 민주당 공천을 받고 양양경찰서장출신인 최정 후보를 꺾은 선전이 돋보였다.

☐ 득표상황

후보자	정당	연령	주요 경력	득표 (%)
이동근	자유당	53	운수부 해사국장	10,366 (29.7)
함종윤	민주당	35	인천대 강사	7,796 (22.3)
최 정	무소속	45	양양 경찰서장	4,113 (11.8)
김창열	무소속	53	부산공업 취체역	3,642 (10.4)
진승국	무소속	43	대한중앙산업 사장	3,633 (10.4)
이준택	국민회	43	김해군 내무과장	2,676 (7.7)
최기선	무소속	35	휘문고 교사	1,133 (3.2)
전덕민	무소속	49	농사원 교도국장	1,001 (2.9)
김형구	무소속	60	부산하역 이사	590 (1.7)

〈명주〉 강원도 상공국장과 강릉군수를 거쳐 3대의원에 당선된 박용익 후보가 자유당 공천을 받고 무투표 당선

강릉읍이 승격되기 전인 지난 3대 총선 때 강릉읍 이남인 강릉군 남부를 관할한 강릉 을구에서는 강릉군수, 강원도 상공국장을 지낸 박용익 후보가 인물론을 내세워 제헌과 2대의원으로 자유당 공천을 받은 최헌길 후보를 꺾고 의원직을 승계했다.

강릉시를 중간에 두고 남북으로 나뉜 이 지역구는 3대 총선 때 강원도 국장과 군수를 역임하고서 강릉 을구에서 당선된 박용익 후

보가 무투표 당선됐다.

□ 득표상황

후보자	정당	연령	주요 경력	득표 (%)
박용익	자유당	53	3대의원(강릉 을)	무투표

〈삼척〉 강원일보 사장으로 재력을 구비한 김진만 후보가 자유당 공천으로 가볍게 재선 고지를 점령

지난 3대 총선에서는 김진구 제헌의원의 동생인 김진만 후보가 자유당 공천을 받고서 김진구 제헌의원을 꺾고 2대의원에 당선된 임용순 후보를 제압하며 형의 설욕에 성공한 셈이 됐다.

회사원인 김달하, 사업가인 최경식, 호국군 대대장인 나재하, 노동운동가인 김중열 후보들도 참전했다.

이번 총선에는 김진만 의원이 자유당 공천을 받고서 재선 고지를 넘나들자, 대한청년단 북평읍단장인 김진성, 예비역 육군 소령인 김석남 후보들이 출전하여 재선 고지 저지에 나섰다.

정치신인인 두 후보가 김진만 의원의 재선을 막아내기에는 역부족이었다.

□ 득표상황

후보자	정당	연령	주요 경력	득표 (%)

김진만	자유당	39	3대의원(삼척)	40,997 (63.7)
김진성	무소속	46	북평 소방서장	17,674 (27.4)
김석남	무소속	30	육군 중령	5,725 (8.9)

〈울진〉 울진 제동중 출신이지만 자유당 공천이라는 갑옷을 입고 일본 중앙대 출신인 김광준 후보를 꺾어버린 전만중

지난 3대 총선에서는 중졸 출신이지만 자유당 공천을 받은 전만중 후보가 일본대 출신으로 춘천경찰서장을 지내고 제헌의원과 2대 의원에 당선된 김광준 후보를 1만 5천여 표차로 꺾고 의원직을 승계했다.

청년운동가인 진기배, 공무원 출신인 이종만 후보들도 참전했다.

이번 총선에서도 자유당 공천을 받은 전만중 후보와 제헌과 2대 의원을 지낸 김광준 후보가 또다시 맞대결을 펼쳤다.

한약종상으로 울진면의원을 지낸 장화영 후보가 출전하여 두 후보의 결전을 지켜봤다.

김광준, 주세중, 황중창, 이종만, 진기배, 남원수 후보등이 자유당 공천을 향해 구름처럼 몰려들었다.

전만중 후보는 울진 제동중학교 출신이지만 일본 중앙대 출신인 김광준 후보를 자유당 공천이라는 갑옷을 입고 두 번째 꺾고 재선의원으로 등극했다.

지난 3대 총선에서 두 후보의 표차는 16,536표였으나, 이번 총선에서는 10,828표로 간극(間隙)이 조금 좁혀졌을 뿐이다.

□ 득표상황

후보자	정당	연령	주요 경력	득표 (%)
전만중	자유당	49	3대의원(울진)	23,166 (60.0)
김광준	무소속	42	2선의원(1,2대)	12,338 (31.9)
장화영	국민회	58	울진면의원	3,139 (8.1)

충청북도

〈청주〉 이제는 갈아보자는 민심과 반자유당 정서에 힘입어 보통학교 출신으로 무명인 이민우 후보가 기라성같은 후보들을 제치고 등원에 성공

지난 3대 총선에서는 경찰관 출신으로 제헌의원에 당선된 박기운 후보가 2대 총선에서의 참패를 깊이 반성하고 심기일전하여 민영복 의원의 불출마에 힘입어 2대 총선에서 선전했던 충북도의회 의장을 지낸 홍원길, 대한청년단 충북도단장으로 활약하며 자유당 공천을 받고 추격전을 전개한 최순룡 후보들을 잠재우고 재선의원으로 발돋움했다.

사회부 후생과장을 지낸 김춘성, 청원군수를 지낸 한찬석, 청주시의원을 지낸 홍순택 후보들은 완주했으나 최병길 후보는 등록했다

중도에 사퇴했다.

이번 총선에는 박기운 의원이 3선을 향해 출전하자, 자유당은 최순룡, 박노태, 정상봉, 김동벽 후보들을 낙천시키고 충북도지사를 지낸 이명구 후보를 공천했고, 민주당은 청주시의원을 지낸 이민우 후보를 공천하여 박기운 의원의 3선 저지에 나섰다.

자유당 청주시당위원장으로 활동했지만 공천에서 밀린 최순룡, 지난 총선에도 출전하여 낙선한 최병길, 충북도 공보과장 출신인 김춘성, 충북도의원과 청주시장을 섭렵한 홍원길 후보들이 무소속으로 출전하여 7파전이 전개됐다.

자유당이냐 민주당이냐는 양자택일하려는 분위기가 노골화되고 "지방사업을 하기 위해서는 자유당 출신을 뽑아야한다"는 여론도 비등했다.

이제는 갈아보자는 민심과 반자유당 정서가 만연하여 보통학교 출신인 무명의 이민우 후보가 민주당 공천 후보라는 강점으로 기라성같은 후보들을 제치고 등원에 성공했다.

□ 득표상황

후보자	정당	연령	주요 경력	득표 (%)
이민우	민주당	42	청주시의원	9,317 (35.0)
이명구	자유당	65	충북도지사	7,644 (28.7)
최병길	무소속	42	변호사	4,122 (15.5)
최순룡	무소속	42	자유당 시당위원장	2,602 (9.8)
박기운	무소속	45	3대의원(2선,청주)	1,361 (5.1)
김춘성	무소속	43	충북도 서무과장	996 (3.7)

| 홍원길 | 무소속 | 42 | 청주시장, 충북도의원 | 593 (2.2) |

〈충주〉 충주읍에서 충주시로 승격됐지만 농촌 형태를 벗어나지 못한 이 지역구는 무명의 자유당 공천 후보가 재선의원인 김기철 후보를 꺾고 당선

충주읍이 충주시로 승격되기 이전인 지난 3대 총선에서는 제헌의원인 김기철 후보가 2대 총선에서는 주포면장 출신인 조대연, 유솜 통역관인 이희승 후보 등에 뒤져 낙선했지만 심기일전하여 조직을 재구축하고 자유당 공천을 받고서 2대의원 선거 때 패배를 안겨줬던 조대연, 이희승 후보들을 꺾고 재선의원에 등재했다.

유엔 한국재건단 정치고문이었던 이희승 후보는 제헌의원 선거에서는 김기철 후보에게 1,250표차로, 2대의원 선거에서는 조대연 후보에게 1,250표차로, 이번 총선에서는 김기철 후보에게 1,150표차로 3연속 패배했다.

김기철 의원이 민주당 공천을 받고 충주시를 선택하여 3선 고지 점령에 나선 이번 총선에 자유당은 김영호, 김학순 후보들을 제치고 회사장으로 충북도 교육위원인 홍병각 후보를 내세웠다.

국회 사무차장을 거쳐 한국무역협회 부회장인 정운근, 미국 남캘리포니아대 출신으로 동양회사 사장인 권태하 후보들이 무소속으로 출전했다.

충주읍이 충주시로 승격되었지만 농촌의 형태가 상존한 이 지역구

는 자유당 공천을 받은 충주농고 출신인 홍병각 후보가 일본 유학생 출신으로 제헌, 3대의원을 지낸 김기철 후보를 854표차로 꺾고 등원에 성공했다.

□ 득표상황

후보자	정당	연령	주요 경력	득표 (%)
홍병각	자유당	48	회사장	8,023 (35.1)
김기철	민주당	40	3대의원(2선, 충주)	7,169 (31.3)
정운근	무소속	50	국회 사무차장	5,667 (24.8)
권태하	무소속	51	동양회사 사장	2,022 (8.8)

〈청원 갑〉 자유당 공천을 받은 오범수 후보가 민주당 공천을 받고 재선 고지 점령에 나선 신정호 후보를 가볍게 꺾고 의원직을 승계

지난 3대 총선에서는 경찰관 출신으로 충북도 서무과장을 지낸 신정호 후보가 충북도 관재국장을 지낸 오병익 후보를 796표차로 꺾고 당선됐다.

일본대 출신으로 자유당 공천을 받은 홍순일 후보는 부진했으나 예비역 육군 중령인 유부형 후보는 선전했다.

신정호 의원이 민주당 공천을 받고 재선을 향해 달리자, 자유당은

홍순복, 이홍세, 이도영, 신면식 후보들을 제치고 일본대 출신으로 회사장인 오범수 후보를 내세웠다.

청원군 낭성면장과 미원면장을 지낸 윤정현, 인사통신 사장으로 자유당 낙천에 반발한 신면식 후보들도 무소속으로 출전했다.

자유당 공천을 받은 오범수 후보가 행정력의 지원을 받아 신정호 현역의원을 3,989표차로 꺾고 의원직을 승계했다.

□ 득표상황

후보자	정당	연령	주요 경력	득표 (%)
오범수	자유당	38	회사장	19,477 (47.1)
신정호	민주당	43	3대의원(청원 갑)	15,488 (37.5)
윤정현	무소속	55	청원군 미원면장	4,197 (10.2)
신면식	무소속	45	회사장	2,168 (5.3)

〈청원 을〉 청원군수를 지낸 곽의영 후보가 2대 총선 때부터 구축한 조직을 활용하고 자유당 공천 후보임을 내세워, 정치 신인인 김창수 후보를 가볍게 꺾고 3선의원에 등극

지난 3대 총선에서는 충북도 과장과 청원군수를 지낸 곽의영 후보가 자유당 공천을 받고서 제헌과 2대 총선에서 차점 낙선한 충북도의원을 지낸 민병두, 신문기자 출신으로 충북도의원인 전병수, 강외면의원인 박재섭 후보들을 제압하고 재선 고지를 점령했다.

재선의원인 곽의영 후보가 3선의 나래를 펼치고자 자유당 공천을

받고 출전하자, 변호사로 명성을 쌓은 김창수 후보가 민주당 공천으로, 국방부 국회 연락관을 지낸 이홍세 후보가 무소속으로 출전했다.

2대 총선에서부터 조직을 구축한 곽의영 후보가 자유당 공천 후보임을 내세워 정치신인인 김창수 후보를 가볍게 제압하고 3선의원 반열에 올랐다.

이홍세 후보는 청원 갑구에 자유당 공천을 신청했으나 낙천되자 청원 을구에 등록했다.

□ 득표상황

후보자	정당	연령	주요 경력	득표 (%)
곽의영	자유당	46	3대의원(2선, 청원)	20,636 (51.3)
김창수	민주당	35	변호사	12,264 (31.4)
이홍세	무소속	45	국회연락관	6,917 (17.2)

〈보은〉 국민학교 출신이지만 자유당 공천을 받은 김선우 후보가 세 번째 출전한 박기종 후보를 울리고 재선의원으로

지난 3대 총선에서는 자동차 운전사이지만 자유당 공천 후보임을 내세운 김선우 후보가 정미업자로서 충북도 교육위원인 박기종, 사단사령부 정훈부장을 지낸 이병일, 고교 교장인 김기형, 중국군 중위로서 방위군 장교인 양재형, 충북도의원인 구연홍 후보들을 꺾고 등원에 성공했다.

이번 총선에는 김선우 의원이 김기수, 박좌현, 이병일 후보들을 꺾고 자유당 공천을 받고 재선 고지 점령에 나서자, 지난 3대 총선에서 차점 낙선한 박기종 후보가 도전하여 양강구도를 형성했다.

민주당은 충북도의원인 구연홍 후보를 공천했고, 자유당 보은군당 부위원장으로 활동했던 박좌현 후보는 낙천되자 무소속으로 출전했다.

국민학교 졸업이지만 자유당 공천을 받은 김선우 의원이 2대 총선 이후 세 번째 도전한 박기종 후보를 3,281표차로 꺾고 재선의원으로 발돋움했다.

□ 득표상황

후보자	정당	연령	주요 경력	득표 (%)
김선우	자유당	42	3대의원(보은)	15,841 (41.5)
박기종	무소속	46	충북도 교육위원	12,560 (32.9)
구연홍	민주당	42	충북도의원	6,457 (16.9)
박좌현	무소속	36	보은면의원	3,306 (8.7)

〈옥천〉 충북도의원 출신으로 자유당 권복인 후보가 민주당 2선의원인 신각휴 후보를 꺾고 2전3기에 성공

지난 3대 총선에서는 농민회 중앙위원으로 2대 총선에서 1,896표 차로 충북도의원 권복인 후보를 꺾고서 당선된 민국당 신각휴 후보가, 자유당으로 재무장하여 재도전한 권복인 후보를 858표차로

꺾고 재선의원이 됐다.

청년운동을 펼친 조용구 후보도 출전하여 선전했다.

신각휴 의원과 권복인 후보가 세 번째 맞대결을 펼친 이번 총선에서는 충북도의원으로 곽정길, 전장한 후보들을 제압하고 자유당 공천을 받은 권복인 후보가 민주당 충북도당위원장인 신각휴 후보를 8,725표차로 꺾고 2전 3기를 이뤄냈다.

지난 3대 총선에서는 민국당 신각휴 후보는 13,427표를 득표하여 당선됐고, 자유당 권복인 후보는 12,569표를 득표하여 낙선했다.

□ 득표상황

후보자	정당	연령	주요 경력	득표 (%)
권복인	자유당	46	충북도의원	23,213 (61.6)
신각휴	민주당	61	3대의원(2대, 3대)	14,488 (38.4)

〈진천〉 3대 총선에서 자유당으로 당선된 이충환 후보가 민주당으로 전향하여 자유당 정운갑 후보에게 의원직을 승계

지난 3대 총선에서는 중졸이지만 고등문관시험에 합격한 이충환 후보가 2대 총선에서 송필만 제헌의원을 꺾고 의원직을 승계하고서 자유당 공천을 받고서, 동아일보 편집국장 출신으로 제헌의원 선거 때부터 줄기차게 출전한 박찬희 후보를 세 번째 올리고 재선의원에 등극했다.

고등공민학교장인 신형균, 진천군 교육위원인 안상욱 후보들도 출전했다.

고등고시에 합격하고 2대와 3대 총선에서 당선된 이충환 후보가 민주당 공천을 받고 3선 고지 점령에 나서자, 자유당은 내무부차관과 농림부차관을 역임한 정운갑 후보를 내세웠다.

모친상을 당한 정운갑 후보에게 조문객 6천여 명이 찾아와 정 후보의 무릎이 빨갛게 벗겨졌다.

이충환 후보는 전기가 없는 벽촌에 전기회사 측량 기사를 보내 "이충환 선생께서 전기를 끌어왔다"는 홍보 전술을 활용했다.

18명의 민주당원이 탈당했으며 탈당 권유를 받은 민주당원은 "내 목을 따더라도 그것은 못 하겠다"고 거절했다고 실토했다.

자유당이 낙하산식으로 지방당부를 개편하여 충격을 주었고, 민주당 낙천자 박찬희의 고정표 6천 표를 의식하여 박찬희를 정운갑 후보의 선거사무장으로 등용했다.

반면 이충환 후보는 가톨릭 회장을 선거사무장으로 옹립하는 데 성공하여 2천 표 가량의 가톨릭 표를 기대했다.

지난 3대 총선에서 자유당으로 당선된 이충환 의원은 자유당을 탈당하고 민주당으로 출전하여 자유당 공천 후보인 정운갑 후보에게 큰 표차로 무릎을 꿇었다.

  □ 득표상황

후보자	정당	연령	주요 경력	득표 (%)
정운갑	자유당	44	농림부장관	18,282 (61.8)

| 이충환 | 민주당 | 40 | 3대의원(2선, 진천) | 11,314 (38.2) |

〈영동〉 민주당 공천을 받은 민장식 후보가 보궐선거에 이어 혈전을 전개한 손준현과 김기형 후보의 틈새를 비집고 들어가 어부지리를 취해 당선

성득환 2대 의원이 불출마한 지난 3대 총선에서는 재무부장관을 지낸 최순주 후보가 자유당 공천을 받고서, 예비역 육군 대령인 김기형, 영동군수를 지낸 정태철, 석유회사 사장인 박용하 후보들을 꺾고 등원에 성공했다.

최순주 의원의 사망으로 실시된 보궐선거에서는 자유당 공천을 받은 손준현 후보가 예비역 육군 대령인 김기형, 예비역 육군 대위로 민주당 공천을 받은 최규명 후보들을 꺾고 의원직을 승계했다.

손준현 의원과 김기형 후보가 재대결을 펼친 이번 총선에 민주당은 민교사 사장인 민장식 후보를 내세웠고, 영동군 농민회장으로 충북도의원인 유성연 후보는 무소속으로 출전했다.

민주당 공천을 받은 민장식 후보가 지난 보궐선거에 이어 혈전을 전개한 영동군수와 충북도의원을 지낸 손준현, 대한중공업 경리부장인 김기형 후보의 틈새를 비집고 들어가 어부지리로 등원에 성공했다.

손준현 후보는 김기형, 박용하, 정태철, 정구중, 성만환 후보들을 꺾고 자유당 공천을 받았으나 두 번이나 차점으로 낙선한 김기형

후보가 공천에 불복하고 출전하여 자유당의 지지표를 반분하여 의원직을 고수할 수가 없었다.

□ 득표상황

후보자	정당	연령	주요 경력	득표 (%)
민장식	민주당	48	민교사 사장	14,414 (34.5)
손준현	자유당	56	3대의원(영동)	13,287 (31.8)
김기형	무소속	36	육군 대령	9,596 (23.0)
유성연	무소속	55	충북도의원	4,512 (10.8)

<괴산> 민주당이 공천을 포기한 상황이며 자유당도 무공천한 지역에서 내무부차관 출신인 김원태 후보가 3대의원인 안동준 후보를 꺾고 의원직을 승계

지난 3대 총선에서는 30대의 육군 대령 출신인 안동준 후보가 젊은 패기와 자유당 공천 후보임을 내세워 상해임시정부 선전부장 출신으로 제헌의원과 2대의원에 연이어 당선된 연병호 후보를 꺾고 의원직을 승계했다.

판사 출신 변호사인 김사만, 괴산군 불정면의원인 박원식 후보들도 출전했다.

이번 총선에서 자유당은 현역의원인 안동준과 내무부차관을 지낸 김원태 후보의 공천을 보류하고 자유롭게 출전시켰다.

이에 민주당은 김사만 후보의 출전 포기 등으로 후보 공천을 보류했고, 8천여 표로 추산되고 있는 연 씨 가문에서도 출마를 포기했다.

서성기 순경은 괴산경찰서장이 자유당 김원태 후보의 선거운동을 돕도록 지시하고 선거운동을 하라며 휴가까지 주었다고 직속 상관인 경찰서장을 고발했다.

"중학교나 소학교의 강당을 내가 중앙에서 돈을 뜯어다 세운 것이다", "예비 사단은 내가 끌어왔고 칠성발전소는 내 힘으로 세웠다"는 공방전 속에서 안동준 후보는 자유당의 기존 조직을 장악하고 있고, 김원태 후보는 7, 8천 명에 달하는 새로운 당원을 모집하여 부동 무소속층을 기반으로 선거운동을 전개했다.

어느 쪽이 많은 수효의 경찰관을 자기편으로 끌어들이느냐, 중앙에서 세도가 크다는 것을 유권자들에게 어떻게 각인시키느냐가 선거전의 핵심이 되었고, 자유당내 불미스러운 사건이 폭로되고 공무원의 선거간섭 내용이 지적된 선거전에서 경찰관을 지휘하는 내무부차관 출신인 김원태 후보에게 승리의 월계관이 씌워졌다.

□ 득표상황

후보자	정당	연령	주요 경력	득표 (%)
김원태	자유당	48	내무부차관	33,411 (55.9)
안동준	자유당	38	3대의원(괴산)	26,334 (44.1)

〈음성〉 자유당이 현역의원을 밀쳐내고 이정석 후보를 공천

하여 자중지란(自中之亂)을 일으킨 틈새를 비집고 들어가 승리한 민주당 김주묵

지난 3대 총선에서는 중졸로서 교사 출신이지만 2대 총선에서 16명의 후보들을 꺾고 당선된 이학림 후보가 자유당 공천을 받고서 대학교수인 정인소, 조선일보 정치부장을 지낸 김주묵, 음성군 내무과장을 지낸 정석헌 후보들을 가볍게 제치고 재선의원이 됐다.

원남면장을 지낸 반창섭, 삼성면장을 지낸 권영직, 항공대 이사장인 송창집 후보들도 출전했다.

이번 총선에서 자유당은 2선의원인 이학림 후보를 제치고 치안국 통신과장을 지낸 이정석 후보를 공천하여 자중지란을 일으켰다.

낙하산식으로 공천하여 자유당 조직이 지리멸렬되고 음성군당위원장이 무소속으로 출전하여 자유당 군당 간부들이 우왕좌왕하고 있으며, 자유당 간판을 집어 내동댕이치는 사태가 발생했다.

지난 3대 총선에 출전하여 낙선한 민주당 김주묵 후보와 무소속 정인소 후보가 재도전했고, 국민대를 중퇴한 권용복, 예비역 육군대령인 이명근 후보들이 새롭게 출전했다.

무소속 이학림 후보는 "자기가 얻어놓은 사무실이 당국의 압력에 의해 계약을 취소할 수밖에 없는 단계"라고 하소연하고, 후보에 대한 개인적인 공격 경향이 현저하게 감소됐다.

"아직은 아무런 관의 간섭을 받은 바 없다"는 민주당 김주묵 후보가 자유당의 자중지란 틈새를 비집고 들어가 자유당 이정석 후보를 1,403표차로 꺾고 등원에 성공했다.

□ 득표상황

후보자	정당	연령	주요 경력	득표 (%)
김주묵	민주당	40	국무총리 비서관	15,482 (35.7)
이정석	자유당	40	치안국 통신과장	14,079 (32.5)
이학림	무소속	44	3대의원(2선, 음성)	5,727 (13.2)
정인소	무소속	49	박사, 대학원장	3,646 (8.4)
권영복	무소속	29	국민대 중퇴	2,510 (5.8)
이명근	무소속	33	육군 대령	1,941 (4.5)

〈중원〉 이번 총선에서 신설된 이 지역구는 명치대 출신으로 동화통신 부사장인 정상희 후보가 자유당 공천을 받고 민건식과 이항기 후보들을 가볍게 제압하고 당선

충주시와 통합된 지난 3대 총선에서는 제헌의원인 김기철 후보가 2대의원인 조대연, 유엔 재건단 정치고문을 지낸 이희승, 대학교수인 서천순, 충북도의원인 홍종한 후보들을 꺾고 재선의원이 됐다.

충주읍이 충주시로 승격되면서 충주시의 외곽을 관할하는 신설된 이 지역구는 명치대 출신으로 동화통신 부사장인 정상희 후보가 이승우와 홍종한 후보들을 꺾고 자유당 공천을 받은 여세를 타고 신명중 교장으로 민주당 공천을 받은 민건식, 사업가인 무소속 이항기 후보들을 가볍게 제압하고 새로운 지역의 주인으로 등장했다.

□ 득표상황

후보자	정당	연령	주요 경력	득표 (%)
정상희	자유당	50	회사원	21,828 (47.0)
민건식	민주당	42	신명중 교장	17,541 (37.7)
이항기	무소속	53	연희전문 졸	7,100 (15.3)

〈제천〉 체신부 경리국장 출신으로 지난 3대 총선에서 구축한 조직을 활용하여 자유당 노의중 후보를 가볍게 제압하고 재선의원에 등극한 이태용

지난 3대 총선에서는 고등문관시험에 합격하고 군수를 거쳐 체신부 경리국장을 지낸 이태용 후보가, 청풍면장 출신으로 제헌의원에 당선되고 2대 총선에는 제천읍장 출신인 안필수 후보에게 패배한 유홍열 후보에게 대승을 거두고 당선됐다.

충북도의원 김경 후보는 등록했다 중도에 사퇴했다.

이번 총선에는 이태용 의원이 민주당 공천을 받고 재선의 나래를 펴자, 자유당은 충북도의원 출신인 노의중 후보를 공천하여 맞불을 놓았다.

체신부 경리국장 출신인 이태용 후보가 지난 3대 총선 때부터 구축한 탄탄한 조직을 활용하여 한백수 후보를 제치고 자유당 공천을 받고 행정력을 동원한 노의중 후보를 가볍게 제압하고 재선의

원이 됐다.

□ 득표상황

후보자	정당	연령	주요 경력	득표 (%)
이태용	민주당	49	3대의원(제천)	30,976 (67.4)
노의중	자유당	49	충북도의원	14,957 (32.6)

〈단양〉 단양면의원 출신으로 지난 총선에서 낙선하고서 자유당 지지 세력이 공천자와 현역의원으로 나뉜 틈새를 비집고 들어가 승리를 낚아 챈 조종호

조종승 의원이 납북되어 무주공산이 된 지난 3대 총선에서는 회사장인 장영근 후보가 단양면의회 의장인 조종호, 단양군 내무과장을 지낸 이완구, 충북도의원으로 자유당 공천을 받은 김중희, 충북도 기수로서 농업기술원장인 허련 후보 등을 꺾고 등원에 성공했다.

이번 총선에서는 3대 총선에서 혈전을 전개하여 당선된 장영근 후보와 차점 낙선한 조종호 후보가 재대결을 펼쳤다.

자유당은 장영근 의원을 낙천시키고 단양군수와 경찰서장을 지낸 경태호 후보를 공천했다.

지난 3대 총선에서 1,524표차로 장영근 후보에게 패배한 단양면의원 출신인 조종호 후보가 자유당 지지세가 공천자인 경태호, 낙천

한 현역의원 장영근 후보로 나뉜 틈새를 비집고 들어가 승리를 낚아챘다.

□ 득표상황

후보자	정당	연령	주요 경력	득표 (%)
조종호	무소속	36	국회의원 비서	10,695 (44.1)
경태호	자유당	46	경찰서장, 군수	8,996 (37.1)
장영근	무소속	61	3대의원(단양)	4,544 (18.8)

충청남도

〈대전 갑〉 현역의원을 밀쳐내고 공천을 받은 정낙훈 후보가 농림부장관 출신이라는 인물론을 내세워 큰 표차로 승리

지난 3대 총선에서는 대전시의원인 정상열 후보가 자유당 공천을 받고 새롭게 출전한 정치신인 13명의 후보들을 꺾고 의정 단상에 올랐다.

문필가인 주기형, 군수와 시장을 섭렵한 손영도, 철도고 설립자인 이정근, 금산에서 제헌의원에 당선된 정해준, 충남도의원인 송석렴, 교육감을 지낸 홍재은 후보들도 출전하여 모두 낙선했다.

대전시가 갑·을구로 분구된 이번 총선에서는 정상열 의원이 대전 갑구를 선택해 국민회 소속으로 재선의 나래를 펴자, 자유당은 농림부장관을 지낸 정낙훈 후보를 공천했고, 민주당은 대전시 보건 후생과장을 지낸 임경승 후보를 내세웠다.

부장판사 출신으로 민주당 충남도당 최고위원을 지냈지만, 민주당 공천에서 낙천한 유진영 후보와 지난 3대 총선에 출전하여 601표를 득표했던 계성범 후보도 출전했다.

대전시의회 의장과 군수 출신인 정상열 현역의원을 비롯하여 임원호, 이병문, 유헌열 후보들을 밀쳐내고 자유당 공천을 받은 정낙훈 후보가 농림부장관 출신이라는 인물을 내세우고 공주 출향민들의 지원에 힘입어, 민주당 공천에서 낙천했지만 부장판사 출신임을 강조한 무소속 유진영 후보를 4천여 표차로 제압하고 등원에 성공했다.

□ 득표상황

후보자	정당	연령	주요 경력	득표 (%)
정낙훈	자유당	63	농림부장관	14,243 (42.9)
유진영	무소속	48	부장판사, 변호사	10,271 (30.9)
임경승	민주당	50	대전시 보건과장	6,748 (20.3)
정상열	국민회	50	3대의원(대전)	1,348 (4.1)
계성범	무소속	59	상해임정요인	596 (1.8)

〈대전 을〉 민주당에 대한 우호적인 정서와 두 번의 출마 경험을 살린 진형하 후보가 7명의 후보들을 따돌리고 당선

이번 총선에서 신설된 이 지역구에는 부장판사 출신으로 민주당 충남도당위원장으로 선임된 진형하 후보가 제헌의원, 2대 총선에 출전한 경력을 내세워 지역구를 선점했다.

자유당은 임호, 남정섭, 성낙서, 유중영 후보들을 낙천시키고 충남도의원 출신인 최석환 후보를 내세워 진형하 후보와 대결토록 했다.

충남도의원 이정우 후보는 통일당으로, 대전시의원으로 대전일보 전무인 홍재현, 사회부 노동국장을 지낸 한몽연, 덕치철도학교 이사장인 이정근, 민주당 대전시 최고위원인 장영훈, 대전시 사회과장 출신으로 충남도의원인 성주연 후보들은 무소속으로 출전했다.

민주당에 대한 우호적인 지역 정서와 두 번의 낙선으로 인한 지명도를 활용한 진형하 후보가 대승을 거두고 2전 3기를 이뤄냈다.

□ 득표상황

후보자	정당	연령	주요 경력	득표 (%)
진형하	민주당	51	부장판사, 변호사	15,722 (47.4)
최석환	자유당	50	충남도의원	8,219 (24.8)
홍재현	국민회	46	대전일보 전무	1,925 (5.8)
성주연	무소속	46	대전시 사회과장	1,789 (5.4)
이정근	무소속	51	덕치철도학교 이사장	1,665 (5.0)
한몽연	무소속	41	사회부 노동국장	1,391 (4.2)
이정우	통일당	40	충남도의회 부의장	1,246 (3.8)
장영훈	무소속	29	유격대부대 대장	1,231 (3.7)

〈대덕〉 서울 시경국장 출신인 박병배 후보가 인물론과 능변으로 전북도 경찰국장 출신인 민주당 송석두, 강원도 경찰국장 출신인 자유당 송우범 후보를 격파

지난 3대 총선에서는 강원도 경찰국장을 지낸 송우범 후보가 자유당 공천을 받고서 충남 도경국장을 지낸 송석두, 유천면장을 지낸 충남도의원인 송예헌, 제헌의원인 송진백, 정양원 부원장인 송석홍 후보들을 꺾고 당선됐다.

중학교장인 김준석, 중학교사인 강동준, 예산군수 출신인 김영배 후보들도 출전했다.

이번 총선에는 지난 3대 총선에서 11명의 후보들을 제치고 당선된 송우범 후보가 자유당 공천을 받고 출전하자, 같은 경찰국장 출신으로 무소속으로 출전하여 송우범 후보에게 패배한 송석두 후보가 민주당 공천을 받고 설욕에 나섰다.

서울시 경찰국장 출신으로 대전일보 사장인 박병배 후보가 혜성처럼 출전하여 경찰국장 간의 경쟁을 벌였다.

무소속 박병배 후보가 인물론을 내세우며 능변으로 민주당 공천을 받은 전북 도경국장 출신인 송석두, 자유당 공천을 받은 강원 도경국장 출신인 송우범 후보들을 가볍게 제압하고 등원에 성공했다.

경찰국장을 거쳐 한일기업 사장인 송석두 후보는 2대 총선, 3대 총선, 4대 총선에 출전하여 3연속 패배의 불운을 곱씹었다.

송우범 후보는 "박병배 후보는 대덕군에 입후보 않고 대전 갑구에 입후보한다는 조건으로 30만원을 주었다"는 혐의 등으로 고소를 했고, 박병배 후보는 명예훼손 혐의로 맞고소를 했다.

경찰국장 3명이 격전을 벌여 송우범 후보는 "국방분과 위원장으로서 교관수당을 확보하고 보상금을 마련했다", 송석두 후보는 "이번에 또 떨어져도 내 자손 대에 가서라도 꼭 국회의원을 해먹을 생각입니다", 박병배 후보는 "나를 공산당으로 몰려고 하고 김종원이가 김선태에게 하려던 식으로 자동차로 나를 깔려죽이기 위해서 서울에서 깡패가 왔읍니다"라고 합동정견 발표 요지를 들어보면 경찰국장을 하던 사람들이 경찰에게 얻어맞는다고 선거전에 호소하는 꼴처럼 목불인견(目不忍見)이었다.

□ 득표상황

후보자	정당	연령	주요 경력	득표 (%)
박병배	무소속	40	서울 시경국장	19,658 (43.4)
송석두	민주당	48	전북 경찰국장	16,730 (37.0)
송우범	자유당	42	3대의원(대덕)	8,884 (19.6)

<연기> 자유당 공천을 받은 유지원 후보가 인물론을 내세운 민주당 성태경과 내무부 장관을 지낸 진헌식 후보들을 제압

지난 3대 총선에서는 대한청년단 중앙단장인 유지원 후보가 자유당 중앙위원으로 변신하여 서울시장 출신으로 이긍종 의원의 사망

으로 실시된 보궐선거에서 당선된 이범승 의원에게 설욕전을 펼쳐 당선됐다.

국회 전문위원인 성태경, 조도전대 출신인 조동근, 신문기자인 민국당 홍순영 후보들도 출전했다.

이번 총선에는 유지원 의원이 자유당 공천을 받고 재선 고지 점령에 나서자, 민주당은 동경 중앙대 출신으로 군수를 거쳐 국회 전문위원, 부통령 비서실장을 지낸 성태경 후보를 내세웠다.

통일당 중앙위원인 이병규, 제헌의원으로 내무부장관을 지낸 진헌식, 교통부 수송과장을 지낸 임봉학, 국방부장관 보좌관을 지낸 김복래 후보들도 출전했다.

현역의원으로 임봉학, 김복동, 최병억, 황갑수 후보들을 꺾고 자유당 공천을 받은 유지원 후보가 여촌야도의 선거행태에 힘입어 인물론을 내세우며 맹추격한 성태경 후보를 가까스로 제압하고 재선의원이 됐다.

이범석 장군이 주도한 민족청년단의 중추인물로 제헌의원에 당선되고 내무부장관에 발탁되어 정계를 주름잡던 진헌식 후보의 추락은 정계의 무상함을 되돌아보게 한다.

□ 득표상황

후보자	정당	연령	주요 경력	득표 (%)
유지원	자유당	45	3대의원(연기)	16,249 (42.0)
성태경	민주당	40	군수, 변호사	13,537 (34.9)
임봉학	무소속	47	교통부 수송과장	3,098 (8.0)
진헌식	무소속	56	제헌의원(연기)	2,778 (7.2)

| 김복래 | 무소속 | 34 | 국방부장관 보좌관 | 2,237 (5.8) |
| 이병규 | 통일당 | 49 | 북경대 중퇴 | 835 (2.1) |

<공주 갑> 2대의원 박충식, 3대의원 염우량의 혈전으로 자유당 공천을 보류한 상황에서 맞붙었으나 재력이 구비된 박충식 후보가 엄대섭 후보의 출전포기에 힘입어 승리

지난 3대 총선에서는 대한청년단 공주군단장으로 제헌의원 선거에서는 김명동 후보에게 차점 낙선하고, 2대 총선에서는 박충식 후보에게 차점 낙선한 염우량 후보가 자유당 공천을 받고 변호사인 정경모, 충남도의원인 엄대섭 후보들을 꺾고 2전 3기를 이뤄냈다.

홍성경찰서장인 윤계병, 이인면장을 지낸 최영철, 여자경찰서장을 지낸 노마리아 후보들은 완주했으나 2대의원인 박충식 후보는 중도에 사퇴했다.

이번 총선에서는 지난 3대 총선 때 자유당 공천을 받고 출전하여 당선된 염우량 후보와 2대의원으로 3대 총선 때 자유당 공천에서 밀리자 등록했다가 사퇴한 박충식 후보가 재격돌을 펼치자, 자유당은 중립적인 입장에서 공천을 보류했고, 민주당은 엄대섭 후보가 출전을 포기하자 적격자가 없어 공천을 포기하여 2대의원인 박충식, 3대의원인 염우량 후보의 진검승부가 펼쳐졌다.

경성전기 취체역으로 재력을 구비한 2대의원 박충식 후보가 대한청년단 공주군단장으로 3대의원에 당선된 염우량 후보를 5천여 표차로 꺾고 4년 전 맡겨둔 의원직을 되돌려 받아갔다.

자유당의 무공천 지역인 동시에 민주당 공천 후보가 등록을 포기하자 실망과 회의가 만연한 가운데 염우량 후보는 박충식 후보와 민주당 공천 후보와의 흥정을 폭로했고, 자유당원들은 "이쪽으로 붙고 저쪽으로 붙고" 문자 그대로 엉망진창의 상태에 빠졌다.

박충식 후보는 수년래의 무소속 입장을 버리고 자유당에 입당하여 공천을 신청한 배경을 설명했다.

민주당 공천자인 엄대섭 후보는 "자기는 박충식 후보가 계속해서 무소속으로 출마할 때는 자기가 출마를 양보하기로 상호 간에 합의된 바 있었고 중앙당에서 그것을 인정해왔다"면서, "박충식은 자유당에 붙었으니 만일 그를 지지한다면 두상(頭上)에 철퇴(鐵槌)를 내릴 것이다"라는 서간을 유지들에게 투입한 사건이 발생했으나 승패를 뒤집을 수는 없었다.

□ 득표상황

후보자	정당	연령	주요 경력	득표 (%)
박충식	자유당	55	2대의원(공주 갑)	20,429 (69.9)
염우량	자유당	46	3대의원(공주 갑)	8,810 (30.1)

〈공주 을〉 공주사대 조교수인 민주당 김학준 후보가 자유당 지지세가 김달수와 임명직으로 분산된 틈새를 비집고 들어가 승리의 개가를

보궐선거에서 당선된 윤치영 의원이 서울 종로로 회귀한 지난 3대 총선에선 충남도의원인 김달수 후보가 자유당 공천을 받고서 장기 면장을 지낸 이순하, 정미업자인 박찬, 공주사대 강사인 김학준 후보들을 가볍게 제치고 당선됐다.

자유당 위원장으로 활약한 김평중, 충남도의원을 지낸 심재욱, 의당면장을 지낸 민국당 이은봉, 충남도 과장과 군수를 섭렵한 김홍식 후보들도 출전했다.

이번 총선에서는 김달수 의원이 자유당 공천을 받고 재선 고지 점령에 나서자, 서울대 출신으로 공주사대 조교수인 김학준 후보가 민주당 공천으로, 문교부 문화국장 출신인 임명직 후보가 자유당 공천에서 낙천하자 자유당을 탈당하고 무소속으로 출전하여 3파전이 전개됐다.

인물론을 내세운 김학준 후보가 자유당 지지세가 김달수 후보와 임명직 후보로 분산된 틈새를 비집고 들어가 김달수 후보를 388 표차로 꺾고 승리를 낚아챘다.

□ 득표상황

후보자	정당	연령	주요 경력	득표 (%)
김학준	민주당	35	공주사대 조교수	15,249 (42.6)
김달수	자유당	40	3대의원(공주 을)	14,861 (41.5)
임명직	무소속	51	문교부 문화국장	5,703 (15.9)

<논산 갑> 지난 3대 총선에서 무소속으로 출전하여 자유당

후보에게 패배했던 김공평 후보가 자유당 공천을 받고서 민주당 공천 후보와 현역의원을 따돌려

김헌식 의원이 납북된 지난 3대 총선에서 변호사인 신태권 후보가 자유당 공천을 받고서 강경읍의회 의장인 김공평, 논산 교육감을 지낸 박원종, 의사인 방영헌, 충남도의원인 임승복 후보들을 꺾고 당선됐다.

이번 총선에서 변호사인 신태권 의원이 민주혁신당으로 재선을 기대하며 출전하자, 자유당은 강경읍장 출신인 김공평 후보를, 민주당은 충남도의원을 지낸 김천수 후보를 내세웠다.

농업협동조합장인 국민회 임순식, 경찰서장 출신으로 삼오상사 사장인 이세환, 충남도의원으로 민주당 충남도당 선전부장으로 활동한 임승복 후보들도 출전했다.

지난 3대 총선에 무소속으로 출전하여 자유당 신태권 후보에게 패배했던 김공평 후보가 신태권 후보가 자유당을 탈당하고 민주혁신당으로 변신한 호기를 맞아 임순식, 김한수, 양철은, 정상윤, 박원종 후보들을 꺾고 자유당 공천을 받은 여세를 몰아 민주당의 공천자인 김천수 후보와 낙천자인 임승복 후보로 분산된 틈새를 활용하여 당선되는 기쁨을 맛보았다.

자유당을 이탈한 신태권 후보와 경찰서장 출신인 이세환 후보들은 선거 초반부터 당선권에서 멀어졌고, 민주당은 공천 후보와 낙천 후보가 동시에 등록하여 패배를 자초했다.

□ 득표상황

후보자	정당	연령	주요 경력	득표 (%)
김공평	자유당	53	강경읍장, 의회의장	14,849 (35.9)
김천수	민주당	48	충남도의원	12,257 (29.6)
신태권	민주혁신당	42	3대의원(논산 갑)	5,031 (12.2)
임승복	무소속	43	충남도의원	3,674 (8.9)
임순식	국민회	34	협동조합장	3,524 (8.5)
이세환	무소속	42	경찰서장, 회사장	2,006 (4.9)

〈논산 을〉 2대 총선 때 최운교 제헌의원을 꺾고 당선된 윤담 후보가 지역에 뿌리를 내리지 못한 자유당 김용우 후보를 꺾고 재선 의원에 등극

지난 3대 총선에서는 의사로서 충남도 교육위원인 육완국 후보가 2대 총선 때 논산 갑구에서 낙선한 경험을 살려 벌곡면 부면장을 지낸 이성구, 어업연합회 이사인 서주식, 예비역 육군 중령인 이성구, 대한군원 총무부장으로 자유당 공천을 받은 김용표, 국회 전문위원을 지낸 조양환, 경찰서장 출신인 국민회 유진문 후보들을 꺾고 당선됐다.

"의원 4년 동안 아무 한 일도 없기 때문에 국민에 대한 낯이 없어 정원으로 돌아와 보니 세상이 편할 수 없다"는 육완국 의원이 출전을 포기한 이번 총선에는 대전시의회 의장을 지내고 자유당 공천을 받은 김용우 후보와 양조업자로서 2대의원에 당선되고 민주

당 공천을 받은 윤담 후보가 한치 앞을 내다볼 수 없는 박빙의 승부를 펼쳤다.

논산훈련소 민사부장을 지낸 손영진, 논산지구 특무대장을 지낸 장준식, 반공청년회 지부장인 최동성 후보들도 출전했다.

2대 의원을 지낸 윤담 후보가 지금껏 가꾸어 온 조직을 되살려 최윤교, 장준식, 한송암, 이권재, 이범길, 장준식, 김지현, 강인수, , 강대길 등 지역 토박이 후보들을 물리치고 낙하산 공천으로 지역에 뿌리를 내리지 못한 김용우 후보를 1,860표차로 꺾고 재선의원이 됐다.

□ 득표상황

후보자	정당	연령	주요 경력	득표 (%)
윤 담	민주당	57	2대의원(논산 을)	18,424 (39.5)
김용우	자유당	38	대전시의회 의장	16,564 (35.5)
장준식	무소속	37	육군대령, 특무대장	5,296 (11.4)
손영진	무소속	31	육군훈련소 민사부장	4,557 (9.8)
최동성	반공청년회	37	경찰관	1,796 (3.8)

〈부여 갑〉 보병부대 중대장 출신인 한광석 후보가 자유당은 공산당이다라는 망언으로 화제를 불러일으켰으나 민주당 재선의원을 꺾고 당선을 일궈내

지난 3대 총선에서는 서울시 부시장 출신인 이석기 후보가 남궁현 제헌의원을 꺾고 의원직을 승계한 저력을 바탕으로 대전지법 부장판사였던 유진영, 제헌의원인 남궁현, 청년운동가로 자유당 공천을 받은 한광석 후보들을 꺾고 재선의원이 됐다.

이번 총선에서는 지난 3대 총선에서 격돌했던 민주당 이석기 후보와 자유당 재공천을 받은 한광석 후보가 진검승부를 펼쳤다.

경찰은 정체불명의 괴한들이 민주당 선거운동원을 집단구타한 후 민주당 선거위원을 사임할 것임을 승낙 받고서 사라진 사건에 대한 수사를 하지 않아 원성이 자자했다.

합동연설회에서 자유당은 공산당이다라고 발언하여 화제를 일으켰던 한광석 후보가 재선의원인 민주당 이석기 후보를 5천여 표차로 꺾고 국회에 등원했다.

□ 득표상황

후보자	정당	연령	주요 경력	득표 (%)
한광석	자유당	39	자유당 위원장	20,479 (57.7)
이석기	민주당	51	3대의원(2선, 부여갑)	15,039 (42.3)

〈부여 을〉 이승만 대통령 비서관, 농림부장관 출신으로 자유당 당무위원인 임철호 후보가 2대의원 이종순, 3대의원 조남수 후보들을 가볍게 제압

지난 3대 총선에서는 광산업으로 부를 축적한 조남수 후보가 자유당 공천을 받고서 제헌의원인 김이수, 2대의원인 이종순 후보들을 꺾고 의원직을 승계했다.

임천면장 출신인 국민회 신하철, 교수로서 충남도의원 이호철 후보들도 출전하여 선전했다.

이번 총선에서 자유당은 자유당 공천으로 당선된 조남수 의원을 밀쳐내고 지난 3대 총선에서 서울 중구에서 낙선한 임철호 후보를 내세우자, 조남수 의원이 이에 반발하여 무소속으로 출전했다.

부여군수 출신으로 김이수 제헌의원을 꺾고 2대 총선에서 당선됐으나 지난 3대 총선에서 낙선한 이종순 후보가 민주당으로 출전하여 3각 구도를 형성했다.

이승만 대통령 비서관 출신으로 농림부장관, 자유당 당무위원인 임철호 후보는 '장관님'하는 존칭을 의례히 잊지 않고 있으며 선거구민들이 플랭카드를 들고 만세를 불렀다.

부여면장 민 모씨 는 "민주당은 친공, 친일파이므로 민주당이 많이 당선되어 정권을 잡으면 공산화 될 것이니 잘 들 생각하라"고 절규했다.

자유당 공천에서 조남수, 조준구, 임영호, 김현중 후보들을 따돌린 실세임을 과시한 임철호 후보가 이 지역구에서 2대의원에 당선된 이종순, 3대의원에 당선된 조남수 후보들을 가볍게 제압하고 등원에 성공했다.

□ 득표상황

후보자	정당	연령	주요 경력	득표 (%)

임철호	자유당	52	농림부장관, 변호사	16,759 (53.2)
조남수	무소속	41	3대의원(부여 을)	7,518 (23.9)
이종순	민주당	49	2대의원(부여 을)	7,230 (22.9)

〈서천〉 자유당 공천에서 밀린 김종갑 국방부차관의 선전에 힘입어 장항읍민들의 전폭적인 지지를 받아 현역의원을 무너뜨린 민주당 우희창

구덕환 의원이 납북되어 무주공산이 된 지난 3대 총선에선 서천면장을 거쳐 충남도의원인 나희집 후보가 자유당 공천을 받고서 군정 시절 농림부장을 지내고 제헌의원에 당선된 이훈구, 대법원 행정처장을 지낸 노용호, 대학 조교수인 구병삭 후보들을 꺾고 당선됐다.

이번 총선에서는 나희집 의원이 자유당 공천을 받고 재선 고지 점령에 나서자, 육군 중장 출신으로 국방부차관을 지낸 김종갑 후보가 출전하여 자유당 지지세가 양분되자 민주당은 충남도의원을 지낸 우희창 후보를 내세웠다.

서천면과 장항읍의 소지역대결이 펼쳐진 선거전에서 민주당 우희창 후보가 장항읍민들의 열렬한 지지로 인물론을 내세우며 자유당 지지세를 잠식한 김종갑 후보의 선전(善戰)에 힘입어 나희집 현역의원을 6천여 표차로 꺾고 등원에 성공했다.

육군중장 출신으로 국방부차관을 지낸 김종갑 후보가 자유당 낙천

에 반발하여 무소속으로 출전하여 자유당 현역의원의 금배지를 허공으로 날려보냈다.

□ 득표상황

후보자	정당	연령	주요 경력	득표 (%)
우희창	민주당	31	충남도의원	23,282 (43.6)
나희집	자유당	47	3대의원(서천)	16,706 (31.3)
김종갑	무소속	35	국방부차관, 중장	13,413 (25.1)

〈보령〉 불법선거나 경찰들의 선거개입이 공공연하게 드러나지 않은 선거전에서 자유당 이원장 후보가 김영선 민주당 재선의원을 1만여 표차로 꺾어

지난 3대 총선에선 경성제대 출신으로 군수를 지낸 김영선 후보가 2대 총선에서 승리한 바탕으로, 도립의원장 출신으로 대천면민들의 전폭적인 지원으로 추격전을 벌인 김상억 후보를 꺾고 재선의원으로 발돋움했다.

이번 총선에는 보령군수 출신으로 2대와 3대의원에 당선된 김영선 후보가 3선의원 고지 점령에 나서자, 자유당은 육군 소장으로 제6사단장을 지낸 이원장 후보를 내세웠다.

자유당 공천에서 낙천된 윤세억, 최진동, 김영완, 이한명, 이병태, 김영근 후보들은 꿈을 접었지만 경위 출신으로 한국건설 부사장인

백기홍과 광산을 경영하고 있는 백남진 후보들이 자유당을 탈당하고 무소속으로 출전했다.

두드러진 불법선거나 경찰들의 선거개입이 공공연하게 드러나지는 아니했지만, 경찰과 행정력이 동원되어 자유당 낙하산 공천을 받은 이원장 후보가 재선의원인 민주당 김영선 후보를 1만여 표차로 꺾고 등원에 성공했다.

□ 득표상황

후보자	정당	연령	주요 경력	득표 (%)
이원장	자유당	33	육군 소장	27,767 (59.2)
김영선	민주당	40	3대의원(2선, 보령)	17,590 (37.5)
백기홍	무소속	31	충남도경 경위	1,525 (3.3)
백남진	무소속	53	광업	사퇴

<청양> 명치대 출신으로 2대의원인 이상철 후보는 지난 총선에서 자유당 정명선 후보에게 참패하고, 이번 총선에도 자유당 김창동 후보에게 562표차로 2연속 패배

지난 3대 총선에서는 한문수학자로서 대명광산을 소유한 정명선 후보가 자유당 공천을 받고서 명치대 출신으로 2대의원에 당선된 이상철, 양곡회사 사장인 김창동, 통일본부 총무부장인 윤앙구, 고교 교사인 한일로 후보들을 꺾고 당선됐다.

이번 총선에서 자유당은 임동선, 임수호, 유종식 후보들을 따돌리고 도정업자로서 충남도의원 출신인 김창동 후보를 내세웠고, 2대 의원으로 지난 3대 총선에서 7,719표를 득표하고 낙선했던 이상철 후보도 민주당 공천을 받아 재도전했다.

자유당 공천을 받은 예산농고 출신인 김창동 후보가 명치대 출신인 이상철 후보를 562표차로 꺾고 등원에 성공했다.

□ 득표상황

후보자	정당	연령	주요 경력	득표 (%)
김창동	자유당	50	충남도의원	18,131 (50.8)
이상철	민주당	65	2대의원(청양)	17,569 (49.2)

〈홍성〉 민주당 유승준 후보가 신우균 후보의 잠식과 김지준 의원의 반발로 곤욕을 치른 이창규 후보를 꺾고 고토를 회복

지난 3대 총선에서는 충북일보 사장, 동광제도 전무인 김지준 후보가 자유당 공천을 받고서, 문교부 교도과장 출신으로 2대의원에 당선된 유승준 후보를 7천여 표로 꺾고 설욕전에서 승리하고 의원직을 승계했다.

충남도 보건과장을 지낸 김동주, 회사원인 전문수, 중앙통신 국장인 김봉규 후보들도 출전했다.

이번 총선에서 자유당은 김지준 의원을 낙천시키고 미국 하버드대 출신으로 사세청장을 지낸 이창규 후보로 교체하여 출전시켰다.

2대의원으로 지난 3대 총선에서 자유당 김지준 후보에 참패를 당한 유승준 후보가 민주당 공천으로 설욕에 나섰고, 국회 연락관을 지낸 경찰청장 출신인 신우균 후보가 자유당 공천에 반발하여 무소속으로 출전했다.

민주당 유승준 후보가 무소속 신우균 후보의 자유당 지지표의 잠식과 낙천한 김지준 의원의 반발표를 끌어 모아 사세청장 출신인 이창규 후보를 2,918표차로 꺾고 고토를 회복하고 재선의원이 됐다.

□ 득표상황

후보자	정당	연령	주요 경력	득표 (%)
유승준	민주당	48	2대의원(홍성)	23,544 (46.2)
이창규	자유당	49	사세청장	20,626 (40.4)
신우균	무소속	48	경찰청장	6,849 (13.4)

〈예산〉 자유당 소속임을 내세워 당선된 성원경 후보가 민주당으로 전향하자, 자유당은 제헌의원 출신인 윤병구 후보를 영입하여 성원경 후보를 꺾어

자유당이 공천을 포기한 지난 3대 총선에서 예산 수리조합장인 성원경 후보가 자유당 후보임을 내세워 무소속으로 출전한 제헌의원

인 윤병구 후보를 큰 표차로 압도하고 등원에 성공했다.

회사원인 한건수, 보건진료소장인 최익열, 목사인 박동선 후보들도 참전했으며 자유당 소속 후보가 8명의 후보 중 6명이었다.

이번 총선에서 자유당 후보임을 내세워 당선된 성원경 의원이 자유당을 탈당하고 민주당으로 전향하자, 자유당은 제헌의원으로 당선됐으나 2대 총선과 3대 총선에서 연속 패배한 윤병구 후보를 공천했다.

강현익, 윤병의, 이영근, 이승종, 이상희, 김한태, 한낙수, 신정근 등 8명의 예비후보들을 꺾고 자유당 공천을 받은 윤병구 후보는 제헌의원, 2대 총선, 3대 총선에 출전하여 얻은 지명도와 자유당 공천 후보임을 내세워, 예산 수리조합장 출신으로 3대의원에 당선된 성원경 후보를 큰 표차로 꺾고 재선의원이 됐다.

□ 득표상황

후보자	정당	연령	주요 경력	득표 (%)
윤병구	자유당	46	제헌의원(예산)	34,225 (55.5)
성원경	민주당	63	3대의원(예산)	27,388 (44.5)

〈서산 갑〉 서산읍장 출신인 민주당 전영석 후보가 자유당 지지세가 김제능과 나창헌 후보로 분산된 호기를 맞아 연패에 대한 동정여론을 일으켜 3전 4기를 일궈내

지난 3대 총선에서는 이종린 의원의 사망으로 실시된 보궐선거에서 대한청년단 서산군단장인 자유당 김제능 후보에게 패배했던 서산 수리조합장인 나창헌 후보가 자유당 공천을 받고서, 자유당 공천에서 밀려난 김제능 2대의원을 꺾고 의원직을 승계했다.

서산 금융조합장인 전영석, 충남도 교육위원인 모호석, 평화신문 편집국장인 이한용 후보들도 출전했다.

이번 총선에서 자유당은 서산 수리조합장 출신으로 3대의원에 당선된 나창헌 의원을 낙천시키고, 2대의원 보궐선거에서 당선된 김제능 후보를 공천했다.

이에 반발하여 낙천한 나창헌 의원이 무소속으로 출전했고, 서산읍장 출신인 전영석 후보가 민주당으로 출전하여 3파전을 전개했다.

서산읍장과 금융조합장을 지냈지만 2대 총선과 보궐선거에서 낙선하고 지난 3대 총선에서도 5,638표를 득표하여 낙선했던 전영석 후보가 동정여론을 불러일으키고, 자유당 지지세가 김제능과 나창헌 후보로 분산된 호기를 맞이하여 자유당 김제능 후보를 1,492표 차로 꺾고 3전 4기를 이뤄냈다.

□ 득표상황

후보자	정당	연령	주요 경력	득표 (%)
전영석	민주당	60	서산읍장	18,206 (44.4)
김제능	자유당	47	2대의원(서산 갑)	16,714 (40.7)
나창헌	무소속	57	3대의원(서산 갑)	6,112 (14.9)

〈서산 을〉 대한청년단 서산군단장 출신인 유순식 후보가 자유당 공천을 받고, 2대의원인 민주당 안만복 후보를 연파

지난 3대 총선에서는 한청 서산군단장으로 자유당 공천을 받은 유순식 후보가 제헌의원인 김동준, 2대의원인 안만복 후보들을 꺾고 의정 단상에 올랐다.

대전일보 사장인 이경진, 충남도의원인 채상근, 민중서관 편집부장인 문제중, 반공대 총무부장인 박완교, 의사인 안덕순 후보들도 출전했다.

이번 총선에서 유순식 의원이 채상근, 이상희, 인삼, 김동열 후보들을 제압하고 자유당 공천을 받고 재선의 나래를 펴자, 2대의원에 당선된 안만복 후보가 민주당 공천을 받고 출전하여 호각지세를 이뤘다.

회사장인 장봉진, 서울법대 동창회 상임이사로 지난 3대 총선에도 출전하여 2,620표를 득표했던 박완교 후보들도 무소속으로 등록했다.

대한청년단 서산군단장 출신인 유순식 후보가 자유당 공천 후보임을 내세워, 지난 3대 총선에도 민국당으로 출전하여 3,561표 득표에 머문 안만복 후보를 연파하고 재선의원으로 발돋움했다.

□ 득표상황

후보자	정당	연령	주요 경력	득표 (%)

유순식	자유당	45	3대의원(서산 을)	20,775 (48.1)
안만복	민주당	48	2대의원(서산 을)	13,047 (30.2)
박완교	무소속	34	서울대 졸	7,260 (16.8)
장봉진	무소속	45	회사장	2,127 (4.9)

<당진 갑> 관재청장과 재무부장관 등 화려한 경력을 가진 인태식 후보가 자유당 공천을 받고서 민주당 이규영 후보를 가볍게 제압

당진군이 단일구였던 지난 3대 총선에서는 관재청장을 지낸 인태식 후보가 제헌의원인 김용재, 2대의원인 구을회 후보들을 꺾고 3대의원이 됐다.

혈전을 벌인 세 후보는 모두 자유당 소속 후보임을 밝혔다.

당진군이 갑·을구로 분구된 이번 총선에서 재무부장관에 발탁된 인태식 의원이 갑구를 선택하여 재선 고지를 점령하자, 민주당은 육군사관학교 교관 출신인 이규영 후보를 공천했다.

동북제대 출신으로 관재청장, 재무부장관을 지낸 인태식 후보가 자유당 공천을 받고서 무투표 당선 저지를 위해 출전한 이규영 후보를 가볍게 제압하고 재선의원이 됐다.

□ 득표상황

| 후보자 | 정당 | 연령 | 주요 경력 | 득표 (%) |

| 인태식 | 자유당 | 55 | 3대의원(당진) | 17,637 (63.6) |
| 이규영 | 민주당 | 33 | 육군사관학교 교관 | 10,093 (36.4) |

<당진 을> 일방적인 승리가 예상된 선거전에서 자유당 원용석 후보가 민주당 박준선 후보를 겨우 1,596표차로 신승

이번 총선에 신설된 이 지역구에는 농림부차관과 기획처장을 역임하고 자유당 공천을 받은 원용석 후보와 국제대 강사인 박준선 후보가 민주당 공천을 받고 단조롭게 진검승부를 펼쳤다.

농림부차관 출신인 원용석 후보가 압도적인 승리를 할 것으로 예상됐으나 예상을 뒤엎고 1,596표차, 4.6%의 득표율로 신승을 거두고 등원했다.

□ 득표상황

후보자	정당	연령	주요 경력	득표 (%)
원용석	자유당	52	농림부차관	18,151 (52.3)
박준선	민주당	34	국학대 강사	16,555 (47.7)

<아산> 대한청년단 아산군단장 출신으로 두 번이나 낙선한 민주당 성기선 후보가 자유당 공천 후보인 이민우 후보에게 이번 총선에도 390표차로 패배

지난 3대 총선에서는 국민회 아산군회장으로 충남도의원에 당선된 홍순철 후보가 자유당 공천을 받고서, 제헌의원인 서용길, 2대 총선에서 낙선의 아픔을 안겨준 이규갑 후보들을 큰 표차로 꺾고 3대 의원에 취임했다.

대한청년단 아산군단장인 성기선, 충남도 광공국장과 군수를 지낸 김흥식, 충남도의원인 원용태, 충남도 후생단장을 지낸 홍석영 후보들도 출전했다.

이번 총선에서 홍순철 의원을 비롯하여 이정우, 김흥식, 서용길, 최종철, 김인기, 조봉환, 김덕성, 홍석영 등 10명의 후보들이 공천을 향해 운집하자 자유당은 회사장인 이민우 후보를 공천했고, 민주당은 대한청년단 아산군단장으로 2대 총선과 3대 총선에 출전하여 낙선한 성기선 후보를 출전시켰다.

민주당 성기선 후보는 대한청년단 아산군단장으로 맺은 인연, 두 번의 낙선에 따른 지명도와 동정여론으로 승리가 예상됐으나, 자유당 공천후보이며 회사장으로 재력이 풍부하지만 지역에 뿌리가 깊지 아니한 이민우 후보에게 390표차로 세 번째 낙선의 고배를 마셨다.

□ 득표상황

후보자	정당	연령	주요 경력	득표 (%)
이민우	자유당	52	회사장	27,713 (50.4)
성기선	민주당	38	상업, 소졸	27,323 (49.6)

〈천안 갑〉 내무부차관을 지낸 자유당 한희석 후보가 민주당 홍춘식 후보를 가볍게 제압하고 재선의원 반열에

천안군이 단일구였던 지난 3대 총선에서 내무부차관을 지낸 한희석 후보가 자유당 공천을 받고 출전하자 제헌, 2대의원인 김용화 의원은 공주 을구로 피신하여 한희석 후보의 발걸음을 가볍게 해 주었다.

제헌의원 보궐선거에서 당선되었으나 2대 총선에서 낙선하여 네 번째 출전한 이상돈, 신한광업 회장인 박영민 후보들이 출전하여 보았으나 역부족이었다.

천안군이 갑구와 을구로 분구된 이번 총선에서 한희석 의원이 자유당 공천을 받고 갑구에 출전하자, 경찰학교 교수인 홍춘식 후보가 민주당 공천을 받고 대항마로 출전했다.

대한노총 사무국장인 유화룡 후보가 노농당으로, 일본 영화학교에 다닌 노정 후보는 무소속으로 출전했다.

내무부 지방국장과 차관을 지낸 한희석 의원이 자유당 재정부장을 맡고 있는 실세로서, 민주당 홍춘식 후보를 가볍게 제압하고 재선 의원이 됐다.

□ 득표상황

후보자	정당	연령	주요 경력	득표 (%)
한희석	자유당	48	3대의원(천안)	20,166 (62.4)

홍춘식	민주당	37	경찰대 교수	9,585 (29.7)
노 정	무소속	49	영화학교 중퇴	1,546 (4.8)
유화룡	노농당	46	대한노총 사무국장	1,012 (3.1)

〈천안 을〉 자유당 김종철 후보와 맞붙은 선거전에서 패배한 이상돈 후보는 제헌의원 선거, 2대 총선, 3대 총선, 4대 총선에서 모두 낙선한 진기록을 수립

이번 총선에 신설된 이 지역구에는 자유당 김종철 후보와 민주당 이상돈 후보가 출전하여 양자 대결을 펼쳤다.

명치대 출신으로 대동청년단 선전부장을 지낸 김종철 후보가 조도전대 출신으로 제헌의원 보궐선거에 당선된 이상돈 후보를 꺾고 등원에 성공했다.

김종철 후보는 제헌의원 선거에 출전했다가 낙선하자 출전을 포기하고 있다가 이번 총선에 출전했지만, 이상돈 후보는 제헌의원 선거에 출전했다가 낙선했지만, 이병국 의원의 사망으로 실시된 보궐선거에 당선된 김용화 의원의 선거무효로 실시된 재선거에서 당선됐다.

2대 의원 선거에서는 김용화 후보에게 패배했고, 지난 3대 총선에도 민국당 후보로 출전하여 자유당 한희석 후보에게 1,631표차로 세 번째 낙선했다.

이번 총선에서도 자유당 김종철 후보에게 4,291표차로 패배하여 네 번째 패배라는 진기록을 수립했다.

□ 득표상황

후보자	정당	연령	주요 경력	득표 (%)
김종철	자유당	37	대동청년단 부장	18,924 (56.4)
이상돈	민주당	46	제헌의원(보궐, 천안)	14,633 (43.6)

제4장 호남·제주권: 반자유당 정서 엄연히 상존

1. 반자유당 지역정서는 면면히 흐르고

2. 호남·제주권 59개 지역구 격전의 현장으로

1. 반자유당 지역정서는 면면히 흐르고

(1) 호남·제주권은 전국의 25.3%를 점유

호남·제주권은 전라북도가 24개 선거구, 전라남도가 32개 선거구, 제주도가 3개 선거구로 모두 59개 선거구로 전국의 25.3%를 차지하여 4분의 1 수준이다.

지난 3대 총선에서는 55개 선거구였으나 4개 선거구가 증설됐다. 전북의 전주와 남원이 갑·을구로 분구되어 증설됐고, 광주와 무안은 갑·을·병구로 세분하여 3개구가 증설됐으나, 광산 갑·을구가 통합되어 전북, 전남이 각각 2개구가 증설됐을 뿐이다.

지난 3대 총선에서 55명 당선자의 소속은 자유당이 26명으로 전체의 49.1%를 차지하고 민주국민당이 5명, 무소속이 22명이다.

이번 총선에서 자유당이 30명, 민주당이 21명, 통일당이 1명이고 무소속 후보들이 7명이다. 그리하여 자유당 당선자의 점유율은 50.8%에 불과하다.

(2) 3대 의원의 귀환율은 56.4%를 넘나들고

전북에서 3대의원 중 이철승(전주갑), 이존화(완주갑), 유진산(금산), 정준모(장수), 박세경(임실), 임차주(순창), 정세환(고창갑), 신규식(부안), 윤제술(김제을), 양일동(옥구) 의원 등 10명이 생환했다.

전남에서도 정성태(광주갑), 박홍규(광주병), 정중섭(목포), 정재완(여수), 윤형남(순천), 이정휴(광산), 조순(곡성), 이갑식(구례), 이형모(승주), 손문경(고흥갑), 구흥남(화순), 손석두(장흥), 김병순(해남갑), 김준연(영암), 유옥우(무안을), 정명섭(나주을), 김의택(함평), 조영규(영광), 변진갑(장성), 김선태(진도) 의원 등 20명이 생환했으며 제주도에서 김두진(북제주) 의원도 재당선됐다.

그리하여 귀환율은 56.4%로 높은 편이다.

3대의원 중 김판술(군산), 김춘호(이리), 박정근(완주을), 양영주(남원갑), 김창수(정읍갑), 김택술(정읍을), 신용욱(고창을), 송방용(김제갑), 소선규(익산갑), 강세형(익산을), 박영종(담양), 김정호(광양), 송경섭(고흥을), 김성호(강진), 민영남(해남을), 신행용(무안갑), 최영철(나주갑), 조병문(진도), 강경옥(남제주) 의원들이 낙선했으며, 유청(전주갑), 배성기(완주을), 조정훈(남원갑), 나용균(정읍을), 홍순희(고창을), 조한백(김제갑), 김형섭(익산갑), 윤택중(익산을), 박철웅(고흥을) 후보 등은 지난 총선에서의 낙선을 딛고 이번 총선에서 당선됐다.

(3) 1만 표 미만의 득표에도 2명이나 당선

구흥남(화순), 정명섭(나주을) 후보들은 3만 표 이상을 득표하여 당선됐지만, 김원중(이리), 나판수(무안갑) 후보들은 1만 표 미만의 득표로 당선됐다.

이존화(완주갑), 배성기(완주을) 후보들은 소졸로 김원전(군산), 김원중(이리), 조정훈(남원갑), 안균섭(남원을), 임차주(순창), 김형섭(익산갑), 박흥규(광주병), 김석진(해남을) 후보들은 중졸로도 당선됐다.

이철승(63.8%), 박흥규(66.7%), 이정휴(68.6%), 이갑식(61.9%), 구흥남(77.6%), 김석진(63.8%), 정명섭(75.8%) 후보는 높은 득표율로 당선된 반면, 나판수(27.7%), 현오봉(29.6%) 후보들은 30%에도 미달한 득표율로 당선됐다.

2. 호남·제주권 59개 지역구 격전의 현장으로

> 전라북도

〈전주 갑〉 지난 3대 총선에는 완주 을구에 출전하여 6,707 표를 득표하여 낙선한 유청 후보가 민주당 공천이란 행운을 잡고 기라성같은 후보들을 제압

전주시가 단일구였던 지난 3대 총선 때에는 27명의 혼전에서 승리한 박정근 의원이 완주 갑구로 옮겨간 호기를 맞아, 2대 총선에서 낙선한 이철승 후보가 제헌의원 시절부터 출마하여 닦아온 조직과 반탁학련동지회 총재로서의 지명도로 대승을 거두고 등원에 성공했다.

대법관을 지낸 이우식, 자유당 전주시당위원장으로 활약한 이주상, 해인대 교수인 유춘섭 후보들도 함께 뛰었다.

전주시가 갑구와 을구로 분구된 이번 총선에서 갑구에는 전북도 농산과장을 지낸 자유당 이양호 후보와 전주상고 교장으로 지난 3대 총선에선 완주 을구에 출전하여 낙선한 유청 후보가 자웅을 겨뤘다.

지난 3대 총선에서 대법관 출신으로 차점 낙선한 이우식, 전북도의원 출신으로 3위로 낙선한 이주상 후보들도 재도전했다.

형사와 자유당원들이 짝지어 각 통·반에 돈을 뿌려 매표 공작을 벌였으며, 돈을 받은 주석준은 현금을 들고 기자에게 달려오는 등 불법선거에 대한 고발정신도 투철했다.

민주당 공천이라는 행운을 잡은 유청 후보는 이철승 의원이 을구로 옮겨가며 양도한 조직을 고스란히 물려받고, 반자유당 정서가 만연되어 손쉽게 자유당 이양호 후보를 꺾고 등원에 성공했다.

대법관 출신으로 지난 3대 총선에 출전하여 13,199표를 득표했던 이우식 후보는 지역민심이 자유당이냐 민주당이냐는 논란 속에 양당에 대한 표 쏠림 현상으로 3,973표 득표에 머물며 주저앉았다.

□ 득표상황

후보자	정당	연령	주요 경력	득표 (%)
유 청	민주당	39	전주상고 교장	16,332 (51.1)
이양호	자유당	43	전북도 농무과장	8,652 (27.1)
이우식	무소속	56	대법관	3,973 (12.4)
이주상	무소속	50	전북도의원	3,007 (9.4)

〈전주 을〉 반자유당 지역정서를 등에 업고 2대 총선 때 패배를 안겨줬던 박정근 후보에게 설욕한 이철승

이번 총선에서 신설된 이 지역구에 이철승 의원이 민주당 공천을 받고 재선 의지를 내비치자, 자유당은 2대 총선 때 이철승 후보를 꺾고 당선됐고, 3대 총선 때 완주 갑구로 전구하여 낙선했지만 진안 이복성 의원의 사망으로 실시된 보궐선거에서 당선된 박정근 후보를 대항마로 내세웠다.

자유당은 황희섭, 김덕배, 김영배 후보들이 공천을 신청했으나 진안을 희망한 박정근 후보를 차출하여 공천을 감행했다.

전주시의원을 지낸 장해천, 대한청년단 전주시단장으로 활약한 정진호 후보들도 무소속으로 출전했다.

박정근 후보가 "요금을 내고 퍼가던 인분뇨 제도를 없앴다"는 삐라를 살포해 선거가 분뇨 문제로 시끌벅적했다.

민주당에서는 자유당에서 "이철승은 전주 발전에 지장이었다"고 선전하고, 극장 입장표를 무료로 배부하고 음식을 제공했다는 혐의로 고발했다.

박정근 후보는 불원시공, 미구착공, 불원착공, 불원혜택이 대부분인 '전주의 당면현안'을 발표하자, 이철승 후보는 '선거공수표'라는 미묘한 어구로 조소(嘲笑)했다.

자유당 박정근 후보의 풍요로운 자금 살포와 선심 공약, 경찰들의 선거 관여에도 불구하고 민주당 이철승 후보가 9,709표차로 박정근 후보를 꺾고 재선의원으로 발돋움했다.

□ 득표상황

후보자	정당	연령	주요 경력	득표 (%)
이철승	민주당	35	3대의원(전주)	20,028 (63.8)
박정근	자유당	60	3대의원(2선)	10,319 (32.8)

| 장해천 | 무소속 | 35 | 전주시의원 | 548 (1.7) |
| 정진호 | 무소속 | 37 | 한청 전주시단장 | 520 (1.7) |

〈군산〉 고려제지 사장인 김원전 후보가 김용택, 차형근, 정찬용 후보들을 제압하고 자유당 공천을 받고서, 민주당의 공천 반발에 의한 내홍을 틈타 현역의원을 꺾고 등원에 성공

지난 3대 총선에서는 경도제대 출신으로 농림부 농정과장을 지낸 김판술 후보가 양조업자로서 자유당 공천을 받은 김용철, 군산어업조합장으로 자유당 공천 경쟁을 치열하게 전개한 김형기, 청구건설 사장인 김선태 후보들을 꺾고 등원에 성공했다.

이번 총선에는 김판술 의원이 민주당 공천을 받고 재선 고지 점령에 나서자, 자유당은 김용택, 정찬용, 차형근 후보들을 낙천시키고 고려제지 사장인 김원전 후보를 내세웠다.

자유당 공천에 반발한 검사 출신 변호사인 차형근, 지난 3대 총선에도 출전했던 전북도의원을 지낸 김형기, 조도전대 출신으로 전북도의원을 지낸 서홍선 후보들도 출전했다.

민주당의 군산지구 재정부장 최규생, 고문인 최규남과 허근 등이 공천에 불만을 품고 집단적으로 탈당했다.

민주당에서는 자유당이 미등록 선거운동원을 모집하고 거기다가 동의서까지 받고 있으며 당세 확장 회의가 있는 다음에는 반드시

주연이 베풀어졌다고 비난했다.

자유당에서는 "민주당 의원은 지방일을 하나도 한 것이 없다", "민주당은 당내에서 부정투표를 하고 있다"고 민주당을 비난했다.

정치신인인 자유당 김원전 후보가 자유당의 적극적인 선거운동, 민주당의 공천 반발로 인한 내홍 등에 힘입어 현역의원인 김판술 후보를 1,099표차로 꺾고 등원에 성공했다.

□ 득표상황

후보자	정당	연령	주요 경력	득표 (%)
김원전	자유당	39	고려제지 사장	14,629 (45.0)
김판술	민주당	49	3대의원(군산)	13,530 (41.6)
차형근	무소속	33	검사, 변호사	2,439 (7.5)
서홍선	무소속	61	전북도의원	999 (3.1)
김형기	무소속	66	전북도의원	940 (2.9)

〈이리〉 전북 선거관리위원장의 개표 중단 선언에도 불구하고 자유당의 일방적인 개표 강행으로 김원중 후보 당선을 선언하고, 대법원은 선거무효 소송을 각하

지난 3대 총선에서는 이리시의원 출신인 김춘호 후보가 자유당 이리시당 부위원장으로 이리시당위원장인 최경진 후보를 꺾고 자유당 공천을 받은 여세를 몰아, 2대의원인 민국당 이춘기 후보를 30

표차로 꺾고 당선되어 기염을 토해냈다.

대한청년단 이리시단장인 박동섭, 철도국 직원인 강갑수 후보들은 완주했으나, 자유당 이리시당위원장이었던 최경진 후보는 중도에 사퇴했다.

이번 총선에서 자유당은 이리시의원 출신으로 현역의원인 김춘호 후보를 공천에서 제외하고, 전북 수리조합장 출신인 김원중 후보를 내세웠다.

이에 반발하여 김춘호 의원이 무소속으로 출전하여 자중지란을 일으켰다.

지난 3대 총선에서 30표차로 낙선한 2대의원인 이춘기 후보가 민주당 공천으로, 자유당 이리시당위원장으로 지난 3대 총선에 등록했다 사퇴한 최경진 후보가 등록하여 4파전이 전개됐다.

자기 심복 부하를 상대방이 매표할 수 있는 기회를 조성함으로써 매표에 관한 안중을 얻자는 계획으로 상대방의 선거사무소에 침투시키고 여·야 공천후보는 "절대로 상호 간의 인신공격만은 삼가하자"는 신사협정을 맺었다.

국회 운영위원장을 지낸 무소속 김춘호 후보는 "자유당의 공천은 공천이 아니라 매매된 것이다", "경찰은 나를 탄압하고 나의 운동원의 자유를 묶어놓고 있다"고 자유당 김원중 후보를 공격했다.

3대 총선 당시 경찰서장은 "선거계몽을 다니면서 정부를 공격하는 사람보다 지방일을 도와줄 수 있는 사람을 뽑아야 한다"고 역설하여 이춘기 의원을 낙선케 했다는 무용담을 들려줬다.

숱한 화제를 뿌리며 마감된 선거전의 개표 상황에서 폭력사건이 난무하여 선거관리위원장의 개표 중단 요구를 무시하고 자유당 측 개표 요원들이 단독으로 개표를 강행하여, 자유당 김원중 후보가 민주당 이춘기 후보를 727표차로 꺾고 당선됐다고 일방적으로 선언했다.

개표를 강행한 이리시 선거위원장은 김원중 후보가 전북 수리조합장 시절 서무과장으로 봉직한 인물이었다.

개표 무효를 외치며 데모가 발생했고, 민주당이 선거무효 소송을 제기했으나 대법원은 기각 판결함으로써 소송을 종결시켰다.

□ 득표상황

후보자	정당	연령	주요 경력	득표 (%)
김원중	자유당	53	전북수리조합장	7,902 (36.8)
이춘기	민주당	52	2대의원(이리)	7,175 (33.4)
김춘호	무소속	41	3대의원(이리)	5,241 (24.4)
최경진	무소속	42	자유당 시당위원장	1,149 (5.4)

<완주 갑> 완주군 자유당 위원장으로 기반을 구축한 이존화 후보가 민주당 안개세 후보를 가볍게 제압하고 재선의원에

지난 3대 총선에서는 신문사업가로서 정치 활동을 펼쳐 온 이존화 후보가 2대 총선에서는 낙선했지만 자유당 공천을 받고서, 2대의원으로 전주에서 자유당 공천을 받았으나 자유당 공천장을 반납하

고 고향을 찾아든 박정근, 2대 총선에서 차점 낙선한 김규동, 의사인 국민회 최병헌, 불삼화학 상무인 국영호 후보들을 꺾고 등원에 성공했다.

이번 총선에서 이존화 의원이 자유당 공천을 받고 재선의 나래를 펼치자, 민주당은 약사 출신인 안개세 후보를 내세워 저지에 나섰다.

양조업자로서 고산면장을 지낸 이존형 후보는 무소속으로 출전하여 고산면민들의 지원으로 선전했다.

여촌야도의 투표 성향에 따라 행정력을 동원한 이존화 후보가 삼례읍민들의 지원을 받은 정치신인인 안개세 후보를 가볍게 제압하고 재선의원으로 발돋움했다.

□ 득표상황

후보자	정당	연령	주요 경력	득표 (%)
이존화	자유당	44	3대의원(완주 갑)	15,636 (49.8)
안개세	민주당	36	약사	8,782 (28.0)
이존형	무소속	50	완주군 고산면장	6,992 (22.2)

〈완주 을〉 2대 총선에는 27명의 후보들이, 3대 총선에서도 8명의 후보들이 난립했지만, 이번 총선에서는 3명만 출전한 선거전에서 승리한 민주당 배성기

지난 3대 총선에서는 대동청년단 전북도단장으로 2대 총선에서는 납북된 박영래 의원에게 패배했던 손권배 후보가 자유당 공천을 받고서 전주상고 교장인 유청 후보를 553표차로 꺾고 등원에 성공했다.

고등공민학교장인 홍태현, 명륜대 서무과장인 이봉구, 전북도 축산과장을 지낸 배성기, 제헌의원인 민국당 이석주 후보들도 출전했다.

이번 총선에서 자유당은 오락가락한 손권배 의원을 공천에서 배제하고 정미업자로서 전북도의원을 지낸 김용남 후보를 공천했고, 민주당은 전북도 축산과장을 지낸 배성기 후보를 내세웠다.

완주군 조촌면장으로 지역 기반을 구축한 유택 후보도 무소속으로 출전하여 3파전이 형성됐다.

현역의원을 배제한 자유당 공천에 대한 반발과 내홍의 틈새를 비집고 농민들의 절대적 지지를 득표로 연결시킨 민주당 배성기 후보가 농촌 지역에서 값진 승리를 이끌어냈다.

□ 득표상황

후보자	정당	연령	주요 경력	득표 (%)
배성기	민주당	41	농민회 축산과장	14,190 (50.0)
김용남	자유당	50	전북도의원	9,347 (32.9)
유 택	무소속	52	완주군 조촌면장	4,869 (17.1)

〈진안〉 상공부 광업과장 출신으로 자유당 공천을 받은 고영

추 후보가 패배할 수 없는 선거전에서 맥없이 무너져

지난 3대 총선에서는 진안면장과 소방대장을 지낸 이복성 후보가 2대 총선에서는 낙선했지만, 자유당 공천을 받고서 산림조합 이사장인 고영추, 전북도 과장과 군수를 역임한 김재영, 전북도의원인 김태주 후보들을 꺾었다.

재향군인회장인 양황현, 2대의원인 김준희, 전북도의원인 정병희 후보들이 사퇴하여 이복성 후보의 발걸음을 가볍게 해주었다.

이번 총선에서 자유당은 일제시대 중추원 참의를 지낸 70대 노인인 전승수 옹과 2대의원인 김준희, 3대의원인 박정근, 산림조합 이사장인 고영추 후보들을 놓고 저울질 하다가 박정근 의원을 전주로 보내고 고영추 후보를 내세웠다.

고영추 후보는 지난 3대 총선에 출전하여 4,802표를 득표하여 차점 낙선했다.

2대 총선에는 14명의 후보들이 난립되고, 지난 3대 총선에도 11명의 후보들이 난립한 선거전에 이번 총선에는 자유당 고영추 후보에 맞서 재일거류민단 동경부단장으로 동경 학병징발 반대 투쟁위원장으로 활약한 이옥동 후보가 외롭게 도전했다.

상공부 광업과장 출신으로 산림조합 이사장을 지낸 고영추 후보가 패배하려해도 패배할 수 없는 선거전에서 재일교포이며 이옥동 후보의 금전 살포에 맥없이 주저앉고 말았다.

공천에서 배제된 2대의원인 김준희, 3대의원 박정근 후보의 지지자들의 집단적인 반발이 빚은 참사였을지도 모를 일이다.

□ 득표상황

후보자	정당	연령	주요 경력	득표 (%)
이옥동	무소속	35	재일거류민 부단장	17,152 (52.4)
고영추	자유당	56	상공부 광업과장	15,596 (47.6)

<금산> 지난 3대 총선에서 임영신 상공부장관을 꺾은 민주당 유진산 후보가 재선의원이 되어 정계 거물로 발돋움

지난 3대 총선에서는 대동청년단을 이끌고 반탁운동 선봉에 섰던 유진산 후보가 2대 총선 때 패배를 안겨 준 중앙대 총장인 임영신 후보를 진산면민들의 전폭적인 지지로 1,290표차로 꺾고 설욕전에서 승리했다.

자유당이 공천을 포기한 이 지역구에 고시위원회 국장을 지낸 임명직, 수리조합장 출신인 정준용, 변호사인 오승근 후보들이 자유당 후보임을 내세우고 출전했으나 득표력은 보잘 것 없었다.

이번 총선에는 유영필을 유진산으로 개명(改名)한 유진산 의원이 재선 고지 점령에 나서자, 일본 중앙대 출신으로 변호사인 오승근 후보가 금산읍을 진지로 구축하고 추격전에 나섰다.

지난 3대 총선에서 임영신 상공부장관을 1,290표차로 꺾었던 저력을 지닌 유진산 후보가 자유당 오승근 후보를 가볍게 제치고 중견 정치인으로 발돋움했다.

□ 득표상황

후보자	정당	연령	주요 경력	득표 (%)
유진산	민주당	52	3대의원(금산)	23,026 (59.0)
오승근	자유당	49	변호사	15,971 (41.0)

〈무주〉 무주군수 출신인 자유당 김진원 후보가 전북도지사 출신인 민주당 신현돈 후보를 꺾고 등원에 성공

지난 3대 총선에서 상공부 상공장려관장을 지낸 김상현 후보가 2대 총선에서 전북도지사를 지낸 신현돈, 보궐선거에서 당선된 김교중 후보들을 꺾고 당선된 저력과 자유당 공천을 받은 위세를 타고 당선을 예약했다.

목사로서 상공신문 사장인 김종대, 서울석탄조합 직원인 이홍의 후보들은 무투표 당선을 막았을 뿐이다.

김상현 의원이 정계를 은퇴한 이번 총선에서 자유당은 김종대와 이홍의 후보들을 낙천시키고 무주군수를 지낸 김진원 후보를 내세웠고, 민주당은 제헌의원에 당선됐다가 전북도지사에 발탁된 신현돈 후보를 내세웠다.

군수 출신으로 자유당 공천을 받은 김진원 후보가 도지사 출신으로 민주당 공천을 받은 신현돈 후보를 꺾고 등원에 성공했다.

□ 득표상황

후보자	정당	연령	주요 경력	득표 (%)
김진원	자유당	41	무주군수	16,232(65.7)
신현돈	민주당	54	전북, 경북지사	8,475 (34.3)

〈장수〉 보건부장관을 지낸 정준모 후보가 자유당 공천을 받고서 민주당 송영선 후보를 가볍게 제압하고 재선의원에

지난 3대 총선에선 동경제대 출신으로 보건부차관을 지낸 정준모 후보가 제헌의원 김봉두, 2대의원 김우성, 전북도의원으로 자유당 공천을 받은 송영준 후보들을 꺾고 승리했다.

목사인 국민회 강인선, 향교재단 이사장인 오일승, 산서면장 출신인 김웅만 후보들도 출전했다.

이번 총선에서는 자유당이 보건부장관으로 발탁된 정준모 후보를 공천하자, 민주당은 전북도의원으로 지난 3대 총선에는 자유당으로 출전하여 6,622표를 득표하여 차점 낙선한 송영선 후보를 내세웠다.

장수경찰서장을 지낸 최연식, 자유당 낙천자이며 목사로서 미국 공보원장을 지낸 홍양춘, 대지광업 사장으로 제헌의원에 당선된 김봉두 후보들도 무소속으로 출전했다.

보건부차관을 거쳐 보건부장관을 지낸 정준모 후보가 자유당 공천을 받고 민주당 송영선 후보를 가볍게 제압하고 재선의원이 됐다.

□ 득표상황

후보자	정당	연령	주요 경력	득표 (%)
정준모	자유당	53	3대의원(장수)	12,007 (45.0)
송영선	민주당	39	전북도의원	7,328 (27.5)
최연식	무소속	50	장수경찰서장	4,568 (17.1)
홍양춘	무소속	43	미국 공보원장	1,432 (5.4)
김봉두	무소속	52	제헌의원(장수)	1,330 (5.0)

〈임실〉 자유당 공천을 받은 박세경 의원의 압도적인 승리가 예상됐으나 3,338표차로 신승하고 재선의원 반열에

지난 3대 총선에선 고문(高文) 합격한 변호사 박세경 후보가 자유당 공천을 받고서 제헌의원인 진직현, 2대의원인 엄병학, 임실경찰서장을 지낸 김진현 후보들을 꺾고 등원에 성공했다.

민사처 수사관인 홍춘식 후보도 출전했다.

이번 총선에는 박세경 의원이 자유당 공천을 받고 재선 고지 점령에 나서자, 제헌의원인 진직현, 2대의원인 엄병학 후보들이 출전을 포기하고, 민주당도 적격자를 물색하지 못해 공천을 포기했다. 이에 대검 검사 출신인 이정우 후보가 자유당을 탈당하고 무소속으로 출전하여 박세경 의원의 재선 저지에 나섰다.

자유당 공천을 받은 박세경 의원의 압도적인 승리가 예상됐으나

느슨한 선거운동으로 3,338표차의 근소한 표차로 무소속 이정우 후보를 제압하고 재선의원 반열에 올랐다.

□ 득표상황

후보자	정당	연령	주요 경력	득표 (%)
박세경	자유당	38	3대의원(임실)	21,499 (54.2)
이정우	무소속	47	대검검사, 변호사	18,159 (45.8)

<남원 갑> 제헌의원 선거에서 차점 낙선, 2대 총선에서 당선, 3대 총선에서 차점 낙선한 조정훈 후보가 자유당 현역의원을 꺾고 재기에 성공하여 2승 2패를

지난 3대 총선에서는 제재업자(製材業者)로서 현직 의원을 밀쳐내고 공천을 받은 양영주 후보가 자유당 소속 후보임을 내세운 조정훈 2대의원을 454표차로 꺾고 의원직을 승계했다.

전북도 관재국장을 지낸 박환생 후보도 출전하여 선전했다.

남원군이 갑구와 을구로 분구된 이번 총선에는 3대 총선에서 혈전을 전개하여 승패를 나눠가졌던 2대의원 민주당 조정훈 후보와 3대의원 자유당 양영주 후보가 재대결을 펼쳤다.

해운통신 사장인 공성술 후보가 무소속으로 출전하여 파수꾼 역할을 수행했다.

지난 3대 총선에서는 자유당 남원군당위원장으로 중앙당 재정부장을 지낸 조정훈 후보는 18,78표를 득표했고, 국민회 남원군지부장으로 자유당 남원군당 부위원장인 양영주 후보는 19,232표를 득표하여 454표차로 승패가 엇갈렸다.

이번 총선에서 양영주 의원은 자유당 공천을 받고 출전했고, 조정훈 후보는 자유당을 탈당하고 민주당으로 전향하여 정부 정책을 규탄하여 논란을 일으켰다.

반자유당 정서를 활용하고 오랫동안 가꾸어 온 조직을 활용한 조정훈 후보가 양영주 현역의원을 659표차로 제압하여 고토를 회복하며 재선의원이 됐다.

□ 득표상황

후보자	정당	연령	주요 경력	득표 (%)
조정훈	민주당	44	2대의원(남원)	15,127 (48.8)
양영주	자유당	43	3대의원(남원)	14,468 (46.7)
공성술	무소속	31	해운선사 사장	1,418 (4.6)

〈남원 을〉 무명의 정치신인으로 자유당 공천을 받고서 전북도의원 출신인 민주당 윤정구 후보를 꺾고 당선된 안균섭

이번 총선에서 신설된 이 지역구는 지난 3대 총선에서 혈전을 전개한 양영주와 조정훈 후보들이 갑구에 출전하여 정치신인들의 독무대가 됐다.

군인 출신으로 자유당 공천을 받은 안균섭, 전북도의원 출신으로 민주당 공천을 받은 윤정구, 남원 교육감으로 활동한 이기홍, 병원장으로 인술을 베푼 박순관 후보들이 4파전을 전개했다.

이기홍과 박순관 후보들을 제치고 자유당 공천을 받고 행정력의 지원을 받은 안균섭 후보가 박순관 후보의 운봉면 표 잠식으로 고전한 민주당 윤정구 후보를 4천여 표차로 꺾고 새로운 지역의 주역으로 등장했다.

□ 득표상황

후보자	정당	연령	주요 경력	득표 (%)
안균섭	자유당	34	중졸, 군인	13,992 (43.4)
윤정구	민주당	30	전북도의원	9,435 (29.3)
이기홍	무소속	43	남원 교육감	6,204 (19.3)
박순관	무소속	45	의사, 병원장	2,583 (8.0)

<순창> 3대의원에 당선된 임차주 의원이 자유당 공천을 받고 3대 총선에서 경쟁을 벌인 후보들을 제압하고 재선의원에

지난 3대 총선에서는 반탁투쟁위원장으로 활약한 임차주 후보가 자유당 공천을 받고서, 민족청년단 순창군단장으로 활약하고 2대 의원에 당선된 김정두, 육군 대령 출신으로 변호사인 홍영기 후보들을 꺾고 등원에 성공했다.

이번 총선에서는 지난 3대 총선에서 혈전을 전개했던 3대의원 자유당 임차주 후보와 2대의원 무소속 김정두 후보가 재대결을 펼쳤다.

육군 대령 출신으로 변호사인 홍영기 후보가 지난 3대 총선에서의 낙선을 딛고 재출전했다.

지난 3대 총선에서 자유당 순창군당위원장인 임차주 후보는 11,947표를 득표했고, 민족청년단 전주시 부단장으로 무소속 김정두 현역의원은 8,050표를 득표했다.

전북의 오지로 농촌 지역의 특성을 반영하여 자유당 공천을 받은 임차주 현역의원이 대승을 거두고 재선의원이 됐다.

자유당 공천 경쟁에서 패배한 2대의원인 김정두 후보는 3천여 표 득표에 머물렀고, 민주당으로 출전한 홍영기 후보는 연패의 늪에서 헤매었다.

□ 득표상황

후보자	정당	연령	주요 경력	득표 (%)
임차주	자유당	39	3대의원(순창)	20,654 (59.2)
홍영기	민주당	39	변호사	10,364 (29.7)
김정두	무소속	43	2대의원(순창)	3,879 (11.1)

〈정읍 갑〉 제헌의원 선거에서 무투표 당선됐지만, 2대와 3대 총선에 낙선하고서 이번 총선에서 2전 3기를 이뤄낸 나용균

신석빈 의원의 납북으로 무주공산이 된 지난 3대 총선에서 자유당 전북도당위원장인 김창수 후보가 자유당 공천 후보임을 내세워, 제헌의원 선거에서 무투표 당선된 민국당 나용균, 전북도의원인 김상술, 중학교 교장인 박명규, 전북도 건설과장을 지낸 송정용 후보들을 꺾고 등원에 성공했다.

이번 총선은 지난 3대 총선에서 대결을 펼쳤던 자유당 김창수 의원과 민주당 공천을 받은 제헌의원인 나용균 후보가 재대결을 펼쳤다.

자유당 공천에서 낙천한 최태원 후보는 "은행에 2천만환의 공탁금을 걸고 참의원 선거에는 나를 자유당 공천으로 후원한다는 공약서를 작성하면 출마 않겠다"고 김창수 후보의 타협에 응답했다.

단국대 출신인 나용균 후보와 상해대 출신인 김창수 후보의 대결은 제헌의원 선거 때부터 줄곧 출전하여 2대와 3대 총선에서 낙선한 나용균 후보가 동정여론을 일으켜 김창수 후보를 4천여 표차로 꺾고 2전 3기를 이뤄내며 재선의원으로 발돋움했다.

□ 득표상황

후보자	정당	연령	주요 경력	득표 (%)
나용균	민주당	62	제헌의원(정읍갑)	26,356 (54.2)
김창수	자유당	57	3대의원(정읍갑)	22,230 (45.8)

〈정읍 을〉 지난 3대 총선에서 차점 낙선한 송영주 후보가

자유당 지지세가 분산된 호기를 맞아 값진 당선을 일궈내

지난 3대 총선에서는 제헌의원 시절부터 출전하여 지역 기반을 닦아온 2대의원 김택술 후보가 경찰관 출신인 민국당 송영주, 신태인읍장을 지낸 자유당 김종진 후보들을 꺾고 재선의원으로 등정했다.

고교 교사인 송문섭, 중학교장인 김진영, 전북도의원인 김요순 후보들도 출전했다.

이번 총선에서는 지난 3대 총선에서 혼전을 전개하여 당선된 김택술 의원과 차점 낙선한 송영주 후보가 재대결을 펼쳤다.

전북도의원을 지낸 송능운 후보는 김택술 의원과 전용필 후보들을 꺾고 자유당 공천을 받고 출전했고, 자유당 지구당위원장을 지낸 전용필 후보는 자유당 공천에 반발하여 무소속으로 출전하여 4파전이 전개됐다.

민주당 공천 후보임을 내세운 송영주 후보가 지난 3대 총선에서 1,342표차로 낙선한 데 따른 동정여론을 일으켜 자유당 지지 세력이 송능운 공천자와 전용필 낙천자로 분산된 호기를 맞아 송능운 후보를 3,560표차로 대파하고 새로운 지역의 주인으로 자리잡았다.

일본 중앙대 출신으로 2대와 3대의원인 김택술 후보는 자유당 공천에서 탈락하면서 당선권에서 멀어졌다.

□ 득표상황

후보자	정당	연령	주요 경력	득표 (%)
송영주	민주당	38	만주법대 졸	15,961 (36.9)
송능운	자유당	54	전북도의원	12,401 (28.7)
김택술	무소속	39	3대의원(2선, 정읍을)	9,746 (22.6)
전용필	무소속	50	자유당 위원장	5,099 (11.8)

〈고창 갑〉 농촌 지역에서 상공부 광무국장 출신으로 자유당 공천을 받고서 무소속 후보에게 연속 패배한 진의종

김수학 의원이 불출마한 지난 3대 총선에서는 동래 정씨 문중을 규합한 정세환 후보가 상공부 광무국장 출신으로 자유당 공천을 받은 진의종 후보를 255표차로 꺾고 기염을 토했다.

금융조합장인 임창욱, 대한나염공사 사장인 김영구, 의사인 국민회 서형남 후보들도 출전했다.

이번 총선에도 지난 3대 총선에서 격돌했던 정세환 의원과 낙선한 진의종 후보가 자유당 공천경쟁을 벌여 진의종 후보가 승리했으나 정세환 의원이 낙천에 반발하고 무소속으로 출전하여 재대결을 펼쳤다.

경도제대 출신으로 2대의원을 지낸 김수학 후보도 자유당 공천에서 낙천되자 무소속으로 등록했다 사퇴했다.

이래범 후보가 민주당 공천을 받아 출전했고, 대한상무회 전북지

부장인 조병후 후보가 무소속으로 출전했다.

일본대 출신인 정세환 후보가 상공부 광무국장 출신으로 자유당 공천을 받은 진의종 후보를 지난 3대 총선에 이어 650표차로 꺾고 재선의원이 됐다.

도시가 아닌 농촌 지역에서 변호사로서 상공부 국장을 지내고 자유당 공천을 받고서 무소속 후보에게 두 번이나 패배한 것은 특이한 현상일 뿐이다.

다만 지난 3대 총선에서는 무장면과 대갑면의 대결에서 김영구 후보가 무장면 표를 잠식했고, 이번 총선에서는 공천에서 낙천한 조병후 후보가 자유당 지지표를 잠식한 데 패인을 돌려야만 했다.

□ 득표상황

후보자	정당	연령	주요 경력	득표 (%)
정세환	무소속	42	3대의원(고창 갑)	10,946 (32.3)
진의종	자유당	36	상공부 광무국장	10,296 (30.4)
조병후	무소속	36	상무회 지회장	9,673 (28.5)
이래범	민주당	54	회사원	2,985 (8.8)
김수학	무소속	61	2대의원(고창 갑)	사퇴

〈고창 을〉 3대 총선 차점 낙선자가 민주당 공천을 받고, 자유당 공천을 받은 신용욱 현역의원을 꺾은 기적을 창출

지난 3대 총선에서는 대한항공 사장으로, 동아일보 사장으로 제헌의원인 백관수 후보를 262표차로 꺾고 2대의원에 당선된 신용욱 후보가 2대 총선에도 출전했던 흥해어업 전무인 홍순희, 동양맥주 감사인 민정식 후보들을 가볍게 제치고 재선의원에 등극했다.

이번 총선에서는 지난 3대 총선에서 당선된 대한항공 사장인 신용욱 후보와 흥해산업 전무로 차점 낙선한 홍순희 후보가 재대결을 펼쳤다.

신용욱 후보는 16,103표를 득표했고, 홍순희 후보는 9,126표로 표차는 6,977표였다.

도시 지역이 아닌 농촌 지역에서 민주당 공천을 받은 홍 후보가 대한항공 사장으로 재력이 풍부한 자유당 공천 후보를 778표차로 꺾은 기적을 만들어냈다.

이 지역이 김성수 부통령의 연고 지역으로 전통적으로 야당세가 강했다는 것을 승패의 갈림길이라고 추측할 수 있을 뿐이다.

□ 득표상황

후보자	정당	연령	주요 경력	득표 (%)
홍순희	민주당	45	회사원	15,321 (51.3)
신용욱	자유당	56	3대의원(2선,고창을)	14,543 (48.7)

〈부안〉 지난 3대 총선에서 무소속으로 자유당 신기원 후보를 꺾고 당선된 신규식 후보가 이번 총선에는 자유당 공천을 받고서 무소속 신기원 후보를 꺾어

최병주 의원이 납북된 지난 3대 총선에서는 제대장병보도회 부회장인 신규식 후보가 2대 총선에서 낙선한 지명도를 활용하여 자유당 부안군당위원장으로 활동한 신기원, 국민회 부안군지부장으로 활동한 조기승, 부안군 농산과장을 지낸 김형표 후보들을 꺾고 당선됐다.

이번 총선에는 지난 3대 총선에서 무소속으로 자유당 신기원 후보를 꺾고 당선된 신규식 의원이 자유당 공천을 받고 재선 고지를 선점했다.

중학교장 출신인 신기원 후보가 자유당 공천경쟁에서 탈락하자 이번 총선에서는 무소속으로 도전했고, 김용대 후보가 민주당 공천을 받고 출전했다.

부안읍, 주산면, 동진면의 소지역 대결이 펼쳐졌지만, 자유당 공천을 받은 신규식 후보가 대승을 거두고 재선 고지를 점령했다.

□ 득표상황

후보자	정당	연령	주요 경력	득표 (%)
신규식	자유당	50	3대의원(부안)	26,124 (49.3)
김용대	민주당	42	국민대 졸	15,446 (29.2)
신기원	무소속	41	중학교장	11,374 (21.5)

〈김제 갑〉 민주당 조한백 후보가 2대 총선과 3대 총선에서 연거푸 패배를 안겨준 송방용 후보를 대파하고 재선의원 반

열에 등극

지난 3대 총선에서는 여산 송씨 문중과 봉남면민들의 전폭적인 지지를 받은 송방용 후보가 2대 총선에서 혈전을 전개했던 제헌의원인 민국당 조한백 후보를 또 다시 꺾고서 재선의원이 됐다.

자유당 공천을 받은 임종권, 전북도 수산과장을 지낸 김심원, 김제읍장을 지낸 조인앙 후보들도 출전했다.

이번 총선에는 2대 총선 때부터 공방을 벌였던 무소속 송방용 후보와 민주당 조한백 후보들이 세 번째 맞대결을 펼쳤다.

도정업자인 임종기 후보가 파수꾼 역할을 하기 위해 출전했다.

2대 총선에서는 무소속 송방용 후보가 제헌의원인 조한백 후보를 큰 표차로 꺾고 의원직을 물려받았고, 3대 총선에서도 송방용 후보는 17,782표를 득표하여 재선의원이 됐고, 조한백 후보는 8,203표를 득표하여 두 번째 낙선했다.

자유당은 송방용 의원을 의식하여 무공천 정책지구로 설정했고, "송방용 후보는 자유당의 공천대상자였고, 아울러 자유당의 비밀당원이었다"라고 지방지에서 보도하여 파장을 일으켰고, 이것이 반자유당 정서를 자극하여 낙선의 빌미가 됐다.

민주당 공천을 받은 조한백 후보가 두 번 낙선에 따른 동정여론과 반자유당 지역 정서를 등에 업고 송방용 후보를 6천여 표차로 극복해 2전 3기하여 재선의원이 됐다.

☐ 득표상황

후보자	정당	연령	주요 경력	득표 (%)
조한백	민주당	50	제헌의원(김제 갑)	23,284 (50.4)
송방용	무소속	45	3대의원(2선,김제갑)	17,538 (38.0)
임종기	무소속	39	도정업	5,366 (11.6)

〈김제 을〉 지난 3대 총선에서 7명의 후보들을 제압하고 당선된 윤제술 후보가 이번 총선에도 자유당 최광식 후보를 제압하고 재선의원 반열에

지난 3대 총선에서는 이리남성고 교장인 윤제술 후보가 파평 윤씨, 백산면민들의 전폭적인 지지로, 차점 낙선의 단골로 중앙대 서무과장 출신인 강원용, 농민회장 출신으로 최윤호 의원의 사망으로 실시된 보궐선거에서 당선된 자유당 최주일 후보들을 꺾고 당선됐다.

죽상중 교장인 이동원, 농업고 교장인 최규련, 보통학교 교장인 최장열, 교육위원인 곽탁 후보들도 출전했다.

이번 총선에서는 지난 3대 총선에서 7명의 후보들을 꺾고 당선된 윤제술 후보가 민주당 공천을 받고 재선 고지를 선점하자, 자유당은 김심원과 최주일 후보들을 제치고 고시위원회 전형과장을 지낸 최광식 후보를 내세웠다.

능변가인 윤제술 후보가 자유당 최광식 후보를 가볍게 제압하고 재선의원이 됐다.

□ 득표상황

후보자	정당	연령	주요 경력	득표 (%)
윤제술	민주당	54	3대의원(김제 을)	22,144 (56.5)
최광식	자유당	40	고시위원회 전형과장	17,048 (33.5)

<옥구> 민주당의 무공천 배려에 무소속 양일동 후보가 전남도지사 출신인 자유당 이을식 후보를 꺾고 재선의원 반열에

지난 3대 총선에서는 무역회사 사장인 양일동 후보가 지역구 구석구석을 누비며 기반을 다져 옥구군수 출신으로 2대의원에 당선되고서 자유당 공천을 받은 지연해 후보를 1,394표차로 꺾고 2대 총선에서의 패배를 설욕했다.

서울시 인사처장을 지낸 민국당 노긍식, 조도전대 출신으로 면장을 지낸 강정태, 전북도의원을 지낸 두준창 후보들도 출전했다.

이번 총선에서 양일동 의원이 재선 고지를 선점하자 자유당은 전남도지사를 지낸 이을식 후보를 내세웠다.

민주당은 양일동 의원의 재선을 기대하며 무공천 지구로 배려했다.

서울시 상공국장 출신으로 지난 3대 총선에 출전하여 9,120표를 득표했던 노긍식 후보가 이번 총선에도 통일당으로 출전했다.

자유당 옥구군당 감찰부장이 양일동 후보 선전마이크를 잡아줄 정도로 자유당 진영이 분열되어 있었다.

무소속 양일동 의원이 민주당의 무공천 배려와 그동안 구축해 온 조직을 가동하여, 자유당 공천을 받고 출전한 이을식 후보를 8천여 표차로 따돌리고 재선의원이 됐다.

□ 득표상황

후보자	정당	연령	주요 경력	득표 (%)
양일동	무소속	45	3대의원(옥구)	26,262 (52.4)
이을식	자유당	46	전남도지사	17,818 (35.6)
노긍식	통일당	53	서울시 상공국장	6,023 (12.0)

〈익산 갑〉 지난 3대 총선에서 자유당 공천으로 출전하여 2,191표차로 낙선했지만, 심기일전하여 자유당 공천 후보임을 내세워 소선규 의원에게 설욕한 김형섭

지난 3대 총선에서는 서울시 부시장 출신인 소선규 후보가 제헌의원 선거에서 비록 낙선했지만 다져진 지역 기반으로 2대의원에 당선되고서, 자유당 위원장인 김형섭, 북일면장을 지낸 신정묵 후보들을 제치고 재선의원에 등극했다.

이번 총선에서는 지난 3대 총선에서 승패가 엇갈렸던 자유당 김형섭 후보와 민주당 소선규 후보가 재대결을 펼쳤다.

지난 3대 총선에서 서울시 부시장을 지낸 민국당 소선규 후보는 15,601표를 득표하여 당선됐고, 자유당 김형섭 후보는 13,410표를

득표하여 낙선했다.

이번 총선에서 자유당 공천을 받은 김형섭 후보가 이제는 바꿔보자는 여론과 행정력을 총동원하여 민주당 공천을 받은 소선규 후보를 2,393표차로 꺾고 설욕전에서 승리했다.

소선규 후보는 제헌의원 선거에서 낙선하고, 2대 총선에서는 백형남 제헌의원에게 설욕하고 3대 총선에서 연승했으나, 이번 총선에서 무너져 2승 2패의 전적을 안게 됐다.

2대 총선에서는 익산 을구에 출전하여 윤택중 후보에게 패배한 김형섭 후보는 갑구로 옮긴 지난 3대 총선에서는 소선규 후보에게 패배했지만 설욕전에서 승리하여 2전 3기를 이뤄냈다.

□ 득표상황

후보자	정당	연령	주요 경력	득표 (%)
김형섭	자유당	52	중졸	22,070 (53.1)
소선규	민주당	54	3대의원(2선,익산갑)	19,472 (46.9)

〈익산 을〉 2대 총선에서 강세형 후보를 꺾고 당선됐으나, 3대 총선에서는 강세형 후보에게 패배하고, 이번 총선에서 설욕한 민주당 윤택중

지난 3대 총선에서는 국방부 정훈국장 출신인 강세형 후보가 전북도 교육국장 출신으로 2대의원에 당선된 윤택중 후보를 꺾고 2대

총선에서의 낙선의 아픔을 되돌려주었다.

익산군 용안면장을 지낸 이진우, 국민회 익산지부장으로 활동했던 이병룡 후보들도 출전했다.

이번 총선에서는 지난 3대 총선에서 승패가 엇갈렸던 자유당 강세형 후보와 민주당 윤택중 후보가 세 번째 재대결을 펼쳤다.

지난 3대 총선에서 독일 베를린대 출신인 강세형 후보는 15,169표를 득표했고, 일본 중앙대 출신인 윤택중 후보는 7,940표 득표에 머물렀다.

일본대 출신으로 익산군 용안면장을 지낸 이진우 후보가 지난 3대 총선에 이어 출전했고, 강원도 경무과장을 지낸 이성주 후보는 무소속으로 출전했다.

명륜대 학장을 지낸 윤택중 후보는 지난 3대 총선에서 낙선하고서 2대의원 시절부터 가꾸어 온 조직을 재점검하고 심기일전하여 자유당 공천을 받은 강세형 현역의원을 1,662표차로 어렵게 따돌리고 재선의원으로 발돋움했다.

□ 득표상황

후보자	정당	연령	주요 경력	득표 (%)
윤택중	민주당	44	2대의원(익산 을)	17,079 (40.9)
강세형	자유당	58	3대의원(익산 을)	15,417 (36.9)
이진우	무소속	43	익산군 용안면장	6,840 (16.4)
이성주	무소속	35	강원도 경무과장	2,471 (5.9)

전라남도

<광주 갑> 2대 총선에서는 박철웅 후보에게 패배했지만 3대 총선에서는 반자유당 정서에 힘입어 설욕하고, 이번 총선에서 재선의원의 반열에 오른 정성태

광주시가 단일구였던 지난 3대 총선에서는 내무부 인사과장 출신인 정성태 후보가 심기일전하여 2대 총선에서 패배의 아픔을 맛보게 했던 조선대 학장 출신인 박철웅 후보에게 되갚아주고 의원직을 승계했다.

인쇄업자로 민국당 공천을 받은 김용환, 2대 총선에도 출전했던 노인환, 사세청장을 지낸 최태근, 체신청장을 지낸 김재규 후보들도 출전했다.

광주시가 광산군 일부를 병합하여 확장된 이번 총선에는 을구와 병구가 신설되어 3개 선거구를 갖게 됐다.

갑구에는 지난 3대 총선에서 당선된 정성태 의원이 재선을 선언하여 선점했고, 4위로 낙선한 노인환 후보가 자유당 재공천을 받고 도전했다.

전남도의회 의장을 지낸 김창선 후보가 무소속으로 출전하여 두 후보의 결투를 지켜봤다.

합동 정견발표회에서 정성태 후보의 연설이 끝나자 1만여 명의 청중들이 "민주당 이야기만 들으면 됩니다. 다른 후보들의 이야기는 귓맛이 있어야지요"라며 대오를 지어가며 빠져 나가버렸다.

압도적인 승리가 예상된 민주당 정성태 후보가 집요하고 맹렬한 자유당 노인환 후보의 선거운동으로 4,337표차로 어렵게 승리하고 재선의원이 됐다.

□ 득표상황

후보자	정당	연령	주요 경력	득표 (%)
정성태	민주당	42	3대의원(광주 갑)	19,568 (54.0)
노인환	자유당	40	보성전문 졸	15,231 (42.1)
김창선	무소속	56	전남도의회 의장	1,415 (3.9)

〈광주 을〉 반자유당 정서를 활용한 민주당 이필호 후보가 광주 사세청장 출신인 자유당 최태근 후보를 가볍게 제압

이번 총선에서 신설된 이 지역구에는 광주시의원을 지낸 이필호, 광주사세청장을 지낸 최태근, 광주시 부시장과 광주시 교육감을 지낸 정해규, 화순에서 박민기와 양호영 후보들을 꺾고 제헌의원에 당선된 조국현 후보들이 출전했다.

자유당과 민주당에 대한 선호 경향으로 다채로운 경력을 가진 무소속 정해규 후보와 민주당 공천에서 제외됐으나 민주당 후보라며 출전한 조국현 후보들은 당선권에서 멀어졌다.

반자유당 정서를 활용하여 민심을 휘어잡은 민주당 이필호 후보가 동경대 출신으로 광주 사세청장을 지내고 지난 3대 총선에는 무소속으로 출전하여 3,522표를 득표한 자유당 최태근 후보를 3,468표차로 꺾고 지역구 최초의 주인이 됐다.

2명의 민주당원들이 무소속으로 출마 "누가 진짜 민주당원이냐"라는 점에서 혼선을 일으켰다.

조국현 후보는 "나보다 더 나은 민주당원이 있으면 국회로 보내라", 정해규 후보는 "당선만 되면 민주당에 복당하겠다"고 선언하여 민주당 후보간 3파전이 펼쳐졌다.

지난 광주시장 선거에서 5천여 표차로 자유당 후보를 제압하고 민주당 후보를 당선시킨 광주 시민들은 이번 총선에서도 민주당 공천을 받은 이필호 후보를 당선시켰다.

□ 득표상황

후보자	정당	연령	주요 경력	득표 (%)
이필호	민주당	44	광주시의원	15,264 (44.0)
최태근	자유당	57	광주 사세청장	11,796 (34.0)
정해규	무소속	43	광주시 교육감	6,359 (18.3)
조국현	무소속	62	제헌의원(화순)	1,294 (3.7)

〈광주 병〉 광산군에서 편입되고 대부분 농촌 지역인 특수성으로 자유당 공천을 받고 재선고지를 점령한 박흥규

이번 총선에서 신설된 이 지역구에는 광산군의 일부가 편입되자 광산 을구에서 자유당 공천으로 3대의원에 당선된 박흥규 의원이 자유당 공천을 받고 재선고지를 선점했다.

전남도 농지개량과장을 지낸 최인환 후보가 무소속으로, 일본 중앙대 출신으로 민주당 전남도당 선전부장인 김석주 후보가 민주당으로 출전했다.

광주시에 편입된 대부분의 농촌 지역을 관할한 이 지역구는 전남도 과장과 광산군수를 지낸 박흥규 후보가 자유당 공천을 받고서 대승을 거두고 재선의원이 됐다.

□ 득표상황

후보자	정당	연령	주요 경력	득표 (%)
박흥규	자유당	45	3대의원(광산 을)	20,784 (66.7)
김석주	민주당	41	정미업	5,533 (17.7)
최인환	무소속	39	전남도 농지개량과장	4,859 (15.6)

〈목포〉 지난 3대 총선에서 9명의 후보들을 제압하고 당선된 정중섭 후보가 반자유당 지역 정서를 등에 업고 자유당 유정두 후보를 큰 표차로 제압하고 재선의원 반열에

지난 3대 총선에서는 전남대 상과대학장을 지낸 정중섭 후보가 목포시의회 의장을 지내고 자유당 공천을 받은 유정두, 노총의 지원

으로 2대의원에 당선된 임기봉 후보 등을 꺾고 당선됐다.

전남도의원인 홍익선, 목포상선 사장인 김대중, 외자청 목포소장을 지낸 안길호, 호남의원 원장인 박희정 후보들도 출전했다.

이번 총선에서는 정중섭 의원이 민주당 공천을 받고 재선 고지를 선점하자, 정중섭 의원에게 지난 3대 총선에서 패배했던 유정두, 홍익선, 안길호 후보들이 재도전했다.

이남규 의원이 전남도지사 임명에 따라 실시된 보궐선거에서 당선된 강선명, 검사 출신 변호사인 김하중 후보들도 새롭게 출전하여 6파전이 전개됐다.

반자유당 지역 정서를 등에 업고 민주당 공천을 받은 정중섭 의원이 강선명 후보를 꺾고 자유당 공천을 받고 재도전한 유정두 후보를 8천여 표차로 제압하고 재선의원이 됐다.

제헌의원인 강선명 후보는 선전했으나, 통일당 공천을 받은 김하중, 노농당 홍익선 후보들의 득표력은 보잘 것 없었다.

자유당은 "누르면 안 된다"는 심리를 깨닫고 표면상 사소한 자극도 회피하는 태도이고, 민주당에서는 사망자나 이중 등재자 25명을 발견하여 지적하고 부정투표 방지책을 강구했다.

"목포에는 사람이 없느냐! 어째서 이북 사람을 여기서 국회에 보내야 되는가"라고 정중섭 후보를 비난한 자유당 유정두 후보는 자유당의 과오를 솔직히 시인하고, "나 같은 사람을 국회에 보내면 국사(國事)를 바로 잡을 수 있다"고 주장했지만, 반자유당 지역정서를 극복하지 못하고 허무하게 무너졌다.

☐ 득표상황

후보자	정당	연령	주요 경력	득표 (%)
정중섭	민주당	60	3대의원(목포)	16,041 (43.2)
유정두	자유당	43	목포시의회 의장	7,638 (20.6)
강선명	무소속	52	제헌의원(보궐, 목포)	6,468 (17.4)
홍익선	노농당	34	전남도의원	3,484 (9.4)
안길호	무소속	53	외자청 목포소장	2,256 (6.1)
김하증	통일당	45	검사, 변호사	1,263 (3.4)

〈여수〉 2대 총선에서 김문평 제헌의원을 꺾고 당선된 정재완 후보가 여수군에서 지역구를 옮겨 출전한 황병규 후보를 가볍게 제압하고 3선의원 반열에

지난 3대 총선에서는 전남도 사회교육과장을 지낸 정재완 후보가 2대 총선 때 여수군수 출신으로 제헌의원에 당선된 김문평 후보를 꺾은 여세를 타고, 외자구매청장을 지낸 김우평, 여수시의회 의장으로 자유당 공천을 받은 문균 후보 등을 꺾고 재선의원이 됐다.

이번 총선에서는 여천군수 출신이자 여수일보 사장으로 2대와 3대 의원을 지낸 정재완 의원이 민주당 공천을 받고 3선 고지를 넘나들었다.

이에 여수 을구에서 제헌의원에, 여수군에서 2대의원에 당선되고 지난 3대 총선에서는 낙선한 황병규 후보가 지역구를 옮겨 자유당 공천으로 출전했고, 고교 교사 출신인 정인제 후보가 무소속으로

출전했다.

2대의원 시절부터 여수시에 뿌리를 내리고 김문평 제헌의원을 꺾고 당선됐던 정재완 후보가 재선의원으로 자유당 공천을 받고 추격전을 전개한 황병규 후보를 6천여 표차로 가볍게 제압하고 3선의원에 등극했다.

□ 득표상황

후보자	정당	연령	주요 경력	득표 (%)
정재완	민주당	58	3대의원(2선,여수)	16,520 (59.3)
황병규	자유당	49	2선의원(1대,2대)	10,098 (36.2)
정인제	무소속	39	고교 교사	1,254 (4.5)

<순천> 지난 총선에서 2명의 현역의원을 제치고 당선된 윤형남 후보가 민주당 공천을 받고서 가볍게 재선 고지를 점령

지난 3대 총선에서는 외무부 법무과장을 지낸 윤형남 후보가 순천군수 출신으로 2대의원에 당선된 김양수 후보를 꺾고 설욕전을 승리로 장식했다.

목포부윤 출신으로 승주군에서 2대의원에 당선된 김정기, 순천시의회 의장 출신으로 자유당 공천을 받은 김종하, 전남도의원인 서정록 후보들도 출전했다.

이번 총선에는 지난 3대 총선에서 2명의 현역의원을 꺾고 당선된 윤형남 의원이 민주당 공천을 받고 재선 고지를 선점했다.

이에 지난 3대 총선에서 겨뤘던 5명의 후보들이 흔적 없이 사라지고, 조도전대 출신으로 순천제당 사장인 김병수, 순천극장 사장인 반승룡, 순천시장을 지낸 윤구혁 후보들이 출전했다.

자유당이 서정록, 윤구혁 후보들을 제치고 김병수 후보를 공천하자. 윤구혁 후보가 반발하여 무소속으로 출전하여 자중지란을 일으켰다.

자유당 공천을 받고 추격전을 전개한 김병수 후보의 선전이 돋보였을 뿐 정치신인들인 세 후보는 윤형남 후보의 적수가 되지 못했다. 민주당은 '먹고보자 김병수, 찍고보자 윤형남'이라는 구호를 선거전에 적극 활용했다.

□ 득표상황

후보자	정당	연령	주요 경력	득표 (%)
윤형남	민주당	47	3대의원(순천)	11,031 (45.2)
김병수	자유당	49	순천제당 사장	7,847 (32.1)
윤구혁	무소속	46	면장, 순천시장	2,777 (11.4)
반승룡	무소속	41	순천극장 사장	2,756 (11.3)

〈광산〉 2대 총선에서는 낙선했지만, 자유당 공천을 받고 3대 총선에서 당선된 이정휴 후보가 민주당 고몽우 후보를 가볍게 제압하고 재선의원 반열에

광산군이 갑·을구로 분구됐던 지난 3대 총선 때 광산 갑구에서는 30대의 무명인사로 자유당 공천을 받은 이정휴 후보가 대학교수로서 제헌의원인 박종남, 금융조합 이사로 11명의 후보들을 꺾고 2대의원에 당선된 정순조 후보들을 제압하고 당선됐다.

을구에서는 전남도 과장과 광산군수를 지낸 박홍규 후보가 광산경찰서장을 지낸 정의식, 고시위원회 총무과장을 지낸 윤주동, 25세의 패기에 찬 이필선 후보들을 꺾고 당선됐다.

광산군의 갑·을구가 단일구로 통합된 이번 총선에는 갑구에서 당선된 이정휴 후보가 자유당 공천으로 출전했고, 을구에서 당선된 박홍규 후보는 자유당 공천을 받고 신설된 광주 병구에 출전했다.

동경대 출신으로 자유당 공천을 받은 이정휴 후보에게 전남도의원 출신인 고몽우 후보가 민주당 공천을 받고 도전해봤으나, 이정휴 후보의 무투표 당선 저지에 의미를 부여해야만 했다.

□ 득표상황

후보자	정당	연령	주요 경력	득표 (%)
이정휴	자유당	39	3대의원(광산갑)	25,811 (68.6)
고몽우	민주당	44	전남도의원	11,824 (31.4)

〈담양〉 자유당이 현역의원을 공천에서 제외하고 국쾌남 후보를 공천하자, 박영종 현역의원이 반발했으나 1만 7천여 표

차로 대패

지난 3대 총선에서는 대한청년단 전남도 부단장으로 활약했던 박영종 후보가 제헌의원, 2대 총선, 김홍용 의원의 사망으로 실시된 보궐선거에서 낙선했지만, 자유당 공천 후보임을 내세워 3전 4기를 이뤄냈다.

2대의원에 당선된 김문용, 담양군수를 지낸 김동호, 전남도의원을 지낸 남상기 후보들은 완주했지만, 담양군수를 지낸 이상관과 창평면장을 지낸 고재연 후보들은 중도에 사퇴했다.

이번 총선에서 자유당은 오락가락한 박영종 의원을 공천에서 배제하고 김문용과 남상기 후보들을 탈락시키고, 조도전대 출신인 국쾌남 후보를 공천하자, 박영종 의원은 통일당으로 출전했다.

국방부 서기관 출신으로 담양군수를 지낸 김동호 후보가 민주당 공천으로, 전남도의원 출신으로 2대와 3대 총선에 출전하여 낙선한 남상기 후보가 대한농민회로 출전했다.

입후보자와 경찰 간에 서부활극을 연상시킬 정도의 격투가 벌어진 선거 지옥 상황이 연출됐다.

박영종 후보는 "공무원이 선거에 간섭하는 것은 반역자의 행위다. 돈을 가지고 정치를 농락하려는 자는 총살해 버리겠다"고 정견발표회에서 소리치자, 청중석에서 이자식, 저자식 하는 야유가 일어났다.

담양경찰서 저서 주임이 "야! 민의원이면 신사적으로 하라"고 떠든 것이 사태를 더욱 악화시켰다.

"야이 자식아 4년 전 네가 자유당 공천으로 나왔을 때 우리를(경찰) 이용해 먹지 않았느냐"고 항변하면서, 저서 주임이 현역 국회의원을 향해 "이자식, 나쁜 자식!" 등의 욕설을 박영종 후보 면전에 퍼붓고 멱살잡이를 벌였다.

자유당은 "국쾌남 선생은 돈이 있습니다. 돈은 선거인을 위해서 쓸 것입니다. 대(竹)바구니도 많이 만들도록 하고" 등 홍보전에 치중했다.

박영종 후보는 거수한 사진을 걸어놓고 "여기 손들고 있는 자들이 국쾌남 후보가 소속한 바로 자유당의 거수기들이요"라고 외쳤다.

치열하고 불상사가 많았던 선거전은 싱거울 정도로 현역의원을 밀쳐내고 자유당 공천을 받은 국쾌남 후보가 대승을 거두었다.

□ 득표상황

후보자	정당	연령	주요 경력	득표 (%)
국쾌남	자유당	36	무역상, 공무원	25,684 (59.2)
박영종	통일당	41	3대의원(담양)	8,385 (19.3)
남상기	대한농민회	46	전남도의원	4,964 (11.4)
김동호	민주당	53	담양군수	4,351 (10.0)

〈곡성〉 2대 총선에서부터 함께 출전하여 3대 총선과 이번 총선에서 연승을 이어간 조순 후보에 세 번째 차점 낙선한 윤추섭 후보

지난 3대 총선에서는 대한청년단 곡성군단장으로 활약한 조순 후보가 민국당 전남도당 총무부장으로 활약한 윤추섭 후보를 2대 총선에선 750표차로, 3대 총선에는 12,097표차로 꺾고 재선의원이 됐다.

상업조합 이사인 양병우 후보가 파수꾼 역할을 했다.

이번 총선에서도 조순 의원이 자유당 공천을 받고 3선의원 고지를 선점하자, 윤추섭 후보가 민주당 공천을 받고 세 번째 도전했다.

조순 의원과 같은 마을에 사는 정경민보 전남지사장인 최진기 후보가 무소속으로 출전했다 중도에 사퇴했다.

지난 3대 총선에서 조순 후보는 20,189표를 득표하여 8,092표를 득표한 윤추섭 후보를 가볍게 제압했으나, 이번 총선에서는 윤추섭 후보는 16,581표를 득표하여 턱밑까지 추격했다.

☐ 득표상황

후보자	정당	연령	주요 경력	득표 (%)
조 순	자유당	44	3대의원(2선, 곡성)	20,848 (55.7)
윤추섭	민주당	61	한문수학	16,581 (44.3)
최진기	무소속	29	정경민보 지사장	사퇴

〈구례〉 지난 3대 총선에서 무소속으로 당선됐던 이갑식 후보가 이번 총선에서는 자유당 공천을 받고 대승을 거둬

지난 3대 총선에서는 회사원인 이갑식 후보가 2대 총선과 이판열 의원의 사망으로 실시된 보궐 선거에서 낙선한 데 따른 동정여론을 일으켜, 2대의원으로 자유당 공천을 받은 이한창 후보를 1,818표차로 꺾고 2전 3기를 이뤄냈다.

이번 총선에서 이갑식 의원이 상공분과위원장, 자유당 전남도당위원장으로 재무장하여 재선 고지를 선점하자, 민주당은 구례군 마산면장 출신으로 구례 수리조합장을 지낸 고기봉 후보를 공천했다. 구례중학 교장을 지낸 김무규 후보가 무소속으로 출전하여 3각 구도를 형성했다.

지난 3대 총선에서 무소속으로 자유당 공천 후보를 꺾고 당선됐던 이갑식 후보가 이번 총선에는 자유당 공천을 받고서 대승을 거두고 재선의원이 됐다.

□ 득표상황

후보자	정당	연령	주요 경력	득표 (%)
이갑식	자유당	54	3대의원(곡성)	15,592 (61.9)
고기봉	민주당	53	구례군 마산면장	5,910 (23.5)
김무규	무소속	49	구례중 교장	3,682 (14.6)

〈광양〉 국회 전문위원으로 자유당 공천을 받은 황숙현 후보가 경찰국장 출신인 3대의원 김정호 후보를 가볍게 제압

지난 3대 총선에서는 예비역 육군 준장인 김정호 후보가 자유당 공천을 받고서 검사 출신 변호사로서 2대의원에 당선된 엄상섭 후보를 1,220표차로 꺾고 의원직을 승계했다.

이번 총선에서 자유당은 김정호 의원을 공천에서 탈락시키고 국회 전문위원으로 2대 총선 때 출전하여 엄상섭 후보에게 패배했던 황숙현 후보를 공천하자, 경찰국장 출신인 김정호 의원이 무소속으로 반발하여 출전했다.

민주당은 일본대 출신으로 광양과 보성군수를 역임한 김석주 후보를 공천하여 3파전을 전개하도록 했다.

전형적인 농촌인 이 지역구는 자유당 공천을 받은 황숙현 후보가 광양군수를 지낸 김석주, 현역의원인 김정호 후보들을 가볍게 제압하고 등원에 성공했다.

□ 득표상황

후보자	정당	연령	주요 경력	득표 (%)
황숙현	자유당	52	국회 전문위원	15,656 (48.1)
김석주	민주당	57	광양, 보성군수	9,997 (30.7)
김정호	무소속	48	3대의원(광양)	6,904 (21.2)

〈여천〉 전남도의원 출신인 이은태 후보가 자유당 공천을 받고 외자구매처장 출신인 민주당 김우평 후보에게 신승을

지난 3대 총선에서는 여천 군수를 지낸 신풍 애양원장인 김철주 후보가 두 번 낙선에 따른 동정여론과 주민들의 신망으로 제헌, 2대의원으로 자유당 공천을 받은 황병규 후보를 꺾고 2전 3기를 이뤄냈다.

전남도의원인 서일선, 세무서장을 지낸 장원석, 민국당 집행위원인 김병길 후보들도 출전했다.

여수군이 여천군으로 개명된 이번 총선에서 자유당은 명치대 출신으로 조선대 학장을 지내고 전남도의원으로 활약한 이은태 후보를 내세웠고, 민주당은 외자청장 출신으로 지난 3대 총선에는 여수시에 출전하여 차점 낙선한 김우평 후보를 내세웠다.

자유당의 공천경쟁에서 밀려난 광주시장을 지낸 홍용구 후보는 무소속으로, 전남도 수산과장 출신으로 대한어민회 부회장인 이경근 후보는 무소속으로 출전했으나 소기의 성과를 거두지 못했다.

여수시의 외곽지역을 관할하는 지역의 특성에 따라 자유당 공천을 받은 이은태 후보가 여수시에서 정재완 후보에게 패배하고 지역구를 옮겨 출전한 김우평 후보를 966표차로 어렵게 따돌리고 등원에 성공했다.

□ 득표상황

후보자	정당	연령	주요 경력	득표 (%)
이은태	자유당	39	조선대 학장, 도의원	16,153 (32.6)
김우평	민주당	60	외자구매처장	15,187 (30.7)
홍용구	국민회	53	광주시장	9,451 (19.1)
이경근	무소속	53	전남도 수산과장	8,698 (17.6)

<승주> 3대 총선에서 자유당 공천으로 당선되고 이번 총선에서도 압승이 기대됐으나 조연하 후보에게 고전한 이형모

김정기 의원이 순천시로 지역구를 옮긴 지난 3대 총선에서는 김화성 자유당 승주군당위원장을 밀쳐내고 자유당 공천을 받은 이형모 후보가 김구 선생 비서로서 2대 총선에서는 익산 을구에 출전하여 차점 낙선한 조경한, 자유당 공천에서 밀려나자 국민회로 변신한 김화성 후보들을 꺾고 등원에 성공했다.

경감 출신 경찰관인 남정수, 국회 전문위원인 김한기, 회사장인 박창식 후보들도 출전했다.

이번 총선에는 양조장을 경영하며 상공회의소 부회장으로 활약하며 지난 3대 총선에서 자유당 공천을 받고 당선된 이형모 후보가 자유당 공천을 받았고, 대한부흥건설단 전남도 기획실장인 조연하 후보가 민주당 공천을 받고 대항마로 떠올랐다.

김화성 후보를 꺾고 자유당 공천을 받은 이형모 후보의 압승이 예상됐으나, 옥천 조씨 문중들의 전폭적인 지원을 받은 정치신인 조연하 후보를 1,188표, 2.4%라는 근소한 표차로 아찔한 승리를 거두고 재선의원이 됐다.

□ 득표상황

후보자	정당	연령	주요 경력	득표 (%)

| 이형모 | 자유당 | 44 | 3대의원(승주) | 25,115 (51.2) |
| 조연하 | 민주당 | 33 | 부흥건설단 실장 | 23,927 (48.8) |

〈고흥 갑〉 고흥반도 남쪽 지역인 이 지역 주민들은 자유당 손문경 후보를 열렬히 지원하여 재선의원 반열에

박팔봉 의원이 고흥 을구로 지역구를 옮긴 지난 3대 총선에서는 숙명여대 교수로 반민특위 위원으로 활동한 손문경 후보가 2대 총선에서 낙선에 따른 지명도와 자유당 공천을 받고서, 전남도 과장과 군수를 지낸 이상락, 면장 출신으로 전남도의원을 지낸 김영우 후보들을 꺾고 당선됐다.

중앙청 기획관을 지낸 김종신, 치안국 경리과장을 지낸 장두만 후보들도 출전했다.

이번 총선에서는 지난 3대 총선에서 자유당 공천으로 대승을 거두고 당선된 손문경 후보가 자유당 공천을 받고 재선을 기대하자, 민주당은 경찰학교장을 지낸 박형근 후보를 내세웠다.

고흥면장과 전남도의원을 지낸 정성순 후보가 출마하여 두 후보에 가지 않는 표의 이삭줍기에 나섰다.

고흥반도 남단을 관할하는 이 지역구는 명치대 출신, 대법원 서기과장, 숙명여대 교수를 열렬하게 지지하여 재선의원으로 만들어줬다.

□ 득표상황

후보자	정당	연령	주요 경력	득표 (%)
손문경	자유당	45	3대의원(고흥 갑)	26,133 (59.4)
박형근	민주당	42	경찰학교장	14,637 (33.3)
정성순	무소속	42	면장, 전남도의원	3,189 (7.3)

〈고흥 을〉 광주에서 2대의원에 당선됐으나 3대 총선에서 낙선한 박철웅 후보가 고향으로 낙하하여 송경섭 현역의원을 꺾고 재선 고지를 점령

서민호 의원이 살인 혐의로 수감된 지난 3대 총선에서는 서민호 의원에게 패배했던 송경섭 후보가 자유당 공천을 받고서 고흥 갑구에서 2대의원으로 당선된 박팔봉, 신문기자인 지영춘, 고교 교사인 박병임 후보들을 제압하고 당선됐다.

이번 총선에서는 자유당으로 당선된 송경섭 의원이 재선의 문을 두드리자, 조선대 이사장과 총장으로 2대 총선에서는 광주에서 당선됐으나 3대 총선에서는 정성태 후보에게 패배한 박철웅 후보가 고향을 찾아들어 송경섭 의원과 자유당 공천 경쟁을 벌였다.

이에 자유당은 공천을 포기했고, 여수서중 교사였던 송용선 후보도 자유당으로 출전하여 자유당 후보 3명이 경쟁하게 됐다.

민주당은 부산수산대 출신인 지영춘 후보를 내세워 4파전을 전개

토록 했다.

명치대 출신으로 조선대 설립자로서 서민호 의원과 엇비슷한 고흥의 인물임을 내세운 박철웅 후보가 포두면장 출신으로 여산 송씨 문중의 전폭적인 지지를 받은 송경섭 후보를 1,085표차로 꺾고 재선의원이 됐다.

□ 득표상황

후보자	정당	연령	주요 경력	득표 (%)
박철웅	자유당	45	2대의원(광주 갑)	12,668 (34.7)
지영춘	민주당	35	부산수대 졸	11,750 (32.1)
송경섭	자유당	53	3대의원(고흥 을)	11,583 (31.7)
송몽선	자유당	33	여수서중 교사	551 (1.5)

〈보성〉 자유당 안용복 후보와 민주당 이정래 후보가 맞대결을 펼쳐 안용복 후보가 승리했으나, 선거무효로 인한 재선거에서 황성수 후보가 승계

김낙오 2대 의원이 불출마한 지난 3대 총선에서는 경찰서장 출신인 김성복 후보가 국민회 전남도지부장으로 자유당 공천을 받은 임병석 후보를 329표차로 꺾고 당선됐다.

제헌의원으로 2대 총선에서도 차점 낙선한 이정래, 국민회 경남도

위원장으로 활약했던 김창권, 벌교읍 의원인 최갑원, 국민회 선전부장으로 활동했던 최동우 후보들도 출전했다.

이번 총선에서 자유당은 김성복 의원과 손화균, 박종면 후보들을 주저앉치고 문교부 편수국장을 지낸 안용백 후보를 내세웠고, 민주당은 제헌의원에 당선됐으나 2대 총선과 3대 총선에서 연거푸 낙선한 이정래 후보에게 재기의 기회를 제공했다.

선거 결과 자유당 안용백 후보가 1만 8천여 표차로 대승을 거두고 당선됐으나, 유명한 닭죽에 수면제를 타서 선거관리위원들을 잠들게 하고 개표를 진행한 사실이 발각돼 선거무효로 인한 재선거가 실시됐다.

재선거에서는 국회부의장을 지낸 황성수 후보가 긴급 낙하하여 민주당 이정래 후보에게 다시 한번 패배의 쓴잔을 마시게 하고 3선 의원에 등정했다.

□ 득표상황

후보자	정당	연령	주요 경력	득표 (%)
안용백	자유당	57	문교부 편수국장	34,990 (57.0)
이정래	민주당	58	제헌의원(보성)	26,386 (43.0)

〈화순〉 자유당으로 당선된 구흥남 후보가 자유당 공천을 받고서 민주당 양회수 후보를 연파하고 재선 고지를 점령

지난 3대 총선에서는 한국통운 사장으로 풍부한 재력을 구비하고 자유당 공천을 받은 구흥남 후보가 세 번째 대결을 펼친 제헌의원인 조국현, 2대의원인 박민기 후보들을 꺾고 의정 단상에 올랐다.

민사처 경제관을 지낸 양회수, 경감 출신인 정병갑, 대학 강사인 오남기, 사립학교 교장인 권영덕 후보들도 출전했다.

이번 총선에서 자유당은 구흥남 의원을 공천했고, 민주당은 한국민사처 경제관을 지낸 양회수 후보를 공천하여 맞대결을 펼쳤다.

브로커들이 출현하여 출마를 포기시키겠다고 공언하며 돈과 집값을 요청하여 야당 측의 입장이 곤경했고, 구흥남 후보는 막대한 지방 사업을 했다고 선전하고 있으나 "자기 돈벌이 사업"이라고 유권자들은 평가했다.

광주의 남쪽으로 광주의 영향권에 있지만 농촌의 형태를 벗어나지 못한 특성으로 자유당 구흥남 후보가 지난 3대 총선에도 출전하여 낙선한 양회수 후보를 대파하고 재선 고지를 점령했다.

□ 득표상황

후보자	정당	연령	주요 경력	득표 (%)
구흥남	자유당	43	3대의원(화순)	38,078 (77.6)
양회수	민주당	36	한국민사처 경제관	10,999 (22.4)

〈장흥〉 지난 3대 총선에서는 고영완 후보를 885표차로 제압했지만, 이번 총선에서는 5,603표차로 꺾고 재선 고지에 오른 손석두

지난 3대 총선에서는 양조업자인 손석두 후보가 자유당으로 출전한 백쌍암과 이양래 후보들의 사퇴에 힘입어 자유당 공천 후보임을 내세워, 2대 총선 때 12,240표차로 패배를 안겨준 장흥군수 출신인 고영완 후보를 885표차로 꺾고 의원직을 승계했다.

이번 총선에서는 손석두 의원이 자유당 공천을 받고 재선 고지를 선점하자, 고영완 후보는 민주당 공천을 받고 재대결을 선언했다.

자유당 공천을 받은 손석두 후보가 지난 3대 총선에 이어 고영완 후보를 5,603표차로 대파하고 재선의원이 됐으며, 지난 3대 총선에서의 표차는 885표차였다.

이로써 고영완 후보는 2대 총선에서는 11명의 후보들을 제치고 당선됐으나, 1대, 3대, 4대 총선에서 차점 낙선한 불운한 정객이 됐다.

□ 득표상황

후보자	정당	연령	주요 경력	득표 (%)
손석두	자유당	47	3대의원(장흥)	26,851 (55.8)
고영완	민주당	44	2대의원(장흥)	21,248 (44.2)

〈강진〉 전현직 의원들에 대한 갈아보자는 여론을 타고 물량공세를 펼쳐 2대의원 민주당 양병일, 3대의원 자유당 김성호 후보들을 꺾어버린 김향수

지난 3대 총선에서는 전남도의원 출신으로 자유당 강진군당위원장인 이선옹 후보를 밀쳐내고 자유당 공천을 받은 김성호 후보가 민국당으로 출전한 2대의원 양병일 후보를 꺾고 의원직을 승계했다.

이번 총선에는 지난 3대 총선에서 격전을 벌여 승리한 자유당 김성호 후보와 낙선한 민국당 양병일 후보가 재대결을 펼쳤다.

무역회사를 경영하고 국제연합 한국협회 전문위원인 김향수 후보와 군동면장, 금융조합장, 전남도의원으로 활약한 차종채 후보들이 무소속으로 출전했다.

자유당으로 출전한 3대의원 김성호, 민주당으로 출전한 양병일 후보들이 갈아보자는 여론과 불신으로 퇴조하고 정치신인인 김향수 후보가 혜성처럼 나타나 물량공세를 펼쳐 선거전을 이끌어갔다.

장흥군민들도 놀라고 후보자에게도 놀랍게도 무소속 김향수 후보가 민주당 양병일 후보를 4,237표차로 꺾고 의정 단상에 올랐다.

농촌 지역에서 자유당 현역의원이 참패한 것은 자유당의 진짜 공천자, 가짜 공천자 입소문이 널리 퍼진 결과였다.

□ 득표상황

후보자	정당	연령	주요 경력	득표 (%)
김향수	무소속	45	무역회사 사장	19,279 (49.1)
양병일	민주당	48	2대의원(강진)	15,042 (38.3)
김성호	자유당	58	3대의원(강진)	4,933 (12.6)
차종채	무소속	68	군동면장, 도의원	사퇴

〈해남 갑〉 광주시장을 지내고 2대의원에 당선된 윤영선 후보를 지난 3대 총선에 이어 이번 총선에서도 대파한 김병순

지난 3대 총선에서 축산 협동조합중앙회 전무인 김병순 후보가 2대 총선에서는 광주시장을 지낸 윤영선 후보에게 12,486표차로 패배했지만, 자유당 공천을 받고서 12,274표차로 되갚아주고 의원직을 이어받았다.

이번 총선에는 지난 3대 총선에서 승패가 엇갈렸던 자유당 김병순 후보와 무소속 윤영선 후보가 세 번째 맞대결을 펼쳤다.

토건업자로서 전남도의원을 지낸 홍광표 후보가 무소속으로 출전하여 3파전이 전개됐다.

강정민과 박남수 후보들을 꺾고 자유당 공천을 받은 김병순 후보가 광주시장을 지낸 윤영선 후보를 13,655표차로 대파하고 재선의원이 됐다.

이로써 광주시장을 지내고 파평 윤씨 문중의 전폭적인 지지를 받은 윤영선 후보는 2대 총선에서는 당선됐으나 제헌, 3대, 4대 총선에서 차점으로 낙선했다.

□ 득표상황

후보자	정당	연령	주요 경력	득표 (%)
김병순	자유당	48	3대의원(해남 갑)	23,038 (57.5)

| 윤영선 | 무소속 | 52 | 2대의원(해남 갑) | 9,383 (23.4) |
| 홍광표 | 무소속 | 40 | 전남도의원 | 7,671 (19.1) |

〈해남 을〉 전남도의원 출신으로 자유당 공천을 받은 김석진 후보가 민주당 공천을 받은 민영남 현역의원을 가볍게 제압

지난 3대 총선에서는 농림부 조림과장 출신인 민영남 후보가 화원면 유권자들이 2대의원인 박기배와 해남경찰서장을 지낸 김영태 후보로 반분되는 틈새를 비집고 들어가 변호사인 국민회 김채용, 피혁공장 공장장인 민국당 김재순 후보들을 제압하고 당선됐다.

이번 총선에서 자유당은 2대의원으로 지난 3대 총선에서 낙선한 박기배 후보를 비롯하여 김명기. 정성도, 정형모 후보들을 낙천시키고 전남도의원 출신인 김석진 후보를 내세웠다.

농림부 산림국 과장 출신으로 3대의원에 당선된 민영남 후보가 민주당 공천을 받고 김석진 후보와 한판 승부를 벌였다.

전남도의원 시절 구축한 조직을 되살리고 행정력을 동원한 자유당 김석진 후보가 민주당 현역의원인 민영남 후보를 8,572표차로 꺾고 의원직을 승계했다.

□ 득표상황

후보자	정당	연령	주요 경력	득표 (%)
김석진	자유당	46	전남도의원	19,854 (63.8)

| 민영남 | 민주당 | 50 | 3대의원(해남 을) | 11,282 (36.2) |

〈영암〉 전남도의원 출신으로 자유당 후보임을 내세운 박찬일 후보가 턱밑까지 추격하여 김준연 왕국이 흔들흔들

지난 3대 총선에서는 베를린대 출신으로 제헌의원에 무투표 당선된 김준연 후보가 2대 총선에서 패배를 안겨줬던 유인곤 후보가 자유당 공천을 받고 수성에 나섰으나, 영암의 인물임을 내세워 10,548표차로 제압하고 영암은 김준연의 왕국임을 선포했다.

이번 총선에서 자유당은 김준연 의원을 의식하여 무공천 지역으로 배려했으나, 변호사로서 전남도의원을 지낸 박찬일 후보가 자유당으로, 전남도 과장과 군수, 명륜대 국문학과장, 전남일보 주간 등 다채로운 경력을 가진 박종오 후보가 무소속으로 등록하여 김준연 의원과 대적코자 했다.

"이 지역구의 선거 분위기는 천국이며 여기는 자유당 무공천지구이거든요. 그래서 영암은 전국에서도 모범 선거구가 될 것입니다" 라고 영암경찰서장은 장담했다.

박찬일 후보는 "이기붕 의장이 나에게 격려하는 편지를 보내왔다"라고 떠들면서 "낭산(김준연)이 영암의 비품(備品)이 될 수 없다"고 주장했다.

그러나 김준연 후보는 "차기 대통령은 영암에서"라고 응수했고, 박종오 후보는 "기왕에 나왔으니 해볼 때까지 해보자"고 다짐했다.

통일당으로 출전한 김준연 후보가 52%인 22,219표를 득표하여 어렵게 자유당 박찬일 후보를 꺾어 김준연 왕국이 흔들거리고 있음을 보여줬다.

□ 득표상황

후보자	정당	연령	주요 경력	득표 (%)
김준연	통일당	63	3대의원(2선, 영암)	22,219 (52.0)
박찬일	자유당	49	전남도의원, 변호사	18,226 (42.7)
박종오	무소속	39	군수, 전남도과장	2,284 (5.3)

<무안 갑> 무안군의 육지 지역을 관할하는 이 지역구는 4명의 정치신인들의 쟁패장으로, 자유당 나판수 후보가 민주당 김옥형 후보를 어렵게 따돌려

대법원장 출신인 김용무 의원의 납북으로 무주공산이 되자 몽탄면, 일노면, 이노면, 망운면, 금성면의 대표주자들의 소지역주의가 펼쳐진 지난 3대 총선에서는 무소속 신행용 후보가 2대 총선에서 5,175표를 득표하여 낙선했지만 높아진 지명도를 활용하여, 무안 수리조합장과 전남도의원을 지내고 자유당 공천을 받은 박창수 후보를 꺾고 등원에 성공했다.

민국당 위원장인 조병숙, 서울방직 중역인 김상형, 이노면장 출신인 김재명 후보들도 출전했다.

무안 갑·을구가 갑·을·병구로 재편된 이번 총선에서 갑구는 도서 지방이 아닌 내륙 지역으로 신행용 의원이 병구 출전으로 무주공산이 되자 박창수, 오세찬, 박천재 후보들을 꺾고 일노면장을 지낸 나판수 후보가 자유당 공천을 받았고, 고교 교감 출신인 김옥형 후보가 민주당 공천을 받고 출전했다.

전남도 과장과 군수를 지낸 오세찬, 전남도의원을 지내고 지난 3대 총선에도 갑구에 출전했던 박천재 후보들이 무소속으로 출전하여 팽팽한 4파전을 전개했다.

몽탄면, 일노면, 무안면민들의 쟁패장이 된 선거전에서 자유당 공천을 받은 나판수 후보가 민주당 김옥형 후보를 688표차로 어렵게 따돌리고 지역의 새로운 주인이 됐다.

□ 득표상황

후보자	정당	연령	주요 경력	득표 (%)
나판수	자유당	36	무안군 일노면장	8,468 (27.7)
김옥형	민주당	34	고교 교감	7,780 (25.4)
오세찬	무소속	49	군수, 전남도 과장	7,676 (25.1)
박천재	무소속	43	전남도의원	6,675 (21.8)

〈무안 을〉 지난 3대 총선에서 자유당 공천을 받고 당선된 유옥우 후보가 민주당으로 전향하여 자유당 배길도 후보를 꺾고 재선의원에

지난 3대 총선에서는 제염업자로서 비금면에서 전남도의원에 당선된 유옥우 후보가 자유당 공천을 받고서, 전남도 과장과 군수를 역임한 민국당 김영춘, 감찰위원회 감찰국장을 지낸 주도윤, 도초면에 진지를 구축한 조선대 교무과장 출신인 배길도 후보들을 제압했다.

이번 총선에서 이 지역구는 지난 3대 총선에서 을구에서 한판 승부를 벌여 당선된 유옥우 후보가 자유당을 탈당하고 민주당 공천으로, 무소속으로 낙선한 배길도 후보가 자유당 공천으로 재대결을 펼쳤다.

염업조합 전무인 김종욱 후보가 무소속으로 출전했다.

지난 3대 총선에서 유옥우 후보는 자유당으로 출전하여 20,969표를 득표했고, 배길도 후보는 무소속으로 4,317표를 득표했다.

자유당 공천을 받고 당선됐으나 자유당을 탈당하고 민주당으로 전향한 유옥우 후보가 최대식, 윤주동, 박장환 후보들을 예선전에서 제압하고 자유당 공천으로 출전한 배길도 후보를 4,565표차로 꺾고 재선의원이 됐다.

□ 득표상황

후보자	정당	연령	주요 경력	득표 (%)
유옥우	민주당	43	3대의원(무안 을)	16,311 (50.3)
배길도	자유당	36	조선대 교무과장	11,746 (36.1)
김종욱	통일당	43	염업조합 전무	4,394 (13.6)

〈무안 병〉 판사출신 변호사인 김삭 후보가 민주당 공천을 받고서 인물론을 내세워 현역의원을 꺾고 등원에 성공

이번 총선에서 신설된 이 지역구는 지난 3대 총선에서 갑구에서 무소속으로 당선된 신행용 후보가 선점하자, 자유당은 전남도의원 출신인 이영준 후보를 공천했고, 민주당은 판사 출신 변호사인 김삭 후보를 내세웠다.

회사 지배인인 홍성균, 항공협회 이사장인 이창섭 후보들도 무소속으로 출전했다.

민주당 공천을 받은 김삭 후보가 인물론을 내세워, 지난 3대 총선에서 자유당 박창수 후보를 꺾고 당선됐던 신행용 후보를 1,130표 차로 어렵게 따돌리고 등원에 성공했다.

자유당은 자유당 위원장으로 활동한 신행용 현역의원을 밀쳐내고 이영준 후보를 내세워 자중지란으로 패배를 자초했다.

□ 득표상황

후보자	정당	연령	주요 경력	득표 (%)
김 삭	민주당	38	판사, 변호사	10,724 (35.6)
신행용	무소속	56	3대의원(무안 갑)	9,594 (31.8)
이영준	자유당	41	전남도의원	5,172 (17.2)
홍성균	무소속	56	회사원	3,465 (11.5)
이창섭	무소속	58	항공협회 이사장	1,181 (3.9)

〈나주 갑〉 전남도의원 출신인 이사형 후보가 무소속으로 출전하여, 자유당 후보를 꺾고 당선됐으나 자유당으로 변신한 최영철 현역의원을 꺾어

지난 3대 총선에서는 왕곡면을 중심으로 금천면, 다시면 등 전남도의원 선거구민들의 전폭적인 지지로 전남도의원으로 고교 교장인 최영철 후보가 판사 출신 변호사로서 2대의원에 당선되고 자유당 공천까지 받은 김종순 후보를 기적적으로 꺾고 당선됐다.

목포 전매지국장을 지낸 이상회, 궁삼면 농민위원장을 지낸 나재기 후보들도 출전했다.

이번 총선에는 지난 3대 총선에서 결전을 벌였던 최영철, 김종순 후보들이 무소속에서 자유당으로, 자유당에서 무소속으로 소속을 바꿔 재대결했다.

민주당에서는 반남면장과 반남면의회 의장을 지낸 정문채 후보를 내세웠고, 전남도의원을 지낸 이사형, 동강면장 출신으로 자유당 지구당위원장으로 활약했던 안일환 후보들이 무소속으로 출전했다.

자유당 공천자와 낙천자인 전남도의원 출신인 최영철 후보와 이사형 후보가 왕곡면과 영산포읍의 소지역대결을 펼쳐 무소속 이사형 후보가 자유당 최영철 후보를 영산포읍민들의 전폭적인 지지로 561표차로 꺾고 당선됐다.

자유당의 지지세가 2대의원인 김종순, 3대의원인 최영철, 지구당

위원장이었던 안일환 후보로 나뉜 결과였다.

□ 득표상황

후보자	정당	연령	주요 경력	득표 (%)
이사형	무소속	38	전남도의원	11,996 (30.6)
최영철	자유당	50	3대의원(나주 갑)	11,435 (29.2)
정문채	민주당	42	반남면장, 면의장	9,124 (23.3)
김종순	무소속	50	2대의원(나주 갑)	4,841 (12.4)
안일환	무소속	50	자유당 위원장	1,773 (4.5)

〈나주 을〉 나주군수를 지낸 정명섭 후보가 자유당 공천을 받고, 2대의원인 민주당 서상덕 후보를 꺾고 가볍게 재선 의원 반열에

지난 3대 총선에서는 나주군수 출신으로 전남도 교육위원회 의장으로 활약한 정명섭 후보가 자유당 공천을 받고서, 민국당 지지를 받은 신문기자인 김태호, 남평면민들의 지지로 2대의원에 당선된 서상덕 후보들을 꺾고 의정 단상에 올랐다.

나주군 농민회장인 최창희, 대한청년단 나주군단장인 고판봉, 나주군수를 지낸 김영섭, 영산포 부읍장을 지낸 나기보 후보들도 출전했다.

이번 총선에서는 정명섭 의원이 자유당 공천을 받고 재선 고지를

선점하자, 2대의원인 서상덕 후보가 민주당 공천을 받고 재대결을 펼쳤다.

민주당 지구당 상무위 의장인 김자락 후보가 민주당 공천에 반발하여 무소속으로 출전하여 민주당 지지세 잠식에 나섰다.

일본 중앙대 출신으로 나주군수를 지낸 정명섭 후보가 인물론을 내세우고 민주당 공천 내홍까지 활용하여 대승을 거두고 재선의원이 됐다.

□ 득표상황

후보자	정당	연령	주요 경력	득표 (%)
정명섭	자유당	48	3대의원(나주 을)	33,849 (75.8)
서상덕	민주당	50	2대의원(나주 을)	7,630 (17.1)
김자락	무소속	30	민주당 위원장	3,190 (7.1)

〈함평〉 전남도 경찰국장 출신인 김의택 후보가 민주당 공천을 받고서 인물론을 내세워 자유당 이필중 후보를 가볍게 꺾고 재선의원 반열에

지난 3대 총선에서는 전남도 경찰국장 출신인 김의택 후보가 30대의 전남도의원으로 자유당 공천을 받은 윤인식 후보를 경륜을 내세워 982표차로 꺾고 등원에 성공했다.

함평 수리조합장인 김우영, 함평 금융조합장인 신현기, 함평 어업

조합장인 이재혁 후보들도 출전했고, 이갑수 전남도의원은 중도에 사퇴했다.

이번 총선에는 김의택 의원이 민주당 공천을 받고 재선 고지를 선점하자, 자유당은 법원 서기 출신으로 함평군 농민회장인 이필중 후보를 공천했고, 목포 영흥중 교장을 지낸 노경수 후보가 무소속으로 출전했다.

민주당 공천을 받은 김의택 후보가 함평의 인물임을 내세워, 천보배 후보를 제치고 자유당 공천을 받고 추격전을 전개한 이필중 후보를 3,976표차로 가볍게 제압하고 재선의원 반열에 올랐다.

□ 득표상황

후보자	정당	연령	주요 경력	득표 (%)
김의택	민주당	49	3대의원(함평)	21,832 (50.3)
이필중	자유당	57	농민회장, 양조업	17,856 (41.1)
노경수	무소속	42	목포 영흥중 교장	3,711 (8.6)

〈영광〉 3대 총선에서 낙선하고서 자유당 공천장을 반납하고 무소속으로 절치부심하며 재도전한 정헌조 후보를 946표차로 꺾고 3선의원 반열에 오른 조영규

지난 3대 총선에서는 북경대 출신으로 제헌의원 선거에서는 무투표 당선된 조영규 후보가 대한청년단 전남지부 부장으로 활동하다 2대 총선에서 조영규 후보를 꺾고 당선되고서 자유당 공천을 받은

정헌조 후보를 8,191표차로 꺾고 설욕전에서 승리했다.

이번 총선에서도 지난 3대 총선에서 혈전을 벌였던 민주당 조영규 후보와 자유당 정헌조 후보가 세 번째 맞대결을 펼쳤다.

지난 3대 총선에서 조영규 후보는 25,114표를 득표하여 당선됐고 정헌조 후보는 16,163표를 득표하여 낙선했다.

이번 총선에서 자유당은 정헌조 후보를 공천에서 제외하고 전남도 관재국 과장과 전남도의원을 지낸 이강후 후보로 교체했고, 상업고교 교장을 지낸 김영길 후보와 자유당 낙천에 반발한 경남 병사참모장을 지낸 박종식 후보들은 무소속으로 출전했다.

지난 3대 총선에서 낙선한 정헌조 후보가 자유당 공천에서 낙천되자 무소속으로 뛰고 뛰어 당선권에 육박했으나, 민주당 공천을 받은 조영규 후보에게 946표차 아쉽게 패배했다.

□ 득표상황

후보자	정당	연령	주요 경력	득표 (%)
조영규	민주당	44	3대의원(2선, 영광)	15,875 (32.1)
정헌조	무소속	38	2대의원(영광)	14,929 (30.2)
이강후	자유당	44	전남도 과장, 도의원	8,809 (17.8)
김영길	무소속	37	상업고 교장	5,565 (11.2)
박종식	무소속	45	경남 병사참모장	4,313 (8.7)

〈장성〉 무소속으로 당선됐던 변진갑 후보가 자유당으로 변

신하여 김병수와 김후생 후보들을 꺾고 3선의원 반열에

지난 3대 총선에서는 장성읍장 출신으로 지역 기반을 활용하여 2대의원에 당선된 변진갑 후보가 남일여객 사장인 김후생, 대한청년단 장성지부장 출신인 민국당 김병수 후보들을 꺾고 당선됐다.

자유당이 공천을 포기한 이 지역구는 전남도의원인 박래춘, 양조장을 경영한 김태종, 신문기자인 김금룡 후보들이 자유당 소속 후보임을 내세우며 내홍을 일으켜 자유당의 위력을 보여주지 못했다.

이번 총선에선 2대와 3대의원인 변진갑 의원이 무소속 허물을 벗고 자유당에 입당하여 이강일과 김후생 후보들을 제치고 자유당 공천을 받고서 3선의원 고지 점령에 나섰다.

2대 총선 때부터 출전하여 두 번이나 낙선했던 김병수 후보가 민주당 공천을 받고 출전했다.

지난 3대 총선에도 출전했던 전남도의원 출신인 김후생, 상공부 경리과장 출신인 이강일 후보들이 재도전하여 4파전이 전개됐다.

지난 3대 총선에 출전하여 승패가 갈렸던 후보들이 재결전을 벌인 이번 총선에서 무소속이었던 변진갑이 자유당으로, 민국당이던 김병수가 민주당으로 변경됐을 뿐이다.

2대 총선 때부터 닦아온 조직을 되살린 변진갑 후보가 자유당 공천까지 받고서 추격전을 전개한 민주당 김병수 후보를 제압하고 3선의원 반열에 올라섰다.

지난 3대 총선에서 변진갑 후보는 7,719표를 득표하여 당선했고,

김후생 후보는 7,302표를, 김병수 후보는 5,313표를 득표했다.

변진갑 후보는 "8년 간 당적을 가져보지 않았으나 무소속의 고독을 통감하게 되었을 뿐 아니라, 선거구 인사들의 열렬한 권고도 없지 않았다"며 자유당의 입당 배경을 설명했다.

□ 득표상황

후보자	정당	연령	주요 경력	득표 (%)
변진갑	자유당	61	3대의원(2선, 장성)	17,994 (43.5)
김병수	민주당	46	중동교 중퇴	13,672 (33.1)
김후생	무소속	52	면장, 전남도의원	9,698 (23.4)
이강일	무소속	47	상공부 경리과장	사퇴

〈완도〉 지난 3대 총선에서 무소속으로 7표차로 당선된 김선태 후보가 이번 총선에는 대승을 거두고 재선의원 반열에

지난 3대 총선에서는 능변가로 알려진 변호사로서 제헌의원 선거에서 차점 낙선하고 2대 총선에서도 3위로 낙선한 김선태 후보가 심기일전하여 2대 총선에서 691표차로 패배한 정남국 후보를 174표차로 꺾고 2전3기를 이뤄냈다.

완도군 산업과장으로 지역 기반을 다진 이준호 후보와의 표차는 겨우 7표였다.

김선태 의원이 재선 고지 점령에 나선 이번 총선에 지난 3대 총선

에서 낙선했던 국방부 서기관 출신으로 7표차로 낙선한 이준호, 자유당 완도군당위원장을 지낸 김태섭 후보들이 재도전했다.

전남도의원을 지낸 김완주 후보가 자유당 공천을 받고 참전했고 상공부 수산국장을 지낸 최서일 후보가 무소속으로 도전했다.

서울에서 출전을 기대했으나 무산되어 귀향하여 민주당 공천을 받은 김선태 후보가 이번 총선에서는 뿌리를 깊게 내려 자유당 공천을 받은 김완주, 지난 3대 총선에서 석패한 이준호 후보들을 큰 표차로 따돌리고 재선의원이 됐다.

자유당은 김완주, 김태섭, 김용호, 이준호, 최서일 후보들이 구름처럼 공천을 신청하자 고심을 거듭하다가 김완주 후보를 낙점했고, 낙천한 이준호, 최서일, 김태섭 후보들이 반발하여 출전했다.

□ 득표상황

후보자	정당	연령	주요 경력	득표 (%)
김선태	민주당	46	3대의원(완도)	17,181 (41.0)
김완주	자유당	41	전남도의원	10,933 (26.1)
이준호	무소속	43	국방부 서기관	8,589 (20.5)
최서일	무소속	51	상공부 수산국장	2,914 (7.0)
김태섭	농민회	59	전남도의원	2,291 (5.5)

〈진도〉 이승만 대통령이 총애하고 이승만 대통령이 당선을 기대한다는 입소문으로 자유당 공천을 받은 현역의원을 무너뜨린 손재형

지난 3대 총선에서는 진도군수 출신으로 2대의원에 당선된 조병문 후보가 자유당 공천을 받고서 출전하여, 의사로서 진도면장을 지낸 박희수 후보에게 대승이 예상됐으나 1,259표차로 꺾고 재선의원이 됐다.

신문기자인 임상수, 예비역 육군 소령인 곽우불 후보들도 출전하여 선전했다.

이번 총선에서는 조병문 후보가 자유당 공천을 받고서 재선 고지를 선점한 가운데, 서예가로 국전(國展) 심사위원으로 명성을 얻은 손재형 후보가 명망만을 믿고 무소속으로 출전하여 조병문 후보의 대항마로 떠올랐다.

무소속 손재형 후보 선거종사자가 경찰관들의 동행명령에 불복하여 집단적으로 구타를 당하여 3주의 치료를 요하는 타박상을 입어 여론의 질책을 초래했다.

자유당 공천에서는 밀렸지만, 이승만 대통령이 총애하고 이승만 대통령이 당선을 기대한다는 입소문이 널리 퍼져 무소속 손재형 후보가 자유당 현역 재선의원을 꺾은 기염을 토해냈다.

□ 득표상황

후보자	정당	연령	주요 경력	득표 (%)
손재형	무소속	56	서화가	17,993 (57.7)
조병문	자유당	46	3대의원(2선,진도)	13,197 (42.3)

제주도

〈제주〉 제주읍이 제주시로 승격되는 호기를 맞이하여 성균관대 교수로 민주당 공천을 받은 고담룡 후보가 자유당 공천 후보를 꺾어

제주읍이 제주시로 승격 전인 지난 3대 총선에서는 북제주 갑구에서는 제주읍 일도리 같은 마을 출신인 세 후보가 혈전을 벌여 신문사 사장으로 연장자인 김석우 후보가 자유당 공천 후보인 제주도의원 김영린 후보를 꺾고 당선됐다.

의사로서 사회사업가인 고수선, 제주지검에서 과장을 지냈던 안정립, 대한정경 편집장인 고태만 후보들도 출전했다.

김석우 의원이 공천에서 탈락한 이번 총선에는 제주도의원으로 석유회사 전무인 고정협 후보가 김주태, 김석우, 강재량, 이인구 후보들을 밀쳐내고 자유당 공천을 받고, 성균관대 교수인 고담룡 후보가 민주당 공천을 받고 출전하여 제주 고씨 문중 내의 결투가 벌어졌다.

지난 3대 총선에 북제주 갑구에 출전했던 서울지검 수사과장 출신인 안정립, 자유당 중앙위원과 어민회 훈련부장인 김주태 후보들이 무소속으로 출전했다.

인물론을 내세운 민주당 고담룡 후보가 자유당 지지세가 고창협, 안정립, 김주태 후보들로 분산된 호기를 활용하여 자유당 고창협 후보를 688표차로 꺾고 등원에 성공했다.

□ 득표상황

후보자	정당	연령	주요 경력	득표 (%)
고담룡	민주당	42	성균관대 교수	10,252 (42.2)
고정협	자유당	39	제주도의원	9,564 (39.4)
안정립	무소속	40	서울지검 수사과장	2,829 (11.7)
김주태	무소속	34	어민회 훈련부장	1,638 (6.7)

<북제주> 지난 3대 총선에서 자유당 후보를 꺾고 당선된 김두진 후보가 이번 총선에서는 자유당 공천을 받고 재선의 나래를 펼쳐

제주시의 동서를 관할하고 있는 이 지역구는 북제주 을구였던 지난 3대 총선에서는 회사 중역으로 한림면민들의 전폭적인 지지를 받은 김두진 후보가 애월면민들의 표를 금융조합 이사인 홍문중 후보와 반분한 2대의원으로 자유당 공천을 받은 강창룡 후보를 꺾고 당선을 이뤄냈다.

서울체신대 학장인 김구, 공주사범대 학장인 문무겸 후보들도 출전했다.

이번 총선에는 김두진 의원이 김구, 진문종, 부장환 예비후보들을 따돌리고 자유당 공천을 받고 재선의 나래를 펴자, 지난 3대 총선에서 6,469표를 득표했던 김구 후보가 무소속으로 재도전했다.

의사인 김옥천 후보가 민주당 공천을 받고 출전했고, 동향형재 사장인 부장환, 일본대 출신 변호사인 임병수 후보들이 무소속으로 출전했다.

무소속으로 출전하여 자유당 강창용 후보를 556표차로 꺾고 당선된 김두진 후보는 이번 총선에선 자유당 공천을 받고서, 재도전한 김구, 민주당 공천을 받은 김옥천, 회사장인 재력이 튼튼한 부장환 후보들을 제압하고 재선의원이 됐다.

□ 득표상황

후보자	정당	연령	주요 경력	득표 (%)
김두진	자유당	45	3대의원(제주 을)	13,989 (33.5)
김 구	무소속	40	서울통신대 학장	8,923 (21.4)
김옥천	민주당	49	의사	7,579 (18.1)
부장환	무소속	43	동양형재 사장	7,352 (17.6)
임병수	무소속	40	변호사	3,926 (9.4)

〈남제주〉 자유당 지지세의 분산으로 3선의원 배지를 당선을 예상하지 못한 무소속 현오봉 후보에게 넘겨준 강경옥

지난 3대 총선에서는 제약회사 사장으로 2대의원에 당선된 강경옥 후보가 자유당 공천을 받고서 국민교육원 원장인 송왕열 후보를 큰 표차로 따돌리고 재선의원에 등극했다.

남제주 군수를 지낸 강성익, 회사 사장인 오태우, 통역관 출신인 고태선 후보들도 출전했다.

이번 총선에는 강경옥 의원이 자유당 공천을 받고 3선 고지를 선점한 가운데, 남제주 군수 출신으로 지난 3대 총선에서 낙선했던 강성익 후보가 재도전했다.

제주경찰청 통신과장 출신으로 대명광업 전무인 현오봉, 기미독립운동에 참여한 김성숙 후보들이 무소속으로 출전했다.

8년 동안 의정생활을 한 강경옥 후보에 대한 갈아보자는 여론과 자유당 남제주 군당위원장을 지낸 강성익 후보와의 자유당 지지세의 분산으로 3선의원 배지를 주워들었다가 무명의 현오봉 후보에게 넘겨주게 했다.

당선을 예상하지 못했던 현오봉 후보는 독립운동가인 김성숙 후보를 1,797표차로 따돌리고 등원에 성공했다.

□ 득표상황

후보자	정당	연령	주요 경력	득표 (%)
현오봉	무소속	35	제주경찰청 총무과장	12,000 (29.6)
김성숙	무소속	61	독립운동	10,203 (25.1)
강성익	무소속	67	군수, 제주여객 사장	9,472 (23.3)
강경옥	자유당	50	3대의원(2선, 남제주)	8,931 (22.0)

──── 〈인용·참고자료〉 ────

○ 역대 국회의원 선거 총람 (중앙선거관리위원회, 2016년 11월)

○ 제3대 총선이야기 (선암각, 2024년 2월)

○ 해방 후 정치사 100장면 (가람기획, 1994년 7월)

○ 한국정당통합운동사 (을유문화사, 2000년 9월)

○ 주요 일간지 (1954. 5. 1 ~ 1958. 5. 31)

  - 동아일보

  - 조선일보

  - 경향신문